Wie kannst du formulieren?

– Im Vordergrund sitzt/liegt/steht eine Person, die …
– Um die Figur herum sind … zu erkennen.
– Rechts/Links sieht man …

– In der Quelle geht es um …
– Die Rednerin meint, dass …
– Der Autor stellt dar, wie …

– Diese Lebensform zeichnet sich vor allem durch … aus.
– Für ihre Entwicklung war besonders wichtig, dass …
– Diese Verhaltensweise war erfolgreich, weil … Das kann man auch
  daran erkennen, dass …

– In den Zeilen … wird deutlich, dass …
– An dieser Formulierung kann man erkennen, dass die Verfasserin …

… bei der abschließenden Zusammenfassung:
– In beiden Aussagen geht es um …
– Den größten Unterschied erkennt man in …
– Ähnlich wie in A wird auch in B ausgedrückt, dass …
– X und Y geben verschiedene Beispiele für …, meinen aber beide,
  dass …

– Wenn man bedenkt, welche Gesetze damals galten, kann man
  verstehen, dass … entschieden wurde.
– Obwohl … schlimme Folgen für … bedeutete,
  hatten die Menschen keine andere Wahl, denn …
– Die Herrschaftsform war ungerecht für … Das war für alle zu erkennen.

ZEIT für GESCHICHTE

Geschichtliches Unterrichtswerk für die Sekundarstufe I in Niedersachsen

verfasst von: Elisabeth Gentner, Verena Laubinger, Miriam Litten-Likus, Ulrich Ziehn
mit Beiträgen von: Hans-Wilhelm Eckhardt, Volker Habermaier, Utz Klöppelt,
Ilse Moshagen-Siegl, Sandra Wolff, Bernd Zaddach
Beratung: Dirk Sadowski
Die Hörtexte wurden eingelesen von Isabelle Feldwisch und Nico Selbach.

© 2024 Westermann Bildungsmedien Verlag GmbH, Georg-Westermann-Allee 66, 38104 Braunschweig
www.westermann.de

Druck A[1] / Jahr 2024
Alle Drucke der Serie A sind im Unterricht parallel verwendbar.
Redaktion: Kerstin Meyer
Umschlaggestaltung: LIO Design GmbH, Braunschweig
Layout: Karin Dohle, Braunschweig
Druck und Bindung: Westermann Druck GmbH, Georg-Westermann-Allee 66, 38104 Braunschweig

ISBN 978-3-14-**117726**-8

INHALT

ÜBER ZEIT FÜR GESCHICHTE

Liebe Schülerin, lieber Schüler!

Seit wann gibt es eigentlich Menschen auf der Welt? Wovon haben sich die Menschen ernährt, bevor es Läden gab? Wie haben sie Nachrichten übermittelt — ganz ohne Telefon oder Internet? Hielten sie die Erde für den Mittelpunkt des Universums? Dies sind nur ein paar Fragen, um die es in dem neuen Fach geht, das nun für dich beginnt: Es ist ZEIT für GESCHICHTE! *Und so heißt auch das Buch, das vor dir liegt. Wie findest du dich darin zurecht? Dafür erhältst du hier ein paar Hinweise:*

Auf den folgenden Seiten erfährst d...

- welche Götter die Griechen verehrten.
- warum die Menschen Olympische Spiele veranst... haben.
- was die Griechen dazu brachte, ihre Heimat zu verla... und woanders ihr Glück zu suchen.
- warum man von Griechenland als »Wiege der europä- ischen ↦Demokratie« spricht.
- wie die Menschen im 5. Jahrhundert v. Chr. in Athen gelebt haben und was Athen zum kulturellen Zentrum gemacht hat.

Außerdem übst du,

- aus einem Text die Meinung eines Autors heraus- zuarbeiten.
- Rekonstruktionszeichnungen unter die Lupe zu nehmen und auszuwerten.
- in einer Gruppe zu arbeiten und Expertin oder E... für ein Thema zu werden.
- Bezüge von der Geschichte zur Gegenwart h... stellen.
- eine Präsentation zu erstellen.

M5 Berufe im alten Ägypten

Der folgende Text ist ein Ausschnitt aus einer altägyptischen Schulleküre. Sie heißt »Lehre des Dua-Cheti«. Darin ermahnt ein Vater seinen Sohn, den er zur Schreiber- Ausbildung schickt.
Wenn du dich mit dem Schreiberberuf beschäftigst, wirst du dich vor körperlicher Arbeit gerettet sehen! [...]
Der Gärtner trägt Wasser mi... ...tange und jede seine... ...len. Eine große... ...e... und...

🔍 Eine Textquelle verstehen

In Texten aus der Vergangenheit werden manch- mal Ausdrücke verwendet, die uns ungewöhnlich erscheinen. Deshalb müssen wir uns zuerst bemühen, sie zu verstehen.

1. Achte zuerst auf die Überschrift und die Ein- führung in die Quelle. Sie erklären das Thema.

2. Lies den Text Satz für Satz durch und mache dir jeweils den Inhalt klar. Falls dir Begriffe unklar sind, frage deine Lehrerin oder deine...

Einmal Einführung, neunmal Geschichtliches

ZEIT für GESCHICHTE *ist in zehn* **Einheiten** *gegliedert. Die erste heißt »Alles hat Geschichte« und führt dich in das neue Schulfach ein. Dann folgen Einheiten, die geschichtliche Themen behandeln. Was du darin* **kennenlernen und üben** *kannst, steht jeweils auf der ersten Doppelseite. Dann geht es richtig los: Zu jedem Thema findest du kurze* **Kapitel** *mit Texten, Abbildungen und Auf- gaben.*

Geschichtliches in »Darstellung« und »Material«

In den Kapiteln haben die Autorinnen und Autoren ge- schichtliche Entwicklungen in **Darstellungstexten** *lebendig gemacht. Für einige Kapitel haben sie* **Zeitreisen** *geschrie- ben, die in der Vergangenheit spielen. Die Begebenheiten, die sie dir darin vor Augen führen, sind ausgedacht. Sie hätten sich aber ähnlich ereignen können. Denn ob Darstellungstext oder Zeitreise — beim Schreiben haben sich die Autorinnen und Autoren immer an Erkenntnissen der Forschung orientiert.*

Andere Texte in diesem Buch stammen aus der Vergangenheit, z. B. Be- richte über die Olympischen Spiele im antiken Griechenland oder über die feierliche Krönung eines Königs im Mittelalter. Damit du überliefer- te Texte — sogenannte **Quellen** *— sofort erkennst, sind sie mit einem* **M** *in der Überschrift gekennzeichnet. Es bedeutet:* **Material**.

Auch Bilder wie Fotos, Karten oder Illustrationen wurden mit einem M versehen. Um sie zu verstehen, helfen dir oft Informationen aus dem Darstellungstext weiter. Besondere Hinweise zum Umgang mit Mate-rialien sind mit einer Lupe 🔍 *gekennzeichnet.*

Am Ende jeder Themeneinheit kannst du in einer **Zusammenfassung** *grobe Zusammenhänge nachlesen. Außerdem findest du dort ein Angebot zur* **Selbstüberprüfung**: *Hiermit kannst du herausfin- den, ob du die Inhalte und Methoden des Kapitels verstanden hast. Lösungsmöglichkeiten sind im Anhang des Buches (ab S. 336) zusammengestellt.*

Du bist gefragt!

Die meisten Aufgaben in diesem Buch wirst du allein oder mit einer Partnerin oder einem Partner bearbeiten. Manche sind aber auch für Gruppen gedacht: Zusammen übt ihr, ein Thema zu erarbeiten, eure Ergebnisse zusammenzuführen und zu präsentieren. An den Verben, mit denen Aufgaben beginnen, z. B. »beschreibe« oder »vergleiche«, erkennst du, was genau du tun sollst. Ganz vorn im Buch sind die wichtigsten dieser Verben genauer erklärt. Sie werden **Operatoren** genannt.

Für einige Aufgaben findest du **Tipps** vor, die dir Starthilfen für die Bearbeitung geben (ab S. 332). Zusätzliche, manchmal etwas zeitaufwendige, manchmal etwas knifflige Aufgaben sind mit einem gekennzeichnet.

Beim Durchblättern werden die **QR-Codes und Webcodes** auffallen, z. B.: WES-117726-001. Wenn du sie mit deinem Tablet scannst oder auf www.westermann.de/ webcode ins Suchfeld eingibst, erhältst du ergänzende Materialien — wie kurze Filme oder interaktive Übungen. Sie unterstützen dich darin, die Aufgaben zu bearbeiten.

2. Erläutere mithilfe des Darstellungstextes, wie sich das Leben der Menschen ändert, wenn es ihnen möglich ist, Vorräte anzulegen. Überlege, welche neuen Probleme damit entstehen können.
↦ **Tipp**: S. 332

3. Beschreibe die in M 2 abgebildeten Gegenstände und erkläre, wozu sie eingesetzt werden konnten.

Ergänze die Tabelle zur Altsteinzeit [...1), indem du die Veränderun[...] [...]steinzeit in ein[...]

[...]e Bildquellen, welch[...] [...]) Notiere zu jedem Gegensta[...] durch ihn über das Leben früher[...] kann.

✚ Der Webcode WES-117726-002 biete[...] Übung, die du am Tablet machen kann[...] Scanne den QR-Code (unten) mit dem[...] oder gib den Webcode auf www.weste[...] de/webcode ins Suchfeld ein.

WES-117726-002

Weiterschauen, weiterlesen

»Blick in die Welt« heißt in manchen Einheiten die letzte Doppelseite. Hier kannst du selbst weiterlesen: Du erfährst, was sich zu der Zeit, die in der Einheit behandelt wurde, an einem ganz anderen Ort abgespielt hat, z. B. auf der kleinen Osterinsel mitten im Pazifik oder in dem großen afrikanischen Reich Songhai.

Eine Fundgrube: der Anhang

Auch die Seiten ganz hinten im Buch solltest du beachten: Hier sind verschiedene **Tipps und Hinweise** zusammengestellt, z. B. für die Bearbeitung von Aufgaben, für die Gestaltung von Plakaten oder kurzen Referaten sowie für die Präsentation von Ergebnissen.

Im Anhang findest du zudem ein kurzes **Lexikon** (ab S. 344). Es liefert Erklärungen zu wichtigen Begriffen, die in den Texten mit einem ↦ gekennzeichnet sind. Ein **Stichwortverzeichnis** (ab S. 350) hilft dir , Begriffe im Buch zu finden, wenn du dich über eine Sache noch einmal genauer informieren möchtest.

Und nun: Nimm dir ruhig ZEIT FÜR GESCHICHTE!

Ein Standbild bauen

Ein Standbild soll Beziehungen oder Gefühle in einer historischen Situation ausdrücken.

1. Bildet Gruppen und besprecht zuerst, wie ihr die darzustellende Situation beurteilt. Dann stellen sich einige Gruppenmitglieder als »Standbild« zur Verfügung, deren Haltung andere als »Bildhauer« formen dürfen — ohne dem »Standbild« wehzutun. Die Bildhauer bitten das Standbild zum Schluss um einen passenden Gesichtsausdruck; das Standbild verharrt dann reglos in seiner Haltung.

2. Stellt euer Standbild der Klasse vor. Das Publikum befragt einzelne Darstellende über ihre Empfindungen.

Alles hat Geschichte

1. a) Sieh dir die Memory-Bilder genau an. Überlege dann, inwiefern die Behauptung zutrifft, die über den Seiten steht.
b) Findet zu zweit heraus, welche Bilder zusammengehören. Sucht Oberbegriffe für diese Bildpaare.
c) Tragt eure Ergebnisse in der Klasse zusammen.

2. Versuche in einem Satz zu sagen, was Geschichte für dich ist.
↪ **Tipp:** S. 332

+ Gestalte ein Titelbild für deine Geschichtsmappe mit selbst ausgesuchten Bildern.

Geschichte und ich

Was ist Geschichte? Das ist die Vergangenheit, von der wir erzählen, um uns an sie zu erinnern. So versuchen wir, unser jetziges Leben besser zu verstehen. Das kann
5 nur gelingen, wenn wir das Geschehene so wahrheitsgetreu wie möglich erzählen. Dafür greifen wir darauf zurück, was Menschen überliefert, z. B. aufgeschrieben haben. Wir untersuchen auch Bilder,
10 Gegenstände und Gebäude. Aus diesen vielen Teilen setzen wir uns ein Bild der Vergangenheit zusammen.

Denk beispielsweise an den Tag deiner Geburt: Du kannst dich nicht mehr daran
15 erinnern, dabei ist er der wichtigste Tag in deinem Leben. Deine Eltern hingegen können davon erzählen, auch in ihrer Geschichte spielt der Tag eine große Rolle. Deine Großeltern und andere Familienmit-
20 glieder haben vielleicht ganz andere Erinnerungen daran. Sicher gibt es auch Fotos von dir in deinen ersten Lebenstagen. Außerdem steht in deiner Geburtsurkunde, an welchem Tag und an welchem Ort du
25 geboren bist. Aus diesen Teilen kannst du dir ein Bild darüber machen, wie du das Licht der Welt erblickt hast.

Deine eigene Geschichte beginnt in deiner Familie. Auch der Ort, an dem du lebst, und
30 die Schule, auf die du gehst, haben Einfluss auf dich:
   – Lebst du mit deiner Familie an deinem Geburtsort?
   – Kommen deine Eltern aus einem anderen
35   Ort oder einem anderen Land?
   – Gehst du auf eine Schule, die schon deine Eltern besucht haben?
   – Wie lange gibt es deine Schule schon?

M1 Eine Familie: Sie wurde um 1900 fotografiert. Familienfotos ließ man damals beim Fotografen machen. Das war teuer, deshalb wurde es selten wiederholt. Um einen guten Eindruck zu machen, trugen alle ihre schönste Kleidung.

M2 Ein Ort: Der Ernst-August-Platz vor dem Hauptbahnhof in Hannover um 1900. Der Hauptbahnhof war damals bereits ein wichtiger Verkehrsknotenpunkt. Wer es sich leisten konnte, hatte nach der Ankunft die Möglichkeit, sich eine Kutsche zu mieten, um an sein Ziel zu gelangen.

M3 Eine Schule: Dieses Foto wurde um 1960 in einer deutschen Mädchenschule aufgenommen. Wer im Unterricht aufgerufen wurde, stand auf und gab seine Antwort.

M4 Eine Freizeitbeschäftigung: Die spielenden Großstadtkinder wurden 1926 fotografiert. Spielplätze gab es nicht, dafür konnten die Kinder auf der Straße spielen, z.B. das Hüpfspiel »Himmel und Hölle«. Es war sehr beliebt, ebenso wie »Fangen« und »Verstecken«. Auf dem Land hatten die Kinder mehr Raum zum Spielen, mussten aber auch häufig in der Landwirtschaft helfen.

1. Sieh dir die Fotos M1–M4 an.
a) Wähle ein Foto aus und beschreibe mithilfe des erklärenden Textes, was darauf zu sehen ist.
b) Wie wirkt das Motiv auf dich? Finde mindestens drei Adjektive, die zu dem Foto passen. Begründe!

2. a) Vergleiche die auf den Fotos dargestellten Szenen mit eigenen Erfahrungen:
– Was gibt es heute noch?
– Was ist heute ganz anders?
Mache Notizen zu jedem Foto.

	Foto	meine Erfahrung
M1: Familie		
M2: Ort		
M3: Schule		
M4: Freizeit		

b) Besprecht in der Klasse: Habt ihr die gleichen Erfahrungen gemacht?

3. Sprich zu Hause mit deinen Eltern und Großeltern über die Bilder.
– Welche Erinnerungen und Erfahrungen rufen sie bei ihnen wach?
– Ähnelt ihre Vergangenheit eher der auf den Fotos oder deiner?

Was Fundstücke verraten können

Zum ersten Mal betritt Familie Reinhardt ihr neues Haus. Überall kahle Räume, die im Kopf schon mal eingerichtet werden. Gespannt schauen sich die vier alles an, bis
5 sie schließlich auf dem Dachboden angekommen sind. Ganz hinten in der Ecke, an einer dunklen Stelle, entdeckt Hanne eine Kiste. Ist sie vergessen worden? Neugierig zieht Jakob sie ins Licht, Hanne öffnet sie.

10 Die Kiste enthält ein kleines Sammelsurium: Da ist ein Zeugnisheft aus der Grundschule, ein Foto, das eine Gruppe gut angezogener junger Menschen zeigt. Auf der Rückseite steht: »Mein Abitur 1962«.
15 Weiter findet sich darin ein Wehrpass von der Bundeswehr, ein Teller mit dem Schriftzug »25-jährige Betriebszugehörigkeit – Eisen- und Hartgußwerk Concordia«, ein Jugendherbergsausweis sowie ein Bild, das
20 ein Kind gemalt hat. Dann sind da noch eine Türklinke und ein Brief.

Auf Spurensuche

»Das sind bestimmt Erinnerungsstücke unseres Vormieters«, sagt Hanne. »Schaut doch mal, auf den Zeugnissen steht sein
25 Name.« Alle sind jetzt ganz aufmerksam. Sie haben ein etwas schlechtes Gewissen, weil sie so neugierig sind. Trotzdem versuchen sie nun, aus den Gegenständen etwas über den Mann zu erfahren.

30 Dem Zeugnisheft können sie entnehmen, dass er von 1949 bis 1953 zur Grundschule ging. Als sie sich die Noten ansehen, stellen sie fest, dass er ein recht guter Schüler war. 1962 hat er Abitur gemacht, darauf
35 weist das Foto hin. Danach ist er gereist; die Orte, die er besucht hat, sind in dem Jugendherbergsausweis notiert. Bei der Bundeswehr war er von 1962 bis 1964. Weiter sehen sie, dass er lange (minde-
40 stens 25 Jahre) bei der Concordia gearbeitet hat, allerdings kann man dem Teller nicht entnehmen, wann er dort angefangen hat.

Den Brief hat der Mann offenbar von seiner späteren Frau erhalten. Mit Mühe können
45 sie den Poststempel entziffern: 12. Juli 1965. Zumindest seit dieser Zeit kannten sich die beiden. Um zu wissen, ob sie da schon ein Paar waren, müsste man den Brief lesen. Das verbieten die Eltern aber.
50 Auf jeden Fall hatte der Mann Enkelkinder, das zeigt die Kinderzeichnung.

Bleibt die Türklinke. »Vielleicht«, sagt Frau Reinhardt, »stammt sie aus einem früheren Haus der Familie.« Das bleibt aber eine
55 Vermutung.

All die Gegenstände sagen also etwas über die Vergangenheit aus. Wenn man diese Aussagen verbindet, entsteht eine Art Geschichte des Mannes, der sie aufbe-
60 wahrt hat.

---

1. Finde anhand des Textes und der Fotos Angaben zu den folgenden Lebensstationen des Vormieters der Familie Reinhardt:
   – Geburt,
   – Schulzeit,
   – Hobby/Freizeit,
   – Familie,
   – Arbeitsleben.
   Schreibe die Informationen in einem kurzen Text auf.

Fundstücke als »Quellen«

M1 **M1** Eine Urkunde aus dem 14. Jahrhundert. Mehrere Städte haben durch sie ein Bündnis bestätigt. Jede Stadt hat ihr Siegel unter die schriftliche Vereinbarung gesetzt.

M2 Dieses winzige Gemälde aus dem 18. Jahrhundert konnte als Schmuckstück getragen werden.

Dinge können etwas über die Vergangenheit verraten – aber nur, wenn man die Informationen, die darin stecken, erkennt und sie richtig verbindet. Dieses Verfah-
5 ren wenden ↦ **Historikerinnen und Historiker** an. So werden Forschende genannt, die sich mit Geschichte beschäftigen: Sie suchen nach **Überresten** der Vergangenheit, entnehmen ihnen Informationen und
10 verbinden sie zu einer Geschichte. Manche Überreste sind dabei eindeutig, wie das gefundene Zeugnisheft aus der Geschichte »Was Fundstücke verraten können« zeigt (S. 12/13). Andere Überreste lassen nur Vermu-
15 tungen zu, wie beispielsweise die Türklinke.

Verschiedene »Quellen«

In der Geschichtsforschung sind alle Dinge, die einmal von Menschen benutzt oder angefertigt wurden, ↦ **Quellen**. Das können Gegenstände wie Werkzeuge, Kleidungs-
20 stücke, Möbel, Waffen, Schmuck, aber auch Gebäude sein. Diese Quellen werden als **Sachquellen** bezeichnet. Als Quellen können aber auch Bilder oder Texte dienen. Zu den **Textquellen** zählen Briefe, Tagebücher,
25 Akten oder alte Geschichtsdarstellungen. **Bildquellen** sind alle Arten von bildlichen Darstellungen, von den frühen Höhlenmalereien bis hin zu Selfies.

Quellen deuten – aber wie?

Wenn Historikerinnen und Historiker neue
30 Quellen untersuchen, prüfen sie kritisch, welche Informationen sie ihnen entnehmen können. Werden z. B. Münzen aus der Zeit der Römer in Norddeutschland gefunden, kann dies ein Zeichen dafür sein, dass
35 römische Truppen bis hierher kamen.

Doch Deutungen müssen geprüft werden. Gibt es vielleicht weitere Hinweise darauf? Oder gibt es Widersprüche zu anderen Quellen, die bereits bekannt sind? Histo-
40 rikerinnen und Historiker müssen schauen, wem sie mehr glauben wollen. Manches bleibt trotzdem Vermutung. Manchmal wird dann zufällig eine neue Quelle gefunden, die die Vermutung bestätigt oder aber
45 zeigt, dass sie falsch war. Dieses Verfahren der Untersuchung von Quellen nennen die Forschenden **Quellenkritik**.

M4 Eine Postkarte aus Rom

M5 Eine etwa 2500 Jahre alte Münze, gefunden in Griechenland

M3 Ein etwa 70 Jahre altes Spielzeug

🔍 Eine Sachquelle auswerten

Gegenstände, die früher gebraucht wurden und die wir heute finden, nennen wir »Sachquellen« – wie z. B. den Kaufmannsladen (M3). Durch ihn erfahren wir nicht nur, was früher ein Kinderspielzeug war, sondern auch, wie ein Laden aussah, bevor es Supermärkte gab: Man trat an einen Tresen, wo eine Verkäuferin die Waren herbeiholte, manches abwog und kassierte.

Oft ist schwer zu erkennen, was Sachquellen uns »erzählen« könnten. Das liegt daran, dass sie meist nicht in den Zusammenhängen auftauchen, in denen sie früher gebraucht wurden. Um eine Sachquelle auszuwerten, gehe in folgenden Schritten vor:

1. Betrachte den Gegenstand und beschreibe seine Eigenschaften (Größe, Form, Material, Gewicht, Oberfläche, Farbe). Ihn zu zeichnen kann helfen, Besonderheiten zu entdecken.

2. Überlege, wofür der Gegenstand gebraucht werden konnte. Wie funktionierte er? In welchen Lebenszusammenhängen wurde er wohl eingesetzt – z. B. bei der Jagd, im Haushalt, bei der Feldarbeit, bei Begräbnissen oder zum Spielen?

3. Erkläre, was man durch den Gegenstand über das Leben früher erfahren kann.

1. a) Lies den Textabschnitt »Verschiedene Quellen. Ordne dann M1 bis M5 zu: Was davon ist Textquelle, was Bildquelle, was Sachquellen?
b) Notiere zu jedem Gegenstand, was man durch ihn über das Leben früher erfahren kann.

+ Der Webcode WES-117726-002 bietet eine Übung, die du am Tablet machen kannst. Scanne den QR-Code (unten) mit dem Tablet oder gib den Webcode auf www.westermann.de/webcode ins Suchfeld ein.

2. Bringe von zu Hause einen alten Gegenstand mit. Setze dich mit ihm mithilfe des Kompetenztrainings »Eine Sachquelle auswerten« auseinander. Stelle ihn dann als Sachquelle in der Klasse vor. Erzähle, warum der Gegenstand aufbewahrt wurde.
↦ **Tipp:** S. 332

WES-117726-002

Orientierung in der Zeit

M 1 Die »Himmelsscheibe von Nebra«

Schon vor 3600 Jahren haben die Menschen in unserer Gegend die Sterne beobachtet und daraus abgeleitet, wie sie am geschicktesten bei der Bestellung ihrer Felder vorgehen. Das wissen wir von einem ganz besonderen Fundstück: der »Himmelsscheibe von Nebra«.

Gefunden wurde sie von sogenannten Grabräubern, die 1999 mit einem Metallsuchgerät durch die Wälder von Sachsen-Anhalt streiften. In der
15 Nähe des Ortes Nebra stießen sie auf die merkwürdige Scheibe und einige sehr alt wirkende Schwerter. Diesen »Schatz« versuchten sie heimlich gegen hohe Summen zu verkaufen. Über Zwischenhändler gelangte die Scheibe schließlich an das Landes-
20 museum in Halle, dessen Direktor die Polizei alarmierte. Die Zwischenhändler und die Grabräuber kamen vor Gericht.

Auf der Scheibe sieht man rechts einen Halbmond, links von ihm einen Kreis, der die Sonne darstellen
25 könnte. Darüber befinden sich sieben Goldpunkte, die vermutlich den Sternenhaufen der »Plejaden« abbilden. Nach den Plejaden richteten die frühen bäuerlichen ↦ Gesellschaften ihre Feldarbeit aus: Wenn die Plejaden im März am westlichen Abend-
30 himmel verschwanden, wussten sie, dass sie nun säen konnten. Wenn die Plejaden im Oktober wieder auftauchten, nahte der Winter.

Natur beobachten – Zeit einteilen

Schon früh wussten die Menschen, dass
35 es Jahreszeiten gibt, die sich in bestimmten Abständen wiederholen. Sie erkannten auch, wie wichtig es ist, zu wissen, in welcher Jahreszeit sie sich befinden. So konnten sie sagen,
40 – wann Tierherden für die Jagd zu erwarten oder wann welche Früchte und Gräser reif sind;
– wann man sich vor Sonne oder Stürmen schützen und wann in ein Winterquartier
45 zurückziehen muss.

Vor allem, um ihre Feldarbeit nach den Jahreszeiten planen zu können, entwickelten die Menschen ↦ **Kalender**: Sie beobachteten den Stand der Sonne und des Mondes
50 genau und legten danach Jahre, Monate und Tage als Zeitabschnitte fest. Auch wir brauchen Kalender, z. B. um Termine vorzumerken oder uns an Vergangenes zu erinnern. Das nutzen auch ↦ Histori-
55 kerinnen und Historiker: Kalender helfen, genau zu bestimmen, in welcher Reihenfolge Ereignisse stattfanden.

M 2 Feldarbeit im Mittelalter

---

1. Stellt zu zweit Vermutungen darüber an, warum die Menschen vor 3600 Jahren die Sternenbilder auf der Scheibe festgehalten haben.

2. Erläutere die Vorteile der Kalendernutzung im Alltag von Bauern und Forschenden. Nenne Beispiele, in denen der Kalender unverzichtbar ist.

Verschiedene Zeitrechnungen

Wir wissen nicht nur, dass Jahreszeiten oder Monate immer wiederkehren, son-
60 dern stellen uns Zeit auch als etwas vor, das vergeht: Wir zählen die Jahre. Um uns darüber zu verständigen, in welchem Jahr wir uns befinden, müssen wir einen Anfang unserer **Zeitrechnung** bestimmen, also ein
65 Jahr »Null«. Das funktioniert natürlich nur, wenn alle sich an diese Abmachung halten. Unser Jahr »Null« ist das Geburtsjahr von Jesus Christus. Alles, was danach passiert ist, kennzeichnen wir mit dem Zusatz »nach
70 Christus« (**n. Chr.**), alles, was vor seiner Geburt geschehen ist, mit dem Zusatz »vor Christus« (**v. Chr.**).

Doch es gibt auch andere Zeitrechnungen: In islamischen Ländern zählt man bei-
75 spielsweise die Jahre seit der Auswanderung des Religionsstifters Mohammed aus Mekka nach Medina. Nach unserer Zählung war das am 16. Juli 622. Und als wir das Jahr 2000 zählten, befanden wir
80 uns nach jüdischer Zeitrechnung bereits im Jahr 5760 »nach Schöpfung der Welt«.

Zeit messen

Kalender teilen Zeit in Jahre, Monate, Wochen und Tage. Wir messen aber auch Stunden und Minuten. Dass ein Tag 24
85 Stunden dauert, haben die Römer festgelegt. Für die meisten Menschen war das aber bis ins hohe Mittelalter ganz egal. Ihr Tag begann »beim Hahnenschrei« und endete »bei Einbruch der Dunkelheit«. Am
90 Sonntag läuteten die Glocken, damit alle rechtzeitig zum Gottesdienst kamen.

Als aber immer mehr Menschen als Händler und Kaufleute arbeiteten, wurden zeitlich genaue Verabredungen wichtiger.
95 Doch bisher bekannte Zeitmessgeräte wie Wasser- oder Sonnenuhren, waren zu ungenau und wetterabhängig. Nun, etwa im 13. Jahrhundert, wurden die mechanischen Uhren entwickelt. Reiche Städte,
100 die es sich leisten konnten, errichteten eine Turmuhr, die jede Stunde mit einem für alle hörbaren Glockenschlag einläutete. In Norddeutschland wurde eine solche Uhr erstmals in Hamburg in Betrieb genommen
105 – im Jahr 1375.

M 3 Die Schöpfung der Welt auf einem Mosaik aus dem 12. Jahrhundert

M 4 Die ersten Turmuhren wurden von riesigen Zahnrädern angetrieben.

---

3. Denke dir ein Datum aus, das du an den Anfang deiner Zeitrechnung stellen willst, und berechne, in welchem Jahr du dich jetzt befinden würdest.

4. Überlegt in Vierergruppen, wie sich die Einführung der Turmuhr auf den Alltag von Bauern – Kaufleuten – Handwerkern – Pfarrern auswirkte.

Meine Familie und ich im Zeitstrahl

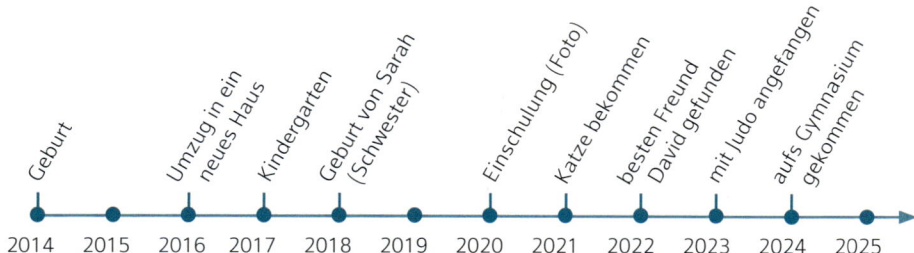

Wer Erkenntnisse über die Vergangenheit gewonnen hat, kann sie zu einer Geschichte verbinden und erzählen. Eine andere Möglichkeit, Informationen über die Vergangenheit zu vermitteln, ist es, Abläufe von Ereignissen in einem **Zeitstrahl** darzustellen. Ein Zeitstrahl zeigt auf einen Blick, was geschehen ist. Dafür werden auf einem Strahl, also einer Linie mit einem Pfeil am Ende, immer gleiche Abstände eingezeichnet. Sie stehen für bestimmte Zeitabstände, z. B. jeweils für ein Jahr.

Nehmen wir an, du möchtest jemandem übersichtlich einen Einblick in dein Leben geben. Wenn du elf Jahre alt bist und einen Zeitstrahl zu deinem Leben erstellen willst, dann könntest du für jedes Jahr einen Zentimeter als Abstand wählen. Am Anfang stünde deine Geburt. Sie wäre bei Null. Nach einem Zentimeter käme
15 die Eins, nach zwei Zentimetern die Zwei usw.

M 1 2020: Luis bei seiner Einschulung

Legst du aber einen Zeitstrahl für das Leben eines Eltern- oder Großelternteils an, wirst du merken, dass der Platz auf deinem Blatt nicht ausreicht. Deshalb musst du den Maßstab ihres Zeitstrahls verändern: Wenn es für dein Leben noch möglich ist, für ein Jahr
20 einen Zentimeter auf dem Strahl abzutragen, dann muss bei deiner Großmutter vielleicht ein Zentimeter für fünf Jahre stehen.

Nehmen wir an, sie ist 78 Jahre alt, dann müsstest du die nächste durch 5 teilbare Zahl – die 80 – teilen. Das Ergebnis ist 16. Du musst also eine Strecke auf dem Strahl abtragen, die 16 cm lang
25 ist, um die Lebenszeit deiner Großmutter zu erfassen.

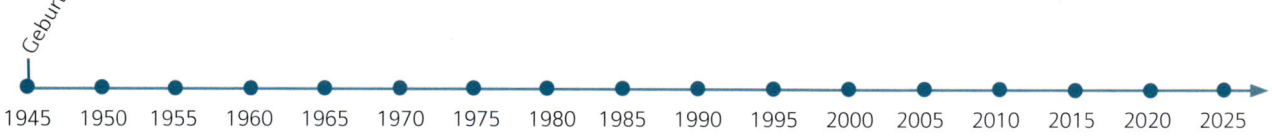

Ein Thema festlegen

Jetzt ist die Zeit also eingeteilt. Etwas fehlt aber noch! Was ist in dieser Zeit wichtig gewesen? Was wichtig war, hängt davon ab, was du darstellen möchtest.

Wenn du beispielsweise darstellen willst, wie sich eure Fami-
30 lie entwickelt hat, dann würdest du in den Zeitstrahl für deine Großmutter sicher eintragen: wann sie geboren wurde, wann ihre Geschwister geboren wurden, wann sie geheiratet hat, wann Kinder und Enkelkinder zur Welt gekommen sind. (Auch du würdest also darin vorkommen.) Wenn es um die berufliche Entwicklung deiner
35 Großmutter geht, werden die Zeitpunkte für ihre Schulabschlüsse, ihre Ausbildung, die Beschäftigungsstellen und wann sie vielleicht in Rente ging von Bedeutung sein.

Die Ereignisse werden dem Zeitstrahl möglichst genau zugeordnet. Nun kann man auf einen Blick sehen, was für wichtige Ereignisse
40 es gegeben hat und wie weit sie auseinanderliegen.

1. Zeichne einen Zeitstrahl, mit dem du die wichtigsten Stationen aus deinem Leben darstellst.

2. Erstelle einen Zeitstrahl für das Leben eines Großelternteils.

M 2 1975: Oma Cústodia, Opa Aventino und Filipe in Hessisch-Lichtenau

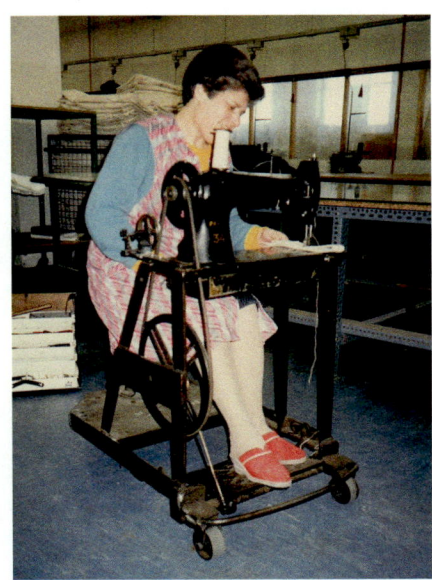

M 3 1979: Oma Cústodia arbeitet als Näherin in einer Fabrik. Aus groben, wetterfesten Stoffen näht sie Zelte und Markisen.

M 4 (links) Stationen aus dem Lebenslauf von Oma Cústodia

1 **Portugal:** Wo dieses europäische Land liegt, siehst du auf der Karte hinten im Buch.

Lebensdaten von Oma Cústodia

1945	Geburt in Diogo Martins (Portugal[1])
1951	Einschulung
1955	Schulabschluss (Primarstufe)
1965	Hochzeit mit Opa Aventino
1966	Umzug nach Lissabon (Portugal) und Arbeit in einer Näherei
1969	Geburt des erstes Kindes, Filipe (mein Vater)
1973	Umzug nach Deutschland: Oma Cústodia und Opa Aventino finden Arbeit in einer Fabrik in Hessisch-Lichtenau
1976	Geburt des zweiten Kindes, Riquina
1980	erster Portugalurlaub mit eigenem Auto

Menschen in der Vorgeschichte

Auf der Treppe des Moesgaard-Museums bei Aarhus (Dänemark) sind unsere Vorfahren versammelt: Besucherinnen und Besucher begegnen sieben Menschenarten aus der Vorgeschichte. So wird der lange Zeitraum genannt, aus dem keine schriftlichen Quellen überliefert sind. Der unten links von vorn abgebildete »Turkana-Junge« lebte vor etwa 1,8 Millionen Jahren im heutigen Tansania.

Funde aus der Vorzeit müssen vorsichtig behandelt werden. Das Foto zeigt eine ↦ Archäologin in Schöningen (Niedersachsen), die gerade den Backenzahn eines Waldelefanten reinigt.

Auf den folgenden Seiten erfährst du,

- warum die gemeinsame Jagd vor 300 000 Jahren eine besondere menschliche Leistung war.
- dass es wichtig für das Überleben der Menschen in Europa war, Feuer machen zu können.
- welche Auswirkungen es hatte, dass die Menschen ↦ sesshaft wurden, Tiere züchteten und Getreide anbauten.

Außerdem übst du,

- dich in Forschende hineinzuversetzen und Fragen an Fundstücke zu stellen.
- eine Geschichtskarte zu lesen und ihr Informationen über die Ausbreitung des Menschen zu entnehmen.
- verschiedene Zeiträume der Vorgeschichte miteinander zu vergleichen.

Ganz in der Nähe: Spuren früher Menschen

Wann lebten die ersten Menschen in unserer Gegend? Wie haben sie gelebt? Und wie haben sie ausgesehen? Vielleicht so wie die Figur auf dem Foto M 1? Sie wurde
5 für ein Museum **rekonstruiert**, also nach wissenschaftlichen Erkenntnissen gestaltet. Aber wie konnten diese Erkenntnisse überhaupt gewonnen werden? Von unseren frühesten Vorfahren sind schließlich keine
10 Bilder überliefert.

Um etwas über sie zu erfahren, müssen wir graben – und zwar ganz tief! Das ist das, was ↦ **Archäologinnen und Archäologen**[1] häufig tun. Sie beschäftigen sich mit dem,
15 was Menschen hinterlassen haben und versuchen, aus dem, was sie finden, Erkenntnisse zu gewinnen.

Fundort Schöningen

Natürlich kann man nicht einfach auf gut Glück losgraben. Man braucht schon Er-
20 fahrung, um zu erkennen, ob an einer bestimmten Stelle Spuren von Menschen zu finden sein könnten. Und am besten gräbt man gleich dort, wo ohnehin schon gegraben wird.

25 So machten es auch Archäologinnen und Archäologen im Tagebau[2] bei Schöningen in Südostniedersachsen. Als man hier vor gut 50 Jahren begann, Braunkohle abzubauen, waren sie von Anfang an dabei. Sie
30 hofften, bei Untersuchungen der tieferen Erdschichten auf Spuren aus der Frühzeit des Menschen zu treffen.

M 1 Rekonstruktion eines frühen Menschen, wie er vor etwa 300 000 Jahren auch in Niedersachsen lebte

1 Archäologinnen/ **Archäologen:** Wissenschaftlerinnen und Wissenschaftler, die Überreste des Menschen erforschen. Sie führen Grabungen durch und werten ihre Funde aus.

2 **Tagebau:** das Abbauen von Bodenschätzen, die dicht unter der Erdschicht liegen, mithilfe großer Bagger

Für einen Sensationsfund braucht man aber auch Glück. Und das hatten sie in Schönin-
35 gen: Weil ein riesiger Schaufelradbagger des Tagebaus eine Zeit lang funktions-untüchtig war, konnte das Forschungsgebiet ausgeweitet werden. Und nun entdeckte das Team etwas, das alle Erwartungen übertraf:
40 Zahlreiche Knochen, vor allem von Pferden. Dazwischen lagen lange Hölzer, die bear-beitet zu sein schienen: Speere?

Nach einigen Untersuchungen stand fest: Das sind Wurfspeere und sie sind etwa
45 300 000 Jahre alt. Damit sind sie die älte-sten erhaltenen menschlichen Waffen der Welt! Zu sehen sind sie heute – wie auch der rekonstruierte Frühmensch – im Museum »Paläon« in Schöningen.

M 2 Das Schaufel-rad eines Baggers trägt kohlehaltiges Gestein ab.

M 3 Forschende untersuchen das Erdreich Schicht für Schicht.

M 4 Heute werden die »Schöninger Speere« in einer Museumsvitrine präsentiert. Sie liegen in einer Art Wasserbad – an der Luft würden sie zerfallen.

1. Erläutere die Abbildungen M 2– M 4 mithilfe des Darstellungstextes und der Bildunterschriften.

2. Formuliert zu zweit Fragen, die ihr einer Archäologin über die Wurf-speere stellen könntet.

Funde und erste Fragen

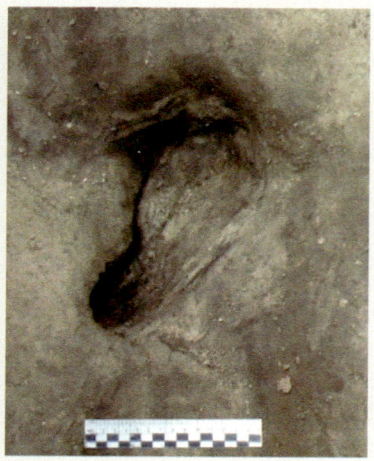

M1 In Schöningen wurden Knochen ausgestorbener Tiere gefunden, z.B. von Waldelefanten, Auerochsen, einem Säbelzahntiger, vor allem aber von Wildpferden. Viele Knochen waren gezielt zerschlagen und mit Schneidewerkzeugen zerteilt worden.

M3 Die jüngste Entdeckung aus dem Jahr 2023: ein versteinerter menschlicher Fußabdruck

M4 Gefunden wurden auch Feuerstellen und Werkzeuge, z.B. Faustkeile, Steinklingen und Klemmschäfte. In einen Klemmschaft (rechts) wurden Klingen gesteckt.

M2 Die »Schöninger Speere« sind aus Fichtenholz gefertigt. Sie sind den Speeren, die heute in der Leichtathletik benutzt werden, ziemlich ähnlich. Der längste gefundene Speer ist etwa 2,50 Meter lang und hat eine Wurfweite von bis zu 70 Metern. Das haben Versuche mit Nachbauten gezeigt.

1. Betrachtet M1–M4 und tauscht euch darüber aus, was die Funde über das Leben der damaligen Menschen verraten könnten.

M 5 Vereinfachte Darstellung der Bodenschichten, die bei Schöningen vorgefunden wurden

Um mehr über die Funde in Schöningen zu erfahren, haben wir einen Experten befragt. Zuerst wollten wir etwas über das Alter der Fundstücke wissen:

Ablagerungen der letzten und der mittleren Eiszeit (bis ca. 300 000 Jahre alt)

Ablagerungen der ältesten Eiszeit (bis ca. 400 000 Jahre alt)

Sande und Braunkohle (bis ca. 50 Millionen Jahre alt)

Die dunkle Schicht mit Überresten von Tieren und Werkzeugen enthält Faulschlamm, der sich nur in Warmzeiten bilden konnte. Sie ist bis zu 320 000 Jahre alt und lag 10 bis 15 Meter unter der Erde.

Wie hat man erkannt, dass die Speere alt sind?

5 Stell dir vor, du hättest zu Hause eine gläserne Mülltonne, in die jeden Tag Abfall gefüllt wird. Nach einigen Tagen könntest
10 du dich wahrscheinlich anhand des sichtbaren Abfalls daran erinnern, was du in den vergangenen Tagen gemacht hast. Aber auch die Reihenfolge wird deutlich. Du kannst sehen, dass du etwas ausgeschnitten
15 ten hast, nachdem du ein Spiel bekommen hast, weil die Schnipsel vom Ausschneiden über dem Geschenkpapier des Spiels liegen. So ist es auch, wenn man tief in die Erde gräbt. Auch hier liegen verschiedene
20 Schichten übereinander. In der Regel ist das, was oben liegt, jünger als das, was unten liegt.

Woher weiß man, wie alt die verschiedenen Ausgrabungsschichten sind?

25 Dazu braucht man noch viele andere Wissenschaften. Biologinnen können anhand der gefundenen Pflanzenpollen sagen, was dort früher wuchs. Geologen können das Alter des Gesteins angeben, andere Wis-
30 senschaftlerinnen können bestimmen, wie alt das Material der Fundstücke ist. Wenn wir alle Erkenntnisse kombinieren, können wir darauf schließen, wie alt die Schichten sind und wie die Gegend damals ausgese-
35 hen hat. Die Fundstücke aus Schöningen sind ungefähr 300 000 Jahre alt. Die Zeit, über die wir hier sprechen, nennen wir ↪**Altsteinzeit.**

2. Lies die Fragen und Antworten oder höre sie dir unter dem Webcode in der Randspalte an. Erkläre dann, wie ↪ Archäologinnen und Archäologen das Alter von Fundstücken bestimmen. Berücksichtige dabei die Lage der Funde und die anderen Wissenschaften, deren Hilfe sie benötigen.

3. Erläutere die Grafik M 5, indem du den Vergleich mit der gläsernen Mülltonne darauf überträgst.

+ Informiere dich bei deinem Sportlehrer oder deiner Physiklehrerin darüber, welche Eigenschaften ein Speer besitzt, den man in der Leichtathletik verwendet.

+ Informiere dich bei deinem Biologielehrer und deiner Erdkundelehrerin darüber, wie wir Kenntnisse über Umweltveränderungen in der Erdgeschichte erlangen können.

WES-117726-003
Unter diesem Webcode kannst du dir die Fragen und Antworten anhören.

Funde und Deutungen

M 1 Eine Gruppe von Menschen, wie sie in der Nähe von Schöningen gelebt haben könnte (Rekonstruktionszeichnung)

Was sagen die Funde über das Leben der damaligen Menschen in dem Gebiet aus, in dem wir heute leben? Das folgende Interview gibt dazu Auskunft:

5 Was erfahren wir von den Funden Neues über die Menschen?

Was wir schon wussten, ist, dass die Menschen vor 300 000 Jahren sehr gut an die Natur angepasst lebten. Sie waren ↦ **Wild-**
10 **beuter**, das heißt, sie ernährten sich von Pflanzen und Aas, also dem, was sie mehr oder weniger zufällig in der Natur fanden.

In Schöningen waren viele Knochen und einige Speere, aber keine Reste eines Lagers
15 zu finden. Daraus haben wir geschlossen, dass die Menschen nur für die Jagd hierherkamen, nicht, um hier zu leben. Sie müssen die Jagdtiere genau beobachtet und ihr Vorgehen geplant haben. Auch ihre
20 Waffen haben sie zielgerichtet hergestellt.

Für die Jagd mussten sie als Gruppe eng zusammenarbeiten: gemeinsam eine Jagdstrategie entwickeln und diese dann auch gegen die Tiere durchhalten. Die Tiere
25 waren ja nicht nur stärker und schneller als die Menschen, sondern hatten auch gefährliche Zähne und Klauen. Dass die Menschen ihre Jagden damals schon gemeinsam planten, wussten wir bisher nicht.

30 Wie benutzten die Menschen damals ihre Waffen?

Bei der Jagd teilten sie sich auf: Eine Gruppe schreckte die Herde auf, die andere Gruppe jagte die langsameren Tiere mit
35 ihren Wurfspeeren. In manchen Gegenden hoben die Menschen auch Fallen aus, um Großtiere wie etwa Mammute zu fangen. Mit ihren Waffen jagten die Menschen aber nicht nur. Sie verteidigten sich und ihre Kin-
40 der auch gegen Raubtiere und Nahrungskonkurrenten wie Waldnashörner oder Säbelzahntiger.

WES-117726-004

Unter diesem Webcode kannst du dir den Text anhören.

Hatten die Menschen feste Orte, an denen sie lebten?

45 Nein. Sicher hatten sie ihr Lager an einem geschützten Ort, vielleicht auf einem nahe gelegenen Hügel, von wo aus sie das Gebiet gut im Blick hatten. Aber sie blieben nicht an einem Ort: Die frühen Menschen
50 lebten als ↦ **Nomaden**. Das bedeutet: Sie zogen umher.

Aus welchem Grund blieben sie denn nicht an einem Ort?

Neben dem Fleisch und Knochenmark der
55 Tiere aßen die Menschen auch Wurzeln, Nüsse und Früchte, die sie sammelten. Wenn eine Gegend nicht mehr genügend Nahrung bot und die Jagdtiere abwanderten, zogen auch die Menschen weiter.
60 Dann suchten sie Schutz in Felsvorsprüngen und Höhleneingängen. Unterwegs bauten sie sich auch Schutzhütten oder Zelte aus Tierhäuten.

Doch sie kehrten häufig an Orte zurück,
65 die ihnen guten Schutz boten, vor allem im Winter. Die Schöninger Funde zeigen, dass Menschen immer wieder – möglicherweise über Jahrtausende – dort gewesen sind. Denn in der flachen, überschaubaren Land-
70 schaft lag ein See, der ein sicherer Nahrungslieferant war: Er bot Trinkwasser und lockte Beutetiere an.

Wie haben sich die Menschen in der wilden Natur zurechtgefunden?

75 Um Nahrung zu sammeln oder Wild zu jagen, mussten sich die Menschen von ihren Quartieren sehr weit entfernen. Sie müssen daher eine viel bessere Orientierungsfähigkeit als wir gehabt haben.

80 Wir gehen davon aus, dass sie nicht nur Tierfährten lesen konnten, sondern auch wussten, wann und wo sie die Herden erwarten konnten. Das war wichtig für die Jagd. Denn wenn sie den Tieren gefolgt
85 wären, hätte das sicher den Fluchtimpuls der Tiere ausgelöst, die ja viel schneller als die Menschen sind. Ihr Wissen über die Natur müssen die Menschen untereinander und von Generation zu Generation
90 weitergegeben haben.

---

1. Überprüfe mithilfe des Interviews deine Vermutungen, die du über die Bedeutung der ↦ archäologischen Funde aus Schöningen angestellt hast (S. 24, Aufgabe 1).

2. Erkläre die Begriffe »Wildbeuter« und »Nomaden«.

M2 Rekonstruktionzeichnung: So könnte eine Wildpferdjagd ausgesehen haben.

Menschen breiten sich aus

M 1 So könnte es ausgesehen haben, wenn in der Altsteinzeit verschiedene Menschenarten zusammentrafen: Neandertaler und Homo sapiens begegnen sich.

Von Afrika in die Welt

Seit wann gibt es überhaupt Menschen auf der Welt? Forschende gehen davon aus, dass sich die ersten Menschen vor mehr als zwei Millionen Jahren im Osten des afrikanischen Kontinents entwickelt haben und
5 von dort in andere Erdteile gewandert sind. Den Norden Europas erreichten Menschen vor etwa 700 000 Jahren. Überall passten sie sich ihrer neuen Umgebung an und veränderten sich dabei, z. B. zu der Menschen-
10 art, die am Schöninger See gejagt hat.

Mit den stark schwankenden Klimaverhältnissen in Europa kam eine andere Menschenart noch besser zurecht: der **Neander-**
15 **taler**[1]. Diese Menschenart war kleiner, muskulöser und schwerer als wir, hatte ein größeres Gehirn und ernährte sich hauptsächlich von Fleisch. Mit ihren ausgefeilten Waffen waren Neandertaler sehr
20 geschickt bei der Jagd. Sie lernten, aus tierischen Knochen und Sehnen Pfeilspitzen sowie Nadeln und Garn herzustellen sowie Haut und Organe der Tiere für Kleidung und Transportbeutel zu verwerten.

Homo sapiens – auch wir

25 Vor mindestens 200 000 Jahren entwickelte sich eine neue Menschenart: der **Homo sapiens** oder »Jetztmensch«. Auch Jetztmenschen kamen aus Ostafrika. Sie breiteten sich zunächst in Afrika aus, um
30 von dort in alle anderen Kontinente auszuwandern. Vor mehr als 40 000 Jahren gelang es ihnen, sich in Europa dauerhaft niederzulassen. Hier trafen sie auf die Neandertaler, und beide Menschenarten
35 lebten viele Jahrtausende nebeneinander. Die Jetztmenschen vermischten sich zwar – wie in allen anderen Erdteilen – mit den älteren Menschenarten. Doch diese starben irgendwann aus – nur wir Homo sapiens
40 blieben übrig. Wir heutigen Menschen in Europa und Asien tragen aber noch etwas vom Erbgut der Neandertaler in uns.

Überleben im kalten Europa

Der Homo sapiens musste in Europa neue Überlebensstrategien entwickeln. Hier
45 herrschten niedrigere Temperaturen als auf dem afrikanischen Kontinent, von wo er gekommen war. Vor etwa 20 000 Jahren gab es die bisher letzte **Eiszeit**: Nordeuropa war damals völlig von Eis bedeckt,
50 bis nach England hin war die Nordsee zugefroren. Wie konnten die Menschen hier überhaupt überleben? Nur mit Feuer! Die Beherrschung des Feuers war für die Menschen der Durchbruch. Das Feuer wärmte
55 sie. Und nicht nur das: Es half ihnen auch, ihre Nahrung besser verdaulich zu machen und sich gegen Tiere zu schützen.

Wahrscheinlich haben die Menschen zunächst natürlich entstehende Feuer genutzt
60 und zu bewahren versucht. Feuer entzün-

1 Neandertaler: Der Name geht auf das Neandertal bei Düsseldorf zurück, wo Skelette dieser Menschenart gefunden wurden.

2 Wie in der Steinzeit Feuer gemacht wurde, zeigt ein ↦ Archäologe in diesem Film:

WES-117726-005

WES-117726-006

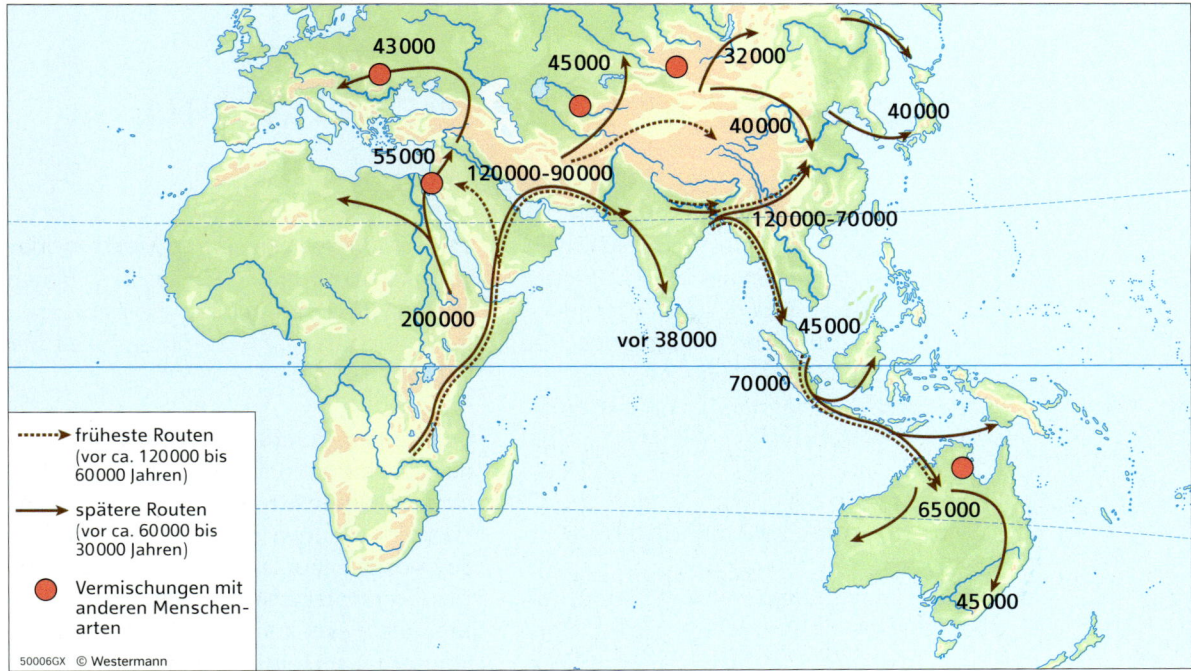

M 2 Karte: Die Ausbreitung des Homo sapiens

dete sich z. B. durch Blitzschlag. Aber es selbst herzustellen, war viel schwieriger. Die Menschen nutzten dafür die Funken, die beim Aufeinanderschlagen von Feuer-
65 steinen entstehen[2]. Später lernten sie auch, Hitze zu nutzen, die beim Reiben entsteht: mithilfe von Holzbohrern.

1. Die Karte M 2 zeigt, wie sich die Jetztmenschen auf der Welt verbreitet haben. Beschreibe ihre Wanderungswege mithilfe des Kompetenztrainings.

2. Arbeite aus dem Text heraus, wie sich die Menschen in der Eiszeit behaupten konnten.

3. a) Arbeite aus dem Text und M 1 Gemeinsamkeiten von Homo sapiens und Neandertalern heraus.
   b) Ordne ein: Sind die Neandertaler unsere menschlichen Vorfahren?

+ Bearbeite die interaktive Übung »Eine Jagdbeute wird verarbeitet«. Nutze den Webcode WES-117726-006.

🔍 Eine Geschichtskarte beschreiben

Geschichtskarten zeigen oft Entwicklungen, die sich in bestimmten Gebieten abgespielt haben. Das Thema einer Karte erfährst du aus der Bildunterschrift. Wichtige Informationen enthält zudem die Legende. Bei M 2 findest du sie links unten: Dort sind Symbole und ihre Erklärungen aufgelistet. In die Karte wurden nur die Symbole eingezeichnet. In diesem Fall sind es rote Punkte und verschiedene Arten von Pfeilen. Der Legende musst du entnehmen, was sie bedeuten.

1. *Lege in deinem Heft eine Tabelle an. Links nennst du die Bedeutungen der Symbole, rechts daneben schreibst du auf, wo sie in der Karte vorkommen. Dazu musst du wissen, wie die Kontinente heißen, und die Himmelsrichtungen kennen. So kannst du z. B. aufschreiben, ob ein bestimmtes Symbol in Ost- oder Westasien auftaucht.*

2. *Die Pfeile beschreiben die Entwicklung im Raum, die dazugehörigen Jahreszahlen verbinden sie mit der Entwicklung in der Zeit. Betrachte die beiden Angaben, um herauszufinden, in welchem Zeitraum die Ausbreitung in welcher Gegend stattfand.*

3. *Fasse anschließend in einem kurzen Text zusammen, was die Karte zeigt.*

Steinzeitliche Glaubensgemeinschaften

Durch ihr gemeinsames Handeln entwickelten die Menschen auch Vorstellungen von Dingen, die sie nicht sehen oder anfassen konnten. Diese Vorstellungen gehörten
5 genauso zu ihrer Welt wie die Natur. Um sich darüber zu verständigen, nutzten die Menschen Bräuche.

Bestattungen und Gestaltungen

Schon vor mindestens 100 000 Jahren begruben Menschen ihre Toten in einzelnen
10 Gräbern, die sie mit Erdfarben hervorhoben. Sie legten auch Blumen, Tierknochen oder behauene Steine dazu.

Versuchten sie, sich den Abschied leichter zu machen oder kämpften sie damit gegen
15 ihre Angst vor dem Tod an? Vielleicht stärkte die Bestattung auch die Einigkeit der Lebenden.

Gemeinsam schufen die Menschen auch Kunstwerke. In Höhlen auf der ganzen Welt
20 sind Malereien erhalten, die während der Eiszeiten vor etwa 30 000 Jahren und noch danach geschaffen wurden. Sie zeigen Tiere und Menschen, die jagen und tanzen. Aus dieser Zeit stammen auch kleine
25 Figuren aus Stein und Elfenbein. Wozu dienten die Bilder und Figuren? Das können wir nur erahnen. Möglicherweise gestalteten die Menschen Tierfiguren, um sich mit den Tierseelen zu verbinden.

30 Manche Malereien und Gegenstände zeigen, dass es so etwas wie eine Naturreligion gegeben haben muss: Die Menschen verstanden sich als Teil der Natur. Ihr ganzes Leben sahen sie eingebunden in die
35 Abläufe der Natur, wie den Aufgang und den Untergang von Sonne und Mond und den Wechsel der Jahreszeiten. Wahrscheinlich glaubten sie, durch bestimmte Handlungen, die wir **Kulte** nennen, Ereig-
40 nisse wie etwa die Jagd beeinflussen zu können.

M1 In Spanien fand man in alten Brunnen aufwendig gestaltete, unbenutzte Werkzeuge. Forschende nehmen an, dass Menschen ihre Verstorbenen in diesen Brunnen hinterlassen haben und ihnen die Werkzeuge mit ins Grab gaben.

Die nur 3,6 cm hohe Schnitzerei aus Mammutelfenbein ist etwa 25 000 Jahre alt. Sie gilt als die erste Darstellung eines menschlichen Gesichts der Geschichte. Fundort: Brassempouy, Frankreich

Das Alter des »Löwenmenschen« wird auf etwa 28 000 Jahre geschätzt. Er wurde wie auch das kleine Mammut aus Mammutelfenbein geschnitzt. Fundort: Vogelherdhöhle, Deutschland

Seit 30 000 Jahren hinterließen Menschen in indischen Höhlen Zeichnungen, meist von Jagdszenen. Fundort: Bhimbetka, Indien

Hier begannen Menschen vor etwa 10 000 Jahren, mit Abdrücken ihrer Hände ein Höhlenbild zu gestalten. Fundort: Cueva de las Manos, Argentinien

Das Alter dieser sehr gleichmäßig durchbohrten Muscheln wird auf 75 000 Jahre geschätzt. Vermutet wird, dass sie als Schmuck dienten. Fundort: Blombos-Höhle, Südafrika

Dieser Fisch wurde auf einer Felswand entdeckt, die vor etwa 40 000 Jahren erstmals bemalt wurde. Fundort: Ubirr, Australien

M 2 Einige Fundorte steinzeitlicher Höhlenbilder sowie gestalteter Figuren und Gegenstände

1. Lies den Darstellungstext und erkläre in deinen Worten, was man heute über die Kulte der Steinzeit vermutet.

2. Betrachte auf der Karte M 2 die Malereien und Gegenstände, die Menschen überall auf der Welt angefertigt haben. Wähle ein Beispiel aus und überlege, welche Bedeutung es für die Menschen gehabt haben mag.
   ↦ **Tipp:** S. 332

3. Trage in eine Tabelle in deinem Heft ein, welche Kenntnisse du über die

↦ Altsteinzeit gewonnen hast. Lege das Blatt quer, damit du später noch zwei Spalten ergänzen kannst.

	Altsteinzeit
Unterkunft	
Ernährung	
Techniken	
Werkzeuge	
Lebensweise	
Kulte	

WES-117726-007

Unter diesem Webcode kannst du eine Vorlage der Tabelle abrufen.

Malen und Musizieren wie in der Steinzeit

M1 Wandmalerei in der Höhle von Lascaux. Die Tiere wurden mit verschiedenen Farben mehrfach übermalt.

Gemälde in der Dunkelheit

M2 Gemalt wurde mit getrockneten Erden und Ruß. Die Farbteilchen blieben an der feuchten Felswand haften.

Besonders lebendige Wandbilder aus der Steinzeit befinden sich in der Höhle von Lascaux in Südfrankreich. Sie wurde 1940 zufällig von abenteuerlustigen Jugend-
5 lichen gefunden, die eigentlich unterirdische Geheimgänge gesucht hatten. Mit ihren Taschenlampen entdeckten sie plötzlich ein riesiges Gemälde an der Höhlenwand: Stiere, Hirsche, Pferde. Die Bilder
10 sind vor 40 000 bis 15 000 Jahren entstanden – über einen sehr langen Zeitraum also. Höhlen wurden viele Tausend Jahre benutzt und immer wieder hinterließen Menschen in ihnen neue Bilder.

15 Weil der Publikumsandrang den Bildern schadete, wurde die Höhle inzwischen rekonstruiert. Der Nachbau kann besichtigt werden. Aber auch ein Besuch im Internet ist möglich.

WES-117726-008

PROJEKTVORSCHLAG

1. Gestalte einmal selbst eine »Höhlenmalerei«. Nutze dazu Kohle- oder Kreidestifte und Acrylfarben. Als Malgrund eignet sich fester Karton oder Pappe.

   Tipp: Wenn du den Malgrund dünn mit Kleister bestreichst und Sand darauf streust, erhältst du eine unregelmäßige Oberfläche, die ähnlich wie das Gestein der Höhlen wirkt. Es dauert allerdings mehrere Stunden, bis dieser Untergrund getrocknet und bemalbar ist.

2. Vergleiche dein Ergebnis mit den steinzeitlichen Höhlenbildern. Schau dir dazu den Film unter dem Webcode WES-117726-008 an.

Der Ton macht die Musik

20 Auch Musik haben die Menschen schon
früh gemacht. Dabei haben sie nicht nur
ihre Stimme und ihren Körper benutzt,
sondern auch Instrumente angefertigt.
Die ältesten, heute noch erhaltenen Musik-
25 instrumente sind ungefähr 40 000 Jahre alt.
Es sind aus Knochen gefertigte Flöten.
Unter dem Webcode WES-117726-009
findest du einen Film darüber.

Aber auch andere Fundstücke wurden
30 von ↦ Archäologinnen und Archäologen
als Instrumente gedeutet, beispielsweise
als Trommeln, Muscheltrompeten oder
Schwirrhölzer. Das sind flache ovale Holz-
stücke, die an einer langen Schnur im Kreis
35 geschwungen wurden und surrende Töne
erzeugten.

M 3 Die Erprobung
dieses steinzeit-
lichen »Xylophons«
fand 2014 in einem
französischen
Museum statt.

PROJEKTVORSCHLAG

1. Fragt eure Musiklehrerin oder euren
Musiklehrer, wie ihr steinzeitliche
Klänge selbst erzeugen könnt.

2 Fertigt Instrumente aus Natur-
materialien an und stellt ein Steinzeit-
Orchester zusammen. Denkt auch
daran, wie ihr mit eurem eigenen Körper rhythmische Geräusche und Töne
erzeugen könnt.

M 4 Oben liegt eine
nachgebaute Geier-
flügel-Knochenflöte,
unten eine Flöte aus
Mammutelfenbein.

WES-117726-009

Überreste aus der Jungsteinzeit

M1 Die »Teufelssteine von Bischofsbrück«. Foto, 2014

M2 So könnte der Bau einer Großsteingrabanlage verlaufen sein:

Die Steine wurden auf Schlitten transportiert.

Wo das Grab entstehen sollte, hob man Vertiefungen aus und schichtete kleine Steine zur Stabilisierung auf.

Nun wurden zwei große Trägersteine einander gegenüber aufgestellt.

Darauf legte man den Deckstein. Diese drei Steine bildeten ein Joch. Eine Grabkammer bestand aus mehreren Jochen.

Zum Schluss wurde die Grabkammer mit Erdboden bedeckt.

Teufelssteine im Landkreis Cloppenburg! Treibt im westlichen Niedersachsen etwa der Teufel sein Unwesen? Das haben die Menschen früher zumindest geglaubt und
5 die Steine so benannt. Sie konnten sich nicht vorstellen, dass jemand anderes als der Teufel selbst mit seinen übernatürlichen Kräften die tonnenschweren Riesenfelsen aufeinandergeschichtet haben könnte.

Bedeutende Steinbauten

10 Natürlich war es nicht der Teufel. Vor etwa 5 000 Jahren haben Menschen die riesigen Steine – sogenannte Megalithen – verbaut. Dafür mussten sie in großer Zahl wochenlang zusammenarbeiten. Außer
15 dem setzten sie kräftige Tiere ein und bauten aus Holzstämmen Schlitten, mit denen sie die Steine transportierten (M2). Warum taten sie das? Steinanlagen wie diese dienten in ganz Europa als Grabkam
20 mern für viele Verstorbene. Und sicherlich waren sie auch Versammlungsplätze, an denen Menschen zusammenkamen, um gemeinsam religiöse Feiern abzuhalten.

Eine neue Lebensweise entsteht

Die Riesensteine sind ein Hinweis auf riesige
25 Veränderungen, die das Leben der Menschen in dieser Zeit kennzeichneten. Denn wer mit zahmen Tieren und gebauten Geräten wie Schlitten Felsblöcke bewegt, kann kein ↦ Wildbeuter sein. Diese Menschen
30 verbrachten ihr Leben an einem Ort. Sie waren ↦ **sesshaft** und lebten von gezüchteten Tieren und angebautem Getreide.

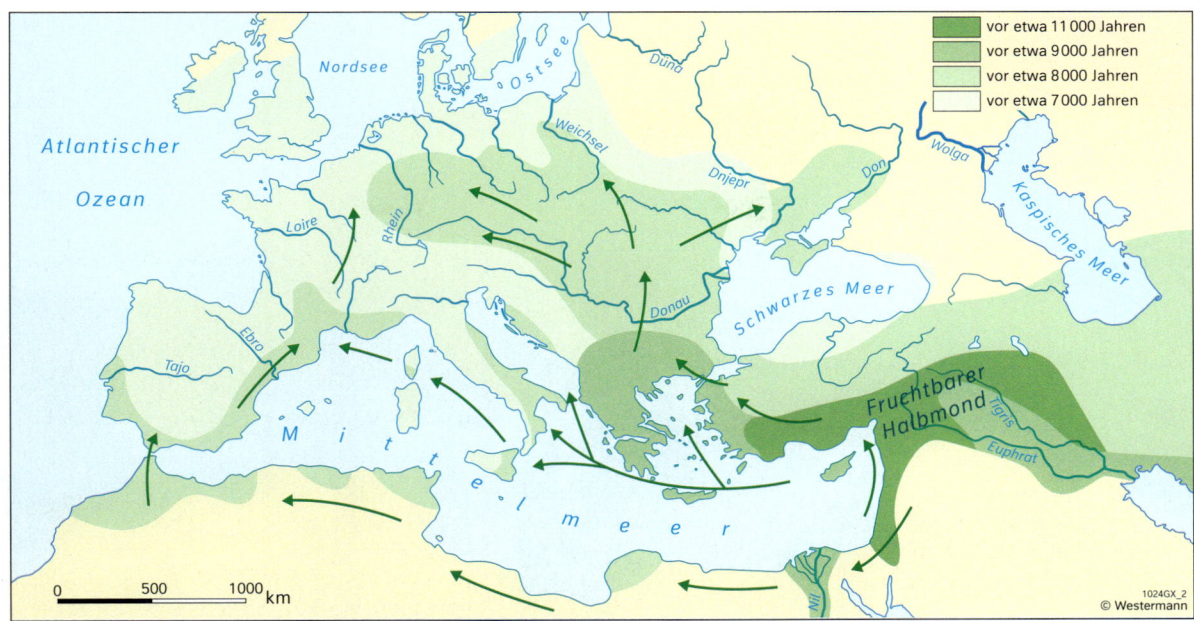

vor etwa 11 000 Jahren
vor etwa 9000 Jahren
vor etwa 8000 Jahren
vor etwa 7000 Jahren

M 3 Die Ausbreitung der sesshaften Lebensweise

Schon Wildbeuter hatten Obstbäume und Nusssträucher vor Nahrungskonkurrenten
35 geschützt und so gepflegt, dass sie mehr Früchte trugen. Nach und nach entwickelten sie Nutzgärten und übertrugen ihre Erfahrungen auf den Anbau von Getreide und Hülsenfrüchten. Um im Jahresrhythmus
40 Korn anbauen zu können, bauten sie sich feste Wohnungen. Die ersten Dörfer entstanden.

Mit dem gezielten Anbau von Getreide und der Zucht von Tieren begannen die
45 Menschen vor etwa 11 000 Jahren – im sogenannten »Fruchtbaren Halbmond«: Hier waren die klimatischen Bedingungen dafür besonders geeignet. Von dort aus zogen immer wieder Menschen weiter und
50 verbreiteten die neue Lebensweise nach Asien, Afrika und schließlich nach Europa.

Sesshaftes Leben setzt sich durch

Tiere zu züchten und Pflanzen anzubauen bedeutete für die Menschen, die Natur zu beherrschen. Doch auch wenn die ersten
55 Ackerbauern überall auf der Welt in Kontakt mit Wildbeutern standen, überzeugte die neue Lebensweise nicht alle Wildbeutergemeinschaften. Besonders an den Küsten

war das Nahrungsangebot für sie so gut,
60 dass sie sich auf die anstrengende Landwirtschaft nicht einlassen mochten. Daher existierten beide Lebensweisen Jahrtausende lang nebeneinander. Erst allmählich setzte sich die sesshafte Lebensweise
65 durch.

Die Durchsetzung von Ackerbau und Viehzucht veränderte das Leben der Menschen so umfassend, dass man auch von der Neolithischen Revolution spricht: »neoli-
70 thisch« bedeutet ↦ **jungsteinzeitlich** und »Revolution« Umbruch.

WES-117726-010

1. Erkläre in eigenen Worten, wie eine Großsteingrabanlage gebaut wurde (M 2). Welche modernen Maschinen würden die Arbeit erleichtern?

+ Wo überall gibt es Großsteingrabanlagen in Niedersachsen? Informiere dich unter WES-117726-010.

2. Beschreibe die Karte M 3 mithilfe des Kompetenztrainings (S. 29). Wo liegt der Ausgangspunkt der Entwicklung? Wie waren die Verbreitungswege des Ackerbaus?

3. Erkläre in deinen eigenen Worten, warum die Landwirtschaft das Leben der Menschen so veränderte, dass man von einer »Revolution« sprechen kann.

Die neue Lebensweise im Dorf

M1 Modell einer ⤳jungsteinzeitlichen Siedlung mit sogenannten Langhäusern, gestaltet für ein Museum

WES-117726-011

1. Betrachte M 1 und beschreibe das Leben der Menschen in der jungsteinzeitlichen Siedlung. Gehe auf ihre Wohnungen und ihre Tätigkeiten ein.
   b) Stellt zu zweit Vermutungen darüber an, wie die Menschen hier zusammenlebten.

+ Vor einigen Jahren machte eine Gruppe von sieben Erwachsenen und sechs Kindern eine Zeitreise in die Jungsteinzeit. Dafür lebten sie einige Wochen wie die Menschen vor 5000 Jahren. Unter dem Webcode WES-117726-011 kannst du dir einen Film darüber ansehen (Dauer: 15 min).

i › **Die jungsteinzeitlichen Langhäuser** waren sehr groß: zwischen 20 und 40 Meter lang und bis zu 8 Meter breit. Sie hatten lehmverputzte Wände, nur einen Eingang und keine Fenster. Forschende vermuten, dass die Dächer mit Stroh gedeckt wurden. Meist waren sie unterteilt in einen Wohnraum, einen Vorrats-, einen Arbeitsraum und einen Stall, denn in diesen Häusern lebten oft mehr als 20 Personen mit ihrem Vieh.

Manche Langhäuser standen allein, aber es gab auch kleine Siedlungen. Anfangs standen sie frei. Erst später wurden sie durch Zäune oder Erdwälle gegen wilde Tiere oder andere Menschengruppen geschützt.

Nahrung selbst herstellen

Die Menschen in den Siedlungen lebten völlig anders als die ↦Wildbeuter, die in der Natur jagten. Vor allem griffen die sesshaften Menschen stärker in die Natur ein:
5 – Sie hielten Tiere gefangen und züchteten sie zu Nutztieren.
– Sie bearbeiteten den Boden, sodass er bepflanzt werden konnte.
Kurz: Sie produzierten ihre Nahrung. Aller-
10 dings beherrschten sie die dafür nötigen Techniken nicht von Anfang an. Bis sich die Menschen ganz von der Landwirtschaft ernähren konnten, vergingen zwei bis drei Jahrtausende!

Auswirkungen der Sesshaftigkeit

15 Die bäuerliche Lebensweise eröffnete den Menschen neue Möglichkeiten: Ein landwirtschaftlich genutztes Gebiet brachte mehr Nahrung hervor als je zuvor. Um die pflanzlichen und tierischen Erzeugnisse
20 verarbeiten und aufbewahren zu können, entwickelten die Menschen neue Geräte und Methoden.

Doch die ↦sesshaften Menschen waren sehr abhängig von der Ernte. Fiel sie
25 wegen einer Dürre schmal aus oder wurde sie gar gestohlen, bedeutete das Hunger. Die neue Ernährungsweise war außerdem weniger abwechslungsreich und hatte gesundheitliche Nachteile: Die getreide-
30 haltige Ernährung nutzte die Zähne stark ab und schuf mit Karies eine schmerzhafte Bedrohung.

Sesshaft, aber in Bewegung

Sesshaft zu sein bedeutete nicht, sich immer an einem Ort aufzuhalten. Die sesshaften
35 Menschen hatten Kontakte über ihr Dorf hinaus, etwa durch verwandtschaftliche Beziehungen oder durch Handel. Außerdem gab es immer wieder Einwanderungswellen, durch die Menschen auch über ganz Europa
40 hinweg in Austausch miteinander standen.

M 2 Aus Holz, Stein und Ton entwickelten die Menschen Werkzeuge und Geräte, die sie für neue Techniken nutzten.

① und ②: Werkzeuge zur Getreideverarbeitung (Rekonstruktionen)

③ Ein sehr einfacher früher Webstuhl (Rekonstruktion). Damit konnte man aus pflanzlichen Fasern Stoffe herstellen.

④ Ein aus Ton hergestelltes Gefäß zur Aufbewahrung von Vorräten

2. Erläutere mithilfe des Darstellungstextes, wie sich das Leben der Menschen ändert, wenn es ihnen möglich ist, Vorräte anzulegen. Überlege, welche neuen Probleme damit entstehen können.
↦ **Tipp:** S. 332

3. Beschreibe die in M 2 abgebildeten Gegenstände und erkläre, wozu sie eingesetzt werden konnten.

4. Ergänze die Tabelle zur Altsteinzeit (S. 31), indem du die Veränderungen in der Jungsteinzeit in eine weitere Spalte setzt.

5. Bereitet ein Rollenspiel vor: ↦ Nomadische Steinzeitmenschen treffen auf sesshaft lebende Menschen. Die Nomaden fühlen sich durch die Lebensweise der Ackerbauern in ihren Jagdrouten bedrängt, die Ackerbauern versuchen sie dazu zu überreden, sich der Landwirtschaft anzuschließen.
↦ **Tipp:** S. 332

Mensch und Tier

M1 In Libyen in Nordafrika wurde dieses auf einen Felsen gezeichnete Bild entdeckt.

Bei der Domestizierung der Nutztiere griffen die Menschen auf ihre Erfahrungen mit ihrem ältesten tierischen Freund zurück:
15 dem Hund. Seit mindestens 14000, vielleicht sogar schon seit 30000 Jahren, leben Menschen und Hunde eng zusammen. Anfangs waren Mensch und Wolf Konkurrenten bei der Jagd um dieselbe Beute. Dann aber
20 passten sie sich aneinander an und unterstützten sich gegenseitig bei der Jagd.

Nutzen, aber auch Gefahren

Die Menschen lernten, Tiere so zu züchten, dass sie ihnen viel mehr als nur das Fleisch brachten: Sie dienten als Lasttiere,
25 lieferten Wolle, Eier und Milch. Vor allem Milchprodukte wie Käse bereicherten den menschlichen Speiseplan enorm – sofern die Menschen den in der Milch enthaltenen Milchzucker verdauen konnten. Das war bei
30 vielen erst gegen Ende der ↦ Jungsteinzeit der Fall.

In den jungsteinzeitlichen Siedlungen lebten die Menschen mit ihren Tieren zusammen und schliefen mit ihnen in
35 einem Gebäude. Durch die Nähe entwickelten sich neue Krankheitserreger, die unter den Menschen für Ansteckungen sorgten – wie z. B. die Masern.

---

1. Beschreibe die Menschen und Tiere, die auf dem Felsbild M1 zu sehen sind: Wer macht was?

Mit der ↦ Sesshaftigkeit veränderten die Menschen auch ihr Verhältnis zu den Tieren. Anstatt sie zu jagen, fingen sie nun einzelne Tiere ein und gewöhnten sie an ein
5 Leben in der Gefangenschaft: Sie **domestizierten** sie. Das bedeutet, dass sie die Tiere zähmten und über Generationen hinweg jene aussuchten, deren Eigenschaften von besonderem Nutzen waren. Das gelang
10 aber nur mit einigen Arten. Wir kennen sie noch heute als **Haus- und Nutztiere**.

---

2. a) Beschreibe, welchen Nutzen die Menschen von den verschiedenen Tieren in M2 hatten.
b) Überlege, wie der Mensch sich um die Tiere kümmern muss, um diesen Nutzen zu erzielen.
c) Ziehe daraus Rückschlüsse darauf, wie die Sorge für die Tiere das Leben der Menschen veränderte.

d) Diskutiert, wer vom Zusammenleben profitierte: Mensch und Tier oder nur der Mensch?

+ Seit viele Nahrungsmittel in Fabriken produziert werden, hat sich auch die Tierzucht stark verändert. Recherchiere dazu unter dem Webcode WES-117726-012 und stelle deine Ergebnisse in der Klasse vor.

WES-117726-012

Die ältesten Begleiter des Menschen verstehen verschiedene menschliche Worte und haben eine vielfältige Lautsprache entwickelt. Unwiderstehlich auf Menschen wirkt aber vor allem eines: der berühmte Hundeblick. Der Trick: Der Hund hebt dabei die innere Augenbraue (die der Wolf nicht hat).

Katzen leben seit etwa 10 000 Jahren bei Menschen. Sie jagen Mäuse und Ratten, die sich über Vorräte hermachen. Deshalb wurden sie als Nutztiere bedeutsam. Durch das enge Zusammenleben sind Katzen dem Menschen gegenüber zahm geworden – sie haben sich sozusagen selbst domestiziert.

Hausziegen gibt es seit etwa 10 000 Jahren. Die ersten Hausziegen sahen den Gemsen ähnlich, denen wir heute im Hochgebirge begegnen können. Ziegen wurden vor allem wegen ihres Fleisches gezüchtet. Später war auch die Milch der Tiere ein wichtiges Nahrungsmittel.

Die jungsteinzeitlichen Schafe hatten nicht so dicke Wolle wie heutige Schafe. Daher war es sehr aufwendig, ihre Wolle für die Verarbeitung von Stoff zu gewinnen. Anfangs – vor etwa 10 000 Jahren – nutzten die Menschen vor allem das Fleisch der Tiere.

Die steinzeitlichen Schweine, deren Fleisch die Menschen gerne aßen, hatten geschecktes Fell, ähnlich wie das abgebildete Tier. Ihr Körperbau ähnelte aber stärker dem der Wildschweine. In Norddeutschland gab es Hausschweine bereits vor etwa 7 500 Jahren.

Vorfahren unserer Rinder sind die Auerochsen. Sie wurden vor etwa 9 000 Jahren zu Nutztieren der Menschen. Weil sie sehr groß und kräftig waren, eigneten sie sich vor allem als Zugtiere.

Das Pferd wurde erst vor etwa 5 000 Jahren domestiziert. Nach der Erfindung des Rads wurde es vor Kutschen und Streitwagen gespannt. Unser Hauspferd geht auf eine asiatische Züchtung zurück. Wegen seiner stabilen Rückenpartie war es als Reittier besonders geeignet.

Bevor die Menschen Pferde zähmten, hatten sie bereits Esel. Ihr Vorfahre ist der Afrikanische Esel, eine wild lebende Pferdeart. Esel sind sehr kräftig und dienten den Menschen früh als Lasttiere.

M 2 Tiere, die in der Jungsteinzeit zu Nutztieren wurden

Entdeckungen machen – Wissen teilen

M1 Dieses Fundstück aus einen Grab wurde vor etwa 3500 Jahren aus Metall gefertigt: der »Sonnenwagen von Trundholm« (Dänemark). Eigentlich ist er gar kein Wagen, sondern eine Sonne auf Rädern, die von einem Pferd gezogen wird. Es handelt sich um einen Kultgegenstand. Der »Sonnenwagen« ist nur etwa 60 cm lang.

---

1. Betrachte M1 und nenne Merkmale, die die Skulptur von dir bereits bekannten steinzeitlichen Gegenständen unterscheidet (S. 24, 31, 33, 37).

M2 Auf einer sich drehenden Töpferscheibe wird ein feuchter Tonklumpen zu einem Gefäß geformt.

1 Schwarzmeerraum: Wo das Schwarze Meer liegt, siehst du auf der Karte hinten im Buch oder auf M3, S. 35

Immer neue Erfindungen

In der Steinzeit hatten sich Techniken über lange Zeiträume entwickelt: Bevor Menschen Keramikgefäße für die Getreideaufbewahrung herstellten, hatten sie
5 schon Jahrtausende vorher kleine Figuren gebrannt und damit das Material Ton erprobt. Auch für die bahnbrechende Erfindung des Rads vor etwa 5000 Jahren gab es ein älteres Vorbild: die Töpferscheibe.

10 Neue Techniken wurden auch deshalb entdeckt, weil die Menschen sich spezialisieren konnten. Die Landwirtschaft hatte es ihnen ermöglicht, anfallende Arbeiten aufzuteilen und sich auf bestimmte Techniken
15 zu konzentrieren. Vor allem im Schwarzmeerraum[1] kam es zu vielen Erfindungen.

Hier, wo Getreide und Früchte besonders gut gediehen, waren die Siedlungen immer größer geworden und Städte entstanden.

Wissen wird weitergegeben

20 Ganz entscheidend war, dass die Menschen ihr Wissen und ihre Techniken teilten. Schon die frühen ↦Wildbeuter hatten nicht nur für sich gelebt. Im Gegenteil: Über Jahrtausende hinweg hatten sie sich regelmä-
25 ßig mit anderen Gruppen getroffen. Dabei wurden vermutlich Ehen geschlossen, aber auch Informationen und Schmuckstücke sowie Grabbeigaben ausgetauscht. Durch die später aus dem Schwarzmeerraum einwandernden Ackerbauern bekamen die
30 Nordeuropäer auch Kontakt zu Handels-

routen in Südosteuropa. Dadurch konnten sich Erfindungen wie das Rad schnell verbreiten.

Mit Bronze in die Metallzeit

35 Vom Schwarzmeerraum aus verbreitete sich auch das Wissen über die Herstellung und Verarbeitung neuer Materialien. Erste Experimente mit Metallen hatten Menschen am östlichen Mittelmeer schon vor 10 000
40 Jahren gemacht[2]. Vor gut 5 000 Jahren entwickelten sie Bronze, woraus sie bessere Werkzeuge und Waffen als mit Stein bauen konnten. Bronzeklingen sind leichter als Steinklingen und dadurch besser zu benut-
45 zen. Ging eine Bronzeklinge kaputt, konnte man sie einschmelzen und eine neue fertigen.

Bronze ist ein Material, das in sehr heißem Zustand geformt, also geschmiedet wer-
50 den kann. Man stellt es her, indem man dem Metall Kupfer etwas Zinn zufügt. Um Bronze herzustellen, mussten also viele Techniken, Erfahrungen und Kenntnisse kombiniert werden. Das gelang, weil die
55 Menschen über die Handelswege auch ihr Wissen vernetzten.

Metalle, Metallprodukte und Technologien wurden über Handelsketten weit verbreitet. So wurde die Steinzeit in Europa im dritten
60 Jahrtausend v. Chr. von der **Metallzeit** abgelöst, zuerst von der ↦ **Bronzezeit**. Auf sie folgte hier im ersten Jahrtausend v. Chr. die **Eisenzeit**, da sich Eisen als noch härteres und besser zu nutzendes Metall erwies.

M 3 Die Gewinnung von Kupfer aus Erz, metallhaltigem Gestein:

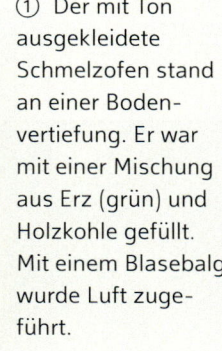

① Der mit Ton ausgekleidete Schmelzofen stand an einer Bodenvertiefung. Er war mit einer Mischung aus Erz (grün) und Holzkohle gefüllt. Mit einem Blasebalg wurde Luft zugeführt.

② Durch die Hitze setzte sich das geschmolzene Kupfer (rot) am Boden ab; die leichtere Schlacke blieb oben. Der Schmied öffnete das Loch an der Seite des Ofens und ließ sie abfließen.

③ Wenn der Ofen abgekühlt war, konnte man das erhärtete Kupfer mit einem langen Stab herausheben. In dieser Form konnte man mit Kupfer Handel treiben.

---

2. Arbeite aus dem Darstellungstext und M 3 heraus, auf welchen Voraussetzungen die Nutzung der Bronze beruht. Berücksichtige,
a) welche Materialien und Kenntnisse nötig waren, und
b) wie sie gewonnen und verbreitet wurden.

3. Die Abbildung M 1 zeigt einen Wagen. Klärt zu zweit, warum erst das Rad aus Metall richtig funktionieren konnte.

4. »Dass man in der Bronzezeit das Rad kannte, spielt eine Rolle für die Verbreitung der Metallverarbeitung.« Erläutere diese Aussage mithilfe des Textes.

5. Steinzeit – Bronzezeit – Eisenzeit: Die verschiedenen Zeitabschnitte sind nach den Materialien benannt, die für Werkzeuge benutzt wurden. Erkläre, wodurch sich die Metallzeit von der ↦ Jungsteinzeit noch unterschied.

[2] Wie Metalle abgebaut wurden, erfährst du unter diesem Webcode:

WES-117726-013

SELBSTÜBERPRÜFUNG

Wenn du die vorangegangenen Seiten bearbeitet hast, solltest du folgende Aufgaben lösen können. Bearbeite sie in deinem Heft. Ob du richtigliegst, kannst du mithilfe der Lösungen und Hinweise auf Seite 336 überprüfen.

M 1 Rekonstruktion von Bildern, die in Chauvet (Südfrankreich) entdeckt wurden. Die originalen Zeichnungen wurden vor etwa 17 000 Jahren begonnen.

1. Nenne zwei Geräte, die die Menschen schon in der ↦ Altsteinzeit als Werkzeuge einsetzten.

2. Erkläre die Begriffe »Nomaden« und »Wildbeuter«.

3. a) Das Bild M 1 ist eine Rekonstruktion. Erkläre, wo Originalbilder dieser Art gefunden wurden.
   b) Betrachte die Abbildung und benenne Tiere, die du erkennst.
   c) Erkläre, wie es dazu kommen konnte, dass verschiedene Tiere übereinander gemalt wurden.

4. Stelle dar, wie sich die Lebensweise der Menschen in der Jungsteinzeit veränderte, und welche Auswirkungen das auf die Tiere und die Umwelt hatte.

5. Ordne die folgenden Begriffe der Altsteinzeit und der Jungsteinzeit zu und erkläre deine Entscheidungen: *Töpferscheibe, Feuerbeherrschung, Getreideanbau, Hausbau, Höhlenmalerei, Tierhaltung.*

6. Erkläre, warum die ↦ Bronzezeit erst dadurch möglich wurde, dass die Menschen sesshaft geworden waren.

Menschen in der Vorgeschichte

Mehrere hundert Millionen Jahre lebten nur Pflanzen und Tiere auf der Erde. Erst vor gut zwei Millionen Jahren begann die Entwicklung des aufrecht gehenden Menschen. Um uns darüber zu informieren, wie die Menschen der Frühzeit gelebt haben könnten, müssen wir
5 **Überreste** dieser Zeit befragen – z. B. Knochen-, Waffen- oder Werkzeugfunde. Schriftliche Zeugnisse gibt es nicht, da die frühen Menschen keine Schrift kannten.

Die Zeitabschnitte der Vorgeschichte nennen wir nach den Materialien, aus denen die Menschen ihre Werkzeuge herstellten, **Stein-**
10 **zeit** oder **Metallzeit**. Bei der Steinzeit unterscheiden wir ↦ **Altsteinzeit** und ↦ **Jungsteinzeit**, bei der Metallzeit unterscheiden wir ↦ **Bronzezeit** und **Eisenzeit**.

Die steinzeitlichen Menschen waren viel stärker von der Natur abhängig als wir es heute sind. In der Altsteinzeit lebten sie als
15 ↦ **Wildbeuter** und ↦ **Nomaden**. Schutz suchten sie unter Felsüberhängen, in Höhleneingängen, in sehr einfachen Zelten oder Hütten aus Ästen und anderen natürlichen Materialien. Schon vor etwa 300 000 Jahren waren die Menschen in der Lage, einfache Waffen herzustellen und gemeinsam zu jagen. Später entstandene
20 Höhlenbilder sowie einfache Figuren aus Kalkstein oder Elfenbein, die auf der ganzen Welt entdeckt wurden, weisen daraufhin, dass die Menschen **Glaubensvorstellungen** hatten.

Vor gut 11 000 Jahren begannen Menschen im Nahen Osten, Getreide anzubauen und Tiere zu züchten. Sie entschieden sich
25 für ein ↦ **sesshaftes** Leben. Diese Lebensweise breitete sich ab etwa 5 000 v. Chr. in Mitteleuropa aus. Diese Veränderungen der Lebensweise bezeichnen wir mit dem Begriff **Neolithische Revolution**, den Zeitraum als **Jungsteinzeit** (lateinisch: Neolithikum).

Die sesshaften Menschen entwickelten neue Techniken wie Acker-
30 bau, Töpfern, Weben, Werkzeugbau, Hausbau und begannen, Vorräte anzulegen. Ihre Siedlungen wuchsen zu ersten Städten an. Hier entstanden durch ↦ **Arbeitsteilung** Berufe. Menschen konnten sich so spezialisieren, dass sie herausfanden, wie man Metall gewinnt und bearbeitet. Es entstand ein großes Handelsnetz.

ZEITTAFEL

› **vor etwa 2 Millionen Jahren**
Erste Menschen leben in Ostafrika.

› **vor etwa 300 000 Jahren**
Menschen sind in der Lage, Waffen zu bauen und gemeinsam zu jagen.

› **vor etwa 200 000 Jahren**
In Afrika entwickelt sich der Homo sapiens (Jetztmensch).

› **vor gut 11 000 Jahren**
Im südöstlichen Mittelmeerraum beginnen Menschen, Getreide anzubauen und Wildtiere zu zähmen. Sie werden sesshaft. Damit beginnt die Jungsteinzeit.

› **vor etwa 7 000 Jahren**
Die jungsteinzeitliche Lebensweise verbreitet sich in Europa.

› **vor etwa 4 000 Jahren**
Aus Kupfererz und Zinn stellen die Menschen Bronze her. Nach diesem Material wird der folgende Zeitabschnitt als »Bronzezeit« bezeichnet.

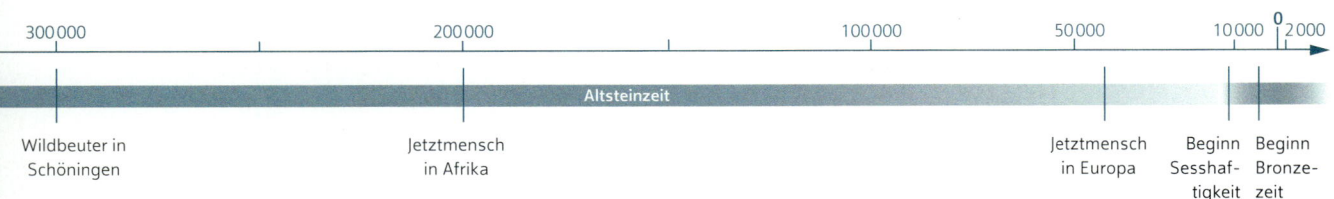

300 000	200 000	100 000	50 000	10 000	0 2 000

Altsteinzeit

Wildbeuter in Schöningen — Jetztmensch in Afrika — Jetztmensch in Europa — Beginn Sesshaftigkeit — Beginn Bronzezeit

Die ägyptische Hochkultur

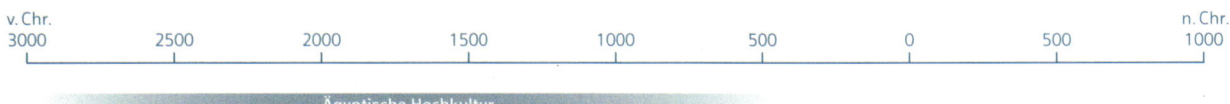

v. Chr.								n. Chr.
3000	2500	2000	1500	1000	500	0	500	1000

Ägyptische Hochkultur

Griechische Antike

Römische Antike

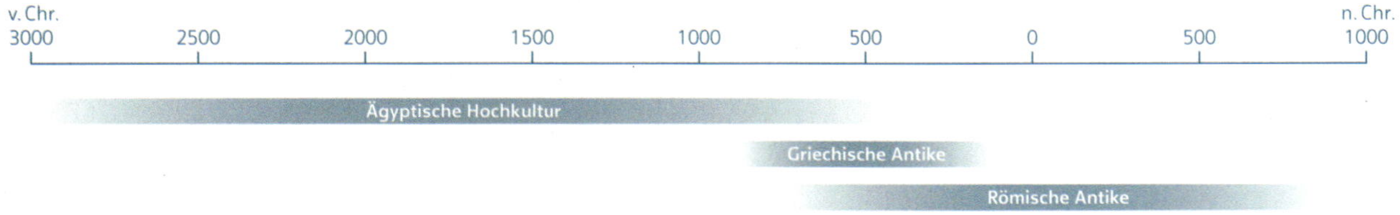

Die Cheopsyramide von Gizeh mit dem Sphinx, einem riesigen Löwenkörper aus Stein mit einem Königskopf

Nofretete lebte im 14. Jahrhundert v. Chr. und war die Ehefrau eines mächtigen ägyptischen Herrschers. Als ihre Skulptur 1924 einen Platz in einem Berliner Museum bekam, begeisterte ihre Schönheit das Publikum. Noch heute fasziniert Nofretete, wie dieses Foto zeigt.

(unten) Die etwa 4 500 Jahre alte Skulptur aus bemaltem Kalkstein stellt einen Schreiber dar – im alten Ägypten ein sehr angesehener Beruf!

Auf den folgenden Seiten erfährst du,

– wie am Nil ein mächtiges und prächtiges Reich entstehen konnte.
– welche Bedeutung die Erfindung der Schrift für das Zusammenleben der Menschen hatte.
– warum der Pharao allein über alle Menschen herrschen konnte.
– aus welchem Grund die Menschen Pyramiden bauten und Tote in Mumien verwandelten.

Außerdem übst du,

– ägyptischen Grabmalereien Informationen über das Zusammenleben der Menschen zu entnehmen.
– ein Schaubild zu verstehen, das dir den Aufbau der ägyptischen ↦ Gesellschaft verdeutlicht.
– aus Schriftstücken herauszufinden, wie man im alten Ägypten über verschiedene Berufe dachte und wie die Menschen regiert wurden.

Ägypten – das Land am Nil

M 1 Blick auf ein heutiges Dorf im Niltal

---

1. Betrachte das Foto M 1 und benenne die drei Zonen, die hier zu erkennen sind.

2. Setzt euch zu zweit mit der »Zeitreise« auseinander. Ermittelt zuerst getrennt:
– Was erhoffen sich die Menschen vom Nil?
– Was befürchten sie von ihm?
Tauscht euch anschließend darüber aus, was ihr über den Nil erfahren habt.

ZEITREISE ››› Warten auf die Nilflut

»Wo nur das Wasser bleibt!« Sorgenvoll blicken die Bauern auf den Nil, der so gemächlich durch sein Flussbett strömt. »Warum schenkt uns der Nil in diesem Jahr kein Hochwasser?«, klagt die Bäuerin Neferet, »wo sollen wir jetzt unser Getreide anbauen?« – »Vielleicht haben sich die Priester geirrt und es ist noch gar nicht Zeit für die Nilflut?«, schlägt Samut vor, ein junger Bauer.

5 *»Unsinn«, herrscht der Dorfvorsteher Marduk ihn an, »die Priester irren nie. Außerdem habe ich selbst gesehen, wie die Göttin Sothis[1] kurz vor Sonnenaufgang hell am Himmel geleuchtet hat. Sie hat das Zeichen gegeben! Bald wird der Nil über die Ufer treten.«*

Neferet und Samut wagen keinen Widerspruch, doch sie fürchten ein mageres Jahr. In dem trockenen Sandboden zu beiden Seiten des Nils wächst ja nichts! Aber wenn der Nil die Ufergebiete
10 *überschwemmt und danach das Hochwasser wieder verdunstet, bleibt eine dicke Schlammschicht voller Nährstoffe zurück. Sie macht den Boden fruchtbar. Für Neferet, Samut und die anderen Bauern wird dann eine arbeitsreiche Zeit beginnen: Sie werden die Schlammwüste aufteilen, Felder anlegen und bestellen müssen.* ‹‹‹

1 Göttin Sothis
Gemeint ist der Stern Sirius, der von den Ägyptern als Göttin Sothis verehrt wurde.

WES-117726-014

Unter diesem Webcode kannst du dir den Text anhören.

Der Nil, eine Lebensader

Der Nil ist mit etwa 6 700 km der längste Fluss der Erde – das ist mehr als die Entfernung zwischen Berlin und New York! Er entspringt in Ostafrika, fließt über eine Länge
5 von 3 000 km durch die Wüste Sahara und mündet schließlich ins Mittelmeer. Einen so großen Fluss bezeichnet man als Strom.

Auf dem langen Weg des Nils durch die Wüste verdunstet sehr viel Wasser. Doch
10 der Strom hat gleich zwei Quellflüsse, die ihn mit Wasser versorgen. Im Sommer, wenn am Äquator heftiger Regen fällt, kommt es sogar zu Hochwasser, der **Nilflut**. Das Wasser tritt über die Ufer und
15 verwandelt das Land dahinter zu einer bis zu 20 km breiten fruchtbaren Ebene mit einer reichen Natur.

Am Nildelta teilt sich der Strom in viele Arme und fließt ins Meer. Dort wurden
20 schon vor 10 000 Jahren viele Menschen ↦**sesshaft**. Dank der fruchtbaren Felder an den Ufern konnte aber auch weiter im Landesinnern Getreide, Obst und Gemüse angebaut und Vieh gezüchtet werden.
25 Entlang des Nils entstand allmählich ein zusammenhängendes Reich: Ägypten.

---

3. Betrachte die Karte M 2.
a) Benutze die Legende, um die Symbole in der Karte zu entschlüsseln.
b) Beschreibe nun die Karte: Gib an, was zu sehen ist, und benenne die Lage und Verteilung der Orte.

Formuliere z.B. so:
– *Das fruchtbare Land der alten Ägypter liegt …*
– *Alle Städte befinden sich …*
– *Die Steinbrüche liegen vor allem …*

c) Überlegt gemeinsam, warum die Ägypter so viele Steinbrüche am Nil hatten.
d) Fasst nun zusammen, welche Bedeutung der Nil für die Entwicklung des ägyptischen Reiches hatte.

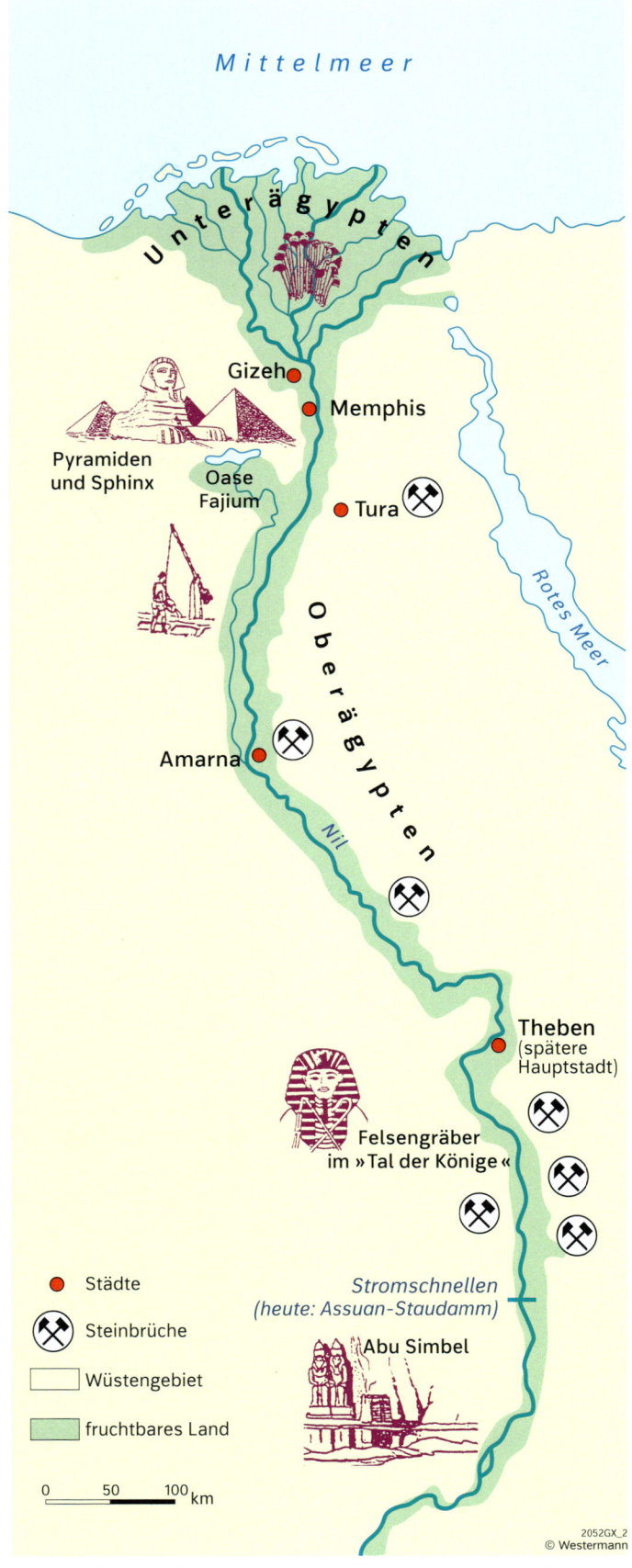

M 2 Das ägyptische Reich, das entlang des Nils entstand

Der Nil – die Lebensgrundlage der Menschen

M1 Das Bewässerungssystem am Nil

M2 Ein Bauer bedient ein Schöpfgerät.

---

1. Betrachte M1 und M2. Beschreibe, mit welchen Mitteln Bauern in dem trockenen Klima Landwirtschaft betrieben.

Flutzeit, Pflanzzeit, Erntezeit

Die Menschen in Ägypten glaubten, dass der Nil mit seiner Schlamm bringenden Flut ein Geschenk der Götter sei, denn er sorgte für Leben in der Wüste. An dem Wohlstand, 5 den der Fluss brachte, hatten aber auch die Menschen selbst großen Anteil.

Sie hatten festgestellt, dass das Hochwasser regelmäßig einsetzte. Um gut darauf vorbereitet zu sein und die **Nilflut** 10 so intensiv wie möglich nutzen zu können, entwickelten sie einen ↦ **Kalender**. Er umfasste 12 Monate zu je 30 Tagen. Nach ihm begann das Jahr, wenn der Stern Sirius am Himmel zu erkennen war – im 15 Juni. Nun setzte die Nilflut ein und damit die erste Jahreszeit: die Flutzeit. Wenn sich der Nil Ende September in sein Flussbett zurückzog, begann die zweite Jahreszeit, die Pflanzzeit. Die Bauern pflügten den 20 Nilschlamm als Ackerboden und brachten die Saat aus. Im Februar schließlich kam die Erntezeit. Sie war die dritte Jahreszeit.

Wie reich die Ernte ausfiel, hing davon ab, wie weit der Nil über die Ufer getre- 20 ten war und wie viel fruchtbaren Schlamm er hinterlassen hatte. Nicht nur zu wenig, sondern auch zu viel Schlamm bedrohte die Aussaat der Bauern. Um die Schlamm- und Wassermassen des Nils zu bewälti- 25 gen, bauten die Menschen Dämme und Bewässerungskanäle (M1). In den Kanälen blieb nach der Nilflut das Wasser zurück, sodass auch in der Trockenzeit – zwischen Februar und Juni – die Felder bewässert 30 werden konnten. Dazu nutzen die Bauern Schöpfgeräte, die Schadufs.

1 vergoren (von gären): Wenn Obst oder Getreide auf eine bestimmte Art gelagert wird, zersetzt es sich. Dabei bildet sich Alkohol. Das nennt man »gären«.

WES-117726-015

Der Nil als Nahrungsquelle

Die Menschen im alten Ägypten ernährten sich hauptsächlich von Getreide, das sie auf ihren Feldern anbauten. Aus dem Korn
35 machten sie jedoch nicht nur Mehl, das sie zu Brot verarbeiteten. Wenn Brotgetreide und Gerste vermischt und vergoren[1] wurden, entstand daraus ein nahrhafter Bierbrei. Er wurde in großen Mengen gegessen.
40 Selbst den Toten wurde Bier mit ins Grab gegeben. Das haben Grabfunde gezeigt.

Als besondere Leckerbissen galten Wildvögel. Sie wurden mit Schlingen, Netzen und Wurfhölzern gefangen, dann gemä-
45 stet oder sofort gekocht und gegessen. Aus den Eingeweiden konnten manche Ägypter Medikamente herstellen. Auf Vogeljagd durften jedoch nur reiche Menschen gehen. Die einfachen Bauern aßen
50 Getreide, Gemüse und Fisch. Fleisch gab es für sie nur an Festtagen.

---

2. Zähle die Nahrungsmittel der Ägypter auf. Stelle Vermutungen darüber an, warum nicht alle Menschen die gleichen Speisen essen durften.

3. Mache das Bild M 3 lebendig.
a) Untersuche es mithilfe der Hinweise rechts. Stelle fest, wo die Szene spielt. Finde auch heraus, welche Tiere zu sehen sind und wie sie sich verhalten.
b) Verfasse ausgehend von deinen Notizen eine kurze Geschichte, in der die Bildszene vorkommt. Die Szene kann der Ausgangspunkt oder auch der Höhepunkt deiner Erzählung sein.

✚ In Ägypten durften nur reiche Menschen jagen. Wer darf bei uns heute auf die Jagd gehen? Recherchiere auf klexikon.zum.de, indem du in das Suchfeld ganz oben »Jäger« eingibst.

M 3 Ausschnitt aus einer Wandmalerei in einem altägyptischen Grab. Sie stammt aus der Zeit um 1390 v. Chr. Mit dem Webcode WES-117710-015 kannst du ins Bild hineinzoomen.

🔍 Ein ägyptisches Bild untersuchen

Bis heute sind viele Wandbilder aus dem alten Ägypten erhalten und dienen Forschenden als ↦ Quellen. Die meisten Wandbilder sind in Gräbern gefunden worden. Sie sollten zeigen, welchen Platz die verstorbene Person in der Welt hatte. Die Ägypter hofften aber auch, durch das Bild dazu beizutragen, dass es den Verstorbenen nach dem Tod gut gehen würde.
Weil die Bilder nach festen Regeln gestaltet wurden, solltest du beim Untersuchen auf Folgendes achten:

– **die Größe einer Figur:** Sie weist auf die Bedeutung der Person hin. Je angesehener jemand war, desto größer ist er dargestellt.
– **die Bekleidung einer Figur:** Erwachsene werden bekleidet gezeigt, Kinder nackt.
– **die Anordnung der Figuren:** Welche Person befindet sich im Mittelpunkt des Bildes? Wer ist in einer Handlung dargestellt, wer als Zuschauer? Auch Körperhaltungen und Gesten können zeigen, in welchem Verhältnis Personen zueinander stehen.
– **die dargestellten Tätigkeiten:** Manche zeigen den Beruf einer Person, andere weisen auf ein Recht oder eine Aufgabe hin. Diese kann auch durch einen Gegenstand verdeutlicht werden, den die Figur hält.

Eine frühe Hochkultur entsteht

M1 Dieses Holzmodell aus einem altägyptischen Grab zeigt einen Getreidespeicher.

1. Betrachte die hervorgehobenen Figuren in M1 genau. Was tun sie? Benenne unterschiedliche Tätigkeiten, die du erkennen kannst.

Gemeinsam handeln

Die Ernten im Nilschlamm konnten so reichhaltig ausfallen, dass die Menschen mehr Nahrung erwirtschafteten, als sie für sich selbst brauchte. Das gelang ihnen
5 allerdings nur, wenn sie zusammenarbeiteten. Denn wenn der Nilschlamm auf den Feldern lag, gab es viel zu tun: Bevor die Felder bepflanzt werden konnten, musste das fruchtbare Gebiet neu vermessen und
10 gerecht aufgeteilt werden. Auch Dämme und Bewässerungskanäle konnten nur gebaut werden, wenn sich viele beteiligten und zusammenarbeiteten.

Gemeinsam legten die Menschen auch
15 Vorräte an, um in mageren Jahren genug zu essen zu haben. Jeder musste einen Teil seiner Ernte an die Gemeinschaft abgeben. Die Bauern organisierten die **Vorratshaltung** innerhalb ihrer Dorfgemeinschaften,
20 die von Dorfvorstehern wie Marduk (S. 46) angeführt wurden.

Ein großes Reich entsteht

Als die Bevölkerung am Nil zunahm, wuchsen einzelne kleine Dörfer zu größeren Siedlungen zusammen. Bald ent
25 standen auch Städte, die dicht bevölkert

waren. Doch der wachsende Reichtum am Nil führte zu Streit und Krieg. Im Lauf der Zeit unterwarfen mächtige Anführer immer größere Gebiete. Schließlich gab es zwei
30 ausgedehnte Herrschaftsgebiete: Unter- und Oberägypten (S. 47, M 2)

Um 3000 v. Chr. gelang es einem Herrscher, die beiden Reiche zu vereinigen. Von da an regierte er als **Pharao** ein einheitliches
35 ägyptisches Reich mit etwa einer Million Untertanen. Er erließ Gesetze, nach denen sich alle seine Untertanen richten mussten. Um sie überall in seinem Reich durchzusetzen, verteilte der Pharao Herrschafts-
40 aufgaben an besondere Diener, seine ↦**Beamten**. Sie organisierten nach seinen Anweisungen die Landwirtschaft im Nilland, die Vorratshaltung und die Versorgung der Menschen. Dafür entwickelten sie Vorschrif-
45 ten, deren Einhaltung sie kontrollierten. So wurde eine ↦**Verwaltung** geschaffen.

Wie gelang es aber dem Herrscher und seinen Beamten, ihre Vorschriften in dem riesigen Reich am Nil überall bekannt zu
50 machen und durchzusetzen? Sie benutzten eine sensationelle Erfindung: die **Schrift**! Dank der Schrift konnten die Gesetze im ganzen Land verbreitet werden. Auch um Ernteerträge zu erfassen, war die Schrift
55 wichtig. Das zeigt das Holzmodell M 1. So konnten die Beamten mit den gemeinsamen Vorräten besser planen. Weil sie lesen und schreiben konnten, wurden die Beamten auch **Schreiber** genannt.

60 Die Menschen in Ägypten
– bauten mehr Nahrung an, als sie selbst brauchten, und legten große Vorräte an.
– teilten sich die Arbeit und spezialisierten sich in Berufen.
65 – entwickelten eine Schrift.
– hatten einen einzigen Herrscher,
– dessen Beamte das Land verwalteten.
Dies bezeichnen wir als Merkmale einer frühen ↦**Hochkultur**.

M 2 Diese kleine vergoldete Pharao-Statue wurde im Grab des Tutanchamun entdeckt.
Der Pharao trägt als Herrschaftszeichen Krone, Krummstab und Geißel. Ursprünglich wurden beide Geräte von Hirten benutzt: Mit der Geißel trieben sie Tiere an, und mit dem Krummstab fingen sie sie ein.

2. a) Arbeite aus dem Text heraus, welche Vorteile die Menschen davon hatten, dass sie ihre Arbeit in Dorfgemeinschaften und schließlich in einem Staat organisierten.
b) Überlege, ob sich für die Untertanen des Pharaos auch Nachteile ergaben.

3. a) Notiere für jedes Merkmal einer »frühen Hochkultur«, das im Text genannt wird, einen Begriff auf einem Kärtchen.
b) Ordne die Kärtchen den Abbildungen auf dieser Doppelseite zu: Welche Person oder Personengruppe steht für welches Merkmal?
c) Stellt eure Zuordnung in der Klasse vor und begründet sie.

+ Bearbeite am Tablet die Übung »Der Nil und die ägyptische Hochkultur« (Webcode WES-117726-016).

4. Ergänze in deiner Tabelle zum Leben der Menschen in der Alt- und Jungsteinzeit eine Spalte für Ägypten.
Überlegt zu zweit, ob eine neue Zeile mit einem neuen Oberbegriff angelegt werden muss, um alles in die Tabelle einzutragen, was ihr bisher über Ägypten erfahren habt.
↦**Tipp:** S. 332

Die ägyptische Schrift

M 1 Eine Palette und Schreibbinsen, das Werkzeug der Schreiber im alten Ägypten

M 2 (rechts oben) Ausschnitt aus einem altägyptischen Papyrus mit Hieroglyphen

---

1. a) Erstelle ein Cluster – eine Stichwortsammlung – zum Thema Schrift. Beachte die Hinweise auf Seite 342. Gehe z.B. darauf ein, welche Vorteile es hat, Dinge aufschreiben zu können, welche Schreibmaterialien und welche Textsorten du kennst.

Kugelschreiber
... *Schreibgeräte* **Schrift** *...* *Textsorten*
Vorteile
...

b) Überlegt gemeinsam, welche Dinge schriftlich festgehalten werden müssen, damit viele Menschen friedlich zusammenleben können.

Viele, aber nützliche Zeichen

Schriftzeichen hatten für die Entwicklung der ↦ Hochkultur am Nil eine überragende Bedeutung: Sie gaben den Ägyptern die Möglichkeit, Regeln, Pläne oder Naturbeobachtungen festzuhalten. So konnten sie z.B. die Landverteilung und die Vorratshaltung besser planen und Naturereignisse wie die Nilflut erforschen.

Um als Schreiber arbeiten zu dürfen, brauchte man eine lange Ausbildung. Man musste lernen, mit Schreibbinsen, den »Stiften«, umzugehen – und etwa 700 Zeichen auswendig schreiben können! Im Alltag war eine Art Schreibschrift gebräuchlich, die sich zum schnellen Aufschreiben eignete. Geschrieben wurde auf Papyrus. Dieser Schreibgrund wurde aus Schilfgras hergestellt, das am Nil wuchs. Papyrus war leicht und haltbar – also ideal, um Geschriebenes aufzubewahren.

Hieroglyphe	Bildbedeutung	Aussprache
	Geier	a
	zwei Schilfblätter	i
	Haarlocke	u und o
	Bein	b
	Strick	ch
	Hand	d
	Wasser	n
	Hocker	p
	Mund	r

Hieroglyphe	Bildbedeutung	Aussprache
	Türriegel	weiches **s**
	gefalteter Stoff	scharfes **s**
	Teich (Grundriss)	**sch**
	Brotlaib	t
	Wachtelküken	w
	Viper	f
	Krugständer	g
	Hof	h
	Kobra	**dj** (wie in englisch „journal")

Hieroglyphe	Bildbedeutung	Aussprache
	Sandböschung	k
	Löwe	l
	Eule	m

Am Ende eines Frauennamens steht ein 🐦,
am Ende eines Männernamens ein 🧍.

D O K
A R P L
Kartusche = Umrandung von Herrschernamen
Wenn wir von rechts nach links und von oben nach unten lesen, lautet der Name:
KL(E) *OP(A) *DRA. *Das E und A müssen wir ergänzen.

M 3 Einige Hieroglyphen und ihre Bedeutung

Hieroglyphen – die Schrift der Götter?

Neben ihrer »Alltagsschrift« entwickelten die Ägypter eine weitere Schrift, die für besondere Texte verwendet wurde und bis heute an Tempeln oder in Gräbern erhalten
25 ist. Die Griechen haben dafür den Begriff Hieroglyphen geprägt, von »hieros«: heilig und »glyphein«: eingravieren. Denn die Hieroglyphen galten den Ägyptern als heilig und wurden als ein Geschenk von
30 Thot, dem Gott der Bildung und Schreibkunst (S. 65), betrachtet.

Die Grundlage der Hieroglyphen-Schrift sind Bildzeichen. Ursprünglich stellte beispielsweise das Bild eines Esels auch den
35 Begriff »Esel« dar. Dieses System wurde weiterentwickelt, indem Bildzeichen kombiniert wurden. Darüber hinaus gab es Hieroglyphen, die Laute bedeuteten. Die Schrift verlief von rechts nach links.

Der »Stein von Rosette«

40 Für die Nachwelt waren die Hieroglyphen allerdings lange Zeit ein Rätsel. Denn nachdem sie nicht mehr benutzt wurden, geriet ihre Bedeutung allmählich in Vergessenheit. Erst im 19. Jahr-
45 hundert gelang es Forschern, die geheimnisvollen Zeichen zu entschlüsseln: Im Nildelta hatte man einen Steinblock gefunden, den »Stein von Rosette«, mit einer
50 griechischen Inschrift, aber auch mit Hieroglyphen. Die Forscher ordneten sie den griechischen Worten zu, sodass sie nach und nach die Bedeutung vieler Hiero-
55 glyphen erkennen konnten.

2. Erkläre mithilfe des Textes, wie der »Stein von Rosette« (M 4) den Forschenden half, die ägyptischen Hieroglyphen zu entschlüsseln.

3. Versuche, deinen eigenen Namen mit Hieroglyphen zu schreiben. Abbildung M 3 hilft dabei.

4. Die alten Ägypter glaubten an die magische Kraft von Schrift: Was geschrieben stand, galt als Wahrheit. Deshalb gingen sie z. B. im Krankheitsfall zu einem Schreiber und ließen sich »gesundschreiben«. Welche »magischen« Texte kennen wir heute?

M 4 (unten) Der »Stein von Rosette« mit einem Text in drei verschiedenen Schriften, zwei ägyptischen und der altgriechischen. Weil Forschende die griechische Schrift lesen konnten, gelang es ihnen, auch die anderen beiden zu entziffern.

ägyptische Hieroglyphen

griechische Schrift

Medien im Lauf der Zeit

Nach dem Aufwachen gleich am Smartphone checken, was es für Neuigkeiten gibt – beginnt so auch dein Tag? Gucken, was die anderen im Klassenchat schrei-
5 ben … Oha! Glatt den Englisch-Test verschwitzt! Also schnell auf die Grammatik-App geklickt und die Formen wiederholt. – Mit der ganzen Klasse kommuniziert und Verbformen nachgeschlagen, das hast du
10 heute Morgen schon erledigt, und dabei bist du noch nicht einmal aufgestanden!

Etwa die Hälfte der Menschheit nutzt ein Smartphone, um sich mit anderen auszutauschen und Informationen einzuholen.
15 Viele können sich ein Leben ohne Smartphone gar nicht mehr vorstellen. Weltweit haben sogar mehr Menschen Zugang zu einem Mobiltelefon als zu einer richtigen Toilette! Und allen eröffnet das Smart-
20 phone Wissen, das vor der Erfindung des Internets nur in Bibliotheken zugänglich war.

Das Smartphone ist ein kleiner Computer, der Kommunikation und Bildung ermög-
25 licht – wie alle **Medien**. Schon mehrfach hat die Erfindung von Medien **Revolutionen** ausgelöst, also alles verändernde Umgestaltungen. Seit die Menschen ↦ sesshaft geworden sind, gab es drei
30 große Medien-Erfindungen: die Schrift, den Buchdruck und eben den Computer.

---

1. Bildet Dreiergruppen und informiert euch über die drei Revolutionen. Teilt die Texte untereinander auf.

2. Stellt euch gegenseitig »eure« Revolution vor und schreibt gemeinsam auf, welchen Nutzen die Erfindungen für die Menschen hatten. Bedenkt dabei den Nutzen für einzelne Personen, aber auch für die ganze Gesellschaft.

3. Tauscht euch über mögliche Gefahren von Smartphones und Internet aus.

M1 Ausschnitt aus einem ägyptischen Relief mit Hieroglyphen

ab 4. Jahrtausend v. Chr. ⟶

Die erste Revolution: Die Schrift

Die ersten Schriften, die vor Jahrtausenden entwickelt wurden, waren Bilderschriften wie z. B. Hieroglyphen. Aus einer Bilderschrift entwickelte sich auch unser Buch-
5 stabensystem.

Die Phönizier, die an der Mittelmeerküste lebten, kamen um 1000 v. Chr. auf die Idee, Bildzeichen nicht mehr ganzen Begriffen zuzuordnen, sondern Lauten.
10 Das Zeichen des Stierkopfes beispielsweise ordneten sie dem Laut A zu, denn »Stier« hieß in ihrer Sprache »Alep«. Am Ende gelang es ihnen, mit nur 22 Zeichen der Sprache eine leicht zu erlernende Schrift-
15 form zu geben.

A – Vom Bildzeichen zum Buchstaben

Die Phönizier trieben Handel mit anderen Völkern und machten dabei ihr Schriftsystem im ganzen Mittelmeerraum bekannt. Überall wurde es ein wenig verändert und
20 weiterentwickelt. Aber auch andere Schriftsysteme haben sich entwickelt, etwa das arabische. Für lange Zeit konnten jedoch nur wenige Menschen schreiben. Deshalb genossen Schriftkundige häufig ein hohes
25 Ansehen.

M2 In einem Museum wird vorgeführt, wie die ersten Bücher gedruckt wurden.

M3 Darstellung der heutigen vernetzten Welt in einer Computergrafik

15. Jahrhundert

Die zweite Revolution: Der Buchdruck

Wenn heute ein Buch gedruckt wird, stellt man mit großen Maschinen gleich eine hohe Auflage her, oft mehrere Tausend Stück. Bis vor etwa 600 Jahren musste alles –
5 Buchstabe für Buchstabe – abgeschrieben werden. Es dauerte Monate, bis ein ganzes Buch fertig war. Das änderte sich erst um 1450, als Johannes Gutenberg in Mainz eine geniale Erfindung gelang: Nach
10 chinesischen Vorbildern entwickelte er ein Verfahren, mit dem kleine, besonders haltbare Metallbuchstaben gegossen werden konnten. Sie wurden dann zu Wörtern und Sätzen, ja ganzen Buchseiten zusammen-
15 gesetzt – und zwar immer wieder neu. Mit diesem System wurde es möglich, Druckvorlagen zu erstellen und so oft zu drucken, wie man wollte.

Was Gutenberg bewirkte? Es konnten nun
20 viele Texte und Bücher verbreitet werden. Allerdings hatten nur zunächst nur wenige Menschen etwas davon: diejenigen, die lesen konnten!

20. Jahrhundert

Die dritte Revolution: Computer und Internet

Die allerersten Computer gab es schon in den 1940er-Jahren. Ein Erfinder, der Voraussetzungen dafür schuf, war der Deutsche Konrad Zuse. Im Wohnzimmer
5 seiner Eltern baute er 1941 seine erste Rechenmaschine. Bis in die 1970er-Jahre konnten aber nur Spezialisten mit Computern umgehen. Es waren große Maschinen, die ganze Räume füllten. Erst seit den
10 1990er-Jahren wurde der Computer ein Gebrauchsgegenstand für alle.

Was aber die menschliche Kommunikation grundlegend verändert hat, ist die Erfindung des Internets, also eine weltweite
15 Vernetzung der Computer. Sie begann zwar schon in den 1960er-Jahren, wurde aber erst seit den 1990er-Jahren für die Masse der Weltbevölkerung zugänglich.

Heute kann man gleichzeitig mit verschie-
20 denen Menschen in aller Welt in Verbindung treten, Texte, Bilder, Filme und Musik abrufen, Waren einkaufen oder Bankgeschäfte erledigen. Dadurch ist das Internet ein Begegnungsort geworden, der zwar
25 nicht auf der Erde vorhanden ist, in dem die Begegnungen und ihre Auswirkungen aber ganz real sind. Hier entstehen auch Gefahren wie Cybermobbing und Cyberkriminalität, die sich für die Betroffenen
30 genau so echt anfühlen wie Mobbing und Kriminalität auf der Straße oder im Klassenzimmer.

Die ägyptische Gesellschaft

M 1 Lehmhäuser in einem heutigen Dorf am Nil. Sie wurden in traditioneller Bauweise mit luftgetrockneten Lehmziegeln errichtet. Ähnlich wurde schon im alten Ägypten gebaut.

Die Lebensbedingungen der Menschen

1 Steuern: Abgaben der Bevölkerung an die ↦ Verwaltung. In der Regel handelt es sich um Geldzahlungen.

Die meisten Menschen im alten Ägypten lebten als Bauernfamilien unter sehr einfachen Bedingungen: in schlichten Hütten aus getrockneten Lehmziegeln und
5 mit Schilfdächern – zusammen mit ihrem Vieh. Möbel hatten sie kaum.

Ihr Arbeitstag begann bei Sonnenaufgang und endete erst mit Sonnenuntergang. Wenn die Bäuerinnen und Bauern nicht
10 die Felder bestellten, ihr Vieh versorgten oder die Ernte einbrachten und verarbeiteten, bauten sie Dämme und Kanäle am Nil. Nur an den Tagen der großen Gemeinschaftsfeste ruhten die Ägypter aus. Dann
15 »machten sie sich einen schönen Tag«, wie man das in ihrer Sprache ausdrückte, mit besonderen Speisen, alkoholischen Getränken und vielen Spielen für Kinder und Erwachsene.

Berufe im alten Ägypten

20 Außer den vielen, die von der Landwirtschaft lebten, gab es aber auch Menschen, die anderen Arbeiten nachgingen: Händler vertrieben über die große Wasserstraße Nil ihre Waren, und auch Handwerksberufe
25 gab es. Die Auffächerung der Arbeiten der Menschen in verschiedene Berufe nennt man ↦ **Arbeitsteilung**. Auch sie ist ein Merkmal von ↦ Hochkulturen.

M 2 Holzmodell aus einem ägyptischen Grab

Wählen konnten die Ägypter ihren Beruf
30 allerdings nicht: Es war selbstverständlich, dass ein Sohn den Beruf des Vaters
fortführte und eine Tochter einen Mann
heiratete, der denselben Beruf hatte. So
lebten die Menschen in den Gesellschafts-
35 schichten, in die sie hineingeboren wurden.

Beruf und Ansehen

Obwohl jeder Einzelne mit seinem Beruf
zum Wohl des Staates beitrug, war nicht
jede Tätigkeit gleich angesehen. Ein besonderes Ansehen genossen die höheren
40 ↦Beamten. Sie galten als besonders gebildet und hatten verantwortungsvolle Aufgaben, zudem waren sie reich und mächtig.
Mit eigenen Schreibern und Landvermes-
sern verwalteten sie das Land, indem sie
45 die Bewässerung und Bebauung der Felder
überwachten, die Erträge der Ernte auf-
listeten und vor allem die Steuern¹ eintrie-
ben. An ihrer Spitze stand der Wesir, der
die Oberaufsicht über alle Beamten hatte.

M 3 Schaubild zum Aufbau der ägyptischen Gesellschaft.
Die Figuren stehen für: Bauern – Kaufleute – Beamte – Wesir –
Schreiber – Handwerker – Soldaten – Pharao.

1. a) Betrachte das Holzmodell M 2 und
benenne, was die Figuren tun.
b) Erkläre, wozu das Modell wohl
diente.
↦ **Tipp:** S. 332

2. a) Ergänze die vergleichende Tabelle
zu den Lebensumständen (S. 51) in
Hinblick auf die Arbeitsteilung.
b) Schreibe auf, welche Vor- und
Nachteile sich für die Menschen aus
der Arbeitsteilung ergaben.
↦ **Tipp:** S. 332

3. Erläutere das Schaubild zum Aufbau
der ägyptischen ↦Gesellschaft (M3)
schriftlich. Nutze die Hinweise rechts.

+ Bearbeite die interaktive Übung zur
ägyptischen Gesellschaft (Webcode
WES-117726-017). Stelle deine
Lösung in der Klasse vor.

WES-117726-017

🔍 *Ein Schaubild erläutern*

*Ein Schaubild soll einen Sachverhalt, z. B. den Aufbau einer
Gesellschaft, auf einfache und klare Art darstellen. Das
Schaubild M 3 zeigt vereinfacht, wie ↦ Historikerinnen und
Historiker sich die **Gesellschaftsordnung** im alten Ägypten
vorstellen. Es soll verdeutlichen, wie bedeutend die einzelnen
Gruppen waren und welche Rollen sie für die anderen spiel-
ten. Wer konnte Befehle erteilen, wer musste Anweisungen
gehorchen? Wie groß war die Gruppe der Herrschenden?*

*Mit den folgenden Arbeitsschritten kannst du das Schau-
bild entschlüsseln:*

1. *Schreibe auf, welche Gruppen du erkennen kannst, und
notiere dazu, wie diese Gruppen lebten und arbeiteten.
Der Darstellungstext auf dieser Doppelseite hilft dir.*

2. *Untersuche die Beziehungen der Gruppen zueinander:
Wer befiehlt, wer gehorcht? Welche Gegenleistungen
bekommen die Unterworfenen für ihre Arbeit wohl von den
Befehlsgebenden?*

3. *Finde eine Erklärung dafür, dass die gesellschaftlichen
Gruppen in mehreren Ebenen übereinander gezeichnet
sind.*

M4 Feldarbeit in Ägypten, Wandmalerei aus dem Grab des Beamten Menena, um 1400 v. Chr.

A Das reife Getreide wird geschnitten und in Körben abtransportiert. Aber anscheinend wurde nicht immer nur gearbeitet: Ein Bauer scheint ein kleines Nickerchen zu halten und zwei Mädchen streiten sich.

B Das geerntete Getreide wird gedroschen: Ochsen quetschen mit ihren Hufen das Korn aus seiner Hülle.

🔍 Eine Textquelle verstehen

In Texten aus der Vergangenheit werden manchmal Ausdrücke verwendet, die uns ungewöhnlich erscheinen. Deshalb müssen wir uns zuerst bemühen, sie zu verstehen.

1. *Achte zuerst auf die Überschrift und die Einführung in die Quelle. Sie erklären das Thema.*

2. *Lies den Text Satz für Satz durch und mache dir jeweils den Inhalt klar. Falls dir Begriffe unklar sind, frage deine Lehrerin oder deinen Lehrer oder suche in einem Lexikon oder im Internet nach Erklärungen.*
   Finde nun für jeden Absatz Stichworte, die den Inhalt wiedergeben, z. B.:
   Zeile (oder: Z.) 1–3: Schreiber müssen nicht körperlich arbeiten.

3. *Füge die Stichwörter zu einem Text zusammen. Nutze dafür deine eigenen Worte. So kannst du sicher sein, alles verstanden zu haben.*

WES-117726-018

M5 Berufe im alten Ägypten

Der folgende Text ist ein Ausschnitt aus einer altägyptischen Schullektüre. Sie heißt »Lehre des Dua-Cheti«. Darin ermahnt ein Vater seinen Sohn, den er zur Schreiber-Ausbildung schickt.

Wenn du dich mit dem Schreiberberuf beschäftigst, wirst du dich vor körperlicher Arbeit gerettet sehen! [...]

Der Gärtner trägt Wasser mit der Tra-
5 gestange und jede seiner Schultern hat Schwielen. Eine große Geschwulst ist auf seinem Nacken, und die eitert. [...]

Der Weber in der Webstube, der ist ärmer dran als eine Frau in den Wehen.
10 Seine Knie drücken gegen seinen Magen, und er kann keine Luft atmen. Wenn er einen Tag vertut, ohne zu weben, dann wird er mit 50 Hieben geschlagen. [...]

Ich will dir auch noch den Fischer nen-
15 nen, der ist schlechter dran als jeder andere, der arbeitet. Im Fluss findet seine Arbeit statt, der nur so wimmelt von Krokodilen. So hat ihn die Furcht blind gemacht. Wenn er wohlbehalten aus dem Wasser
20 kommt, so ist es wie ein Machterweis Gottes. [...]

Siehe, es gibt keinen Beruf, der frei wäre von einem Vorgesetzten, außer dem des Schreibers; der ist der Vorgesetzte.

Zitiert nach: Wolfgang Helck: Die Lehre des Dw-Htji (Dua-Cheti). Klassische Ägyptische Texte. Wiesbaden: Harrassowitz 1970, Teil 1 (bearbeitet)

C Feldarbeiter, die zum Schutz Kopftücher tragen, werfen Hülsen und Körner in die Luft. Der Wind trennt dann die leichtere Spreu vom schwereren Korn und es fällt zu Boden, wo es eingesammelt werden kann.

D Landvermesser mit Schnüren sind auf die Felder gekommen, um festzusetzen, wie hoch die Abgaben sein müssen. Um sie freundlich zu stimmen, bringen ihnen die Bauern Erfrischungen und Geschenke.

M6 Über den Wesir

Der folgende Text ist Teil der Grabinschrift eines Wesirs. Als oberster Beamter war der Wesir dem Pharao direkt unterstellt.

Er schickt Boten der ↦ Verwaltung zu Stadt- und Dorfvorstehern aus […]

Er zieht die Truppen zusammen, die zur Begleitung des Herrschers stromauf und
5 stromab mitgehen. Er bestimmt den Rest der Truppen, der in der südlichen Hauptstadt und Residenz stationiert bleibt […]

Er schickt zum Bäumefällen aus. Er sendet Männer aus, um im ganzen Land
10 Kanäle zu graben.

Er sendet die Soldaten und Schreiber aus, damit sie die Anweisungen des Herrschers ausführen.

In seiner Halle sollten die Akten des
15 Stadtbezirkes sein, damit man über jedes Feld Verhör abhalten kann.

Er setzt die Grenzen jedes Stadtbezirkes, jedes Weidelandes, jedes Tempelgutes und überhaupt die Grenze jedes
20 durch eine gesiegelte Urkunde festgelegten Grundstücks fest.

Er legt die Liste aller Rinder an. Die Stadt- und Dorfvorsteher und alle Einwohner melden ihm ihre Abgaben.
25 Man meldet ihm […] das Steigen des Nils. Man meldet ihm jeden Regen.

Zitiert nach: Wolfgang Lautemann u. a. (Hrsg.): Geschichte in Quellen, Bd. 1: Altertum. Bearbeitet von Walter Arend. München: BSV 1975, S. 34 f. (bearbeitet)

4. a) Betrachte M4 und lies die Erklärungen A bis D. Ordne sie den Abbildungen 1 bis 4 zu.
   b) Erläutere mithilfe des Schaubilds M3, in welcher Beziehung die abgebildeten Menschen zueinander stehen.

5. a) Bearbeite M5 mithilfe des Kompetenztrainings links.
   Oder:
   Bearbeite M5 mithilfe der Übung, die du unter dem Webcode WES-117726-018 abrufen kannst.

   b) Fasse am Ende zusammen, welche Berufe der Verfasser für empfehlenswert hält und welche nicht.
   c) Besprecht in der Klasse, was ägyptischen Schülern durch den Text vermittelt werden sollte.

6. a) Arbeite aus M6 heraus, welche Aufgaben der Wesir hatte. Lege eine Tabelle mit zwei Spalten an. Liste die Aufgaben in der linken Spalte auf.
   b) Arbeitet zu zweit heraus, welche Berufsgruppen den Anweisungen des Wesirs gehorchen mussten. Notiert sie in der rechten Spalte.

Aufgaben des Wesirs	betroffene Bevölkerungsgruppe
Boten der Verwaltung entsenden	Beamte, Einwohner

   c) Klärt gemeinsam, wer in unserer Gesellschaft die Aufgaben des Wesirs übernimmt.

Alltagsleben im alten Ägypten

1. Beschreibe mithilfe der Abbildungen und Texte das Alltagsleben in Ägypten.

+ Gestalte ein A4-Blatt mit entsprechenden Bildern aus unserem heutigen Alltagsleben.

2. Diskutiert, ob die Ägypter so ganz anders lebten als wir. Geht auf Gemeinsamkeiten und Unterschiede ein.

M1 Ein Haarpflege-Rezept

Was das Wachsenlassen der Haare einer Frau durch die Rhizinuspflanze betrifft: Die Früchte werden zerkleinert, es werde eine einheitliche Masse daraus gemacht, es werde darauf Öl gegeben. Dann soll die Frau ihren Kopf damit salben.

Zitiert nach: Alessia Fassone/Enrico Ferraris: Ägypten. Hochkultur am Nil. Übersetzt v. Franziska Kristen. Berlin: Parthas 2007, S. 299 (bearbeitet)

M2 Zu Festen schmückte man sich z. B. mit Salbkegeln, die Parfümöl enthielten. Die Kegel schmolzen allmählich und cremten den Körper mit dem duftenden Salböl ein. Diese Wandmalerei wurde um 1400 v. Chr. angefertigt und im Grab des ↦ Beamten Nakht und seiner Frau Taui entdeckt.

M3 Skulptur eines Ehepaares. Geheiratet wurde im alten Ägypten früh: Jungen waren bei der Hochzeit in der Regel 15 Jahre alt, Mädchen 13. Ehen wurden von den Eltern abgesprochen.

M4 Ein Gedicht

Wie pocht mein Herz so schnell,
denke ich an meine Liebe zu ihm!
Es lässt mich nicht wie ein Mensch gehen,
es hüpft an seinem Platz. [...]
Begeh mir, mein Herz, keine Dummheiten.
Weshalb willst du mir Kummer machen?

Zitiert nach: François Trassard: Leben im alten Ägypten. Übersetzt von Isa Odenhardt-Donvez. Stuttgart: Theiss 2005, S. 22

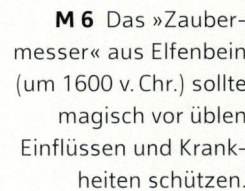

M 6 Das »Zauber-messer« aus Elfenbein (um 1600 v. Chr.) sollte magisch vor üblen Einflüssen und Krankheiten schützen.

M 5 Tonscherbe aus Deir-el-Medina, um 1300 v. Chr. Bei Feiern waren Musik, Gesang und Tanz weit verbreitet. Je nach Anlass wurden Lieder gesungen und Tänze aufgeführt. Sie dienten aber nicht nur der Unterhaltung. Oft fanden Feiern als religiöse Zeremonien statt. Auch ernste Themen wie der Tod standen hier im Mittelpunkt.

M 7 Ein Rezept gegen Zahnschmerzen

Eine medizinische Handschrift aus der Zeit um 1500 v. Chr. überliefert Rezepte und Verordnungen gegen Krankheiten, Erkenntnisse über den menschlichen Körper, aber auch magische Sprüche:
Ein Teil angeritzte Sykomorenfrüchte, ein Teil Honig, ein Teil Bohnen, ein Teil Malachit [grünes Gestein] und ein Teil Ocker [Erde] werden zerrieben. Daraus werde ein Pulver gemacht und an den Zahn gegeben.
Zitiert nach: Regina Schulz/Matthias Seidel: Das alte Ägypten, Mannheim: Meyers Lexikonverlag 1999, S. 110 (bearbeitet)

M 8 Nefertari, die Ehefrau des Pharaos Ramses II., ist hier an einem Spielbrett gezeigt. Das Bild ist ein bemaltes Relief aus ihrer Grabkammer, um 1255 v. Chr. Nefertari spielt Senet, ein im alten Ägypten beliebtes Brettspiel.

Mensch und Gott zugleich: der Pharao

1. Überlegt: Warum wurde der Pharao neben dem Gott dargestellt?

Herrscher auf Erden

Die mächtigste Person im alten Ägypten war der **Pharao**[1]. Die Ägypter hielten ihn aber nicht für einen einfachen Menschen, sondern für die Verkörperung des Gottes
5 Horus, den Sohn des Sonnengottes. Deshalb galt der Pharao als unfehlbar[2]. Er war der oberste Priester des Landes, entschied über alle Gesetze und über Krieg und Frieden. Um seinen Untertanen zu beweisen,
10 dass er kräftig genug für die wichtigen Herrschaftsaufgaben war, feierte er in regelmäßigen Abständen das Sethfest[3]. Da zeigte er durch einen Wettlauf und andere sportliche Übungen, dass er über jugend-
15 liche Kraft verfügte. Dieser Lauf wurde für die Pharaonen zu einem religiösen Brauch.

[1] Die Mehrzahl von »Pharao« ist »Pharaonen«.

[2] **unfehlbar sein:** sich nie irren, keine Fehler machen

[3] **Sethfest:** Fest zu Ehren des Gottes Seth. Er war der Gott der Wüste.

Mittler zwischen Göttern und Menschen

In den Augen seiner Untertanen hatte der Pharao vor allem die Aufgabe, das Wohlwollen der Götter für die Menschen zu
20 erbitten. Die Ägypter fürchteten, dass die göttliche Ordnung zusammenbrechen und die Welt ins Chaos stürzen würde, wenn der Pharao nicht zwischen Menschen und Göttern vermitteln würde. Daher brachte
25 der Pharao den Hauptgöttern täglich Opfer dar oder ließ es seine Priester tun. Regelmäßig reiste er zu den großen Tempeln überall im Reich und gab Feste für die Götter. Für die teure Instandhaltung ihrer
30 Tempel unterhielt er eigene Werkstätten, in denen Künstler, Handwerker und Arbeiter beschäftigt waren.

Die Königin begleitete ihren Ehemann bei religiösen Zeremonien und besuchte mit ihm
35 überall im Land Städte und Heiligtümer. Es kam jedoch nur selten vor, dass Ehefrauen oder Töchter von Pharaonen das Land allein regierten. Ein berühmtes Beispiel ist Hatschepsut, die nach dem Tod ihres Eheman-
40 nes stellvertretend für dessen minderjährigen Sohn die Herrschaft übernahm. In der Regel wurde die Macht an einen männlichen Nachfolger aus der Familie vererbt.

Der Herrscher wird verehrt

Wegen seiner engen Verbindung zu den
45 Göttern wurde der Pharao selbst wie ein Gott verehrt. Seine ↦ Beamten und Diener durften sich ihm nur gebeugt nähern, um seine Anweisungen zu empfangen. Vor politischen Entscheidungen beriet sich der Pha-
50 rao mit ausgewählten hohen Beamten. Sie durften ihm Vorschläge unterbreiten, doch der Pharao traf seine Entscheidungen allein, weil er die Götter auf seiner Seite hatte. Auf seine Ansprachen antworteten die Beamten
55 mit Lobliedern auf seine Weisheit.

M 2 Der Pharao Ramses II. empfängt Gesandte eines eroberten Gebietes. Bemaltes Wandrelief aus einem Tempel, um 1220 v. Chr. Ausländische Gesandte mussten sich vor dem Pharao siebenmal auf den Bauch und siebenmal auf den Rücken werfen. Er behandelte sie stets mit Herablassung.

M 3 Ein Lobgesang auf Ramses II.

Ramses II. herrschte von 1279 bis zu seinem Tod im Jahr 1213 v. Chr. als Pharao über Ägypten. Alle Beratungen, die er mit seinen höchsten Beamten abhielt – z. B. über den Bau von Brunnen oder Straßen –, folgten einem festgelegten Ablauf. Dazu gehörte auch, dass die Beamten den Pharao mit einem feierlichen Gesang ehrten, bevor er seine Entscheidungen verkündete. Hier sind einige Verse aus einem solchen Lobgesang wiedergegeben:

Du bist wie der höchste Gott in allem, was du tust.
Was dein Herz wünscht, das geschieht.
Wenn du in der Nacht einen Wunsch planst –
   am Morgen ist er bereits verwirklicht.
5 Wir betrachten die Fülle deiner Wundertaten,
   seit du erschienen bist als Herrscher Ägyptens. [...]
Gibt es ein fernes Land, das du nicht kennst?
Wer ist so kundig wie du?
Wo ist der Ort, den du nicht gesehen hast?
10 Kein Fremdland, das du nicht betreten hast.
Alle Angelegenheiten kommen dir zu Ohren,
   seit du dieses Land verwaltest.

Zitiert nach: Manfred Clauss: Der Pharao. Stuttgart: Kohlhammer 2012, S. 152 (bearbeitet)

2. a) Gib in deinen Worten wieder, welche Eigenschaften die Beamten in M 3 dem Pharao zusprechen. Beachte die Hinweise zum Umgang mit Textquellen (S. 58).
b) Erkläre mithilfe des Darstellungstextes, warum der Pharao mit solchen Lobgesängen geehrt wurde.

3. Stellt den Empfang beim Pharao (M 2) nach.
Oder:
Was könnten einzelne Personen – ausländische Gesandte, ägyptische Diener, der Pharao – denken oder sagen? Verfasse Denk- und Sprechblasen und lege sie auf das Bild.

4. Entwerft zu zweit ein Streitgespräch zwischen zwei Gesandten, die von Ramses II. empfangen werden: Einer ist beeindruckt von der Pracht seiner Herrschaft, der andere lehnt die Vergötterung des Pharaos durch seine Untertanen ab.

Von Gottheiten und Tieren

WES-117726-019

Unter diesem Web-code kannst du dir den Text anhören.

Die Ägypter glaubten an eine sehr große Zahl von Göttinnen und Göttern. Mit ihnen erklärten sie sich den Ursprung der Welt. Ihre Vorstellungen von den Gottheiten
5 veränderten sich im Lauf der langen Geschichte des alten Ägyptens allerdings immer wieder. Daher sind sie für uns heute nicht einfach zu verstehen. Im folgenden Abschnitt beantwortet eine Expertin Fragen
10 zur altägyptischen Religion.

Wie stellten sich die Ägypter ihre Göttinnen und Götter vor?

Die Ägypter brachten ihre Gottheiten in Verbindung mit Tieren. Sie stellten sie sich in Tiergestalt vor – oder in Menschengestalt mit Tierkopf. Darin zeigt sich ein besonderes Verhältnis der Ägypter zur Tierwelt. Im Niltal lebten Menschen und Tiere schließlich auf engstem Raum zusammen. Sicher bewunderten die Ägypter manche Eigenschaften dieser Tiere oder sie fürchteten sich vor ihnen. Der Falke z. B. gilt als schnellster Greifvogel. Zudem fliegt er sehr hoch, sodass er dem Himmel sehr nah erscheint. Bei den Ägyptern hieß es, dass sein Anblick andere
30 Vögel lähmt wie das Angesicht des Pharao dessen Feinde lähmt.

M 1 Re, der höchste Gott der Ägypter, auf einem Wandbild in einem Grab. Das Symbol »Ankh« bedeutet »Leben«.

Der unter diesem Webcode abrufbare Film zeigt das Wandbild:

WES-117726-020

Aber glaubten die Ägypter denn wirklich, dass zum Beispiel Horus wie ein Falke aussah?

35 Nein, die Ägypter hielten die Gottheiten für unsichtbar. Göttinnen und Götter lebten für sie in allem, was sie sehen, fühlen und riechen konnten, nur nicht in den Menschen selbst – also z. B. eben in Falken, Schaka-
40 len oder Ibissen[1]. Die Gestalt ist als Zeichen für die Eigenschaften zu sehen. Wenn wir sagen, jemand sei ein Angsthase, dann meinen wir ja auch nicht, dass er wie ein Hase aussieht.

Waren denn alle Gottheiten gleich wichtig?

Nein, das sieht man an ihrer Verbreitung. Es gab Hauptgöttinnen und -götter, die überall im ägyptischen Reich anerkannt
50 waren. Andere Gottheiten dagegen wurden nur in bestimmten Regionen verehrt.

Re beispielsweise kannte man in ganz Ägypten. Ihn sah man in der Sonne selbst. Als Sonnengott spendete er Licht
55 und Wärme und war für die Schöpfung der Menschen und der Tiere sowie für die Fruchtbarkeit des Bodens verantwortlich.

Gab es auch besondere Göttinnen?

Ja! Eine weitere sehr wichtige Gottheit war
60 **Maat**, die Tochter des Re. Von ihr glaubte man, dass sie der Welt eine vollkommene und gerechte Ordnung gegeben hatte, in der jedes Wesen seinen Platz und seine Bestimmung hat. Sie nannten diese Ord-
65 nung nach der Göttin: Maat. Allerdings glaubten die Menschen auch, dass die Ordnung bedroht sei, z. B. durch Lügen. Deswegen sollte der Pharao als göttlicher König dafür sorgen, sie zu erhalten.

70 Wie konnte der Pharao die Maat schützen?

Zu seinen wichtigsten Aufgaben gehörte es, durch Opferfeste und Gebete das Wohlwollen der Götter zu erbitten. Aber nicht nur das: Im Namen des Pharaos wurden im
75 ganzen Land große Tempelanlagen erbaut, in denen Priester und Tempeldiener Gottesdienste abhielten. Nur sie durften die Tempel betreten.

Bedeutet das, dass die einfachen Menschen mit Religion nichts zu tun hatten?

80 Im Gegenteil: Sie übten ihren Glauben täglich aus. Die Götter waren fester Bestandteil ihres Alltagslebens. Jede Familie verehrte in ihrem Wohnhaus die Haus- und
85 Ortsgottheiten. Die Menschen beteten und trugen Amulette[2], die sie beschützen sollten.

M 2 Sieben Gott-heiten in Malereien und Plastiken aus dem alten Ägypten

① ② ③ ④ ⑤ ⑥ ⑦

Kleines Lexikon der ägyptischen Gottheiten

Anubis hat den Kopf eines Schakals, eines wolfsähnlichen Tieres. Er ist der Wächter der Grabstätten.

Horus trägt wie Re einen Falkenkopf. Er gilt als Himmels- und als Kriegsgott. Zeitweise wird er mit dem Pharao gleichgesetzt.

Isis mit einem Thron und/oder Kuhhörnern als Erkennungszei-chen ist die Ehefrau des Osiris. Sie wurde als Göttin der Ge-burt und der Mutterschaft verehrt.

Maat, die Göttin der Wahrheit und Gerechtigkeit, erkennt man an ihrem Kopfschmuck, einer Feder.

Osiris ist der Gott der Unterwelt und wird umwickelt wie eine Mumie dargestellt. Er richtet darüber, ob die Toten ins Jen-seits kommen. Seine Zeichen sind Geißel und Krummstab.

Re, der Sonnengott, wird mit dem Kopf eines Falken und Son-nenscheibe dargestellt. Er ist Weltenlenker und höchster Gott.

Seth, Gott der Wüste, ist an der langen, gebogenen Schnauze zu erkennen. Er bringt Chaos, beschützt aber auch die Oasen.

Thot hat einen Ibiskopf[1]. Er ist der Gott der Zeitrechnung, der Schreiber und der Gelehrten.

1. Erkläre mithilfe des Interviews, warum und wie die Ägypter ihre Gottheiten mit Tieren in Verbindung brachten.

2. Wer ist wer? Findet in Partnerarbeit die passenden Erklärungen zu den Abbildungen in M 2.

3. Stelle die Bereiche zusammen, für welche die abgebildeten Gottheiten zuständig waren. Welche Verbin-dungen zum Alltagsleben der Ägypter stellst du fest?
↳ **Tipp:** S. 332

1 Ibis: großer Schreitvogel, dem Storch ähnlich

2 Amulett: ein Kettenanhänger, dem magische Fähigkeiten zugesprochen werden

Pyramiden – Bauwerke mit Geheimnissen

M1 Zwei Fotos von altägyptischen Pyramiden. Das große Foto zeigt die Pyramiden von Gizeh, das kleine die Stufenpyramide in Sakkara.

Das Gewaltigste und Rätselhafteste, was uns die alten Ägypter hinterlassen haben, sind sicherlich die **Pyramiden**. Die bekannteste unter ihnen, die Cheopspy-
5 ramide von Gizeh, gehört zu den größten Steinbauten der Menschheit. Schon in der ↦ Antike waren die Menschen so faszi-niert von ihr, dass sie sie zu den sieben Weltwundern zählten.

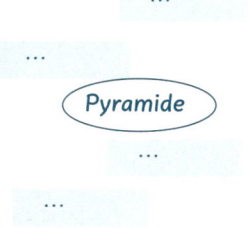

Beispiel für ein Cluster

1. Erstelle ein Cluster zum Thema »Pyra-miden«. Beachte die Hinweise zum Cluster auf S. 342.
Notiere alles, was du über das Thema bereits weißt. Lies dann den Darstel-lungstext und ergänze anschließend, was du Neues über Pyramiden erfah-ren hast.

Die Stufenpyramide von Sakkara

10 Jede Pyramide ist eine Grabstätte, die ein Pharao für sich errichten ließ: Die Stein-berge sollten seine Mumie schützen und seinen Übergang ins Totenreich erleichtern.

Die erste Steinpyramide ließ der Pharao
15 Djoser um 2680 v.Chr. in Sakkara für sich errichten. Religiöse Texte sprechen davon, dass der tote Pharao auf einer Leiter zum Himmel aufsteigt. Möglicherweise sollte die Stufenform der Pyramide diese Leiter dar-
20 stellen. Die Pyramide war Mittelpunkt einer Grabanlage, die von einer Mauer umfasst wurde. Zu ihr gehörte ein großer Hof. Hier unternahm der Pharao seinen religiösen Wettlauf beim Sethfest (S. 62). Der Lauf
25 machte diesen Hof zur ersten Sportarena der Welt.

Die Pyramide des Cheops

Etwa 100 Jahre später wurde bei Gizeh die Pyramide für den Pharao Cheops errichtet. Mit einer Höhe von 146 m ist sie so hoch
30 wie ein 50-stöckiger Wolkenkratzer. Neben ihr wurden zwei Pyramiden für Nachfolger des Cheops gebaut sowie kleinere für die Ehefrauen und Kinder der Pharaonen. Auch hohe ↦ Beamte wurden hier begra-
35 ben. Außerdem legte man für jede Pyramide Tempel an, in denen der Totenkult begangen wurde.

Im Inneren der Pyramiden befinden sich mehrere Grabkammern. Sie waren prächtig
40 ausgestaltet. In weiteren Kammern könnten wertvolle Grabbeigaben gelegen haben, die dem verstorbenen Pharao ein luxuriöses Leben auch im Jenseits ermöglichen sollten. Doch heute sind die Kammern leer.
45 Trotz der Bemühungen der Baumeister, die heiligen Stätten durch Irrgänge und falsche Schächte vor Grabräubern zu schützen, war schon um das Jahr 1000 v. Chr. jede bekannte Pyramide geplündert. Danach
50 konnten Forschende nur noch finden, was die Diebe übersehen hatten.

Belastung, aber auch Hoffnung

Der Bau einer einzigen Pyramide konnte bis zu 20 Jahre in Anspruch nehmen und an die 25 000 Menschen beschäftigen: Planungs-
55 spezialisten, Bauhandwerker und einfache Arbeiter. Man schätzt, dass auf der Baustelle der Cheopspyramide etwa 20 000 Menschen ständig tätig waren. Weitere Tausende von Arbeitern kamen während
60 des Nilhochwassers dazu. Diese vielen Menschen mussten von den übrigen miternährt werden. Von einem Teil der Steuern wurden daher die Arbeiter entlohnt. Die Arbeit an den Pyramiden galt aber auch
65 als eine Art »Gottesdienst«, für die man im Jenseits belohnt werde.

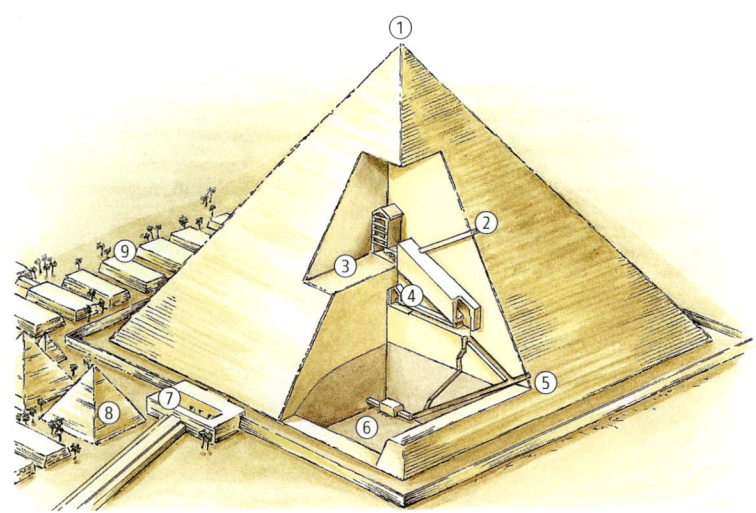

M 2 Schnitt durch die Cheopspyramide:
① vergoldete Spitze, ② Luftschacht, ③ Grabkammer des Pharao,
④ »Große Galerie«, die zur Grabkammer des Pharaos führt,
⑤ Eingang, ⑥ ursprüngliche Grabkammer (unterirdisch),
⑦ Tempel, ⑧ Nebenpyramiden für Familienangehörige,
⑨ Gräber für hohe Beamte

IN DER GRUPPE
ein Thema erschließen und ein Plakat gestalten

Auf den folgenden Seiten erfahrt ihr mehr über den Bau und die Nutzung der Pyramiden. Werdet Expertinnen und Experten! Teilt euch dafür in vier etwa gleich große Gruppen auf. Jede Gruppe wählt eines der Themen.

1. Erarbeitet euer Thema anhand der Aufgaben.

2. Notiert außerdem:
   – Welchen Bereich des ägyptischen Totenkults berührt euer Thema (z. B.: Begräbnis, Grabstätte, Bestattung, Religion)?
   – Welche Bevölkerungsgruppen sind betroffen?
   – Welche Vorstellungen der Ägypter vom Leben im Jenseits werden deutlich?

3. Erklärt euer Thema auf einem **Plakat.** Beachtet dazu die Hinweise auf Seite 343. Unter dem Webcode WES-117726-021 findet ihr Abbildungen, die ihr verwenden könnt.

4. Präsentiert euer Plakat. Übt die Präsentation vorher ein: Alle in der Gruppe müssen das Thema vorstellen können!

5. Fotografiert die einzelnen Plakate und ladet die Fotos in euren Klassenordner hoch.

WES-117726-021

Planung und Bau einer Pyramide

M 1 Werkzeuge der Ägypter: Kupfermeißel und Holzschlegel

Weil die Ägypter glaubten, dass das Totenreich im Westen liegt, dort, wo die Sonne untergeht, wurden die Pyramiden am Westufer des Nils gebaut. Die Flussnähe war
5 aus einem baupraktischen Grund wichtig: Blöcke aus Kalkstein, Sandstein und Granit mussten aus zum Teil weit entfernten Steinbrüchen angeliefert werden (M 2, S. 47). Die Bauplätze mussten aller-
10 dings erhöht liegen, damit sie nicht überschwemmt wurden, wenn der Nil über seine Ufer trat.

Sehr schwer und sehr genau

M 2 Die Benutzung von Werkzeugen beim Pyramidenbau, Rekonstruktionszeichnung

Das Brechen der Steine, die durchschnittlich 2,5 Tonnen wogen, und ihr Transport

15 zu den Bauplätzen war eine Schinderei. Die Steinblöcke wurden bewegt, indem man sie auf eine Art Schlitten verfrachtete und diese dann über runde Holzstämme zog. Am Fuß der Pyramide wurden die Steine so
20 behauen, dass sie fugenlos aneinanderpassten. Dafür benutzten die Arbeiter ganz einfache Werkzeuge wie den Holzhammer, den Steinbohrer und Meißel aus Kupfer und Bronze. Bis heute staunen wir darüber, wie
25 exakt die Riesengräber gelangen. Selbst mit modernen, lasergestützten Messgeräten ist es schwierig, so genau zu bauen, wie die alten Ägypter es taten.

Noch heute rätseln ↦ Historikerinnen und
30 Historiker darüber, wie es die Menschen vor fast 4 500 Jahren schafften, die massigen Steinquader ohne moderne Kräne aufeinanderzutürmen. Unterlagen über den Bau gibt es nicht. Forschende vermuten,
35 dass die Ägypter Rampen anlegten, um die Steinblöcke auf die wachsende Pyramide zu wuchten. Diese wuchsen möglicherweise direkt an der Außenwand der Pyramiden mit – entweder innerhalb oder
40 außerhalb des Bauwerks.

---

1. Stellt in einer Liste die Tätigkeiten zusammen, die für Planung und Bau einer Pyramide erforderlich waren.

2. Beim Pyramidenbau kam es häufig zu Unfällen.
   a) Schreibt auf, welche Arbeiten besonders gefährlich waren. Begründet.
   b) Erklärt, warum die Arbeiter trotz der hohen Gefahr die Arbeit an den Pyramiden auf sich nahmen.
   ↦ **Tipp:** S. 332

+ Was für Rampen könnten für den Transport benutzt worden sein? Erstellt Skizzen.

2332G›

Der Pharao und das Jenseits

In den Grabkammern der Pyramiden finden sich Inschriften. Sie wurden angebracht, um die verstorbenen Pharaonen auf ihren Wegen ins Jenseits zu schützen und vor
5 Bösem zu bewahren. Häufig beziehen sich die Texte auf Göttergeschichten, an die die Menschen glaubten, sogenannte ↦ Mythen (Einzahl: Mythos). Ein Beispiel dafür ist der Mythos von Osiris, dem Gott
10 des Totenreichs.

Der Mythos erzählt, dass Osiris als weiser König über Ägypten herrschte, doch sein Bruder Seth gönnte ihm die Königswürde nicht. Eines Tages tötete er Osiris. Isis,
15 die Ehefrau des Osiris, trauerte sehr und wollte die Leiche ihres Mannes bestatten. Da zerfetzte Seth den toten Körper wutentbrannt in 14 Teile und warf sie in den Nil, damit Osiris im Totenreich nicht wie-
20 der auferweckt werden konnte. Doch Isis zog durch das Land und sammelte alle Teile des verstorbenen Osiris zusammen. Dank ihrer magischen Kräfte gelang es ihr, die Leichenteile wieder zusammenzufügen.
25 Daher konnte Osiris im Totenreich wieder auferstehen. Seitdem ist er der Herrscher über das Reich der Toten. Sein Bruder Seth dagegen wurde zur Strafe für seine Untaten in die Wüste verbannt.

M1 Erhebe dich!

Der Pharao Unas regierte etwa von 2380 bis 2350 v. Chr. Seine Pyramide steht nahe bei der Pyramide des Djoser (S. 66). Hier sind Auszüge aus der Inschrift in seiner Grabkammer wiedergegeben:

a) Erhebe dich, du König [...]
Sammle deine Knochen zusammen
Raffe dir deine Gliedmaßen zusammen
Schüttle die Erde ab von deinem Fleisch
Nimm dir dein Brot, das nicht schimmeln kann
Nimm dein Bier entgegen, das nicht sauer werden kann
[...]
Erhebe dich, du König
Du kannst doch nicht tot sein

b) Du steigst empor zu deiner Mutter, der Himmelsgöttin
Sie packt deine Hand
Sie gibt dir den Weg frei zum Horizont,
    zu dem Ort, wo sich Sonnengott Re aufhält
Geöffnet sind für dich die Tore des Himmels [...]

c) Du findest Sonnengott Re
Er steht da, erwartungsvoll winkt er dir entgegen
Er packt für sich deine Hand
Er geleitet dich in die Paläste des Himmels
Er setzt dich auf den Thron des Osiris

Zitiert nach: Wolfgang Kosack: Die altägyptischen Pyramidentexte in neuer deutscher Übersetzung. Berlin: Brunner 2012 (Sprüche a) 373 §645–657, b) 421 §751, c) 422 §752–746; bearbeitet)

---

1. Lest den Osiris-Mythos (ab Z. 11) und gebt ihn in eigenen Worten wieder.

2. a) Erarbeitet den Inhalt von M1. Nutzt dazu die Hinweise zum Verständnis von Textquellen (S. 58).
↦ **Tipp**: S. 332

b) Vergleicht die Pyramidensprüche in M1 mit dem Osiris-Mythos. Erklärt, welche Elemente des Mythos ihr in den Sprüchen erkennen könnt.
↦ **Tipp:** S. 332

3. Schreibt auf oder zeichnet, wie die Ägypter sich die Auferstehung eines Pharaos nach dessen Tod vorstellten.

Mumien – Körper für die Ewigkeit

Nicht nur in den Grabkammern der Pyramiden, sondern auch in anderen Grabstätten wurden kunstfertig haltbar gemachte Leichname bestattet: Wer es sich im alten Ägypten leisten konnte, ließ seine Verstorbenen mumifizieren.

5 Die Menschen im alten Ägypten glaubten daran, dass die Seele den Körper beim Tod verlässt und sich erst nach dem Begräbnis wieder mit ihm vereint. Damit dies geschehen konnte, so glaubten sie, musste der Leichnam haltbar gemacht werden – als Mumie. Wenn die Mumie fertig war,
10 wurden religiöse Zeremonien durchgeführt. So sollten Verstorbene ihre Lebenskraft zurückerlangen. Besonders wichtig war die Mundöffnung, damit die Toten im Jenseits sprechen, essen und trinken konnten. Deshalb wurden ihnen auch Lebensmittel mit ins Grab gegeben.

15 Die Mumie wurde in ihrem Sarkophag in einer Totenbarke über die Kanäle bis zu ihrer Grabstätte transportiert. Begleitet wurde sie von den Wehklagen und Abschiedsworten der Frauen des Hauses und von – bezahlten – Klageweibern, die laut jammerten und sich die Haare rauften. In die Pyramiden
20 wurde sie von Priestern gebracht.

M 1 Eine ägyptische Mumie im Sarg. Die Maske trägt die Gesichtszüge des Toten

M 2 Ein Modell der Totenbarke des Cheops. Sie wurde als Bausatz in einer Kammer der Cheopspyramide gefunden.

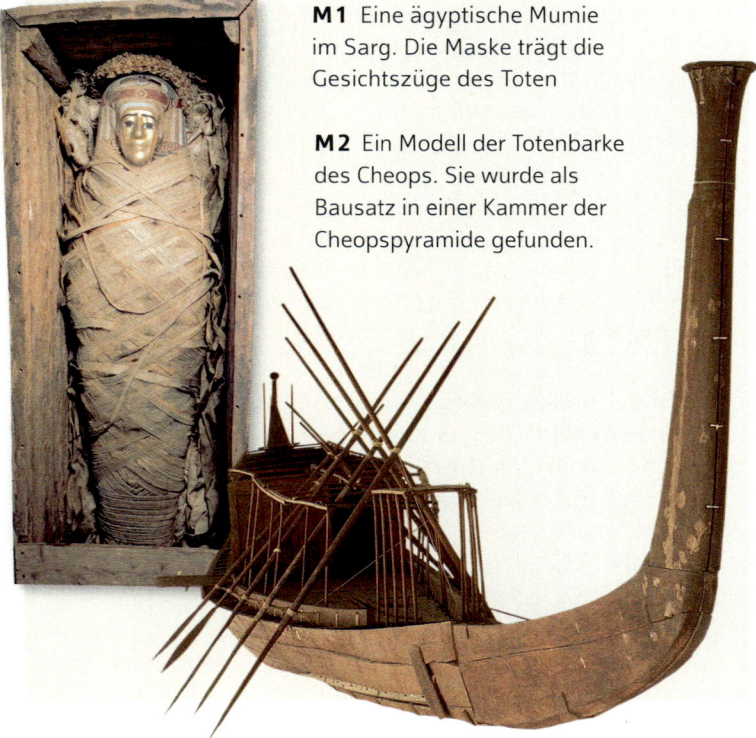

M 3 Das Mumifizieren

Der griechische Geschichtsschreiber Herodot berichtete etwa 2 000 Jahre nach der Zeit der Pyramiden von der Mumifizierung. Auf einer Reise durch Ägypten war ihm das Verfahren erklärt worden. Herodot schrieb:
Es gibt Leute, die genau dafür zuständig sind und dies als ihren Beruf ausüben. [...]

Zunächst ziehen sie mit einem gebogenen Eisen durch die Nasenlöcher das
5 Gehirn heraus [...]. Danach machen sie mit einem scharfen Stein einen Schnitt entlang der Bauchhöhle und nehmen die ganzen Eingeweide heraus. Sie reinigen sie und spülen sie mit Palmwein [...] durch. Danach
10 füllen sie die Bauchhöhle mit reiner, geriebener Myrrhe, Zimt und anderen Gewürzen [...] und nähen sie wieder zu. Wenn sie das getan haben, legen sie die Leiche siebzig Tage in Natronlauge ein [...]. Danach
15 waschen sie sie, umwickeln den ganzen Körper mit Leinenbinden und bestreichen diese mit Gummi [...].

Nun nehmen die Angehörigen die Leiche in Empfang, lassen eine hölzerne Form in
20 Menschengestalt anfertigen [und legen die Leiche hinein]. Und wenn sie sie auf diese Weise eingeschlossen haben, bewahren sie sie in einer Grabkammer auf, wobei sie sie aufrecht gegen die Wand stellen.
Herodot: Historien. Neu übersetzt u. hrsgg. v. Heinz-Günther Nesselrath. Stuttgart: Kröner 2017, S. 154 f. (Buch 2, Kapitel 86, 1; bearbeitet)

---

1. Schreibt nach den Angaben in M 3 eine Anleitung für eine Mumifizierung.

2. Betrachtet M 1 und besprecht, warum Mumien Masken trugen, die wie die Gesichter der Verstorbenen aussahen.

3. Erklärt, warum dem Toten eine Barke (M 2) mitgegeben wurde. Welche Vorstellung über das Jenseits verbirgt sich dahinter?

Das Totengericht

M 1 Die Prüfung des Wiedererweckten im Totengericht. Abbildung aus dem »Papyrus des Hunefer«, um 1290 v. Chr.

Die Menschen im alten Ägypten glaubten daran, dass der mumifizierte Körper eines Verstorbenen im Jenseits weiterleben kann. Anfangs stellten sie sich vor, der Pharao
5 werde nach seinem Tod in den Himmel aufsteigen. Später setzte sich aber der Glaube an ein Totenreich in der Unterwelt durch, in dem alle Verstorbenen weiterleben können, aber nur, wenn sie sich dem Totengericht
10 gestellt und über ihr Leben im Diesseits Rechenschaft abgelegt hätten.

M 1 zeigt das Totengericht aus dem Papyrus des Schreibers Hunefer. Der Papyrus war dem Verstorbenen als Totenbuch ins
15 Grab gelegt worden. In einem solchen Buch wurde nicht nur gezeigt, was den Toten im Jenseits erwartete. Hier standen auch die Antworten, die er dem Totengericht geben musste, um das ewige Leben zu erlangen.

Hunefer vor den Göttern

20 Der wiedererweckte Hunefer ist auf dem Bild M 1 in drei Szenen zu sehen:
① In der ersten Szene muss Hunefer vor dem Gericht seine Unschuld beteuern.
② Dann wird er von dem Gott Anubis zur
25 Waage geführt. Dort liegt links die Seele des Verstorbenen. Nur wenn er keine Sünden begangen hat, ist sie so leicht wie die Feder der Göttin Maat, die auf der rechten Waagschale liegt. Hätte der Ver-
30 storbene eine zu schwere Seele, würde das krokodilköpfige Monster unter der Waage zuschnappen und den Toten für immer verschlingen. Der Gott Thot notiert das Ergebnis.
35 ③ Hunefer darf weitergehen: Von Horus wird er zu Osiris geführt, dem Gott der Unterwelt.

---

1. a) Beschreibt M 1. Findet die folgenden Motive: Osiris – die Feder – Hunefer (der Verstorbene) – Horus – die Seele – Anubis – Thot – die Seelenfresserin.
   b) Ordnet die im Text beschriebenen Szenen der Abbildung M 1 zu.

2. Der alte Schreiber Seneb stellt sich vor, wie es sein wird, wenn er vor das Totengericht treten muss. Was würde man ihn fragen? Welche Auskünfte könnte er über sein Leben geben? Schreibt mögliche Fragen und Antworten auf.
   ↦ **Tipp:** S. 332

3. Nennt Ähnlichkeiten zwischen der Vorstellung vom Totengericht im alten Ägypten und einem Leben nach dem Tod in Religionen, die ihr kennt.

Ägypten – eine Kultur begeistert

M 1 Nofretete im Neuen Museum, Berlin

1824: Die Hieroglyphen werden mithilfe des »Steins von Rosette« entziffert. Der Stein wurde bei einem französischen Feldzug in Ägypten gefunden.

1930er-Jahre: Der ägyptische Schönheitskult wurde Vorbild für edle Stoffe und Gerüche in der europäischen Mode.

Wie kommen altägyptische Figuren eigentlich in deutsche Museen? Das hat mit der großen Ägyptenbegeisterung zu tun, die im 19. Jahrhundert Europa erfasste. Auslöser
5 dafür war die Entzifferung der Hieroglyphen durch den französischen ↦ Archäologen Jean-François Champollion (S. 53).

Wer es sich leisten konnte, fuhr nun zu den Pyramiden und kaufte auf den ägyptischen
10 Basaren Grabbeigaben. Zum Partyvergnügen der besseren Kreise in Europa gehörte bald das Auswickeln einer Mumie. Sogar auf der Weltausstellung 1867 in Paris wurde unter der Leitung eines französischen Ägyp-
15 tologen eine solche Attraktion geboten.

Weil im 19. Jahrhundert die meisten archäologischen Grabungen unter der Leitung von Europäern durchgeführt wurden, war es damals für viele selbstverständlich,
20 dass die kostbarsten Funde nach Europa kamen. Heute wird dies kritisch gesehen, denn Mumien, Grabbeigaben oder ganze Wandgestaltungen aus Grabanlagen sind wichtige ägyptische Kulturgüter. Deshalb
25 fordert der ägyptische Staat die Rückgabe besonderer Funde. Dazu zählt auch die Skulptur der Nofretete aus dem Neuen Museum in Berlin.

Seit 2000: Im Hildesheimer Roemer- und Pelizaeus-Museum kann der Nachbau der Grabkammer des Sennefer begangen werden. Sennefer war um 1430 v. Chr. der höchste ↦ Beamte der Stadt Theben.

(rechts) **Gegenwart:** Auch im Onlinespiel kann man das historische Ägypten besuchen. Die Spielumgebungen orientieren sich oft eng an wissenschaftlichen Erkenntnissen. Das abgebildete Beispiel zeigt die berühmte Bibliothek von Alexandria (gebaut im 3. Jahrhundert v. Chr.).

1895: Europäische Ägypten-Reisende erklimmen eine Pyramide.

Um 1900: Blick in die »Ägyptische Sammlung« eines Museums. Auch der Hildesheimer Bankier Wilhelm Pelizaeus, der rund 40 Jahre in Kairo gelebt hatte, war ein begeisterter Sammler gewesen. 1907 schenkte er seine Sammlung der Stadt Hildesheim, die 1911 das »Roemer- und Pelizaeus-Museum« eröffnete.

1922: Die Öffnung des Grabs von Tutanchamun gab der Ägyptenbegeisterung noch einmal neuen Schwung. Sie löste eine neue Vergnügungswelle im ägyptischen Prachtstil aus.

1917: Ein ewiger Star der Ägyptenverehrung ist die letzte ägyptische Pharaonin Kleopatra. Schon in der Anfangszeit des Kinos machte man sie zur Hauptfigur eines Stummfilms. Bis heute wurde ihr Leben immer wieder verfilmt.

1. Ordne die Bilder verschiedenen Bereichen zu, in denen die Ägyptenbegeisterung zum Ausdruck kommt: Bildung, Freizeitgestaltung, Mode und Unterhaltung.

2. Stelle mithilfe deines Vorwissens über das alte Ägypten Vermutungen über die Gründe für die Ägyptenbegeisterung der Europäer an.

3. Im Roemer- und Pelizaeus-Museum in Hildesheim kann man auch ein Festtagsprogramm mieten. Würdest du gerne dort Geburtstag feiern? Begründe deine Meinung!

Wenn du die vorangegangenen Seiten bearbeitet hast, solltest du folgende Aufgaben lösen können. Ob du richtigliegst, kannst du mithilfe der Lösungen und Hinweise auf Seite 336 überprüfen.

M 1 Szene aus einer Wandmalerei im Grab eines hohen ↦Beamten, der Pharao Thutmosis IV. diente. Dieser regierte Ägypten um 1390 v. Chr.

1. Erkläre die Bedeutung des Nils für das Leben der Ägypter.

2. Betrachte M 1.
   a) Beschreibe die Abbildung. Entnimm der Legende, um was für eine Art Bild es sich handelt.
   b) Benenne die Tätigkeiten der Menschen und folgere daraus, welchem Beruf sie nachgehen.
   c) Erläutere die Bedeutung ihres Berufes für die ägyptische ↦Gesellschaft.
   d) Stelle abschließend dar, zu welchem Zweck das Bild angefertigt wurde.

3. Begründe, warum Ägypten als eine frühe Hochkultur bezeichnet werden kann.

4. Bringe die folgenden Begriffe in einen erklärenden Zusammenhang: *Totengericht – Pyramiden – Mumien – Leben im Jenseits – Totenkult – Pharaonen – Isis und Osiris*

Die ägyptische Hochkultur

Während die Menschen in Mitteleuropa noch als ↦ jungsteinzeitliche Bauern ohne Schrift, Städte oder ↦ Verwaltungen lebten,
entstanden in einigen Regionen der Erde bereits neue Formen
des Zusammenlebens.

5 Um 3000 v. Chr. entwickelte sich in Nordafrika – an den Ufern des
Flusses Nil – die ägyptische ↦ **Hochkultur**. Eine andere Hochkultur
entstand z. B. in Mesopotamien, dem sogenannten Zweistromland
zwischen den Flüssen Euphrat und Tigris im heutigen Irak. Die
meisten Hochkulturen haben gemeinsame Kennzeichen: Es gab
10 Städte und einen Staat mit Verwaltung und Gesetzgebung. Die
Menschen benutzten die Schrift und setzten einen ↦ Kalender
ein, um das Jahr zu gliedern. Das Handwerk war aufgrund von
↦ Arbeitsteilung hoch entwickelt.

In Ägypten regierte der **Pharao**. Er wurde als Gottkönig verehrt.
15 ↦ **Beamte** setzten die Befehle des Pharaos im ganzen Reich durch.

Die **Bevölkerung** des alten Ägypten war streng in Schichten geteilt.
Die Zugehörigkeit einer Familie zu einer Schicht ergab sich durch
den Beruf, den der Familienvater ausübte. Die Menschen lebten
in der Vorstellung, dass jeder seinen Platz in der von den Göttern
20 gegebenen Weltordnung hatte, die sie **Maat** nannten.

Damit angesehene Ägypter nach dem Tod weiterleben konnten,
wurden sie mumifiziert und mit Grabbeigaben bestattet, die ein
Alltagsleben im Jenseits ermöglichen sollten. Den frühen Pharaonen dienten die weithin sichtbaren **Pyramiden** als Grabstätten.

ZEITTAFEL

› **um 3000 v. Chr.**
In Mitteleuropa leben die Menschen als jungsteinzeitliche
Bauern in kleinen Siedlungen. Am
Nil hat sich der ägyptische Staat
entwickelt; die Hieroglyphen sind
erfunden.

› **um 2540 v. Chr.**
Die Cheopspyramide bei Gizeh
ist erbaut worden. Sie diente als
Grabstätte des Pharaos Cheops.

› **um 1500 v. Chr.**
Es beginnt eine Hochphase des
Alten Ägypten, die Phase des
»Neuen Reiches«. Ein wichtiger
Pharao des »Neuen Reiches« war
Ramses II.

M1 Bäuerliche Arbeit auf einer altägyptischen Grabmalerei

Eine Hochkultur am Indus

M 1 Der im heutigen Indien gefundene Wagen aus Bronze wurde um 2000 v. Chr. hergestellt.

Vor etwa 4500 Jahren entstand die sogenannte **Indus-Kultur**. Sie breitete sich über ein Gebiet aus, das mehr als dreimal so groß war wie Deutschland. Lebten die Men-
5 schen dort wohl ähnlich wie die Menschen in Ägypten? In vielem vermutlich schon. Forscherinnen und Forscher fanden aber heraus, dass es wohl auch große Unterschiede gab!

Tonwaren gegen Bronze

10 Das Gebiet, in dem der Indus fließt, war in der Zeit um 2500 v. Chr. nicht trocken wie heute, sondern feucht und sumpfig. Die Menschen nutzten den lehmigen Boden, um daraus Ziegel zu formen, die
15 sie an der Luft trockneten. Sie verwendeten sie für den Hausbau. Zudem stellten sie Gebrauchsgegenstände aus gebranntem Ton her. Diese waren anscheinend bekannt und berühmt, denn sie wurden weit über
20 das Gebiet der Indus-Kultur hinaus verkauft.

Als Markenzeichen hängte man Siegel aus Ton an die Waren. Diese Siegel wurden auch im Gebiet des heutigen Irak, dem
25 früheren Mesopotamien, gefunden. Mehr als 2500 km legten Händler mit den Waren also zurück! Auf dem Rückweg transportierten sie Metalle für die Herstellung von **Bronze**, denn am Indus gab es sie nicht.

30 Das sehr harte Material Bronze entsteht, wenn man das Metall Kupfer mit einem kleinen Anteil des Metalls Zinn in geschmolzenem Zustand verbindet. Das hatten die Menschen etwa um 3000 v. Chr. entdeckt.

M 2 Das Tonsiegel (links) und die dazugehörende Gussform (rechts) wurden in Harappa am Indus gefunden. Heute werden sie im British Museum (London) aufbewahrt.

35 Seitdem wurde Bronze vor allem für die
Herstellung von Werkzeugen und Waffen
verwendet – auch in Ägypten und Europa.
Sie waren dadurch viel haltbarer geworden.
Die Zeit bis etwa 800 v. Chr. wird entspre-
40 chend ↦ **Bronzezeit** genannt.

Städtisches Leben am Indus

Schon um 2500 v. Chr. waren die Menschen
im Industal fähig, zweistöckige Häuser zu
bauen. Bei ↦ archäologischen Ausgrabungen wurden Überreste vieler Gebäude
45 gefunden, die in einer Schachbrett-Struktur
angeordnet waren. Die Menschen müssen
ihre Städte also genau geplant haben.

Die Städte der Indus-Kultur, so schätzt
man, hatten bis zu 40 000 Bewohnerinnen
50 und Bewohner. Viele von ihnen verdienten
ihren Lebensunterhalt mit einem Handwerk.
Die Menschen im Industal kannten das Rad
und die Töpferscheibe – wie in Europa.
Anders als in Europa hatten sie sogar eine
55 Schrift. Allerdings ist sie noch nicht entziffert worden.

Wenn so viele Menschen an einem Ort
leben, müssen sie ihr Zusammenleben
organisieren. In den Städten am Indus
60 entdeckte man Kornspeicher, in denen
die Menschen Getreidevorräte anlegten.
Außerdem mauerten sie Abwasserkanäle,
um Schmutzwasser und Unrat entsorgen zu
können. Auch öffentliche Bäder gab es. Das
65 zeigt: Hygiene spielte für die Menschen eine
große Rolle, eine viel größere als bei zeit-
gleichen ↦ Kulturen wie der ägyptischen.

Keine Herrscher, keine Kriege?

Bemerkenswert ist, dass es keine Hinweise
auf mächtige Herrscher oder Könige im
70 Industal gibt. In anderen Kulturen kann
man an den reichen und aufwendigen
Gräbern, wie an den Pyramiden in Ägypten, erkennen, dass es Menschen gab, die
mächtiger waren als andere. In der Indus-
75 Kultur fehlen solche Bauwerke vollkommen.
Auch Paläste hat man nicht gefunden, wohl
aber große öffentliche Bauten (z. B. Bäder)
und Tempel.

M 3 Das Foto zeigt die ausgegrabene Stadt Mohenjo-Daro, die im heutigen Pakistan liegt. Vorn ist das große öffentliche Bad zu sehen.

Erstaunlich ist, dass alle Anzeichen für
80 Militär und Kriege fehlen. Weder sind
Schwerter, Rüstungen, Helme oder Schilde
gefunden worden, noch gibt es Bilder, die
den Krieg oder Krieger zeigen. Forschende
gehen davon aus, dass es sich um eine
85 ausgesprochen friedliche ↦ Gesellschaft
gehandelt hat.

Ihre Blütezeit hatte diese Kultur etwa von
2500 – 1750 v. Chr. Dann kam es zu einem
Niedergang. Die Menschen zogen aus
90 den großen Städten weg. Wahrscheinlich
waren die Umweltbedingungen schlechter geworden: das Holz knapp, die Böden
ausgelaugt, die Ernte geringer. Ohne es zu
wissen, hatten sich die Menschen im Indus-
95 tal durch die Nutzung ihrer Umwelt vermutlich selbst die Lebensgrundlagen genommen.

ZUM NACHDENKEN

Hältst du es für möglich, dass Menschen
zusammenleben können, ohne eine
Armee zu haben? Oder denkst du, dass
irgendwann Hinweise auf Militär auch
in der Indus-Kultur gefunden werden?
Begründe deine Meinung.

Die Welt der Griechen

v. Chr.
3000   2500   2000   1500   1000   500   0   500   n. Chr.
1000

Ägyptische Hochkultur

Griechische Antike

Römische Antike

Die Collage zeigt:

① einen Blick auf die Akropolis in Athen.
② eine Schultheateraufführung. Gespielt wird ein Stück des griechischen Dichters Euripides, der im 5. Jahrhundert v. Chr. lebte.
③ Jugendliche bei einer Abstimmung nach einer Diskussionsrunde im Niedersächsischen Landtag, 2013.
④ ein Filmplakat aus dem Jahr 2010.
⑤ Medaillen, die für die Olympischen Spiele in Athen 2004 gestaltet wurden.
⑥ ein Regierungsgebäude in der österreichischen Hauptstadt Wien.

Auf den folgenden Seiten erfährst du,

– welche Götter die Griechen verehrten.
– warum die Menschen Olympische Spiele veranstaltet haben.
– was die Griechen dazu brachte, ihre Heimat zu verlassen und woanders ihr Glück zu suchen.
– warum man von Griechenland als »Wiege der europäischen ↦ Demokratie« spricht.
– wie die Menschen im 5. Jahrhundert v. Chr. in Athen gelebt haben und was Athen zum kulturellen Zentrum gemacht hat.

Außerdem übst du,

– aus einem Text die Meinung eines Autors herauszuarbeiten.
– Rekonstruktionszeichnungen unter die Lupe zu nehmen und auszuwerten.
– in einer Gruppe zu arbeiten und Expertin oder Experte für ein Thema zu werden.
– Bezüge von der Geschichte zur Gegenwart herzustellen.
– eine Präsentation zu erstellen.

Griechische Helden – noch heute bekannt?

M1 Dieses Bild wurde um 800 v. Chr. am Hals eines großen Tongefäßes angebracht. Es ist ein Relief[1].

1. Beschreibe das Relief. Weißt du, welches Pferd hier dargestellt ist?

Das Pferd, das auf dem Tongefäß darge-stellt wurde, kommt in einer berühmten Erzählung vor, die Menschen schon vor etwa 3000 Jahren kannten. Sie dreht sich
5 um die Belagerung der Stadt Troja durch griechische Krieger. Es heißt, die Griechen hätten zehn Jahre lang erfolglos versucht, Troja zu erobern. Als die meisten nicht mehr daran glaubten, dass sie es je schaf-
10 fen könnten, hätte einer ihrer Anführer, Odysseus, einen ganz besonderen Plan geschmiedet. Der folgende Text erzählt von seiner Idee:

NACHERZÄHLT ››› Die List des Odysseus

»Lasst uns ein Pferd zimmern, ein riesengroßes Pferd aus Holz. In seinem Bauch müssen sich unsere besten Helden verbergen. Die Übrigen aber, das ganze Heer, sollen sich zum Schiff zurückziehen. Dann werden die Trojaner aus ihrer Stadt hervorkommen, weil sie glauben, die Griechen wären in ihre Heimat abgezogen«, schlug Odysseus vor.
5 *Ein Grieche fragte: »Schon gut, aber was nützt uns das? Wozu das Pferd?«*
»Nun, wir lassen einen unbekannten, aber mutigen Mann zurück. Er wird den Trojanern erzählen, das hölzerne Pferd sei eine Opfergabe für die Göttin Athene. Er sagt ihnen, dass die Griechen befürchten, Athene werde zornig, weil sie aufgegeben hätten. Das Pferd aber solle Athene besänftigen, damit sie dafür sorgt, dass die Grie-
10 *chen sicher nach Hause kommen«, antwortete Odysseus.*
Weiter erklärte er: »Unser Mann muss das Vertrauen der Trojaner gewinnen. Nur so kann er sie dazu bringen, das hölzerne Pferd in ihre Stadt zu holen. Schafft er das, so haben wir gewonnen. In der Nacht, wenn alles schläft, kommen die Helden aus dem Bauch des Pferdes hervor, legen Feuer in der Stadt und geben uns mit der Fackel ein
15 *Zeichen, dass wir herbeisegeln und die Stadt erstürmen!«*
Da bekam der listige Odysseus viel Beifall. Nach drei Tagen stand das riesengroße hölzerne Pferd fertig da. Und tatsächlich holten die Trojaner das Pferd in ihre Stadt. Mit Gesang und Tanz feierten sie die halbe Nacht den Abzug ihrer Feinde als einen großen Sieg. Doch alles kam, wie Odysseus es geplant hatte. Troja ging im Flammenmeer unter.

‹‹‹

Erzählt nach: Günter Sachse: Die schönsten Sagen der Griechen. München: cbj/Omnibus 1999, S. 177ff. (»Wie Troja fiel«; bearbeitet)

1 Relief: Bild, das auf einer Fläche geformt wurde

WES-117726-022

Unter diesem Webcode kannst du dir die Geschichte anhören.

Eine alte Überlieferung

Noch heute steht die Geschichte des Tro-
15 janischen Pferdes für einen heimtücki-
schen Überfall. Immer wieder wird sie neu
nacherzählt und in Büchern veröffentlicht.
Auch im Hollywoodfilm hat sie einen Platz
gefunden (M 2). Ursprünglich geht die
20 Geschichte auf Homer (sprich: »Homehr«)
zurück, dem ältesten bekannten Dichter
Griechenlands und zugleich Europas. Er
hat die Erzählungen seiner Zeit, die über
Generationen mündlich weitergegeben
25 worden waren, aufgeschrieben. Solche
überlieferten Erzählungen werden als
»Mythen« bezeichnet; die Einzahl des
Begriffs ist ↦ **Mythos**.

Der Mythos vom Trojanischen Pferd ent-
30 stammt Homers Buch »Ilias«, in dem er
von heldenhaften griechischen Kämpfern
erzählt, die gegen die Truppen von Pria-
mos, dem Herrscher von Troja, in den Krieg
zogen. Die Helden, die Homer beschreibt,
35 nennt er im Griechischen »aristoi«: die
Besten, Edelsten. Mit ihrem Mut und ihrem
guten Charakter verkörperten die Helden
die damalige Vorstellung von Vollkommenheit. Ihnen sollten die Zuhörer der Mythen
40 nacheifern.

Die Kriegsparteien seien sogar von Gottheiten unterstützt worden, erzählt Homer:
Die Menschen glaubten daran, dass
Göttinnen und Götter in mensch-
45 liches Handeln eingreifen – und
dabei sogar untereinander in
Streit geraten. Im Krieg um Troja
beispielsweise stehen das Oberhaupt der Götter, Zeus, und sein
50 Sohn Apollon auf der Seite der
Trojaner. Athene, die Tochter
des Zeus, unterstützt dagegen
die Griechen!

M 2 Dies ist ein Szenenbild aus dem Spielfilm »Troja« (USA, 2004). Das hölzerne Film-Pferd steht heute in der türkischen Stadt Çannakale, der Partnerstadt von Osnabrück. Ganz in der Nähe von Çannakale soll das alte Troja gelegen haben.

---

2. Suche Troja auf der Karte M 2, S. 89.

3. Findet euch zu zweit zusammen und übernehmt je eine Rolle: heimkehrender Grieche oder überleben-der Trojaner. Berichtet euch gegenseitig vom Ende des Trojanischen Krieges.

4. Stelle Vermutungen an, warum griechische Mythen heute noch so beliebt sind.

M 3 Eine Szene der Ilias: Der griechische Kämpfer Achill verbindet einen Ver-wundeten. Malerei auf dem Boden einer Schale, die um 500 v. Chr. angefertigt wurde

Die griechische Götterwelt

M 1 Malerei auf einer griechischen Schale, 5. Jahrhundert v. Chr.

Versammlungen betete man zu den Göttinnen und Göttern, und sogar Sportveranstaltungen wurden ihnen gewidmet.

In vielen Geschichten, die von griechischen
10 Gottheiten überliefert sind, spielen Liebe und Streit eine Rolle. Denn die Menschen glaubten, dass Göttinnen und Götter zwar unsterblich sind und nicht altern, aber auch menschliche Eigenschaften besitzen.
15 Angeblich lebten die meisten von ihnen weit entfernt von den Menschen: auf dem Olymp, dem höchsten Berg Griechenlands. Von dort kämen sie aber manchmal herab und mischten sich unter die Menschen.

---

1. An dem Kampf in M 1 sind nicht nur Menschen, sondern auch Gottheiten beteiligt. Aber wer ist hier Gott, wer Mensch? Begründe deine Zuordnung.

»Alles ist voll von Göttern!«

Das behauptete ein griechischer Gelehrter der **Antike**[1]. Für die Griechen war das gesamte Leben eng mit Gottheiten verknüpft: die Landwirtschaft und die Ernte,
5 aber auch Katastrophen. Vor politischen

Verschiedene Ursprünge?

20 Seit dem 2. Jahrtausend v. Chr. waren Menschen aus verschiedenen Gebieten nach Griechenland eingewandert und hatten sich dort angesiedelt. In der historischen Forschung wird vermutet, dass dabei Gruppen
25 zusammentrafen, die verschiedene Gottheiten anbeteten. Die ↪**Mythen**, die sich die Menschen über sie erzählten, seien nach und nach zusammengeführt worden. So hätte sich die Vorstellung entwickelt,
30 dass die Gottheiten zusammengehören – wie eine große Familie.

---

1 Antike: Bezeichnung für den Zeitabschnitt der griechischen und römischen Geschichte von etwa 1200 v. Chr. bis etwa 500 n. Chr.

WES-117726-023

2. a) Lies die Texte auf den Kärtchen und finde heraus, welche der genannten Gottheiten in M 2 (rechts) gezeigt sind. Begründe deine Entscheidungen.
↪ **Tipp:** S. 333
b) Stelle in einer Tabelle zusammen, für welche Bereiche des menschlichen Lebens welche Gottheiten zuständig waren.

3. Vergleiche die griechischen Gottheiten mit Menschen: Was unterscheidet und was verbindet sie?

4. Unter dem Webcode WES-117726-023 findest du Beispiele dafür, wie Namen griechischer Gottheiten für heutige Produkte verwendet werden. Warum wurden wohl gerade sie gewählt? Findet zu zweit mögliche Begründungen dafür und stellt eure Überlegungen in der Klasse vor.

+ Stelle Gemeinsamkeiten und Unterschiede zu ägyptischen Gottheiten heraus (S. 65). Gehe dabei auf ihre Gestalten und Zuständigkeiten ein.

Aphrodite gilt als schönste Tochter des Zeus. Sie wird als Göttin der Liebe und der Fruchtbarkeit verehrt. Ihr Ehemann, Hephaistos, hat mit seiner untreuen Frau viel Ärger! Als Gott des Feuers und der Schmiede ist Hephaistos unter anderem für die Herstellung von Waffen zuständig. Seine Werkstatt liegt unter einem Vulkan.

Zeus' Sohn Apollon spielt die Leier so schön, dass er zum Gott der Musik und der Dichtung wurde. Vor allem junge Männer verehren ihn. Mit seinen Pfeilen kann er Krankheiten bringen, aber auch heilen. Seine Zwillingsschwester Artemis ist die Göttin der Jagd, der Tiere und der Natur.

Als höchster Gott herrscht Zeus über das Wetter und die Natur und ist Richter über Leben und Tod. Seine Erkennungszeichen sind ein Blitzbündel und ein Adler. Zeus' Ehefrau, Hera, wird als Beschützerin von Ehe und Familie verehrt. Neben ihr hat Zeus aber noch andere Frauen.

M 2 Einige griechische Gottheiten in Illustrationen und Texten

Hestia und Demeter sind die Schwestern des höchsten griechischen Gottes. Während Demeter für das Wachstum der Pflanzen, die die Menschen ernähren, zuständig ist, sorgt Hestia dafür, dass das Herdfeuer im Haus nicht erlischt.

Hermes heißt der Sohn des Zeus, der als Bote seines Vaters Nachrichten überbringt. Darüber hinaus gilt er als Beschützer der Reisenden, der Kaufleute, aber auch der Diebe. Auf Bildern trägt er oft einen Helm oder Schuhe mit Flügeln.

Hades und Poseidon sind Brüder des Zeus. Als strenger Herrscher über die Unterwelt wacht Hades mit seinem dreiköpfigen Hund Zerberus über die Toten und lässt keine Rückkehr in die Welt der Lebenden zu. Poseidon, der Gott der Meere, lebt in einem Palast auf dem Meeresgrund. Mit seinem Dreizack bewegt er die Wogen, entfacht Stürme und lässt die Erde beben.

Zeus' Tochter Athene ist die Göttin der Weisheit, des Handwerks und des gerechten Kampfes. Klug steht sie Kämpfenden bei. Angeblich entsprang sie – bewaffnet mit Helm, Schild und Lanze – dem Kopf des Zeus.
Auch ihr Bruder Ares trägt diese Waffen; er ist der Gott des Krieges und des Schlachtengetümmels.

Die Olympischen Spiele

M 1 Der Ort, an dem die Olympischen Spiele der ↦ Antike stattfanden: Olympia (Rekonstruktionszeichnung):

① Zeustempel
② Aschenaltar
③ Stadion für Läufe
④ Schatzhäuser für Opfer an Zeus
⑤ Brunnenanlage (»Nymphäum«)
⑥ Tempel für Hera
⑦ Sitz der Spielleitung
⑧ Ringkampf-Arena (»Palästra«)
⑨ Gästehaus (»Leonidaion«)
⑩ Rathaus (»Bouleuterion«)

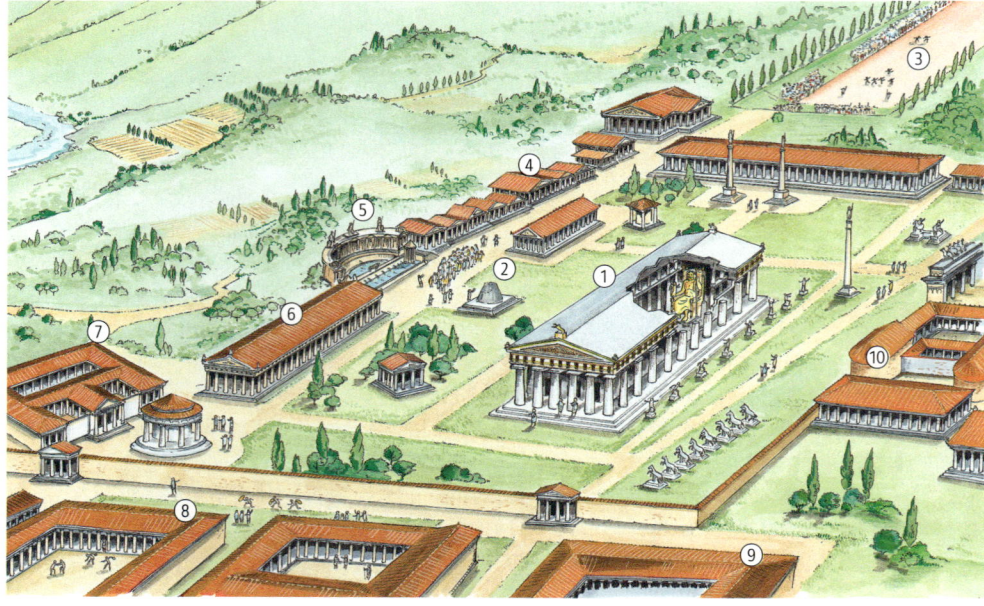

1. Betrachte M 1 und lies die Erläuterungen. Formuliere Fragen dazu.

Anregende Funde in Olympia

Um 1880 fanden ↦ Archäologen bei Ausgrabungen im südwestlichen Griechenland Überreste von Sportstätten, Gebäuden und Statuen. Aus schriftlichen ↦ Quellen
5 wusste man bereits, dass es auf griechischem Gebiet seit 776 v. Chr. große Veranstaltungen von Wettkämpfen gegeben hatte, an denen Menschen aus dem gesamten griechischen Siedlungsbereich
10 beteiligt waren: die **Olympischen Spiele**. Sie fanden alle vier Jahre statt, ein Zeitraum, den die Griechen als »Olympiade« bezeichneten. Auch wenn dort Teilnehmende und Zuschauende aus verfeindeten
15 Orten zusammentrafen, waren sie während der Spiele in friedlichem Wettbewerb vereint; es galt der »Olympische Friede«.

Als der Franzose Pierre de Coubertin von den Entdeckungen hörte, hatte er eine Idee:
20 Wie wäre es, die Olympischen Spiele aufleben zu lassen? Menschen aus aller Welt würden zusammenkommen, sich in sportlichen Wettkämpfen messen und Rekorde erringen. So würden sie einander besser
25 kennenlernen und in Zukunft sicher auch friedlicher miteinander leben, meinte er. Zielstrebig setzte er sich für seine Idee ein, bis 1896 in Athen die ersten Olympischen Spiele der Neuzeit veranstaltet wurden.

M 2 (rechte Spalte) Bei Olympischen Spielen unserer Zeit brennt das »Olympische Feuer« vor der Flagge.

Worum ging es in Olympia?

30 Die Funde der Forschenden zeigten Erstaunliches: Nicht ein Stadion war der Mittelpunkt der olympischen Anlagen, sondern ein riesiger Tempel mit einer über zwölf Meter hohen Zeus-Statue: Sie war
35 urprünglich ganz mit Gold, Elfenbein und Ebenholz verkleidet. Zu Zeus als Vater der Götter beteten die Menschen, die in Olympia zusammenkamen. Ihm zu Ehren brachten sie Opfer, sangen, tanzten und trieben
40 Sport. Daraus gingen nach und nach Wettbewerbe zu Ehren des Zeus hervor – nicht nur auf sportlichem Gebiet, sondern auch im Chorgesang und Instrumentenspiel, in Tanz, Dichtung und Theater.

Das Ziel: Siegen

45 An den Olympischen Spielen nahmen ausschließlich Männer teil; Frauen waren nicht zugelassen. Für sie gab es eigene Kultspiele, die »Heraien«. Sie fanden alle fünf Jahre zu Ehren der Göttin Hera, der Ehefrau
50 des Zeus, statt.

Die Athleten trainierten hart für den olympischen Wettkampf, denn es zählte nur der Sieg: Wer in seiner Disziplin gewann, erhielt einen Zweig vom heiligen Ölbaum,
55 der in der Nähe des Zeustempels wuchs. In ihren Heimatgemeinden überhäufte man die Sieger aber geradezu mit Geschenken und Ehrungen: Lebenslang wurden sie versorgt.

60 Historische Forschungen haben gezeigt, dass bis zu 40 000 Besucher die tagelange beschwerliche Anreise auf sich nahmen, um die Spiele zu sehen – auch hier waren Frauen ausgeschlossen. Wer kam, den
65 erwartete ein mehrtägiges Festprogramm in Olympia.

Herzlich willkommen in Olympia!

Hier erfahren Sie das Wichtigste zum Ablauf der Spiele:

1. Tag: Vor dem Altar des Zeus versprechen die Teilnehmer, fair zu kämpfen. Die Kampfrichter geloben, gerecht zu urteilen. Kämpferlisten werden aufgestellt, Gegner ausgelost. Dann beginnen die Wettkämpfe.

2. Tag: Zuerst findet der Wettbewerb der Fanfarenbläser statt, dann folgt das Wagenrennen. Ein weiterer Höhepunkt ist der Fünfkampf: Die Athleten messen sich im Weitsprung, im Speer- und Diskuswerfen, im Stadionlauf und schließlich im Ringkampf. Der Tag wird mit einer Feier zu Ehren des Königs Pelops beendet, des sagenhaften Gründers der Spiele.

3. Tag: Dieser Tag ist für kultische Handlungen vorgesehen. Wettkämpfer, Abgesandte der teilnehmenden Städte, Kampfrichter und Priester ziehen zum Altar des Zeus und opfern dort Ochsen. Zu Ehren des Gottes finden ein Dichterwettstreit und ein Festmahl statt.

4. Tag: Vormittags finden die Laufwettbewerbe statt, nachmittags stehen Kampfsportarten auf dem Programm, darunter Ringen, Boxen, Waffenlauf.

5. Tag: Alle Sieger kommen zur Ehrung in den Zeustempel. Dabei werden ihre Namen, die Namen ihrer Väter und ihres Heimatortes verkündet. Sie opfern und werden in einem Festzug zum Rathaus geleitet, wo sie ein feierliches Mahl einnehmen. Dazu treten Musiker und Dichter auf.

M 3 So hätte eine Programmankündigung aussehen können.

---

2. a) Beantworte deine Fragen aus Aufgabe 1 mithilfe des Darstellungstextes.
b) Untersuche M 1 genauer. Schreibe in eine Tabelle, welche Gebäude und Bereiche für den Sport und welche für religiöse Handlungen gedacht waren.

3. Arbeite aus M 3 vier sportliche und vier religiöse Handlungen heraus.

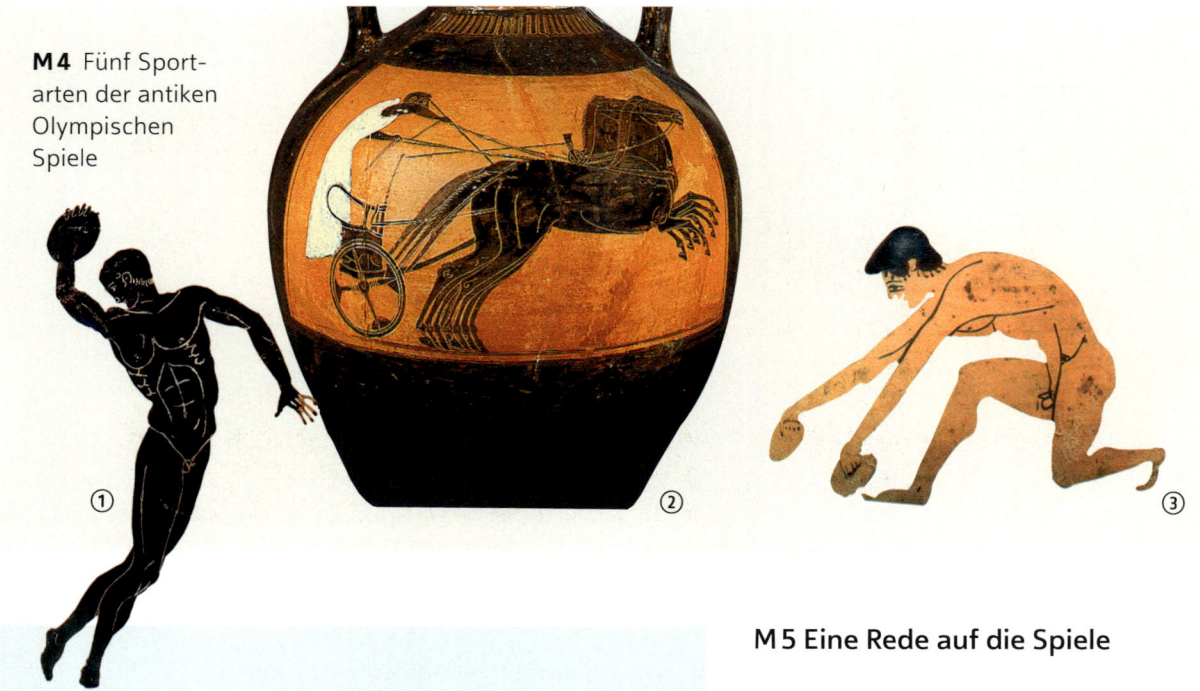

M4 Fünf Sportarten der antiken Olympischen Spiele

① ② ③

🔍 Die Meinung eines Autors erkennen

Isokrates war kein Geschichtsschreiber, sondern ein Redner. Mit seinem Text (M5) gab er seine Meinung über die Olympischen Spiele wieder. Wenn du ihn genau liest, erfährst du, welche Meinung Isokrates hatte und wie er sie begründete.

1. Entnimm dem Einführungstext
   – die Angaben zum Verfasser (wer?),
   – die Zeit der Textentstehung (wann?),
   – die Art des Textes (welche Textart?),
   – das Thema des Textes (worüber?),
   – und an wen der Text gerichtet ist (an wen?).

   Schreibe nun zu jedem Punkt einen Satz:
   – Wer? Der Verfasser Isokrates leitete eine Rednerschule in Athen.
   – Welche Textart? ...

2. Arbeite heraus, zu welcher Bewertung der Verfasser kommt. Gib seine Meinung in eigenen Worten wieder.
   – Frage: Wie bewertet Isokrates die Olympischen Spiele?
   – Antwort: ...
   Achte auch auf die Gründe, die der Verfasser für seine Überzeugung anführt. Notiere sie.

Wer? Wann? Welche Textart? Worüber? An wen?

M5 Eine Rede auf die Spiele

Isokrates leitete eine Rednerschule in Athen. Im Jahr 380 v. Chr. hielt er eine Rede auf die Olympischen Spiele. In ihr richtete er sich an alle Griechen und forderte sie nach einem langen Krieg zwischen den Städten Sparta und Athen auf, zusammenzuhalten und sich an Gemeinsamkeiten zu erinnern:

Es ist ganz richtig, dass wir diejenigen loben, die solche Festspiele eingeführt haben. Sie haben uns nämlich folgenden Brauch überliefert: Zuerst schließen wir mit
5 unseren Gegnern einen Waffenstillstand und beenden unsere Feindseligkeiten, und dann kommen wir an einem Ort zusammen. Wir beten und opfern zusammen und werden uns dabei unserer Gemeinsamkeiten
10 bewusst. [...] Wir können alte Freundschaften erneuern und neue schließen. [...]

Sowohl die Zuschauer als auch die Sportler haben bei den Spielen ihr Vergnügen: Die Athleten zeigen stolz vor den
15 versammelten Griechen ihre Leistungen, die Besucher erfreuen sich am Wettstreit um die Preise. Beide Gruppen finden so etwas, was ihrer Eitelkeit schmeichelt: Die Zuschauer, wenn sie sehen, wie sich die
20 Wettkämpfer ihretwegen anstrengen, die Sportler, wenn sie daran denken, dass alle nur gekommen sind, um ihnen zuzuschauen.

Isokrates: Panegyrikos, Verse 43–44 (Übersetzung: Autor/Westermann)

(4)

(5)

M 6 Aus einem Bericht über Olympia

Der griechische Schriftsteller Pausanias lebte im 2. Jahrhundert n. Chr. Er bereiste viele Gebiete, in denen Griechen lebten, und erzählte über sie. Auch von Skandalen in Olympia berichtete er:

Auf dem Weg zum Stadion [...] sind Zeusstatuen aus Bronze aufgestellt. Sie wurden von Strafgeldern angeschafft, die Athleten bezahlen mussten, wenn sie gegen Wett-
5 kampfregeln verstoßen hatten.

Die ersten dieser Statuen stammen aus der 98. Olympiade. Damals hatte der aus dem Norden Griechenlands stammende Eupolos mehrere Faustkämpfer bestochen.
10 Dies soll das erste Mal gewesen sein, dass ein Athlet gegen die Regeln verstieß. Daher waren Eupolos und diejenigen, die sich von ihm bestechen ließen, die ersten, die eine Geldstrafe erhielten. [...]
15 Mehrere der Statuen sind mit Inschriften versehen. Die eine sagt, dass man einen olympischen Sieg nicht mit Geld, sondern mit Schnelligkeit und Kraft erlangt. Eine andere Inschrift erklärt, dass die Statue
20 zu Ehren des Zeus und zur Abschreckung frevelnder Athleten errichtet wurde. Eine weitere lobt die Bestrafung der Faustkämpfer und die letzte erklärt, dass die Statuen alle Griechen davor warnen sollen, einen
25 olympischen Sieg nicht durch Bestechung erreichen zu wollen.

Pausanias: Beschreibung von Griechenland. Hrsgg. v. H. Reichardt. Stuttgart: Metzlersche Verlagsbuchhandlung 1854, S. 594f. (Buch 5/21, bearbeitet)

4. a) Betrachte M 4 und überlege, welche Sportarten wohl gezeigt sind.
↦ **Tipp:** S. 333
b) Recherchiere im Internet, welche alten Sportarten noch heute bei Olympischen Spielen ausgeübt werden und welche neuen dazugekommen sind.

5. Halte einen kurzen Vortrag: »Warum waren die Olympischen Spiele für Isokrates bedeutend?«
Untersuche dazu M 5 mithilfe des Kompetenztrainings und erstelle für deinen Vortrag einen Stichwortzettel.

+ Entwirf einen Werbeslogan für die Olympischen Spiele der Gegenwart.

6. a) Lies M 6 und gib den Inhalt in deinen Worten wieder.
b) Vergleiche, was Isokrates (M 5) und Pausanias (M 6) an den Olympischen Spielen interessierte. Berücksichtige die Punkte des Kompetenztrainings.
c) Diskutiert: Gibt es auch heute ähnliche Probleme wie in M 6?

+ a) Gehe unter WES-117726-024 auf Videotour durch das antike Olympia. Notiere dabei mithilfe von M 1, an welchen Gebäuden du vorbeikommst.
b) Nenne mögliche Vorteile eines virtuellen Rundgangs im Vergleich zu einer Zeichnung wie M 1.

Warum waren die Olympischen Spiele für Isokrates so bedeutend?

– nicht nur Sportereignis
– ...

WES-117726-024

Das Land der Griechen

M 1 Sommerliche Landschaft an einer griechischen Küste heute

---

1. a) Beschreibe das Foto M 1. Wie wirkt die Landschaft auf dich?
b) Erläutere mithilfe der Karte M 2, inwiefern das Foto typisch für die Landschaft Griechenlands ist.

2. Stellt gemeinsam Vermutungen darüber an, welche Auswirkungen die Landschaft auf die Lebensweise der Menschen gehabt haben könnte, z. B. auf ihre Ernährung, ihre Fortbewegung, den Transport von Waren und ihre Berufe.

Die Landschaft prägt das Leben

Würde man von oben auf das griechische Festland und die vielen Inseln hinunterblicken, so würde man gewaltige Bergketten, tiefe Täler, eine gezackte, felsige Küste
5 und das Mittelmeer sehen. In Griechenland regnet es selten, der Boden ist recht steinig und im Sommer sehr trocken.

In den bergigen Landschaften konnten Menschen in früheren Jahrhunderten nur
10 leben, weil es ihnen möglich war, in den Tälern Getreide und Gemüse anzubauen. Im Herbst ernteten sie zudem Weintrauben und Oliven. Die Berghänge dienten ihnen als Weideland für Schafe und Zie-
15 gen. Der Weg von Siedlung zu Siedlung war aber sehr mühselig, sodass sich die Bewohnerinnen und Bewohner jedes Dorfes selbst versorgen mussten. Vor Feinden waren die Menschen in den Ber-
20 gen aber gut geschützt – viel besser als in den Fischerdörfern an den Küsten. Dort sorgte allerdings ein frischer Wind für ein angenehmeres Klima.

Der Hauptgrund, aus dem viele Menschen
25 an der Küste lebten, war aber ein anderer: Von dort konnten sie mit Schiffen leichter zu anderen Siedlungen gelangen und besser Handel treiben als im Hinterland. Für den Schiffbau mussten allerdings
30 viele Bäume abgeholzt werden! Weil der Bewuchs den Boden bald nicht mehr ausreichend schützte, wurden die einst bewaldeten Hügel so karg, wie wir sie heute kennen.

M 2 Das Siedlungsgebiet der Griechen um 800 v. Chr.

Siedlungen mit Gemeinsamkeiten

35 Die von hohen Bergen umgebenen Siedlungen bildeten voneinander getrennte Gemeinden, in denen sich eigene Formen des Zusammenlebens und der Regierung entwickelten. Die Griechen nannten
40 eine solche Gemeinde ↦ **Polis** (Mehrzahl: Poleis). Jede Polis war eine selbstständige Gemeinde, eine Art Stadtstaat mit zugehörigem Umland und etwa so vielen Einwohnern wie in einer heutigen Kleinstadt.

45 Insgesamt gab es mehrere Hundert Poleis. Sie hielten zusammen, wenn sie von außen bedroht wurden, aber zu einem großen, langlebigen Reich wie in Ägypten wuchsen sie nicht zusammen. Meist wurden die
50 Poleis von Männern geführt, die erfolgreich für ihre Siedlung gekämpft oder sich als Streitschlichter hervorgetan hatten.

Auch wenn die Poleis voneinander getrennt waren, fühlten sich die dort lebenden Menschen doch zusammengehörig als »Hel-
55 lenen«, also Bewohnerinnen und Bewohner von »Hellas«, wie sie ihr Land nannten. Zu ihren wichtigsten Gemeinsamkeiten gehörten die griechische Sprache und
60 Schrift sowie der Glaube an dieselben Götter und ihre Mythen. Jede Polis hatte ihre eigene Schutzgottheit, die von den Bewohnerinnen und Bewohnern verehrt wurde. Schutzgöttin der größten griechischen Polis, Athen, war
65 die Göttin Athene.

---

3. Stelle die Informationen über die Poleis in einem **Cluster** zusammen. Hinweise zum Clustern findest du auf Seite 342.

4. a) Finde die Poleis Athen, Olympia und Troja auf der Karte M 2. Benenne die heutigen Länder, in denen sich das Siedlungsgebiet der Griechen befindet.
b) Begründe, warum sich die Griechen zu einem Seefahrervolk entwickelten.
↦ **Tipp:** S. 333

Auf zu neuen Siedlungsorten!

M1 Die griechische Kolonisation, 750–550 v. Chr.

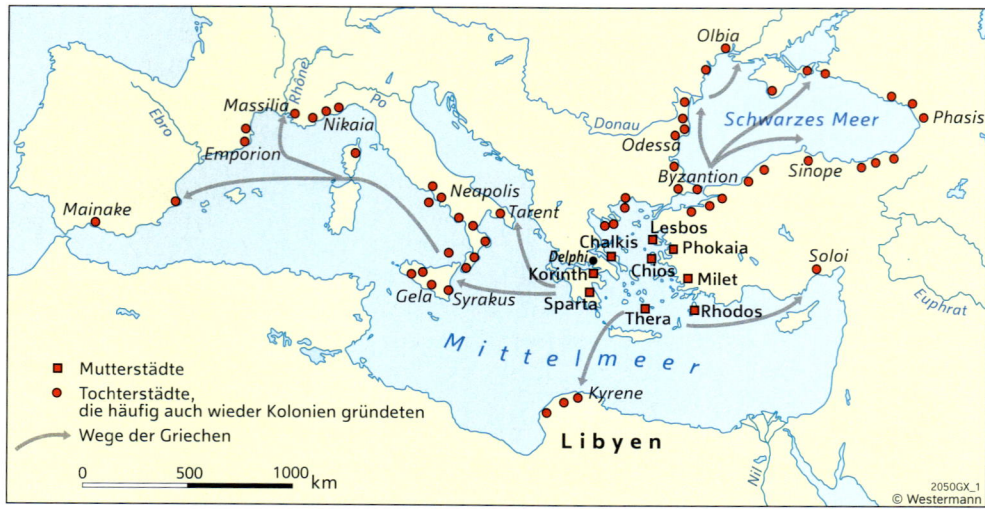

1. »Wir Griechen sitzen um das Mittelmeer wie Frösche um einen Teich.« Das soll der Philosoph Sokrates gesagt haben. Erläutere an M1: Was hat er wohl damit gemeint?

Neue Poleis – neue Lebensräume

Wenn die Bevölkerung einer ↦ Polis wuchs und die Anbauflächen nicht mehr ausreichten oder Dürrezeiten herrschten, gab es oft nicht mehr genug Nahrung für alle.
5 In vielen Poleis entschlossen sich daher Menschen, ihre Heimat zu verlassen und woanders bessere Lebensbedingungen zu suchen. Sie hofften, einen Ort mit fruchtbaren Böden und gesundem Klima zu finden.
10 Auch ein geschützter Hafen war notwendig, ebenso wie die Möglichkeit, die Siedlung gegen Feinde – meist die bisherigen Bewohner der Gegend – zu sichern.

Auswandernde der griechischen Poleis
15 gründeten vom 8. bis zum 6. Jahrhundert v. Chr. an den Küsten des Mittelmeeres »Tochterstädte«, sogenannte ↦ **Kolonien**.

Das Mittelmeer trennte nun diejenigen, die in den Kolonien lebten, von denjeni-
20 gen, die in ihrer »Mutterstadt« geblieben waren. Doch wo sie auch lebten – alle fühlten sich griechisch. Sie sprachen dieselbe Sprache, und Händler konnten sich verständigen, wo immer sie unterwegs waren.
25 Bewohner benachbarter Siedlungen, die nicht Griechisch sprachen, wurden von den Eingewanderten als Barbaren[1] – Fremde – bezeichnet.

Migration – damals und heute

Hunger und Krieg, Not und Unterdrückung
30 treiben Menschen bis heute dazu, ihre Heimat zu verlassen. Überall auf der Welt gibt es Lager, in denen Geflüchtete leben müssen, oft unter erbärmlichen Bedingungen. Andere Menschen versuchen eher aus
35 Abenteuerlust, ihr Leben in der Fremde neu zu beginnen. Einige bleiben und werden heimisch, andere gehen zurück in ihre alte Heimat. Auch in Deutschland leben Menschen, die aus den verschiedensten
40 Ländern eingewandert sind. Im Jahr 2022 hatte mehr als ein Viertel der Deutschen einen »Migrationshintergrund«.

[1] **Barbaren**: Das Wort bedeutete ursprünglich so viel wie »Stammler«. Die Griechen bezeichneten die nicht Griechisch Sprechenden als Barbaren.

NACHERZÄHLT ››› Eine Koloniegründung

Der Geschichtsschreiber Herodot lebte um 450 v. Chr. In seinem Werk »Historien« berichtete er von einem Ereignis, das sich mehr als 200 Jahre zuvor auf der Insel Thera, heute Santorin, abgespielt haben soll. Hier ist es nacherzählt:

Als der König von Thera eines Tages das Heiligtum des Gottes Apollon in Delphi besuchte, erhielt er einen überraschenden Orakelspruch: Es wurde ihm befohlen, eine Kolonie in Libyen zu gründen. Doch als er mit seinen Begleitern wieder heim-
5 *gekehrt war, ließen sie den Orakelspruch auf sich beruhen, zumal sie nicht wussten, wo Libyen liegt. Bald aber brach eine Trockenzeit an. Sieben Jahre lang gab es keinen Regen auf Thera, und die Menschen hungerten. In dieser Notlage wandten sie sich noch einmal an das Orakel. Es erinnerte sie*
10 *an die alte Anweisung.*

Zum Glück fanden die Theraier einen Mann, der Libyen kannte. Mit ihm erkundeten sie eine vorgelagerte Insel und meldeten das Ergebnis nach Hause. Dort wurde beschlossen, dass aus allen sieben Gemeinden Theras je einer von zwei Brüdern mit
15 *seiner Familie auswandern sollte.*

Mit zwei großen Schiffen legten die Auswanderer ab. Sie fanden aber keinen geeigneten Siedlungsort und kamen bald wieder zurück. Doch die auf Thera Gebliebenen schossen auf die Heimkehrenden und ließen sie nicht an Land! Sie muss-
20 *ten zurückfahren. Notgedrungen errichteten sie eine kleine Siedlung auf einer Insel vor der libyschen Küste: Platea. Hier lebten sie nun, doch nach zwei Jahren ging es ihnen noch immer nicht gut. Daher beschlossen sie, alle zusammen nach Delphi zu fahren und das Orakel erneut zu befragen. Es sagte:*
25 *»Wenn ihr, ohne es gesehen zu haben, das herdenreiche Libyen besser als ich kennt, muss ich eure Weisheit bewundern.«*

Da verließen sie Platea und zogen weiter an die libysche Küste. An einem Fluss in der Nähe eines Höhenzuges fanden sie einen geeigneten Ort. Dort lebten sie sechs Jahre. Im siebten Jahr
30 *zeigten die Libyer ihnen einen noch schöneren Platz, wo sie Kyrene gründeten. Kyrene wuchs schnell und wurde zu einer bedeutenden antiken Polis. Noch heute ist die Region, in der sie lag, nach ihr benannt: Kyrenaika.* ‹‹‹
Erzählt nach: Herodot: Historien, Buch 4, 150–158

Unter diesem Web-
code kannst du dir
den Text anhören:

WES-117726-025

M 2 Ein Mann sucht Rat beim Orakel von Delphi (Bild auf einer Tonschale). In Delphi befand sich der wichtigste Tempelbezirk des Landes. Viele Menschen besuchten ihn, wenn sie vor schwierigen Entscheidungen standen. Sie baten die dortige Priesterin um eine Weissagung, den Orakelspruch. Die Priesterin sprach allerdings oft in Rätseln.

---

2. a) Beschreibe die Karte M 1.
b) Finde mithilfe der Karte hinten im Buch die heutigen Namen der Gebiete, in denen die Griechen sich ansiedelten.

3. Arbeite aus dem Text auf Seite 90 (Z. 1–13) die Gründe heraus, aus denen Griechen ihre Heimat verließen.

4. a) Lies den Text »Eine Koloniegründung« oder höre ihn dir an. Suche die Orte Thera, Delphi und Kyrene auf der Karte M 1 und gib wieder, wovon die Erzählung handelt.
b) Stell dir vor, du wärst selbst bei der Auswanderung dabeigewesen. Entwickle mit einer Partnerin oder einem Partner einen Dialog über eure Erwartungen und Gefühle.
↦ **Tipp:** S. 333

5. Erkundigt euch bei Bekannten oder berichtet aus eigener Erfahrung darüber, wie es ist, die Heimat zu verlassen. Was lassen Auswandernde zurück? Worauf hoffen sie?

Reich und mächtig: die Polis Athen

M1 Athenische Silbermünze. Zu erkennen sind:
– eine Eule (als Symbol für die Weisheit Athenes),
– der Zweig eines Olivenbaums und
– die drei Anfangsbuchstaben des Wortes »Athen«.

Jeden Tag besuchen viele Menschen das alte Zentrum von Athen, die Akropolis, um die Ruinen der ↦ antiken Bauwerke zu bestaunen. Im 5. Jahrhundert v. Chr.
5 wurden sie reich ausgestaltet. Athen galt damals als eine der schönsten, bedeutendsten und reichsten ↦ Poleis im gesamten Mittelmeerraum. In der Stadt lebten auch viele Menschen, die
10 aus anderen Ländern kamen. Die Polis umfasste aber nicht nur den Stadtbereich, sondern auch die umliegende eher ländlich geprägte Landschaft Attika.

Der Aufstieg Athens

Athen war allerdings nicht immer reich
15 gewesen. Es hatte Zeiten großer Armut, Missernten und Unruhen gegeben. Noch um das Jahr 500 v. Chr. waren griechische Poleis, unter ihnen Athen, in einen Krieg mit dem Persischen Großreich geraten. Die
20 Perser waren militärisch weit überlegen.

Doch in einer Seeschlacht nahe Athen gelang es den Griechen, sie zu besiegen. Dazu hatte die starke Flotte der Athener entscheidend beigetragen. Nach dem
25 Sieg über die Perser traten daher viele griechische Poleis einem Bündnis mit Athen bei, dem »Attischen Seebund«. Sie wollten auch in Zukunft den Schutz der starken athenischen Flotte erhalten und
30 waren bereit, dafür Abgaben an Athen zu entrichten.

Diese Abgaben trugen dazu bei, dass Athen sich im 5. Jahrhundert auch zur führenden See- und Handelsmacht ent-
35 wickelte. Über den Seeweg kamen begehrte Waren in die Polis, und wertvolle Produkte wurden ausgeführt. Der Reichtum Athens wurde vor allem an eindrucksvollen Bauwerken deutlich, die ganz unterschied-
40 liche Funktionen hatten. M 2 gibt einen Eindruck davon.

M2 (rechts) Rekonstruktion des antiken Athen:
① Die Akropolis ist das alte Stadtzentrum und liegt auf einem Hügel. Bis heute gilt sie als Wahrzeichen Athens.
② Über die große Eingangshalle, die »Propyläen«, kommt man zum heiligen Bezirk.
③ Der Parthenontempel wurde nach dem Sieg über die Perser zu Ehren der Göttin Athene gebaut.
④ Die Agora ist der zentrale Fest-, Versammlungs- und Marktplatz Athens.
⑤ In einer großen Säulenhalle sind viele Geschäfte untergebracht, denn die Agora hat sich zu einer Art »Einkaufszentrum« entwickelt.
⑥ An der Agora steht auch der Tempel für Hephaistos, den Gott der Schmiedekunst.
⑦ Das Dionysos-Theater liegt am Hang der Akropolis. Hier werden Theaterstücke zu Ehren des Gottes Dionysos aufgeführt.
⑧ Stadtmauern sollen Athen vor Überfällen schützen.
⑨ Auf dem Hügel Pnyx nahe der Akropolis liegt ein großer Platz mit Rednertribüne. Hier kommen die männlichen ↦ Bürger Athens regelmäßig in der Volksversammlung zusammen und treffen wichtige Entscheidungen für die Polis.

1. Entwirf in der Rolle einer antiken Stadtführerin oder eines Stadtführers eine Tour zu fünf Orten in Athen, die dir besonders interessant erscheinen.

2. Nenne – ausgehend von M 2 – Gemeinsamkeiten und Unterschiede zwischen dem antiken Athen und deiner Heimatstadt.

Wer lebte in Athen?

M 1 Ein Markttag auf der Agora in Athen, wie ihn sich der Zeichner vorstellte

ZEITREISE ›››
Ein Marktbesuch in Athen

Auf der Agora, dem großen Marktplatz von Athen, wimmelt es von Menschen. Unter ihnen ist Timon. Er kommt von der Insel Andros und ist mit Philemon, dem ↦ Sklaven seines
5 *Onkels, hier zu Besuch. Philemon erklärt, dass die meisten Einwohner der attischen Polis in der Stadt Athen leben. Für sie bieten die Bauern aus dem Umland hier auf der Agora ihre Waren an: Feigen und Oliven, Wein und*
10 *Gemüse. Händler aus fernen Ländern bringen Gewürze und vor allem Getreide. Aber auch die Töpferwaren beeindrucken Timon. Er staunt. Sind die Athener denn so reich, dass sie das alles kaufen können?*

15 *Philemon muss lachen. »Natürlich sind nicht alle Athener reich. Aber seit den Perserkriegen hat Athen wegen seiner großen Flotte die Vorherrschaft über viele griechische Städte. Auch über Andros, das weißt du doch. Und*
20 *deshalb fließt von den verbündeten Inseln viel Geld nach Athen. Ausgegeben wird es auch für die prächtigen Gebäude, wie wir sie hier sehen.*

Viele spezialisierte Handwerker wie Zimmerleute oder Steinmetze kommen von weit her
25 *nach Athen, um an ihnen mitzuarbeiten.«*

Die Metöken

Timon überlegt. Er würde auch gern Handwerker in Athen oder gar Besitzer einer großen Werkstatt mit hundert Arbeitern werden. Doch Philemon erklärt ihm, dass so große Werkstät-
30 *ten sehr selten sind.*

»Schau dich um: Viele Handwerker, die du hier siehst, sind gar keine ↦ Bürger Athens, sondern Metöken, das bedeutet: Mitbewohner. Sie sind aus der Fremde nach Athen gekommen und
35 *haben einen kleinen Betrieb gegründet, aber sie sind nicht reich. Metöken müssen Militärdienst leisten und, anders als die Athener, Steuern zahlen. So ginge es ja auch dir, wenn du nach Athen ziehen würdest. Auch politisch beteiligen oder*
40 *vor Gericht für dich sprechen dürftest du nicht. Das kann nur ein Bürger tun.«*

»Und wenn ich ganz reich werde, kann ich dann Athener Bürger werden?«, fragt Timon.

»Deine Kinder oder deine Enkel, die kön-
45 *nen das Bürgerrecht erhalten, aber du sicher nicht.«*

M 2 Arbeiter in einer Tongrube oder einem Bergwerk lösen mit Hacken das abzubauende Material von den Wänden. Für Arbeiten wie diese wurden in der griechischen ↦ Antike meist Sklaven eingesetzt. Tontafel, um 580 v. Chr.

Die Sklaven

In einer Ecke des Marktes ist ein Stand, wo besonderes Gedränge herrscht und laut geboten wird. Timon läuft aufgeregt hin, Philemon
50 folgt ihm widerwillig. »Was ist denn da los? Philemon, warum kommst du nicht?« – »Hier werden Sklaven verkauft, Timon. Ich erinnere mich daran, wie ich als Kind nach dem verlorenen Krieg der Perser ebenso verkauft wurde.
55 Dein Onkel hat mich genommen, da habe ich Glück gehabt. Manche Kriegsgefangene wurden aber an Sklavenpächter verkauft, die ihre Sklaven in Bergwerken arbeiten lassen. Solche Sklaven machen Athen reich und müssen doch
60 selbst hungern.«

Timon hat nie über Sklaven nachgedacht. Sie sind doch überall: im Haus, auf den Baustellen, in der Landwirtschaft. Sogar als Ordnungshüter arbeiten sie. Häufig machen sie die
65 harte Arbeit. Er will trotzdem genau schauen und drängelt sich nach vorn. Am Stand wird gerade eine junge Töpferin angeboten. Sie wird teuer verkauft. Aber ihr neuer Besitzer geht zufrieden mit der jungen Frau davon, denn
70 Fachkräfte werden gesucht. Plötzlich begreift Timon, wie man sich fühlen muss, wenn man als Kind in die Sklaverei verkauft wird! Scheu sieht er Philemon von der Seite an. ‹‹‹

M 3 Menschen als Besitz?

Der Philosoph Aristoteles (384 – 322 v. Chr.) schrieb über die Sklaven:
So ist jedes Besitzstück ein Werkzeug zum Leben, und der gesamte Besitz ist eine Masse solcher Werkzeuge, und der Sklave ist ein lebendiges Besitzstück.
5   Manche Lebewesen zeigen schon bei ihrer Geburt so große Unterschiede, dass die einen zum Dienen, die anderen zum Herrschen bestimmt erscheinen. Es gibt viele Arten dienender Wesen, z. B. Tiere
10 und Sklaven. Es ist vorteilhafter, über einen Menschen zu herrschen als über ein Tier, denn er leistet mehr.

Aristoteles. Hauptwerke (hier: Politik 1253 b ff.). Übersetzt v. Wilhelm Nestle. Stuttgart: Kröner 1977 (6. Aufl.), S. 290 f. (bearbeitet)

---

1. Stelle die Lebenssituationen eines freien Bürgers, eines Metöken und eines Sklaven einander gegenüber. Lege dazu eine Tabelle mit drei Spalten an. Schreibe je eine Aussage auf zu:
a) ihrer rechtlichen Situation,
b) ihren Pflichten.

2. Erkläre mithilfe der »Zeitreise« sowie M 2 und M 3 die Bedeutung der Sklaven für Athen.

+ Mache die Rangordnung der Bürger, Metöken und Sklaven in der Polis Athen mit einem Schaubild deutlich.
↦ **Tipp:** S. 333

3. Gestalte eine Sprechblase, in der du Aristoteles aus heutiger Sicht antwortest.

Wie wurde Athen regiert?

WES-117726-027
Unter diesem Web-
code kannst du dir
den Text anhören.

1 Demokratie:
von griechisch
»demos«: Volk
und »kratein«:
herrschen

2 Tagungsgeld: eine
Zahlung, mit der
die Teilnehmenden
dafür entschädigt
werden, dass sie
kein Geld verdienen
können, während
sie an der Tagung
teilnehmen

3 Rat der 500: Er
beriet die einge-
reichten Anträge,
bevor die Volks-
versammlung
stattfand, und
organisierte deren
Ablauf.

ZEITREISE ››› Bei einer Volksversammlung

Es ist das Jahr 432 v. Chr.: Der Bauer Kallias
kommt im Morgengrauen nach Athen. In der
Nähe der Stadt besitzt er ein kleines Stück
Land, auf dem er Oliven, Feigen und Wein
5 anbaut. Was er oder seine Familie nicht selbst
verbraucht, verkauft er auf dem Markt in der
Stadt. So kann er sich Getreide dazukaufen,
damit seine Familie genug Brot hat.

Jedes Mal, wenn Kallias in die Stadt kommt,
10 bewundert er die öffentlichen Gebäude und
Tempel auf der Akropolis, die vor Kurzem
gebaut worden sind. Sie machen ihn ein wenig
stolz, ein Athener ↦ Bürger zu sein. Stolz ist
er auch darauf, dass es Bürgern wie ihm mög-
15 lich ist, in Athen politisch mitzuwirken. Das
wird er auch heute tun, denn Kallias ist auf
dem Weg zur Volksversammlung. Er ist sich
bewusst, dass diese Versammlung für die
in Athen geltende Herrschaftsform — die
20 ↦ **Demokratie**[1] — eine wichtige Rolle spielt.

Die Regeln der Volksversammlung

Die Volksversammlung tagt vierzig Mal im Jahr
am Fuß des Hügels Pnyx in der Nähe der Akropolis. Sie berät über Krieg und Frieden, über
Gesetze für die Athener, über religiöse Feste
25 und über öffentliche Theaterveranstaltungen.
Bei wichtigen Fragen müssen 6 000 männliche
Bürger anwesend sein, damit die Abstimmung
gültig ist. Die Tagesordnung ist einige Tage vorher überall in der Stadt ausgehängt worden. Da
30 Kallias nicht lesen kann, musste sie ihm vorgelesen werden. In der Volksversammlung hat er,
wie alle Bürger, das Recht zu reden.

Beim Betreten der Versammlung wird erst einmal kontrolliert, ob Kallias Athener Bürger ist.
35 Anschließend erhält er eine Marke, gegen die er
nach der Sitzung sein Tagungsgeld[2] bekommt.

Die Sitzung beginnt mit Gebeten und Opferhandlungen: Es wird still. Alle wollen sich der
Hilfe der Götter versichern. Danach hört Kal-
40 lias den vorbereiteten Anträgen des Rates der
500[3] zu. Die Mitglieder der Volksversammlung

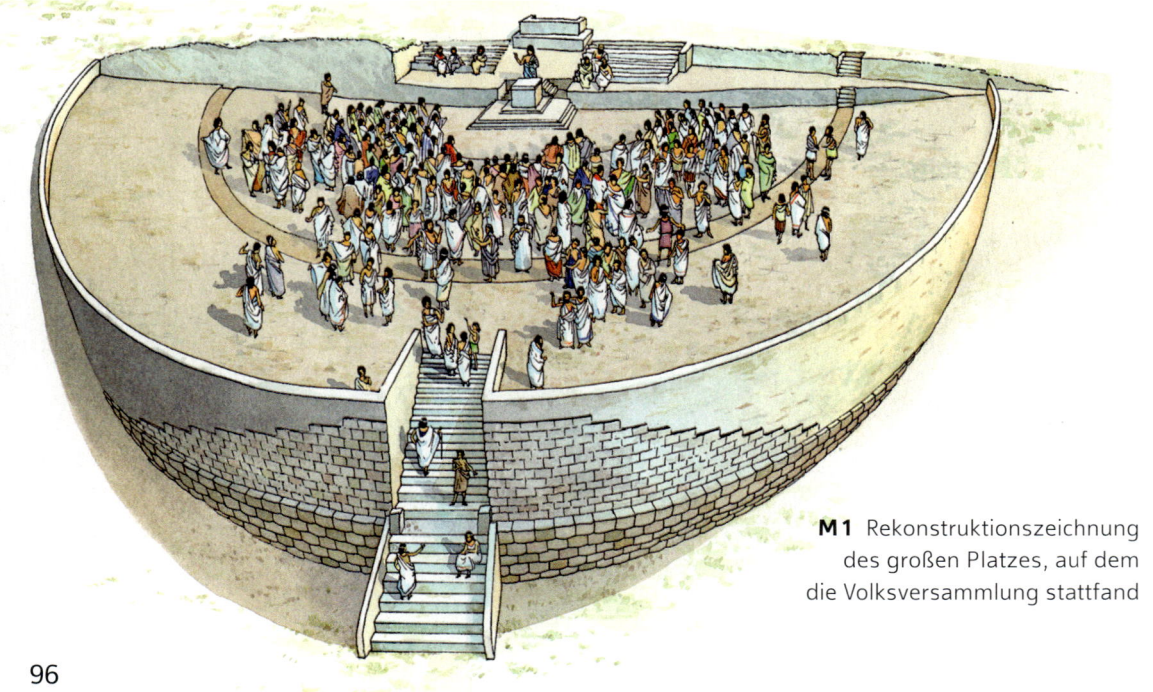

M1 Rekonstruktionszeichnung
des großen Platzes, auf dem
die Volksversammlung stattfand

können ihnen entweder zustimmen oder sie ablehnen. Neue Anträge sind in der Volksversammlung nicht zugelassen, sondern müssen
45 erst im Rat vorberaten werden.

Kallias' Nachbarn, Bauern wie er, schimpfen halblaut vor sich hin. Alles sei doch schon vorher entschieden, warum mussten sie überhaupt in die Stadt kommen? Kallias, der
50 vor einigen Jahren Mitglied des Rates war, kann ihnen erklären: »Mitglied des Rates wird jeder Bürger, <u>wenn ihn das Los trifft</u>. Im Rat sind sowohl Städter als auch Bewohner des Landes und der Küste vertreten. So lernt
55 jeder die Probleme der anderen kennen und jeder kann seine Meinung äußern. Aber wenn die Tagesordnungspunkte nicht vorher schon besprochen wären, säßen wir heute Abend noch hier.«

Beraten und entscheiden

60 Kallias hat auf der Volksversammlung schon manche heftigen Diskussionen erlebt, z. B. um die Frage, ob man einen Strategen[4] wiederwählen sollte: Würde er zu mächtig werden, wenn er wieder ein Jahr lang den Oberbefehl über
65 einen Teil des Heeres bekäme? Einmal musste Kallias sogar mit einer Scherbe (M 3) darüber abstimmen, ob ein Stratege verbannt werden sollte, weil er zu einflussreich geworden war.

Heute gibt es aber keine hitzigen Debatten.
70 Die Bürger beraten darüber, wie sie die Stadt mit Getreide versorgen können. In Athen wohnen so viele Menschen, dass die Stadt auf die Getreidezufuhr von außerhalb angewiesen ist. Der Rat der 500 schlägt vor, mit Staatsgeldern
75 Getreide hinzuzukaufen, um Getreideknappheit und einen Preisanstieg zu verhindern. Wie so oft folgt die Mehrheit der Bürger den Vorschlägen des Rates. ‹‹‹

M 2 Mit einer solchen Wasseruhr wurde die Redezeit gemessen. Jeder Redner bekam dieselbe Zeit – etwa sechs Minuten!

M 3 Scherbe mit der Aufschrift »Perikles [Sohn des] Xanthippos«. Billige Tonscherben wurden beim sogenannten Scherbengericht eingesetzt. Mit ihm konnten unbeliebte Politiker aus Athen verbannt werden.

1. Stelle mithilfe des Textes ab Zeile 21 wichtige Regeln zusammen, die für die Demokratie in Athen galten.
   Schreibe heraus, wer was tun darf. Hebe dabei besonders die Aufgabe der Volksversammlung hervor. Orientiere dich an den Unterstreichungen. Beachte auch die Abbildungen.

2. Finde Gründe dafür, dass die Strategen gewählt, die anderen Ämter aber verlost wurden.
   ↦ **Tipp:** S. 333

3. Erläutere, wie in Athen sichergestellt werden sollte, dass viele Bürger an der Demokratie teilhaben konnten.

4. Diskutiert: Wie trefft ihr Entscheidungen in eurer Klasse?

   Tipp: Berücksichtigt dabei folgende Fragen:
   – Welche Rolle spielt der Klassenrat?
   – Vor welchen Herausforderungen steht ihr als Klasse?

4 **Stratege:** ein Amt in Athen. Die Bürger Athens wählten zehn Strategen als militärische Anführer der Truppen.

Die athenische Demokratie – ein Vorbild?

M1 Klassenrat in einer 5. Klasse

---

1. Beschreibe M1. Erkennst du einen Zusammenhang zwischen M1 und M1 auf Seite 96?

Mitreden – mitentscheiden – mitgestalten

Als ↦Bürger von Athen und Mitglied der Volksversammlung konnte Kallias in seiner Heimatstadt politisch mitwirken und mit-entscheiden. Auch an der Schule gibt es
5 vielfältige Möglichkeiten für Schülerinnen und Schüler, sich aktiv ins Schulleben ein-zubringen und Schule mitzugestalten. Sei es
– bei der Planung und Organisation von
10 außerunterrichtlichen Veranstaltungen oder der Durchführung von Projekt-tagen und Schulfesten,
– als Streitschlichterinnen oder Streit-schlichter,
15 – bei der Schülerzeitung,
– bei der Betreuung der Schul-Homepage,
– bei der Entwicklung des Schulpro-gramms,
– als Ordnungsdienst in der Klasse oder
20 – im Klassen- und im Schüler*innenrat.

Als Schülerin oder Schüler kann man aber nicht nur an der eigenen Schule aktiv wer-den, sondern sich – ganz offiziell – auch mit Schülerinnen und Schülern anderer
25 Schulen über Angelegenheiten austau-schen und Beschlüsse fassen, die alle gemeinsam etwas angehen. Denn Betei-ligung passiert nicht nur in jeder einzel-nen Schule für sich, sondern auch auf der
30 Ebene der Gemeinde bzw. der Stadt und sogar auf der Ebene des Bundeslandes, in dem man zur Schule geht.

① An dieser Versammlung nehmen alle Schülerinnen und Schüler einer Klasse teil. Alle haben die gleichen Rechte und können ihre Meinung sagen.

Gesamtkonferenz/ Schulvorstand

Schülersprecherin/ Schülersprecher

Schüler*innenrat

② Diese Schülerin bzw. dieser Schüler wird von der Klasse gewählt, um die Interessen der Klasse zu vertreten.

Klassensprecherin/ Klassensprecher

Klassenrat

③ Hier kommen Vertreterinnen und Vertreter der Lehrkräfte, der Eltern sowie der Schülerinnen und Schüler zusammen. In diesen Versammlungen entscheiden sie beispielsweise über das Schulprogramm und die Schulordnung.

④ Alle Klassensprecherinnen und -sprecher treffen sich bei dieser Versammlung. Sie haben die gleichen Rechte, diskutieren und entscheiden gemeinsam. Aus ihrer Mitte wählen sie auch die Schülersprecherin oder den Schülersprecher der Schule.

⑤ Diese Schülerin bzw. dieser Schüler wird aus der Mitte des Schüler*innenrats gewählt, um die Interessen aller Schülerinnen und Schüler der Schule zu vertreten. Das gilt jeweils für ein Schuljahr.

M 2 Möglichkeiten der Mitentscheidung über Schulangelegenheiten

Regeln für das Miteinander

Ob bei Beratungen oder im Alltagsleben: Wo Menschen zusammenkommen, müs-
35 sen sie sich darüber klar sein, wie sie miteinander umgehen sollten. Sie brauchen Regeln. Das war nicht nur im ↦ antiken Athen so, sondern das gilt auch für das Zusammenleben von Schülerinnen und
40 Schülern, Lehrkräften und Eltern an der Schule. Die Regeln, die hier jeweils gelten, sind in der Schulordnung aufgeschrieben. Zusätzlich zu diesen Regeln gibt es aber manchmal auch noch besondere Klas-
45 senregeln. Sie betreffen beispielsweise die Formen, wie miteinander gesprochen und umgegangen werden soll. Denn eine besondere Herausforderung stellt es dar, Themen zu besprechen, bei denen die Teil-
50 nehmenden unterschiedliche Meinungen haben. Gerade in einer Situation, in der gestritten wird, hilft es, wenn vorher allen klar ist, woran sie sich halten müssen.

2. a) Ordne die Begriffe in M 2 den jeweiligen Definitionen auf den blauen Kärtchen zu.
b) Finde Gemeinsamkeiten zwischen der ↦ Demokratie in Athen (S. 96/97) und der Schülervertretung (M 2).
c) Erläutere mithilfe von M 2 die folgende Aussage: »Bei der Schülervertretung lernt man Demokratie.«

+ Sammelt Themen, die ihr gerne im Klassenrat besprechen möchtet.

3. Erstelle eine Liste mit fünf Regeln für den Klassenrat, um auch schwierige Themen, bei denen ihr beispielsweise unterschiedlicher Meinung seid, gut besprechen zu können.

4. Diskutiert: Kann die Demokratie in Athen ein Vorbild für die Schule sein?

5 Regeln für den Klassenrat

Athen – ein kulturelles Zentrum

M1 Angepinnt: Eine Postkarte mit dem Brandenburger Tor in Berlin. Es wurde nach dem Vorbild der Gebäude auf der Akropolis in Athen entworfen.

Im Athen des 5. Jahrhunderts v. Chr. entwickelte sich ein vielfältiges kulturelles Leben. Dazu trugen der Reichtum, aber auch die politische Stabilität der Polis bei. Viele Gebäude, Statuen und Kunstwerke, die damals entstanden, sind bis heute erhalten und gelten als Touristenattraktionen. Für Athenreisende bieten Souvenirläden auch deshalb kleine Nachbildungen der ↦antiken Überreste an – beispielsweise als Kühlschrankmagneten.

IN DER GRUPPE
 ein Thema erschließen und ein Plakat gestalten

Die folgenden Seiten geben einen Einblick in unterschiedliche Bereiche der ↦Kultur im antiken Athen. Werdet Expertinnen und Experten für einen von ihnen. Teilt euch dafür in fünf etwa gleich große Gruppen auf und wählt eines der Themen zur Bearbeitung aus.

1. a) Jedes Gruppenmitglied liest den Text und betrachtet die Abbildungen.
b) Besprecht in eurer Gruppe, was ihr erfahren habt, und notiert dies.
c) Entscheidet gemeinsam: Was ist wichtig und interessant im Hinblick auf das übergeordnete Thema »Athen – ein kulturelles Zentrum«?

2. Gestaltet ein Plakat zu eurem Thema. Beachtet dazu die Hinweise auf S. 343. Bilder findet ihr unter dem Webcode.

3. Jede Gruppe stellt ihr Plakat vor. Die anderen machen sich Notizen.

4. Wirkt die Kultur Athens bis in unsere Gegenwart? Diskutiert diese Frage und berücksichtigt dabei alle fünf Themen der Gruppenarbeit.
Oder:
Erstellt eine Collage mit Bildern aus der heutigen Zeit, die Verbindungen zur Kultur im antiken Athen aufzeigen.

WES-117726-028

Das Theater

M 1 Blick auf das Theater in Epidauros auf der Peloponnes. Heute ist es das am besten erhaltene antike Theater. Es war dem athenischen ähnlich. Hinter der Bühne gab es ein Gebäude, aus dem die Schauspieler auftraten.

M 2 Alle Rollen – auch Frauenrollen – wurden von Männern gespielt. Sie trugen wechselnde Masken wie diese:

Betritt man heute ein griechisches Theater, kann man gut nachempfinden, dass hier große Feste gefeiert wurden. Für die Griechen gehörten sie zum Leben in der Polis.
5 Im Dionysos-Theater in Athen trafen bis zu 14 000 Menschen zusammen, um Aufführungen mit Schauspielern und Chören zu erleben. Der Eintritt war frei, denn wohlhabende Athener bezahlten die Mitwirkenden.
10 Sie hofften, dadurch ihre Beliebtheit in der Polis zu steigern. Zuschauen durften aber nur ↦ Bürger. Frauen waren auf den hinteren Plätzen zugelassen. Was wurde dem Publikum im Theater geboten?

Festspiele zu Ehren eines Gottes

15 Die beeindruckendsten Theatererlebnisse waren sicher die jedes Jahr im Frühling stattfindenden Festspiele zu Ehren von Dionysos, dem Gott des Weines und der Lebensfreude. Drei Tage lang wurden
20 ernste Stücke – Tragödien – aufgeführt. Sie handelten von Menschen, die Unrecht getan hatten und dadurch in großes Elend fielen. Anschließend gab es einen Tag lang Komödien, in denen
25 Alltägliches unterhaltsam und lustig-übertreibend behandelt wurde. Oft wurde dabei über bekannte Persönlichkeiten gespottet. Viele dieser
30 Stücke werden noch heute aufgeführt. Am letzten Tag trug man Gedichte vor. Wie die Tragödien und Komödien sollten auch sie das Publikum zum
35 Nachdenken darüber anregen, wie sich Menschen in schwierigen Situationen verhalten sollten. So war das Theater nicht nur unterhaltsam, sondern zugleich lehrreich und informativ.

40 Am Ende entschieden Preisrichter, wer Sieger sein sollte. Das Publikum konnte aber durch Beifall oder Buhrufe mitbestimmen. Der Gewinner bekam einen Ehrenkranz aus Efeu. Nach einem solchen Sieg war ihm ein
45 hohes Ansehen in der Polis gewiss. – Worin unterscheidet sich das griechische Theater vom heutigen?

Ein großes Fest: die Panathenäen

M1 Ein Schaf wird zum Opferaltar geführt. Er ist rechts zu sehen. Bemalte Holztafel aus dem 6. Jahrhundert v. Chr.

Im Lauf eines Jahres feierten die Athenerinnen und Athener viele Feste. Das prächtigste und größte war das Panathenäen-Fest. Es wurde zu Ehren der Göttin
5 Athene begangen. Als Schutzgöttin der Polis sollte sie nicht nur äußere Feinde Athens abwehren, sondern auch den Frieden zwischen den Menschen in Athen erhalten. Außerdem galt sie als Förderin
10 des Handwerks und der Künste, also wichtiger Wirtschaftszweige der Polis. Daher brachten die Athenerinnen und Athener ihr nun Opfer dar. Alle vier Jahre wurden beim Panathenäen-Fest zudem sportliche und
15 künstlerische Wettkämpfe veranstaltet – ähnlich wie in Olympia.

Der Festumzug als Höhepunkt

Den Höhepunkt der Feierlichkeiten bildete der Festumzug. Bereits in der Nacht davor
20 feierten junge Männer und Frauen mit Liedern und Tänzen die Göttin. Im Morgengrauen setzte sich der Zug in Bewegung: An seiner Spitze schritten die höchsten ↦ Beamten der Stadt, hinter ihnen die ↦ Bürger. Ihnen folgten junge Athener in
25 voller Bewaffnung. Mädchen trugen die Opfergeräte. Im Zentrum des Zuges gingen die Frauen. Sie trugen das größte Geschenk für die Göttin: einen neuen Mantel. Diesen hatten sie im zurückliegenden Jahr gemein-
30 sam gewebt. Am Schluss führten ↦ Sklaven die Opfertiere.

Hunderte von Kühen, Schafen und Stieren wurden Athene zu Ehren später geschlachtet! Haut und Knochen wurden auf den
35 Altären verbrannt, aber das Fleisch bekamen die Armen. Der Festumzug endete auf der Akropolis, wo mehrere bunt bemalte Standbilder der Göttin aufgestellt waren. – Welche Bedeutung haben Stadtfeste heute?

M2 Rings um den Hauptraum des Tempels waren Reliefs (S. 80) angebracht, die den Festumzug zeigten. Auf dem Bild links wurde die ursprüngliche Farbigkeit rekonstruiert.

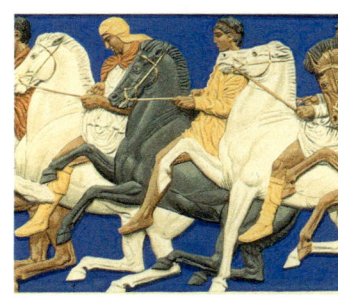

Die Architektur

Während des Krieges gegen die Perser war es den Athenern im Jahr 480 v. Chr. gerade noch rechtzeitig gelungen, einen Großteil der Stadtbevölkerung auf einer nahegele-
5 genen Insel in Sicherheit zu bringen. Kurz darauf verwüsteten und plünderten die Perser die Stadt – auch das alte Zentrum, die Akropolis, blieb nicht verschont. Nach dem Sieg der Griechen über die Perser erholte
10 sich Athen aber bald: Politisch und wirtschaftlich gestärkt entwickelte man Pläne für einen prächtigen Neuaufbau der Polis.

Neben Wohngebäuden, Brunnenanlagen, dem Hafen und der Stadtbefestigung wur-
15 den eindrucksvolle Großbauten geplant. Dazu zählten Theater und vor allem Tempel, denn die Religion einte die Stadtbevölkerung – wie auch in anderen Poleis. Den glanzvollen Mittelpunkt Athens sollte in
20 Zukunft die Akropolis bilden. Das zentrale Gebäude dort war der Parthenontempel, der Athens Schutzgöttin Athene gewidmet war.

Ein Gebäude mit Ausdruck

Wie auch andere griechische Tempel hatte
25 der Parthenontempel eine rechteckige Grundplatte, auf der Säulen standen, die das Dach trugen. Durch die Anordnung und Abstände der Säulen sowie auch durch die Proportionen[1] des Gebäudes
30 ingesamt wollten die Architekten Harmonie und Schönheit zum Ausdruck bringen. Um das zu erreichen, stimmten sie nicht nur die Maße aller Gebäudeteile nach festen Regeln aufeinander ab. Sie veränderten
35 auch die Formen einzelner Elemente, um bestimmte Wirkungen zu erzeugen. So sind die Ecksäulen z. B. dicker als andere, damit sie besonders stabil erscheinen.

Auch für viele öffentliche Gebäude wurde
40 die typische Säulenarchitektur genutzt, nicht nur in der griechischen Antike, sondern später auch in anderen Ländern. – Kennt ihr ähnliche Gebäude in eurer Umgebung?

[1] **Proportionen:** die Verhältnisse von Länge, Breite und Höhe des Bauwerks zueinander

M1 Der Parthenontempel. Computergrafik (Rekonstruktion)

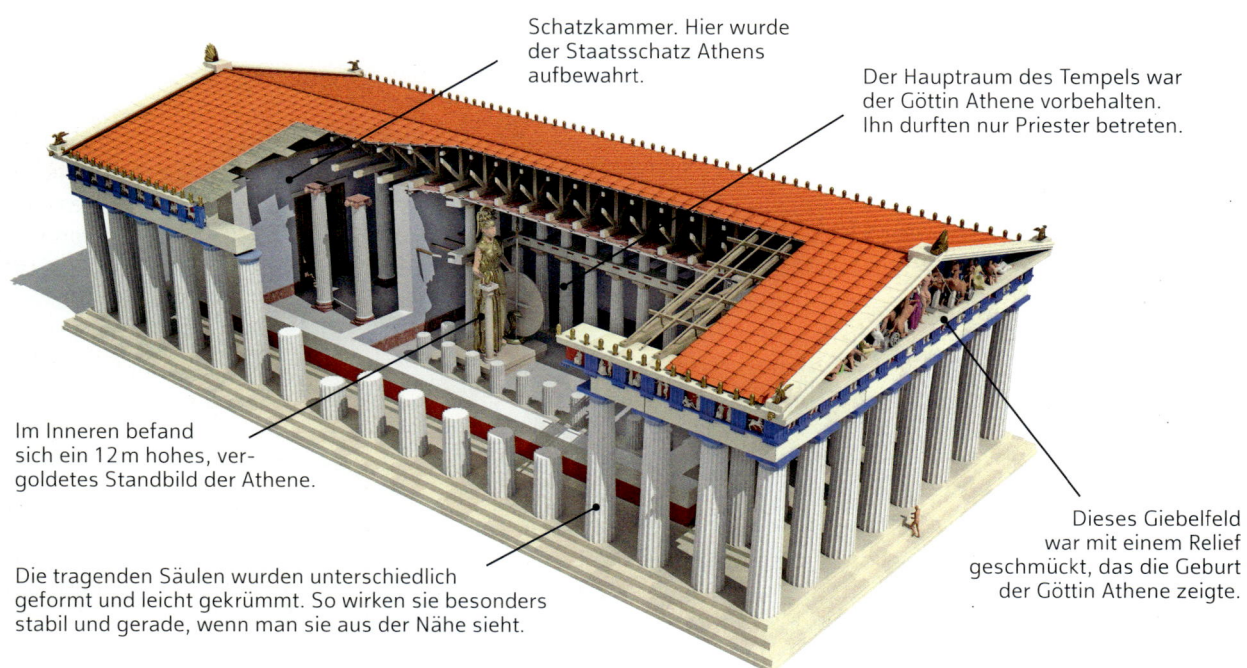

Schatzkammer. Hier wurde der Staatsschatz Athens aufbewahrt.

Der Hauptraum des Tempels war der Göttin Athene vorbehalten. Ihn durften nur Priester betreten.

Im Inneren befand sich ein 12 m hohes, vergoldetes Standbild der Athene.

Die tragenden Säulen wurden unterschiedlich geformt und leicht gekrümmt. So wirken sie besonders stabil und gerade, wenn man sie aus der Nähe sieht.

Dieses Giebelfeld war mit einem Relief geschmückt, das die Geburt der Göttin Athene zeigte.

Griechische Skulpturen

Gestatten, Athene! Allerdings bin ich kein griechisches Original, sondern eine Kopie. Man vermutet, dass ich um 430 v. Chr. von einem Schüler des berühmten Bildhauers Phidias gestaltet wurde. Findet ihr nicht auch, dass er mich besonders menschlich und beweglich wirken ließ? Figuren wie mich schuf man übrigens, um sie in Tempeln aufzustellen.

Wer mich schuf, hat man nicht herausgefunden – aber dies kann ich euch über mich verraten: Ich bin eine Kore – ein Idealbild einer jungen Frau. Bekleidet bin ich mit einem traditionellen Gewand. Um 530 v. Chr. wurde ich aus Marmor gestaltet und auf der Akropolis aufgestellt. »Farblos« war ich aber nicht immer, sondern bunt bemalt wie hier links. Übrigens: Berühmt bin ich für mein rätselhaftes Lächeln.

① ②

M1 Die »Peplos-Kore« (②) ist eine Statue aus dem Akropolismuseum in Athen. Links daneben ist eine farbige Rekonstruktion gezeigt (①). (Ein »Peplos« war das damals übliche Gewand der Frauen.)

M2 Marmorkopie einer griechischen Athene-Statue. Sie wurde in Rom gefunden.

Noch heute sind Skulpturen[1] aus der Zeit der griechischen Antike erhalten und in unseren Museen zu besichtigen. Viele von ihnen sind aus Marmor. Dieser Stein war
5 besonders hart, sodass Details gut herausgearbeitet werden konnten. Die fertigen Skulpturen wurden mit bunten Farben bemalt – das zeigen feine Farbteilchen, die durch ↦ archäologische Forschungen auf
10 den Fundstücken nachgewiesen wurden.

Bei ihrer Formgebung orientierten sich die Bildhauer in früheren Jahrhunderten an ägyptischen Vorbildern. Erst um das Jahr 500 v. Chr. begannen sie, den mensch-
15 lichen Körper ganz genau zu studieren. In ihren Skulpturen gaben sie ihn seitdem oft in einer Körperhaltung wieder, in der ein Bein als »Standbein« das Gewicht trägt. Das andere Bein ist – als »Spielbein« –
20 dagegen nicht belastet.

Wenn du diese Haltung einmal selbst ausprobierst, merkst du, dass der Körper nun nicht mehr ganz gerade und symmetrisch ist, sondern Hüften und Schultern etwas
25 »kippen«. Wie wirken die abgebildeten Figuren im Vergleich auf euch?

1 Skulpturen: räumliche, also dreidimensionale Bilder

Die Philosophie

»Was ist die Welt und das Universum?«
»Wie sollen wir leben?«
»Was ist der Sinn des Lebens?
»Was ist eine gerechte Regierung?«

5 Fragen wie diese werden immer wieder neu gestellt. Dass sie die Menschen auch im antiken Athen bewegten, zeigen Überlieferungen von Gelehrten, die über gutes Handeln und die richtige Lebensführung nach-
10 dachten. Durch die Philosophie (griech.: »Liebe zur Weisheit«) wollten sie die Welt erklären. Diese Suche nach Erklärungen, die wir mit unserem Verstand begreifen können, ist Grundlage unserer heutigen
15 Wissenschaft.

Sokrates bewegt zum Nachdenken

Vor allem der Philosoph Sokrates, der von 470 bis 399 v. Chr. lebte, beschäftigte sich damit, was gut, richtig und gerecht sei. Er glaubte, dass jeder Mensch mit sei-
20 ner Vernunft zwischen Recht und Unrecht entscheiden könne. Deshalb ging er auf Marktplätze, um mit seinen Mitmenschen zu sprechen und sie zum Nachdenken zu bewegen. Sokrates selbst hat keine schrift-
25 lichen Werke hinterlassen. Seine Schüler haben aber Gespräche, die er führte, aufgeschrieben. Hier sind zwei davon wiedergegeben. Was könnten die beiden Gesprächspartner wohl erkannt haben?

M1 Der junge Philippos trifft Sokrates

Philippos: He, Sokrates!
Sokrates: Guten Tag, Philippos. Wohin gehst du?
Philippos: Zu meinem Lehrer Protagoras! Das ist ein weiser Mann.
5 **Sokrates:** Ein weiser Mann? Warum eigentlich?
Philippos: Hm, er beantwortet alle meine Fragen, Sokrates.
Sokrates: Beantwortet er sie auch richtig?
Philippos: Ja sicher!
10 **Sokrates:** Woher weißt du das?
Philippos: Er selbst sagt es, Sokrates.
Sokrates: Also stimmt es, meinst du!
Philippos: Aber sicher! Oder nicht?
15 **Sokrates:** Ich weiß nicht, Philippos. Lass uns beide darüber nachdenken!

M3 Eine Sokrates-Statue im heutigen Athen

M2 Der Soldat Trasybulos trifft Sokrates

Trasybulos: Guten Morgen, Sokrates!
Sokrates: Guten Morgen, Trasybulos! Gut siehst du aus in deiner Rüstung!
Trasybulos: Ja gewiss, Sokrates. Bin ja auch ein
5 tüchtiger Soldat!
Sokrates: So?
Trasybulos: Na hör mal! Ich habe im Kampf zehn Thebaner totgeschlagen!
Sokrates: Brav, Trasybulos, sehr brav! Denn die
10 Thebaner sind ja doch alle Lumpen!
Trasybulos: Genau das hat unser General auch gesagt, Sokrates.
Sokrates: Und der General der Thebaner hat zu seinen Soldaten gesagt, alle Athener seien
15 Lumpen!
Trasybulos: Aber das stimmt ja nicht! Wir Athener sind keine Lumpen.
Sokrates: Sind denn die Thebaner Lumpen?
Trasybulos: Wie? Meinst du etwa, unser
20 General habe nicht recht?
Sokrates: Ich weiß es nicht. Lass uns das nächste Mal darüber weitersprechen. Ich muss jetzt arbeiten.
Beide zitiert nach: Gustav Adolf Süß u. a.: Curriculum Geschichte I. Altertum. Frankfurt: Diesterweg 1975, S. 75

Das Weltreich des Alexander

Ausgerechnet beim Hochzeitsfest seiner Tochter wurde Philipp II., König von Makedonien, ermordet. Sein Sohn Alexander handelte schnell. Er ließ alle Mitbewerber um den Thron umbringen und sich vom Heer und den ↦ Adligen – Personen aus vornehmen Familien – zum König ausrufen. Denn in seiner Heimat Makedonien besaßen die Adligen als krie-
5 gerische Anführer großen politischen Einfluss. Demokratisch regierte Poleis gab es hier nicht. Alexander, den man später »den Großen« nannte, führte bald eine große Armee in einen Jahre andauernden Feldzug.

M1 Der Feldzug Alexanders

---

1. Verfolge den Zug Alexanders des Großen auf der Karte M1. Arbeite dabei heraus:
– Auf welchen Zeitraum bezieht sich die Karte?
– Welche Entfernungen legte Alexander mit seinen Truppen zurück?
– Welche heutigen Gebiete sind abgebildet? Suche dazu den Ausschnitt, den M1 zeigt, auf der Karte hinten im Buch.

2. Stelle Vermutungen über Alexander den Großen an.

Herrscher über die Griechen

Schon Alexanders Vater, Philipp II., hatte das makedonische Reich an der Nord-
10 grenze Griechenlands auf Kosten der griechischen Poleis vergrößert. Nachdem es zu Uneinigkeiten zwischen den griechischen Poleis gekommen war, hatte Philipp II. die Gelegenheit genutzt: Mit seinen militärisch
15 geschulten Gefolgsleuten hatte er sich an die Spitze eines griechischen Städtebundes gesetzt. Die meisten der griechischen Poleis erkannten nach seinem Tod Alexander als neuen Herrscher an. Dieser sagte,
20 er wolle die Politik seines Vaters fortsetzen.

Der große Alexanderzug

Mit 18 000 Makedoniern und 14 000 Soldaten aus den griechischen Poleis begann
Alexander 334 v. Chr. einen Feldzug gegen
das persische Reich. Er wolle die etwa 150
25 Jahre zurückliegende Zerstörung Athens
während der Perserkriege rächen, behauptete er. Mit seinem Heer zog er nach
Süden. Viele Städte fielen ihm ohne Kampf
zu, sodass die mächtige persische Flotte
30 am Mittelmeer keine Stützpunkte mehr
besaß. Persische Truppen stellten sich ihm
zum ersten Mal bei Issos entgegen, gaben
sich aber bald geschlagen.

Alexander zog weiter nach Süden und ließ
35 in Ägypten an der Nilmündung eine neue
Stadt erbauen, die er nach sich selbst »Alexandria« nannte. Später gründete er noch
dreißig weitere Städte dieses Namens. Die
entscheidende Schlacht schlug Alexander
40 bei Gaugamela in Mesopotamien. Zwar
waren die Perser zahlenmäßig überlegen,
doch stürzte Alexander sich an der Spitze
seiner Reiter ins Kampfgetümmel und riss
seine Soldaten mit. Der persische Großkö-
45 nig Dareios und seine Truppen gaben auf!
Nun nannte Alexander sich »Großkönig«
und sah sich als Nachfolger des Dareios.

Bis zum Ende

Im nächsten Jahr ergänzte Alexander sein
Heer mit Persern und neuen Truppen aus
50 Griechenland. Dann trieb er seine Soldaten
unter furchtbaren Strapazen und Kämpfen
durch wildes Gelände, Wüsten und Gebirge
über 5 000 Kilometer nach Osten bis zum
Fluss Indus. Aber er wollte noch weiter –
55 zum »Okeanos«, dem Weltmeer und Ende
der damals bekannten Welt. Doch seine
Soldaten aber zwangen ihn umzukehren.

Mit 60 000 Mann machte er sich auf
einen Marsch durch die Wüste, den
60 am Ende nur 15 000 Soldaten
überlebten.

Alexander selbst starb im
Jahr 323 v. Chr. bei den Vorbereitungen für die Eroberung
65 Arabiens an Malaria, einer
gefährlichen Krankheit, die den
Körper durch hohes Fieber und
Durchfall schwächt. In der ↦Antike
starben viele Menschen daran –
70 Alexander mit 33 Jahren. Zu plötzlich
war sein Tod, als dass er einen Nachfolger hätte bestimmen können. Zunächst
bekämpften sich seine Vertrauten und
Generäle, bis sie sich schließlich auf die
75 Gründung dreier Nachfolgereiche einigten.
Diese bestanden ungefähr bis 200 v. Chr.
In ihnen entwickelte sich eine griechisch
geprägte Lebensweise.

M 3 Alexander auf
einem Mosaik

> *In kurzer Zeit hat dieser König große
> Taten vollbracht. Dank seiner eigenen Klugheit und
> Tapferkeit übertraf er an Größe der Leistungen alle Könige,
> von denen die Erinnerung weiß. In nur zwölf Jahren hatte er
> nämlich nicht wenig von Europa und fast ganz Asien unter-
> worfen und damit zu Recht weithin reichenden Ruhm
> erworben, der ihn den alten Helden und Halb-
> göttern gleichstellte.*

> *Nicht zufrieden mit dem Zusammenbruch
> so vieler Städte, die sein Vater Philipp II. besiegt oder
> gekauft hatte, vernichtet Alexander hier diese, dort jene,
> und trägt seine Waffen in der ganzen Welt herum. Nirgends
> macht seine Grausamkeit halt, wie bei wilden Tieren, die
> mehr zerfleischen, als ihr Hunger verlangt.*

M 2 So urteilten der griechische Geschichtsschreiber Diodor (oben)
und der römische Philosoph Seneca (unten) später über Alexander.
(Diodor: Historische Bibliothek 17, 1, 3 f.; Seneca: Briefe 94, 62 f.; bearbeitet)

---

3. Überprüfe mithilfe des Textes deine
Vermutungen aus Aufgabe 2.

4. a) Vergleiche die beiden Urteile in M 2.
Achte dabei auch auf die Wortwahl.
b) Versuche abschließend, zu einem
eigenen Urteil zu kommen.

+ Mit dem Beinamen »der Große«
wurden anfangs Gottheiten benannt,
z. B. Zeus. Erst später wurde er auf
menschliche Herrscher übertragen.
Diskutiert: Sollte Alexander »der
Große« genannt werden?
↦ **Tipp:** S. 333

Eine neue »Weltkultur«: der Hellenismus

Die eigene, enge Polis verlassen und in einer von Alexander gegründeten oder eroberten Stadt neu anfangen – diesen Plan fassten um 300 v. Chr. viele Griechen. Durch
5 sie verbreitete sich in den Nachfolgereichen des Alexanderreiches die griechische Sprache und Schrift, denn auch viele Einheimische fingen nun an, Griechisch zu sprechen. Bald prägte die griechische ↦Kultur
10 die damals bekannte zivilisierte[1] Welt. Weil die Griechen selbst sich »Hellenen« nannten, fand man später für diese Kultur den Namen ↦ **Hellenismus**.

Wissenschaftszentrum Alexandria

Alexandria, die von Alexander gegründete
15 Stadt am Nildelta, wurde zur Hauptstadt des Handels zwischen Asien und Europa und zum geistigen Zentrum für die hellenistische Welt. Berühmt war besonders die Bibliothek von Alexandria (S. 72/73):
20 Die größten Gelehrten der damaligen Zeit

waren hier versammelt. Sie konnten täglich miteinander diskutieren; sie experimentierten, forschten und unterrichteten. Für ihren Lebensunterhalt sorgte König Ptole-
25 maios, denn sie nützten seinem Ansehen.

Fachleute sammelten dort die Schriften der bekannten Welt und übersetzten sie ins Griechische. Homers Werke sowie auch die athenischen Tragödien und Komödien wur-
30 den aufgeschrieben und auf diese Weise überliefert. Sprachwissenschaftler kommentierten Wortwahl, Grammatik und Stil. Zum ersten Mal legte man ein Verzeichnis der gesammelten Schriften an. Zahlreiche
35 jüdische Gelehrte übersetzten auch das Alte Testament in die neue Weltsprache.

Die Zusammenarbeit der Forschenden förderte auch die Naturwissenschaften: Der Mathematiker und Physiker Archimedes
40 von Syrakus entwickelte neuartige Verteidigungs- und Belagerungsmaschinen sowie ein Schneckengewinde, das in einer Röhre Wasser heben konnte. Eratosthenes von Kyrene errechnete nach langen Sonnen-
45 beobachtungen den Erdumfang und irrte sich dabei um nur 1 Prozent! Heron von Alexandria baute Hebegeräte und experimentierte mit Dampfkraft und Luftdruck (M 2).

1 zivilisiert: nach herausgebildeten Regeln lebend, auch: gebildet und technisch fortschrittlich, hoch entwickelt

M 1 Rekonstruktionszeichnung des Leuchtturms von Alexandria

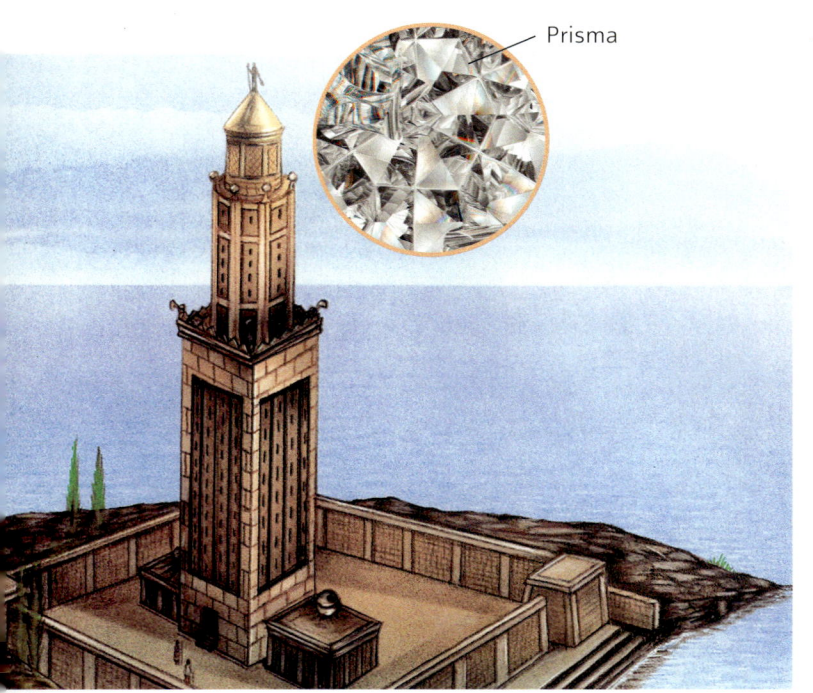

Prisma

i ›‹ **Als Weltwunder** wurde der Leuchtturm bestaunt, der um 290 v. Chr. auf einer Insel vor der Hafeneinfahrt von Alexandria errichtet wurde. »Leuchtturm« heißt auf Griechisch »Pharos«, und die Insel wurde ebenso genannt.
   Der Turm war 140 Meter hoch. Geschickt angeordnete Prismengläser spiegelten eine kleine, im Inneren des Turmes brennende Flamme so, dass sie weithin leuchtete. (Auch in Kaleidoskopen werden Prismen eingesetzt.) Im Jahr 1303 zerstörte ein Erdbeben den Turm.

M 2 Der Mathematiker und Mechaniker Heron entwickelte einen Mechanismus, mit dem sich Tempeltüren wie von selbst öffneten. Dafür nutzte er die Entdeckung, dass sich erwärmte Luft ausdehnt und dadurch Druck erzeugt.

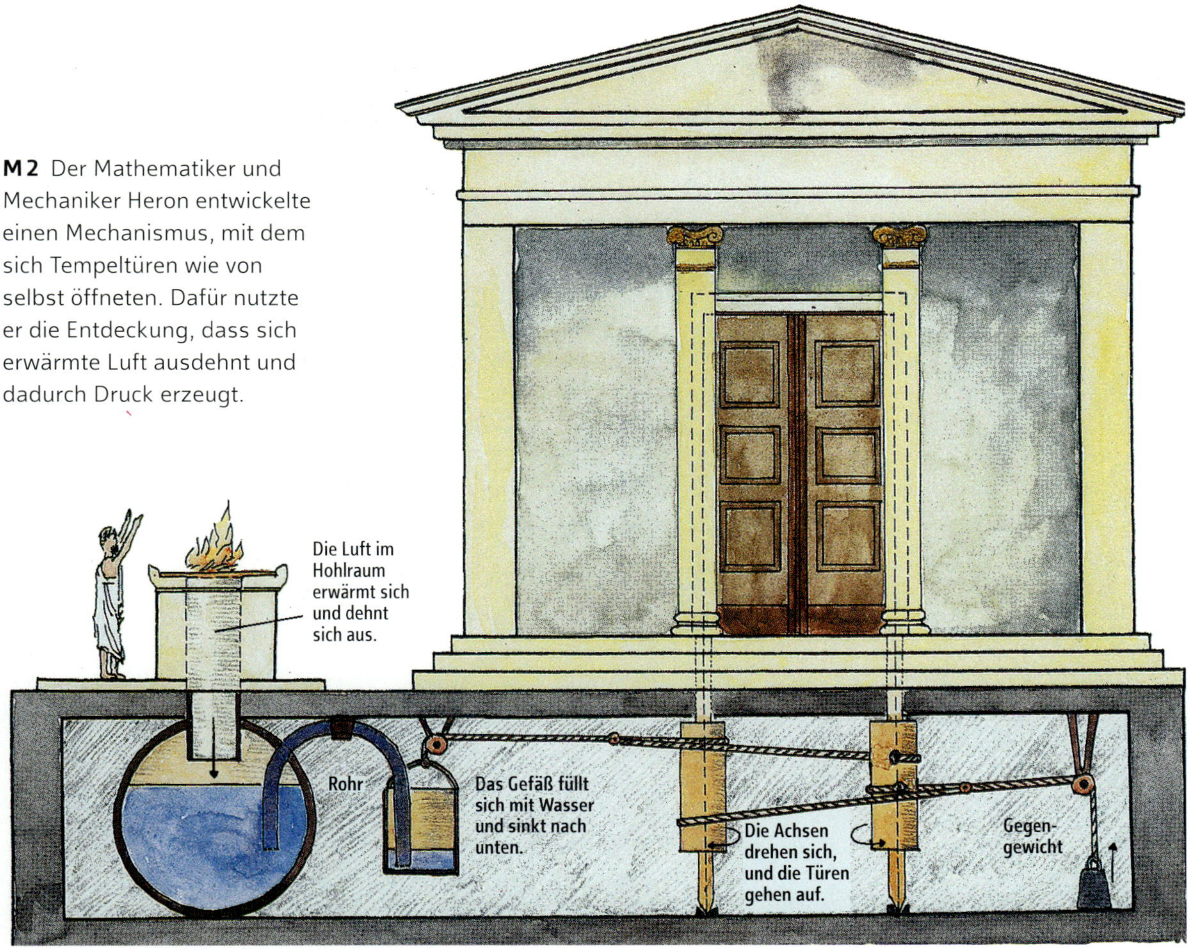

Die Luft im Hohlraum erwärmt sich und dehnt sich aus.

Rohr

Das Gefäß füllt sich mit Wasser und sinkt nach unten.

Die Achsen drehen sich, und die Türen gehen auf.

Gegengewicht

Die Kultur des Hellenismus blieb etwa tau-
50 send Jahre bedeutend – bis ins Mittelalter. Selbst die römischen Eroberungen hatten auf die Lebensweise der Menschen in dem Gebiet wenig Einfluss. Die griechische Sprache blieb hier vorherrschend; von der
55 Sprache der neuen Machthaber, dem Lateinischen, wurde sie nicht verdrängt.

Erst nachdem das Gebiet im 7. Jahrhundert n. Chr. von arabischen Muslimen erobert worden war, entwickelte sich hier eine neue
60 Kultur, die vom Islam geprägt war.

1. Beschreibe, wie der Türmechanismus (M 2) funktioniert. Überlege, wozu Priester die Maschine nutzen konnten.

+ Erstellt zu zweit einen Kurzvortrag von einer Minute zu einem der drei folgenden Themen:
– »Der Leuchtturm von Pharos«,
– »Der Wissenschaftler Archimedes«,
– »Der Wissenschaftler Eratosthenes«.
Informiert euch unter dem Webcode WES-117726-029.

2. Besprecht in der Klasse die Bedeutung der griechischen Sprache in der hellenistischen Welt. Welche Sprachen haben in unserer Zeit eine vergleichbare Rolle wie das Griechische in der damaligen Zeit?

WES-117726-029

Wenn du die vorangegangenen Seiten bearbeitet hast, solltest du folgende Aufgaben lösen können. Schreibe die Lösungen in dein Heft. Ob du richtigliegst, erfährst du auf Seite 337.

1. Erkläre, was den Griechen ein Gefühl der Zusammengehörigkeit verschaffte, obwohl sie in Siedlungen lebten, die durch Gebirge oder das Meer getrennt waren.

2. Erkläre, um welche Götter es sich bei den beiden in M1 gezeigten Darstellungen handelt. Begründe deine Entscheidung.

3. Nenne Unterschiede zwischen heutigen und ↦ antiken Olympischen Spielen.

4. Heute ist Athen die Hauptstadt ganz Griechenlands. Beurteile, ob Athen auch in der Antike die griechische Hauptstadt war.

5. Untersuche die Textquelle M2.
   a) Bestimme die Entstehungszeit des Textes und benenne sein Thema. Wer ist der Verfasser?
   b) Gib jetzt die Meinung des Redners mit eigenen Worten wieder.
   c) Begründe nun, warum ↦ Historikerinnen und Historiker davon ausgehen, dass der Redner von Athen spricht.

M1 Zwei griechische Gottheiten

M2 Die Bürger und die Politik

Der Geschichtsschreiber Thukydides lebte im 5. Jahrhundert v. Chr. Er überlieferte eine Rede, die ein Politiker seiner Zeit gehalten hat. Hier ist ein Auszug wiedergegeben:

In unserer Polis entscheidet nicht die Zugehörigkeit zu einer bestimmten Schicht über politischen Erfolg, sondern nur die persönliche Tüchtigkeit.

5 Armut oder bescheidene Herkunft ist für einen leistungsfähigen Bürger kein Hindernis, um ein politisches Amt zu bekommen. Wir halten uns an die Gesetze und gehorchen der jeweiligen Regierung [...].

10 Wer dem politischen Leben fernsteht, ist für uns nicht ein stiller Bürger, sondern ein schlechter.

Wiedergegeben nach: Thukydides: Peloponnesischer Krieg 2, 37 u. 40 (bearbeitet)

Die Welt der Griechen

Anders als im weitläufigen ägyptischen Nildelta, wo viele Menschen zusammenarbeiteten und eine übergeordnete ↦ Verwaltung entstand, entwickelte sich in der zerklüfteten griechischen Landschaft kein einheitliches Reich. Hier bildeten sich viele voneinander
5 unabhängige Stadtstaaten, Poleis (Einzahl: **Polis**), heraus. Eine Polis war nicht größer als eine heutige Kleinstadt und hatte ein Zentrum mit Marktplatz, Regierungsgebäuden, Theatern, Schulen und Tempeln; auch Ackerflächen gehörten dazu. In der Zeit der ↦ **Kolonisation** (ca. 750–550 v. Chr.) gründeten Griechen weitere
10 Stadtstaaten an vielen Küsten des Mittelmeeres.

Dennoch einte die Griechen der Glaube an gemeinsame **Gottheiten und Mythen**, wie sie der Dichter Homer beispielsweise in der »Ilias« überliefert hatte. Auch hatten die Griechen eine gemeinsame Sprache und Schrift. Alle vier Jahre feierten Menschen aus allen
15 griechischen Poleis Wettkämpfe und Spiele zu Ehren des höchsten griechischen Gottes Zeus: die **Olympischen Spiele**.

Im 5. Jahrhundert v. Chr. wurde Athen zur mächtigsten und reichsten griechischen Polis: Es beherrschte viele Inseln der Ägäis. In der Stadt entwickelte sich eine besondere ↦ **Kultur**. Es
20 entstanden prächtige Bauwerke wie z. B. der Parthenontempel. Handwerker produzierten kunstvolle Vasen, Dichter schrieben Theaterstücke, die noch heute gespielt werden; es entstand die Philosophie. Damals war die Staatsform in Athen die ↦ **Demokratie**, die Volksherrschaft. Allerdings durften nur Männer,
25 die ↦ Bürger Athens waren, die Stadt mitregieren. Frauen hatten kein Stimmrecht, ebenso wenig die Metöken (»Mitbewohner«, die von außerhalb nach Athen gezogen waren) und ↦ Sklaven.

Im Norden Griechenlands liegt Makedonien. Hier gab es keine demokratisch regierten Poleis. Seit 334 v. Chr. gelang es dem
30 makedonischen Herrscher Alexander, genannt »der Große«, das persische Großreich zu unterwerfen. Die griechische Lebensweise breitete sich weit aus. Man spricht von ↦ **Hellenismus**.

ZEITTAFEL

> **776 v. Chr.**
Textquellen berichten, dass erstmals die Olympischen Spiele stattfanden.

> **um 750 v. Chr.**
Der Dichter Homer schreibt Versgedichte über den Kampf um Troja, die »Ilias«, und über den Helden Odysseus, die »Odyssee«, auf.

> **um 750 – 550 v. Chr.**
Die Griechen gründen Poleis an den Küsten des Mittelmeeres.

> **5. Jahrhundert v. Chr.**
Das demokratisch regierte Athen wird zur mächtigsten und reichsten griechischen Polis. Wichtige Großbauten, Kunstwerke und Theaterstücke entstehen.

> **seit 334 v. Chr.**
Alexander »der Große« erobert das Perserreich. Die griechische Lebensweise verbreitet sich im Mittelmeerraum (Hellenismus).

M 1 Malerei auf einer griechischen Trinkschale, 5. Jahrhundert v. Chr.

Der Philosoph Konfuzius

Wer lernt, aber nicht denkt, ist verloren.
Wer denkt, aber nicht lernt, ist in Gefahr.

Dummheit ist nicht, wenig zu wissen,
auch nicht, wenig wissen zu wollen,
Dummheit ist glauben, genug zu wissen.

Wahres Wissen bedeutet, das Ausmaß
der eigenen Unwissenheit zu kennen.

M1 Überlieferte chinesische Weisheiten
(Textquelle: S. 330)

M2 Dieses gedruckte Bild des Konfuzius
wurde im 9. Jahrhundert in China verbreitet.

Ziemlich knifflig, diese Aussagen. Kannst
du sie in eigenen Worten wiedergeben?
Sie stammen von dem chinesischen Philosophen Kong Fuzi. Das bedeutet »Meis-
5 ter Kong«. Weltweit gilt er als einer der
großen »Lehrer der Menschheit«. Bei uns
sind seine Aussprüche als »Weisheiten des
Konfuzius« bekannt. In China haben seine
Vorstellungen darüber, wie die Menschen
10 leben und miteinander umgehen sollten,
das Denken der Menschen über Jahrhunderte bestimmt und wirken bis heute nach.

Wer war Konfuzius?

Gelebt hat Konfuzius von 551 bis 479
v. Chr., zu einer Zeit, in der es in China viele
15 Kriege und Auseinandersetzungen gab.
Verschiedene Völker des Reiches und auch
einzelne Heerführer rangen Jahrhunderte
hindurch um die Herrschaft.

Wie kann aus einer Situation, in der jeder
20 gegen jeden zu kämpfen scheint, eine
neue, stabile Ordnung entstehen? Dieser
Frage widmete sich Konfuzius.

Mit seinen Lehren wollte er den Menschen
Werte vermitteln, an die sie glauben und an
25 denen sie sich orientieren können, damit
ein stabiler Staat entstehen kann. Schon
als junger Mann gründete er deshalb eine
Schule. Viele Schüler aus allen Schichten
der Bevölkerung suchten ihn auf, um seine
30 Lehre kennenzulernen. Später übernahm
Konfuzius mehrere hohe politische Ämter,
um den Staat mitzugestalten.

Die Lehren des Konfuzius wurden anfangs
von seinen Schülern als Redensarten über-

liefert und erst etwa 100 Jahre nach seinem Tod aufgeschrieben. Im alten China waren sie bald so bedeutend, dass Gelehrte sie Wort für Wort auswendig kennen mussten.

Die Vorstellungen des Konfuzius

Aus den Texten wird deutlich, dass Konfuzius davon ausging, dass die Menschen grundsätzlich gut sind. Sie bleiben gut, wenn man sie gut behandelt, meinte er. Damit Menschen ein gutes Zusammenleben erreichen, forderte er sie auf, mitmenschlich und gerecht zu denken und zu handeln.

Die Grundlage dafür sollte schon in der Familie gelegt werden: Für Kinder sah er die Pflicht, ihre Eltern zu respektieren. Von den Eltern wiederum erwartete er, ihren Kindern gegenüber verantwortungsbewusst zu sein. Dieses Verhalten sollte auf alle Bereiche der ↦ Gesellschaft übertragen werden, z. B. auf das Verhältnis von Vorgesetzten und Untergebenen.

Als wichtiges Element, mit dem das gute Zusammenleben gefestigt werden kann, verstand Konfuzius feierliche Handlungen. Solche Handlungen werden als Riten bezeichnet (Einzahl: Ritus).

Dabei geht es ihm zum einen um öffentliche Riten. Auch wir kennen sie – z. B. die Taufe im Bereich der Religion. Zu den öffentlichen staatlichen Riten, die bei uns gepflegt werden, gehören z. B. Kranzniederlegungen an Gedenktagen. Im alten China hat diese Art der Riten aber eine tiefere Bedeutung: Konfuzius meinte, dass durch sie eine Ordnung zwischen allem, was existiert – Himmel, Natur, Menschen und Dingen –, hergestellt wird. Jede Ausübung der Riten stellt diese Ordnung neu her und macht den Menschen klar, was für sie wichtig ist und woran sie sich orientieren sollen. Nach der Vorstellung der alten Chinesen verkörperte der Herrscher diese Ordnung.

Zum anderen sollten Riten aber auch im Verhältnis von Menschen untereinander beachtet werden. Würden wir hier vielleicht von bestimmten Formen der Höflichkeit sprechen?

ZUM NACHDENKEN

– Überlege, wo du heute Riten begegnest wie z. B. die Begrüßung vor dem Unterricht. Bilde dir eine Meinung, ob du sie sinnvoll findest.

– Konfuzius gilt als ein »Lehrer der Menschheit«. Wer gehört noch dazu?

M 3 Schülerinnen und Schüler beten mit ihren Eltern vor einer Konfuzius-Statue in der chinesischen Stadt Nantong. Das Foto wurde kurz vor dem Beginn der nationalen Hochschulzugangsprüfung im Jahr 2016 aufgenommen. Das Abschneiden bei dieser Prüfung hat für Jugendliche in China große Bedeutung.

Das Römische Reich

v. Chr.
| 3000 | 2500 | 2000 | 1500 | 1000 | 500 | 0 | 500 | 1000 |

n. Chr.

Ägyptische Hochkultur

Griechische Antike

Römische Antike

Der Hadrianswall: Grenz-
befestigung im Norden der
↦ Provinz Britannien

Eine römische Wasser-
leitung in Südfrankreich
(Provinz Gallien)

Der Limes, Grenzbefestigung in der
Provinz Obergermanien (Modell)

Römisches Relief in Österreich (Provinz Noricum)

● Rom

Ruinen des Forum Romanum

Römisches Mosaik
bei Valencia (Provinz
Hispanien)

Wandmalerei in
Pompeji

Römisches Theater in Leptis
Magna (Provinz Africa)

0   500   1000 km

Dieses Foto entstand bei einem »Römer-Festival«. Es zeigt Teile des rekonstruierten Gepäcks eines Soldaten – vom Kochtopf bis zur Sandale. In der historischen Forschung werden die Schuhe der Soldaten als wichtiger Baustein ihrer erfolgreichen Eroberungen gesehen. Warum denn das?

Römische Bibliothek in Ephesos (Provinz Asia)

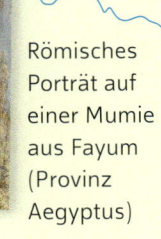

Römisches Porträt auf einer Mumie aus Fayum (Provinz Aegyptus)

Auf den folgenden Seiten erfährst du,

- wie es die zu Anfang unbedeutende Stadt Rom schaffte, ein riesiges Reich zu erobern und zu beherrschen.
- wie sich die Regierungsform in Rom im Lauf von mehreren Jahrhunderten wandelte
- auf welche Weise die Menschen in der Hauptstadt Rom lebten und ihre Freizeit verbrachten.
- dass die Römer das Leben in den von ihnen eroberten Gebieten auf vielfältige Weise prägten.

Außerdem übst du,

- mithilfe von Mindmaps geschichtliche Informationen aus Texten zu strukturieren.
- in Expertengruppen zu arbeiten und dabei Rückmeldungen zu geben sowie anzunehmen.
- historische Ereignisse in einem Zeitstrahl anzuordnen.
- im Internet mithilfe geeigneter Suchmaschinen nach passenden Informationen zu suchen.
- geschichtliche Vorgänge aus damaliger und heutiger Perspektive zu beurteilen.

Rom – wie fing es an?

M1 Rekonstruktionszeichnung der Landschaft, in der Rom entstand
① der Tiber, ② ein wichtiger Handelsweg, ③ eine Furt (eine flache Stelle im Fluss, die man überqueren kann), ④ der Hügel Aventin, ⑤ der Hügel Palatin, ⑥ der Hügel Kapitol

Die Anfänge aus historischer Sicht

Der Fluss war für die dort lebenden Menschen wichtig, denn er konnte für Warentransporte genutzt und an einer Stelle
15 leicht überquert werden. Wohl deshalb eroberten Etrusker, ein Volk, das im Norden viele Städte beherrschte, die Siedlungen. Sie schlossen sie zusammen und nannten den neuen Ort »Ruma« – Rom.

20 Von der etruskischen Lebensweise haben die Menschen in Rom viel übernommen: Sie lernten beispielsweise, wie man Sümpfe entwässert und Frischwasserleitungen baut, wie man aus Bronze Werkzeuge und
25 Kunstwerke herstellt. Und sie übernahmen das etruskische Alphabet. Auch die Götter und Göttinnen, an die die Menschen in Rom glaubten, gehen auf die etruskische Götterwelt zurück. Diese war der griechischen sehr
30 ähnlich (S. 82/83).

Der Herrschaft der etruskischen Könige wollten sich die Römerinnen und Römer aber auf Dauer nicht unterordnen. Etwa um 500 v. Chr. vertrieben sie den letzten
35 etruskischen König.

Was römische Eltern späterer Zeiten ihren Kindern von den Etruskern erzählten, können wir nicht wissen. Sicher ist aber, dass in römischen Familien eine Sage über die
40 Ursprünge Roms von Generation zu Generation überliefert wurde. Darin spielen vor allem Gottheiten eine wichtige Rolle.

»753 – Rom schlüpft aus dem Ei.« – Hast du diesen Merksatz schon gehört? Allerdings ist er nicht ganz richtig. Denn ↦ archäologische Grabungen haben gezeigt, dass es
5 schon um 1000 v. Chr. eine erste Siedlung auf einem Hügel am Fluss Tiber gab, die später zur Stadt Rom gehörte. Dort müssen Hirten- oder Bauernfamilien gelebt haben. In den folgenden Jahrhunderten entstan-
10 den weitere Siedlungen auf Hügeln in der Nähe.

---

1. Erkläre anhand der Rekonstruktionszeichnung M1, weshalb die dargestellte Gegend für die Entwicklung einer Stadt geeignet war.

2. Die Etrusker werden manchmal als Vorbilder der Römer bezeichnet. Erkläre dies mithilfe des Textes.

3. Lies die Sage oder höre sie dir an.
a) Nenne die Stellen in der Sage, bei denen sich das Mitwirken von Göttinnen und Göttern zeigt.
b) Begründe, warum denen, die diese Sage weitererzählten, die göttliche Herkunft wichtig war.
→ **Tipp:** S. 333

NACHERZÄHLT ››› Die Sage vom Ursprung Roms

Alle Römerinnen und Römer kannten die Sage vom Ursprung ihrer Stadt. Schon Kinder konnten sie erzählen, so oft hatten sie sie von ihren Eltern oder Lehrern gehört:

WES-117726-030
Unter diesem Webcode kannst du dir den Text anhören.

Die ältesten unserer Vorfahren stammen gar nicht aus Italien, sondern aus Troja! Denn als die Griechen Troja eroberten, konnte Aeneas, ein trojanischer Prinz, mit einigen Gefährten
5 fliehen. Dabei half ihm Aphrodite. Es heißt, dass diese Göttin, die bei uns Venus genannt wird, seine Mutter war. Nach langen Irrfahrten landeten die Flüchtenden in Italien an der Mündung unseres Flusses, dem Tiber. Dort erkämpften
10 sie sich Land und ließen sich nieder. Nachdem sie Frieden mit den Besiegten geschlossen hatten, heiratete Aeneas die Tochter des unterworfenen Königs. Ihre Nachkommen gründeten eine Stadt ganz in unserer Nähe.

15 Viele Generationen später wollte dort der Königssohn Amulius die rechtmäßige Herrschaft seines älteren Bruders nicht hinnehmen. Er vertrieb ihn, tötete dessen Sohn und zwang dessen Tochter Rhea Silvia, Priesterin
20 zu werden. Denn als Priesterin, so meinte er, würde sie keine Kinder haben, die später selbst Könige werden wollten. Aber Rhea Silvia wurde trotzdem schwanger, und zwar von unserem Kriegsgott Mars. Sie bekam Zwillinge, Romulus
25 und Remus.

Amulius wollte die Kleinen von einem Diener im Tiber ertränken lassen, weil sie die rechtmäßigen Thronerben waren. Sein Diener hatte aber Mitleid mit den Kindern und setzte sie
30 in einem Weidenkorb auf dem Fluss aus. Doch wieder kam göttliche Hilfe: Der Korb blieb an der Wurzel eines Feigenbaums hängen, genau unterhalb eines unserer Hügel. Eine Wölfin hörte die Kinder wimmern. Sie brachte sie ans
35 Ufer und ließ sie an sich saugen. Bald darauf entdeckte sie ein Hirte, der sie zu sich nahm und gemeinsam mit seiner Frau aufzog.

Als Erwachsene erfuhren Romulus und Remus von ihrer Herkunft. Daraufhin töteten sie
40 Amulius und setzten ihren Großvater wieder als König ein. Sie selbst gründeten auf einem Hügel am Fluss Tiber eine neue Stadt, in der sie leben wollten. Doch wer von beiden sollte sie regieren? Romulus und Remus vereinbar-
45 ten: Wer mehr Adler in einer bestimmten Zeit erblickte als der andere, sollte König werden. Remus entdeckte sechs, Romulus aber zwölf. Also übernahm er die Herrschaft und nannte die Stadt »Rom«.

50 Als Remus sich eines Tages über Romulus lustig machte, kam es zu einem heftigen Streit. Voller Wut tötete Romulus seinen Bruder. Das bereute er später sehr und stellte neben seinen Thron einen zweiten, der an Remus erinnern sollte.

55 Romulus wollte, dass die Römer an seinen Entscheidungen mitwirken. Er berief Volksversammlungen ein und holte sich Rat bei den erfahrensten Männern, den Senatoren. Sie und das Volk haben großen Einfluss bei uns. ‹‹‹

M 2 Die »Kapitolinische Wölfin«, Rom, Kapitolinisches Museum. Dieses berühmte Bild der Wölfin stammt nicht aus Roms Frühzeit, sondern wurde erst im Mittelalter geschaffen.

Vom Dorf zum Weltreich

M1 Die Entwicklung des Römischen Reiches über ungefähr 900 Jahre

um 600 v. Chr.

um 300 v. Chr.

1. Sieh dir die in M1 dargestellte Entwicklung an und benenne mithilfe der Karte vorn im Buch, auf welche heutigen Staatsgebiete sich das Gebiet der Römer ausdehnte.

2. Arbeitet aus dem Darstellungstext arbeitsteilig zu zweit heraus,
   – wie es den Römern gelang, ganz Italien zu unterwerfen (»Phase 1«),
   – wie sie zu ihrer ersten ↦**Provinz**[1] kamen (»Phase 2«).

Phase 1: Herrschaft über Italien

Anfangs war das Gebiet Roms ungefähr so groß wie eine griechische Polis. Es erstreckte sich auf etwa 30 km². Gegen Feinde aus der Umgebung wurde es von
5 gut ausgebildeten Soldaten geschützt. Vor allem ihretwegen war Rom bald bei anderen Städten als Bündnispartner begehrt. In zahlreichen Kriegszügen gelang es römischen Truppen, Gebietsgewinne
10 zu machen. Sie führten dazu, dass Rom immer mächtiger wurde. Im Jahr 272 v. Chr. beherrschte es fast ganz Italien, wo damals etwa drei Millionen Menschen lebten.

Nur wenn die Römer hartnäckigen Wider-
15 stand der Besiegten befürchteten, besetzten sie die eroberten Gebiete. Mit den meisten besiegten Städten und Volksgruppen schlossen sie dagegen Verträge. In ihnen wurde unter anderem festgelegt, dass die
20 Unterworfenen Rom im Kriegsfall unterstützen mussten – auch mit Soldaten. Dafür durften sie ihre Angelegenheiten aber weiterhin eigenständig regeln.

Phase 2: Der Mittelmeerraum

Als der »Stiefel« römisch geworden war,
25 geriet Rom in einen Konflikt mit Karthago, einer reichen Handelsstadt an der Küste des heutigen Tunesien. Karthago beherrschte als Seemacht das westliche Mittelmeer. Es hatte zahlreiche Toch-
30 terstädte, auch auf Sizilien, das an das Römische Reich angrenzte. Beide – Rom und Karthago – fürchteten, eine zu starke Macht in unmittelbarer Nachbarschaft zu haben.

35 Die Römer bauten nun eine Kriegsflotte auf. Mit ihr wurden auch sie zu einer starken Seemacht, und sie führten zwei Kriege gegen Karthago. Es gelang ihnen, Karthago zu besiegen und Teile des kartha-

1 Provinz: von den Römern erobertes Gebiet, das nach der Eroberung von römischen Beamten verwaltet wurde

2 Einen Film über die Sandalen der römischen Soldaten kannst du hier abrufen:

WES-117726-031

Unter diesem Webcode findet ihr Bilder für euer Referat:

WES-117726-032

6237EX_9

Rom

Karthago

0 500 km

um 150 v. Chr.

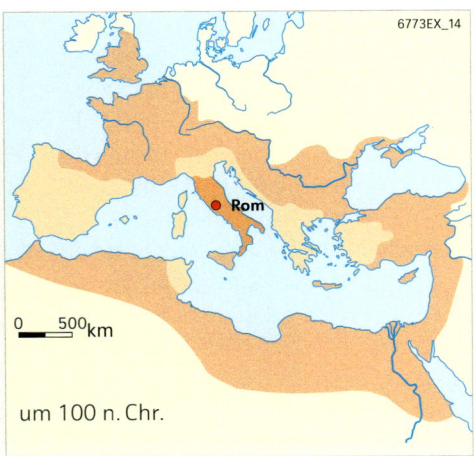

6773EX_14

Rom

0 500 km

um 100 n. Chr.

40 gischen Herrschaftsgebiets zu römischen **Provinzen**1 zu machen. Nach und nach eroberten römische Truppen weitere Gebiete ums Mittelmeer. Um 117 n. Chr. war das Mittelmeer vom ↦ **Imperium Romanum**,
45 dem Römischen Reich, umschlossen: Es umfasste fast zu dieser Zeit 60 Provinzen – vom heutigen England bis Nordafrika.

Wie ist der römische Erfolg zu erklären?

In römischer Zeit glaubten viele, Rom sei deshalb so mächtig, weil die Götter es so
50 wollten. Heutige ↦ Historikerinnen und Historiker sehen andere Gründe. Sie fragen z. B. danach,
– welche Rolle die Ausbildung des Heeres und Kampftaktiken spielten,
55 – wie es den Römern gelang, die Besiegten dauerhaft zu unterwerfen und
– welche Rolle technische Leistungen für den Erfolg gespielt haben könnten.

Dabei fanden sie z. B. heraus, dass schon
60 die Sandalen, mit denen die römischen Fußtruppen bei ihren Feldzügen riesige Entfernungen zurücklegen mussten, ein Wunderwerk der Technik waren.[2]

IN DER GRUPPE
ein Kurzreferat erstellen

Auf den folgenden Seiten erfahrt ihr mehr über Gründe für den Erfolg der Römer. Werdet Expert/innen für eines der nachfolgenden Themen. Teilt euch dazu in sechs etwa gleich große Gruppen auf. Jedes Thema wird von zwei Gruppen bearbeitet.

1. a) Lest den Text und betrachtet die Abbildungen in Einzelarbeit. Macht euch klar, worum es geht.
b) Besprecht in der Gruppe, was ihr erfahren habt.
c) Verteilt die Aufgaben 1 und 2 untereinander und findet möglichst viel über euer Thema heraus.
d) Berichtet den anderen in eurer Gruppe über eure Erkenntnisse. Entscheidet gemeinsam, was wichtig und interessant ist, und schreibt dazu Stichworte auf.
e) Bearbeitet Aufgabe 3 zusammen.

2. Bereitet mithilfe der Hinweise auf Seite 343 ein **Kurzreferat** vor. Bilder zu euren Themen findet ihr unter dem Webcode WES-117726-032.

3. Erstellt am Ende mit der ganzen Klasse eine **Mindmap** an der Tafel. Hinweise zur Methode findet ihr auf Seite 342. Jede Gruppe schlägt Begriffe vor, die aufgenommen werden sollen:

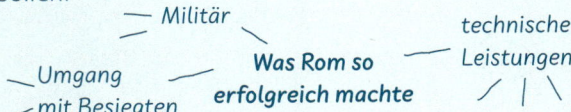

Militär — *technische Leistungen* — **Was Rom so erfolgreich machte** — *Umgang mit Besiegten*

Das römische Militär

Römische Schlachtordnungen

Die römische Armee bestand aus Legionen mit jeweils 4 000 bis 6 000 Soldaten. In der Anfangszeit des Römischen Reiches musste jeder männliche Einwohner des
5 vom 18. bis zum 46. Lebensjahr bei Bedarf Militärdienst leisten. Später wurde aus der römischen Armee eine Berufsarmee. Als das Reich seine größte Ausdehnung hatte, umfasste sie bis zu 30 Legionen.

10 Anfangs kämpften die Soldaten in Formationen, die »Phalanx«, »Walze«, hießen. Die Soldaten marschierten dabei in mehreren langen Reihen hintereinander und versuchten, den Gegner »niederzuwalzen«.

15 Bald aber entwickelten die Feldherren[1] eine andere Schlachtordnung, die sogenannte »Manipularordnung« (M 1): Darin wurden 120 bis 160 Soldaten zu Einheiten zusammengefasst und wie auf einem Schachbrett
20 aufgestellt. Durch die Lücken konnten Soldaten aus den vorderen Reihen, die verwundet waren oder ihre Waffen verloren hatten, zurückweichen. Sie wurden dann von vorrückenden Kämpfern aus den hin-
25 teren Reihen ersetzt. Damit machten es die römischen Truppen dem Gegner unmöglich, größere Lücken in ihre Schlachtreihe zu reißen.

... und römische Disziplin

Sehr wichtig war den Römern die Disziplin
30 ihrer Soldaten. Es gab harte Strafen für das Fehlverhalten von Einzelnen oder ganzen Einheiten. Wer einen Befehl verweigerte, konnte sogar mit dem Tod bestraft werden. Hatte eine Truppeneinheit ihre Aufgaben
35 nicht erfüllt, gab man ihr zur Strafe minderwertiges Essen.

Andere Maßnahmen sollten die Motivation der Legionäre fördern. So lebten sie während der Kriegszüge in Zeltgemeinschaf-
40 ten von jeweils acht bis zehn Soldaten, die auch gemeinsam kämpften.

1 Feldherr: Heerführer, Oberbefehlshaber im Krieg

M 1 Römische Soldaten in Manipularordnung

M2 Kampftaktiken im Vergleich

Der griechische Geschichtsschreiber Polybios beschreibt einen Kampf zwischen Römern und Makedonen, der im Jahr 168 v. Chr. stattgefunden hat:

Was ist nun der Grund, dass die Römer siegen, und was ist es, das die Makedonen, die die Phalanx anwenden, unterliegen lässt? [...]

5 Für die Phalanx der Makedonen gibt es nur eine gute Gelegenheit und nur eine Art von Gelände, in dem sich ihre Vorzüge voll auswirken können. [...] Die Phalanx braucht ebenes Gelände, das außerdem kein Hin-
10 dernis aufweist – wie Gräben, Schluchten, Felsspitzen und Wasserläufe. Denn all das kann eine solche Formation durcheinanderbringen und aufreißen. [...]

Die Römer aber machen ihre Schlacht-
15 reihen nicht gleich stark und setzen nicht alle Truppen einem Frontalangriff der Phalanx aus. Nur ein Teil ihrer Streitkräfte schlägt sich mit dem Feind, während der andere Teil in Reserve bleibt. Wenn nun die
20 Phalanx den ihr gegenüberstehenden Feind durch ihren Ansturm zurückdrängt [...], ist ihre Ordnung zerstört.

Die Römer können dann in die Stellung des Feindes einrücken. Sie brauchen nun
25 nicht mehr von vorn anzugreifen, sondern können durch eine seitliche Bewegung der gegnerischen Phalanx in die Flanke oder in den Rücken fallen.

Polybios: Geschichte Bd. 6, Buch 18, 31 f. Hrsgg. v. Adolf Haakh. Berlin: Langenscheidt 1913 (bearbeitet)

M3 Die Rekonstruktionszeichnung veranschaulicht Erkenntnisse, die über die Ausrüstung der römischen Soldaten gewonnen wurden. Das Gewicht der Ausrüstung, die sie auf ihren langen Fußmärschen trugen, wird auf mehr als 25 kg geschätzt. Dazu gehörten:
– Schutzkleidung: ① Schild, ② Helm, ③ Brustpanzer
– Waffen, hier: ④ Wurfspeere, ⑤ Kurzschwert
– Versorgung: ⑥ Rucksack mit Verpflegung, ⑦ Kochgeschirr, ⑧ Wolldecke
– Werkzeug: ⑨ Hacke
– Schuhwerk: ⑩ Schnürsandalen

---

1. Beschreibt die Mittel, mit denen die Römer die Disziplin ihrer Soldaten zu erreichen versuchten.

2. a) Stellt anhand des Darstellungstextes, M1 und M2 die Unterschiede der beiden beschriebenen Kampftechniken heraus.

b) Begründet die Überlegenheit der römischen Kriegsführung gegenüber derjenigen der Makedonen.

3. Beurteilt: Welche Bedeutung hatten die militärische Disziplin und die Kampftechnik der Römer für die Ausdehnung ihres Reiches?

Die Römer als Sieger

M 1 Wenn eine römische Armee einen großen Sieg errungen hatte, wurde ihr ein Triumphzug durch Rom gewährt. Ihre Kriegsgefangenen führte sie mit sich. Der hier gezeigte Triumphzug wurde von dem Franzosen Albert Uderzo für »Asterix in Spanien« gezeichnet. Im Comic lässt sich sogar der Gefangene von der Begeisterung der Menge mitreißen.

»Gerechte Kriege«?

Die Römer traten häufig als Angreifer und Eroberer auf. Dennoch bemühten sie sich, ihre Kriege als »gerechte Kriege« darzustellen. Über einen Priester ließen sie den
5 Gegnern ihre Forderungen übermitteln. Wurde nicht darauf eingegangen, griffen sie an. Einen Sieg nahmen sie als Beweis dafür, dass sie die Götter auf ihrer Seite hatten und der Krieg daher »gerecht« gewesen
10 sei.

So begründeten sie ihre Kriegszüge nicht nur vor sich selbst und gegenüber der eigenen Bevölkerung, sondern auch gegenüber Gegnern und Besiegten sowie anderen
15 benachbarten Volksgruppen. Weil die Römer glaubten, mit Unterstützung der Götter im Krieg zu siegen, waren sie auch überzeugt, frei über die Behandlung der Besiegten entscheiden zu dürfen.

Herrschen mit geringem Aufwand?

20 Schon um das Jahr 270 v. Chr. hatten römische Truppen Gebiete erobert, in denen mehrere Millionen Menschen lebten. Wie gelang es Rom, über eine so große Zahl Besiegter zu herrschen und Aufstände zu
25 verhindern?

Die Herrschaft der Römer ist nicht mit der eines ägyptischen Pharaos zu vergleichen, der mit einer großen ↦Verwaltung und einheitlichen Gesetzen regierte, die im ganzen
30 Reich galten. Im Gegenteil: Die Römer versuchten, ihre Macht über besiegte Städte und Volksgruppen mit möglichst geringem Aufwand zu sichern. Mit den meisten Unterworfenen schlossen sie deshalb
35 Verträge. Diese regelten unter anderem, ob die Unterworfenen ihre alten Gesetze behalten durften. Auch wurde darin festgelegt, dass die Besiegten Rom im Kriegsfall unterstützen mussten – mit Soldaten,
40 aber auch mit Lebensmitteln. So wuchs auch das römische Heer immer weiter an: ↦Historikerinnen und Historiker schätzen, dass Rom im Jahr 225 v. Chr. über 270 000 eigene Soldaten verfügte. Hinzu kamen
45 noch einmal etwa 500 000 Soldaten aus den besiegten Gebieten.

Nur wenn die Römer von den Unterworfenen Gegenwehr befürchteten, legten sie Militärstützpunkte im eroberten Gebiet an
50 und blieben als Besatzer dort. Doch auch wenn die römischen Truppen die Städte der Besiegten bestehen ließen, plünderten die Soldaten in der Regel die Häuser der Bewohnerinnen und Bewohner und erbeu-
55 teten Wertgegenstände. Dies verstanden sie nicht als Unrecht, sondern als Lohn für ihren Kriegseinsatz. Denn bis zum 1. Jahrhundert v. Chr. erhielten die römischen Kämpfer keinen Sold, also keine
60 Bezahlung, die ihren Lebensunterhalt sicherte.

> *Die Römer brachten ihr Reich zur größten Ausdehnung durch die überaus anständige Behandlung der Unterworfenen […]. Denn während die Besiegten mit der härtesten Bestrafung rechneten, hielten sich die siegreichen Römer ihren früheren Feinden gegenüber zurück und behandelten sie nicht härter als nötig. Ihre große Milde war der Grund, dass sich ganze Völker aus freiem Willen der römischen Herrschaft unterstellten.*

M2 Das war die Meinung des aus Sizilien stammenden griechischen Geschichtsschreibers Diodor im 1. Jahrhundert v. Chr. *(Textquelle: S. 330)*

> *Für die Römer gibt es seit eh und je einen einzigen Anlass, mit allen Völkern und Königen Krieg zu führen: ihre unermessliche Gier nach Macht und Reichtum […]. Sie besitzen nichts, was nicht geraubt wäre: Haus und Frauen, Ländereien und Macht. […] Mit diesem Verhalten werden sie alles vernichten oder selbst zugrunde gehen.*

M3 Dies schrieb ein von den Römern vertriebener Fürst im 1. Jahrhundert v. Chr. in einem Brief. *(Textquelle: S. 330)*

M4 Reliefs mit Triumphzügen wie dieses wurden im Römischen Reich verbreitet und an vielen Häusern angebracht, um die Erfolge der römischen Armee hervorzuheben.

---

1. Arbeitet aus dem Darstellungstext heraus,
   a) womit die Römer begründeten, über die Behandlung Unterworfener bestimmen zu dürfen, und
   b) wie sie als Sieger die Unterworfenen behandelten.

2. Arbeitet aus M2 und M3 heraus, wie die römische Herrschaft jeweils beurteilt wird.

a) Schreibt zunächst wichtige Begriffe aus den Texten heraus:

Diodor	Fürst (nach Sallust)

b) Erklärt, wie die Urteile begründet werden.

3. Beurteilt: Welche Bedeutung hatte der Umgang der Römer mit den Besiegten für die Ausdehnung ihres Reiches und für die Sicherung ihrer Macht?

Technische Leistungen

Fortschritt überall?

In Zeiten, in denen es weder Internet noch Telefon gab, mussten Menschen weit reisen, um ein großes Reich verwalten zu können. Schon früh begannen die Römer
5 daher, befestigte Straßen in ihrem Reich zu bauen. Diese waren mit großen Pflastersteinen bedeckt, sodass man bei gutem Wetter und in flachem Gelände mit einem Reisewagen bis zu 120 km am Tag zurück-
10 legen konnte. Forschungen haben gezeigt, dass die von den Römern angelegten Straßen eine Gesamtlänge von etwa 80 000 km haben. Zum Vergleich: Der Weg einmal um die Erde ist nur halb so lang!

15 Um das Überqueren größerer Flüsse oder Täler zu ermöglichen, wurden sogar Steinbrücken errichtet. Dafür mussten im Fluss Pfeiler verankert und Rundbögen gemauert werden. Wo die Römer hinkamen, sorgten sie auch dafür, dass in den größeren Siedlungen und Städten fließendes Wasser und genug Getreide zur Verfügung stand. Für die Wasserversorgung bauten sie steinerne Wasserleitungen, sogenannte **Aquädukte**. Und große Mühlen sicherten die Versorgung der Menschen mit Brot.

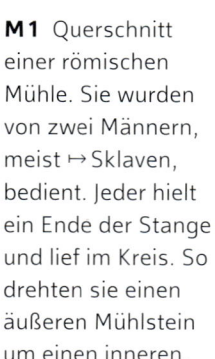

M1 Querschnitt einer römischen Mühle. Sie wurden von zwei Männern, meist ↦ Sklaven, bedient. Jeder hielt ein Ende der Stange und lief im Kreis. So drehten sie einen äußeren Mühlstein um einen inneren.

1. Entfernungen bewältigen

Beim Bau einer Straße wurde zuerst der Straßenverlauf mit Stangen abgesteckt. Dann legten Arbeiter auf beiden Seiten Gräben an und setzten Randsteine.
5 Zwischen diesen Begrenzungen wurde anschließend ein tiefer Graben ausgehoben und mit Lagen verschieden grober Steine wieder aufgefüllt. Diese Steinlagen sorgten für einen stabilen Grund. Die
10 obere Lage bestand aus großen, flachen Steinen, die zu einem gleichmäßigen Pflaster zusammengefügt waren. Damit Regenwasser zu den Seiten hin abfließen konnte, wurden die Straßen zur Mitte hin
15 leicht gewölbt angelegt.

M2 Die Via Appia in der Nähe von Rom. Foto, 2010

1. Erstellt Steckbriefe zu den Beispielen 1 bis 3. Geht ein auf Materialien, Vorgehen und Nutzen.

2. Erklärt, welche dieser Techniken wir bis heute in ähnlicher Form nutzen.

3. Beurteilt: Welche Bedeutung hatten die technischen Leistungen der Römer für die Ausdehnung ihres Reiches und die Sicherung ihrer Macht?

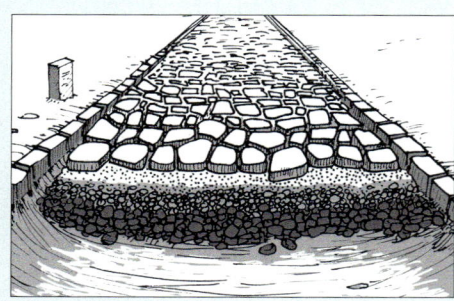

M3 Der Aufbau einer Römerstraße

2. Über einen Fluss? Kein Problem!

Um eine solche Brücke zu bauen, fügten die Arbeiter zuerst zugespitzte Eichenstämme dicht an dicht zusammen, sodass sie einen Hohlraum umschlossen. Die entstandene
5 Form wurde mit Lehm abgedichtet und ins Flussbett getrieben. Danach pumpte man aus ihrem Inneren das Flusswasser ab. Nun konnten die Arbeiter in dem Hohlraum den steinernen Pfeiler bauen. Wenn
10 zwei Pfeiler fertig waren, zimmerte man ein hölzernes Bogengerüst zwischen ihnen. Maurer belegten es mit keilförmigen Steinen. Nachdem der letzte Stein eingefügt war, wurde das Gerüst für den nächsten
15 Bogen verwendet.

3. Immer frisches Wasser

Aquädukte waren rechteckige, etwa 1,80 m hohe und 1,20 m breite Steinkanäle. Sie wurden mit wasserundurchlässigem Zement ausgegossen und abgedichtet.
5 Durch sie wurde Wasser aus oft weit entfernt liegenden Gebirgsregionen in die Städte geleitet. Landvermesser und Baumeister ermittelten, wie ein Aquädukt durch hügeliges Gelände geführt werden musste.
10 Wichtig war, dass die Neigung stimmte: Denn das Wasser durfte auf seinem langen Weg nicht aufhören zu fließen. – Und warum bauten die Römer ihre Wasserleitungen auf hohen Bogenkonstruktionen?
15 Wasserdiebe sollten keine Chance haben. Vor allem aber war die Höhe ein guter Schutz vor Vergiftung.

M 4 Die um 10 n. Chr. errichtete Brücke von Alcántara im Südosten Spaniens gilt als eine der am besten erhaltenen Römerbrücken.

M 6 Das römische Aquädukt in der spanischen Stadt Segovia nahe Madrid auf einem Foto aus dem Jahr 2015

① Wasserquelle mit Zulauf
② unterirdisch verlaufender Kanal und Wartungsschächte
③ Auffangbecken zur Regulierung der Wassermenge
④ oberirdischer geschlosser Kanal
⑤ Verteilerbecken (Zisterne) in der Stadt

M 5 Eine Bogenkonstruktion

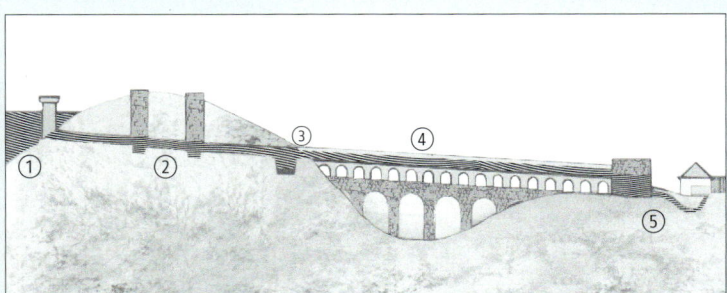

M 7 Die Neigung des Kanals

Die römische Familia

M 1 Die Familia eines vornehmen Römers (Schaubild):
① Pater familias,
② Frau und Kinder des Pater familias,
③ erwachsener Sohn des Pater familias mit Ehefrau und Kindern,
④ Haussklaven,
⑤ Feldsklaven,
⑥ Abhängige (»Klienten«)

Mehr als Familie: die Familia

Die Römerinnen und Römer lebten in Gemeinschaften, die sie **Familia** nannten. Eine Familia war meist größer als Familien heute; sie umfasste oft mehr als zwanzig
5 Personen. Denn auch die Ehefrauen und Kinder der Söhne sowie ↦ Sklavinnen und Sklaven[1] gehörten zu ihr. Nach römischem Recht wurde die Familia vom Hausvater, dem **Pater familias**, geführt. Nur er hatte
10 die unumschränkte Macht über alle Mitglieder der Familia:

1 Sklavinnen und Sklaven unfreie Menschen, die von anderen als Besitz betrachtet wurden

2 Adlige/adlig vornehme, oft reiche Familien, die besondere Rechte hatten

– Er konnte Strafen verhängen, in Extremfällen sogar die Todesstrafe.
– Er begutachtete die Neugeborenen und
15 nahm sie in die Familia auf. Das konnte er auch ablehnen, was aber fast nie vorkam.
– Er sorgte für die Erziehung der Jungen und bestimmte, wen seine Kinder heirateten.
20 – In allen Fragen des Besitzes lag die Entscheidung bei ihm.
Eine ↦ Gesellschaft, in der Väter eine solch herausragende Stellung haben, wird als ↦ **Patriarchat** bezeichnet.

Frauen in der Familia

25 In der Familia war die Ehefrau des Pater familias, die Matrona, für den Haushalt und für die Erziehung der Kleinkinder und der heranwachsenden Mädchen zuständig. Wie in Athen waren auch in Rom die Frauen
30 den Männern klar untergeordnet – zuerst ihren Vätern, später ihren Ehemännern. Auch wenn ein Pater familias seine Frau aus der Familia verstoßen wollte, musste sie sich fügen. Wenn der Mann sich von
35 seiner Ehefrau trennte, bekam sie aber den gesamten Besitz zurück, den ihre Eltern ihr in die Ehe mitgegeben hatten.

Nicht nur Pater, auch Patron

An der Spitze der römischen Gesellschaft standen wenige ↦ Adlige[2]. Sie wurden
40 ↦ **Patrizier** genannt. Ihnen stand die große Mehrzahl der sogenannten ↦ **Plebejer** (»Menge«) gegenüber. Die meisten Plebejer waren Kleinbauern, Handwerker und Händler. Geriet ein Plebejer mit seiner Familie in
45 eine Notlage, musste er den Schutz eines Patriziers erbitten. Ein Patrizier konnte so Schutzherr, **Patron**, des Verarmten und seiner Angehörigen werden. Als Abhängige gehörten sie nun zur Familia des Patriziers.
50 Sie wurden ↦ **Klienten** genannt.

M2 Die Erziehung eines Sohnes

Der griechische Schriftsteller Plutarch berichtete um das Jahr 100 n. Chr., wie der römische Patrizier Cato (234 – 149 v. Chr.) seinen Sohn erzogen haben soll:

Sobald der Junge größer war, lehrte Cato ihn selbst lesen, obgleich er einen Sklaven hatte, der viele Kinder unterrichtete. Er wollte nicht, dass sein Sohn von einem Skla-
5 ven beschimpft oder am Ohr gezupft wurde.

Er brachte ihm nicht nur das Fechten und Reiten bei, sondern auch das Boxen und Schwimmen im Tiber. Eigenhändig schrieb er ihm in großen Buchstaben Geschichten
10 auf, damit der Sohn mit den Sitten und Taten der Vorfahren vertraut würde.

Unanständige Worte hat er in Gegenwart seines Sohnes nicht gebraucht. Er fand auch, es gehöre sich nicht, sich in seiner
15 Gegenwart auszuziehen oder zu baden.

Der Sohn zeigte sich in allem folgsam, doch war sein Körper so schwächlich, dass der Vater in seiner allzu harten Erziehung etwas nachlassen musste. Dennoch war
20 der junge Cato im Krieg tüchtig. Als ihm im Kampf das Schwert aus der schweißnassen Hand entglitt, stürzte er sich mit Kameraden auf die Feinde, bis er das Schwert wiederfand.

Plutarch: Cato der Ältere 20 (übersetzt u. bearbeitet v. Bernd Zaddach)

1. Erläutere mithilfe des Bildes M1 und des Darstellungstextes die Beziehung des Pater familias zu den anderen Mitgliedern der Familia. Du kannst dazu auch den Webcode WES-117726-033 nutzen.

WES-117726-033

2. In der römischen Gesellschaft hat der Pater familias das letzte Wort. Schildere, wie in deiner Familie, z. B. bei Anschaffungen oder Reisen, entschieden wird.

3. Erkläre mithilfe des Darstellungstextes folgende Begriffe: Pater familias, Patrizier, Patron.

4. Beschreibe das Relief M3. Was sagen die Szenen über das Aufwachsen eines römischen Jungen aus?

5. a) M2 beschreibt beispielhaft, worauf bei der Erziehung eines Jungen Wert gelegt wurde. Ordne die auf den Zetteln notierten Eigenschaften den Formulierungen in M2 zu. Schreibe auf, wo sich der Aspekt wiederfindet. (Beispiel: »Zettel E: Zeilen 38–40«)
   b) Setze einzelne Eigenschaften in Beziehung zu den vier Szenen in M3.
   c) Erkläre, worauf Eltern ihre Kinder vorbereiten wollten.

im Krieg tapfer sein   A

anständig sprechen und sich sittsam verhalten   B

Lesen lernen und die Geschichte und Sitten der Vorfahren kennenlernen   C

körperliche Fitness erlangen und Kampfkunst erlernen   D

M3 Die die Erziehung eines Jungen in mehreren Szenen. Relief aus dem 2. Jahrhundert n. Chr.

Szene 1   Szene 2   Szene 3   Szene 4

Römische Wertvorstellungen

... eine Familie und Freunde haben

... sich beschützt fühlen

Welche Wertvorstellungen sind dir besonders wichtig?

... ehrlich gegenüber anderen sein

M 1 Dies sind Antworten von Kindern und Jugendlichen auf die Frage: »Welche Wertvorstellungen sind dir besonders wichtig?«.
Als Wertvorstellungen bezeichnen wir erstrebenswerte Merkmale des Handelns und des Zusammenlebens.

---

1. a) Lies M 1 und finde mindestens eine weitere Wertvorstellung, die dir wichtig ist.
b) Gewichte: Welche bedeutet dir am meisten? Begründe!

M 2 Standbild eines Römers, der die Büsten seiner Vorfahren trägt. Eine Büste ist ein plastisches, also räumliches Bild einer Person. Es zeigt den Kopf und die Schultern.

Überlieferte Werte

Hatten die Menschen im alten Rom ähnliche Wertvorstellungen wie wir? Aus ↦Quellen geht hervor, dass man im ↦antiken Rom von Wertvorstellungen als »Mores maio-
5 rum« sprach. »Mores« bedeutet »Werte« und »Maiores« heißt »Vorfahren«. Gemeint sind also Werte, die von einer Generation zur nächsten weitergegeben werden. Sie bestimmten, wie man sich verhalten sollte,
10 nämlich: arbeitsam, genügsam, zuverlässig, gerecht und tapfer im Kampf. Außerdem sollte man die Götter und die eigenen Vorfahren ehren.

Hoch verehrte Vorfahren

Die Verehrung der Vorfahren spielte im täg-
15 lichen Leben eine große Rolle: Die Familia kam zusammen, um für die Seelen der Verstorbenen zu beten. Man glaubte, sie würden den Haushalt und die Familie beschützen. Auf Hausaltären standen Totenmasken
20 der Vorfahren oder ihre Büsten, Bildnisse aus Stein. Denn an ihnen sollten die Römerinnen und Römer sich ein Vorbild nehmen.

Wenn besonders angesehene Familienmitglieder starben, wurde für sie ein Trau-
25 erzug veranstaltet. Dabei führte man die Masken oder Büsten der Vorfahren mit. Der römische Geschichtsschreiber Polybios berichtete sogar, dass Personen, die eine ähnliche Figur und Größe wie ihre
30 Vorfahren hatten, deren Masken dabei aufsetzten. Bei der Trauerfeier hielt der älteste Sohn eine Rede über die Leistungen des Verstorbenen. Danach zeigte er auf die Vorfahren, die in ihren Masken anwesend
35 waren, und berichtete von ihren Erfolgen. »Auf diese Weise wird die Erinnerung an die Verdienste tüchtiger Menschen immer wieder erneuert und ihr Ruhm unsterblich«, sagten die Römerinnen und Römer.

M3 Vorfahren heute: Foto aus einem Familienalbum. Es zeigt zwei Schwestern in den 1950er-Jahren.

M4 Leben nach römischer Art

Der griechische Schriftsteller Plutarch schrieb im 1. Jahrhundert n. Chr. über den römischen Politiker Cato (234–149 v. Chr.). Er berichtete, dass Cato den Feldherrn[1] Manius Curius Dentatus (321–270 v. Chr.) bewunderte:

In der Nähe zu Catos Gut lag ein Häuschen, wo einst der siegreiche Feldherr Manius Curius Dentatus gewohnt hatte. Da ging Cato oft hin und betrachtete den geringen
5 Umfang des Gutes und die Bescheidenheit der Wohnung.

Er vergegenwärtigte sich, wie dieser Mann, der der Größte unter den Römern gewesen war und die streitbarsten Völker
10 unterworfen hatte, nach seinen Triumphen dieses Gütchen selbst umgrub und diese Hütte bewohnte.

Hier war es, wo die Gesandten eines Nachbarvolks ihn trafen, wie er am Herd
15 saß und Rüben kochte, als sie ihm Geldgeschenke überreichen wollten. Aber Manius Curius Dentatus schickte sie wieder weg mit den Worten, wem ein solches Essen genüge, der brauche kein Geld, und rühm-
20 licher, als Geld zu haben, schiene es ihm, die zu besiegen, die Geld hätten.

Plutarch: Cato der Ältere 2 (übersetzt u. bearbeitet v. Bernd Zaddach)

2. Untersuche die Textquelle M4.
Lies M4 aufmerksam durch. Finde heraus, welche Merkmale Manius Curius Dentatus von Cato zugeschrieben werden. Nutze dazu eine Tabelle wie unten abgebildet.
Füge in die Antwortspalte immer auch die Zeile des Quellentextes ein, auf die du dich beziehst.

Was hat Manius Curius Dentatus für Rom geleistet?	
Wie waren sein Haus und sein Grundstück beschaffen?	
Wie lebte er dort?	
Wie empfing er Gesandte?	
Wie reagierte er auf ihr Geschenk?	
Welche Adjektive treffen auf Manius Curius Dentatus zu?	

3. Erkläre mithilfe des Textabschnittes »Überlieferte Werte«, warum Cato den Feldherrn Manius Curius Dentatus als Vorbild sah.

4. Vergleiche die Bedeutung, die Vorfahren für dich haben, mit der, die sie für die Römer hatten. Beziehe dich dabei auf den Darstellungstext ab Zeile 14, M2 und M3.

1 Feldherr: Heerführer, Oberbefehlshaber im Krieg

Sklaven in der römischen Gesellschaft

M 1 Dieser Farbdruck entstand vor etwa 150 Jahren. Er zeigt, wie man sich damals einen römischen Sklavenmarkt vorstellte.

---

1. a) Betrachte M 1 und lies die Bildunterschrift. Erkläre: Wer ist der Sklavenhändler? Was unterscheidet ihn von den versklavten Menschen?
b) Wähle eine Person aus und schreibe auf, was sie im dargestellten Augenblick gedacht haben könnte.

Für die Römerinnen und Römer war ein Leben ohne ↦ Sklavinnen und Sklaven – also unfreie Menschen – unvorstellbar. Sie verrichteten Dienste oder Feldarbeit,
5 sie beluden Frachtkähne oder ruderten die römischen Kriegsschiffe. In Großbäckereien, Töpfereien und anderen Handwerksbetrieben wurden sie ebenso eingesetzt wie beim Bau der Aquädukte, Straßen,
10 Tempel und Paläste. Als das Römische Reich seine größte Ausdehnung hatte, machten versklavte Menschen nach Schätzungen etwa ein Viertel der römischen Bevölkerung aus. Die meisten lebten in
15 der Hauptstadt Rom.

Die Entwicklung der Sklaverei

Sklavinnen und Sklaven hatte es in Rom schon früh gegeben. So waren Verarmte abhängig von Reichen geworden, wenn sie ihre Schulden nicht bezahlen konnten.
20 Diese »Schuldknechtschaft« wurde allerdings im 4. Jahrhundert v. Chr. abgeschafft.

Die meisten der Versklavten in Rom waren Kriegsgefangene. Und mit jedem Krieg, den Rom führte, stieg die Zahl der Versklavten
25 an. Feldherren konnten durch den Sklavenhandel reich werden. Je mehr Sklavinnen und Sklaven es gab, desto niedriger wurde aber ihr Preis. Viele Reiche ließen daher ihre Sklavinnen und Sklaven sehr schwer
30 arbeiten, ernährten sie schlecht und schlugen sie. Wenn sie früh starben, wurden sie durch neue billige Arbeitskräfte ersetzt.

Immer wieder versuchten Versklavte, sich gegen unwürdige Behandlungen zu weh-
35 ren. Es kam es zu Aufständen, die aber von den Römern niedergeschlagen werden konnten. Erst als mit dem Ende der Eroberungen Roms der Zustrom von Versklavten geringer wurde, stieg ihr Wert wieder.
40 Allmählich verbesserten sich daher auch ihre Lebensbedingungen, vor allem für diejenigen, die – z. B. als Lehrer oder Koch – besondere Fähigkeiten hatten und auf dem Sklavenmarkt hohe Preise erzielten.

Aufsteiger

45 In Rom wurde es üblich, verdiente Sklavinnen und Sklaven in die Freiheit zu entlassen. Das betraf vor allem Haussklaven, die in persönlichem Kontakt zu ihren Besitzern standen. Andere konnten sich freikau-
50 fen, wenn sie etwas Geld gespart hatten. Zwar blieben Freigelassene ihren ehemaligen Herren zu Diensten verpflichtet, aber schon ihre Söhne waren gleichberechtigte römische ↦ Bürger.

M 2 Über Versklavte

a) Aus einem Vertrag zwischen der Römerin Ophelia und dem Handwerker Lukis, geschlossen im 2. Jahrhundert n. Chr.:

Ophelia gibt dem Lukis ihr Sklavenmädchen für vier Jahre in die Lehre des Weberhandwerks. Sie wird Nahrung und Kleidung des Mädchens bezahlen und es dem Lukis
5 täglich schicken, damit es alle aufgetragenen Arbeiten ausführt.

Dafür erhält Ophelia im ersten Jahr 8 Silberdrachmen pro Monat, im zweiten Jahr 12, im dritten 16 und im vierten 20. Die Sklavin
10 soll im Jahr 18 arbeitsfreie Tage haben.

Zitiert nach: Werner Eck/Johannes Heinrichs (Hrsg. u. Übersetzer): Sklaven und Freigelassene in der Gesellschaft der römischen Kaiserzeit, Darmstadt: WBG 1993, S. 67 (bearbeitet)

b) Der römische Schriftsteller und Politiker Cicero schrieb um 50 v. Chr. seinem erkrankten Schreibsklaven Tiro:

Ich habe den Curius [ein Freund Ciceros] gebeten, dir so viel Geld zu geben, wie du verlangen würdest. Dem Arzt muss, denke ich, etwas Geld im Voraus gegeben wer-
5 den, damit er sich deiner umso sorgfältiger annimmt. Du hast mir unzählige Dienste geleistet: in meinem Haushalt, bei meinen Aufgaben im Gericht und in der Stadt, in Privatangelegenheiten und bei meiner
10 Arbeit als Schriftsteller. Du hast mehr für mich getan als das alles, das ich tue, damit du wieder ganz gesund wirst.

Zitiert nach: M. Tullius Cicero's Sämmtliche Briefe. Hrsgg. v. Christoph Martin Wieland. Zürich: Geßner 1811, Band 4, Buch 9, 37 (bearbeitet)

c) Der Philosoph und Schriftsteller Apuleius beschrieb im 2. Jahrhundert n. Chr. das Los der Mühlensklaven:

Gute Götter, welch elende Menschlein gab es dort: Ihre ganze Haut mit graublauen Striemen gezeichnet, ihr zerschundener Rücken mit zerschlissenen Lumpen mehr
5 behangen als bedeckt, einige überhaupt nur mit einem winzigen Lappen in der Schamgegend; und alle waren so wenig und schlecht bekleidet, dass man ihre Körper durch die Fetzen hindurch sah. Ihre
10 Stirn war mit Buchstaben markiert, ihr Haar halb abrasiert, ihre Fußgelenke steckten in Eisenringen.

Zitiert nach W. Eck u.a., a.a.O., S. 113 (bearbeitet)

M 4 In einer indischen Fabrik werden Jeans produziert. Foto, 2020

ℹ ⟩⟨ Sklavenarbeit heute? In unserer Zeit ist Sklaverei weltweit verboten. Dennoch arbeiten viele Menschen unter sklavenähnlichen Bedingungen. So gibt es z. B. im Süden Indiens große Textilfirmen, die mit armen Familien Verträge abschließen: Eltern wird eine Sonderzahlung versprochen, wenn sie ihre Töchter für mehrere Jahre zur Fabrikarbeit schicken. Die Mädchen arbeiten dann für einen geringen Lohn bis zu 12 Stunden am Tag. Sie leben nicht mehr bei ihren Familien, sondern im Wohnheim der Fabrik. Dort und bei ihrer Arbeit sind sie fast immer unter Bewachung.

WES-117726-034

---

2. a) Beschreibe die Situation des Sklavenmädchens, die aus dem Vertrag M 2 a) hervorgeht.
b) Erkläre, worin sich die Situation eines freien Weberlehrlings von der des Sklavenmädchens unterscheiden würde.

3. a) Lest arbeitsteilig die Quellen M 2 b) und c) und berichtet euch gegenseitig, wie die Sklaven jeweils behandelt wurden.
b) Findet Gründe für die unterschiedliche Behandlung der Sklaven durch die Römer.

4. Erklärt mithilfe des Darstellungstextes (ab Z. 44), auf welchem Weg römische Sklavinnen und Sklaven zu Freigelassenen werden konnten.

5. Lies den Absatz »Sklavenarbeit heute?« und recherchiere mithilfe des Webcodes WES-117726-034 im Internet,
a) in welchen Teilen der Welt Arbeitsbedingungen verbreitet sind, die der Sklavenarbeit ähnlich sind,
b) wer besonders davon betroffen ist und
c) was man gegen moderne Formen der Sklaverei tun kann.

Einflussreiche Patrizier herrschen

Eine gemeinsame Sache

Die Römer nannten ihre Stadt **res publica,** eine »Angelegenheit, die alle etwas angeht«. Auch unser Wort ↦Republik geht auf diese Bezeichnung zurück.

5 Allerdings hatten in Rom anfangs nicht alle Menschen die Möglichkeit, mitzubestimmen. Nur die ↦Patrizier durften politische Ämter übernehmen oder Anführer im Krieg sein. Im Senat, dem »Rat der Alten«, ent-
10 schieden sie über alle wichtigen Angelegenheiten.

↦Plebejer dagegen konnten nur in der Volksversammlung, die bei wichtigen Fragen einberufen wurde, mitreden und sich
15 an Wahlen beteiligen. Allerdings hatte ihre Stimme wenig Gewicht. Aber auch unter ihnen gab es Familien, die zu Reichtum gekommen waren und eine lange Ahnenreihe hatten. Sie drängten darauf, Rom
20 mitzuregieren. Doch erst als sie in Kriegszeiten damit drohten, sich nicht an der Verteidigung Roms zu beteiligen, erreichten sie, Ämter übernehmen zu dürfen.

Die Republik als politische Ordnung

Im dritten Jahrhundert v. Chr., als etwa 100 000 Menschen in Rom lebten, hatte sich in Rom eine politische Ordnung herausgebildet, die lange bestehen blieb: die **Römische Republik**. Um diese Ordnung geht es in der folgenden Zeitreise. Darin kommt das Mädchen Julia aus einer vornehmen römischen Familie mit ihrem Großvater ins Gespräch.

M1 Die römische Skulptur links zeigt zwar nicht Julia; so ähnlich könnte sie aber ausgesehen haben.

---

1. Lest das in der »Zeitreise« wiedergegebene Gespräch zwischen Julia und ihrem Großvater mit verteilten Rollen in der Klasse oder hört es euch an.

2. Im Gespräch sind einige Aussagen über die römischen Beamten enthalten, eine davon ist: »Die römischen Beamten bekamen keine Bezahlung für ihre Tätigkeit.« Finde mindestens drei weitere solcher Regeln. Dafür musst du die Abschnitte noch einmal lesen.

3. Schreibt zu zweit die unterstrichenen Begriffe auf kleine Zettel. Notiert dazu in Stichworten ihre Bedeutungen. Ein Beispiel:

> Ädil
> *Beamter, der den Markt/
> den Handel überwachte*

> Konsul

> Volksversammlung

> Senat

> Senatoren

+ Legt die Kärtchen auf eurem Tisch so aus, dass die Anordnung die Machtverhältnisse in Rom wiedergibt.

ZEITREISE ››› **Ein Senator erzählt**

Julia kommt von draußen in den Vorraum. Dort zieht sich ihr Großvater gerade an. Er hat sich seine mit einem Purpurstreifen umsäumte Tunika übergestreift und ist dabei, die Lederriemen seiner roten Schuhe zuzuschnüren. Julia unterhält sich mit ihm.

Julia: Du hast ja eine viel schönere Tunika als Vater. Und erst die Schuhe!

Großvater: Die dürfen nur Senatoren wie ich tragen. Alle sollen uns auf den ersten Blick
5 *erkennen und uns den Weg frei machen. Für diese Ehre muss man sich als Beamter aber anstrengen für Rom!*

Julia: Das hast du! Ich weiß, dass du sogar ↦ Konsul gewesen bist. Du warst damals
10 *für alles verantwortlich und hast auch das römische Heer kommandiert.*

Großvater: Vorher hatte ich aber niedrigere Ämter mit verschiedenen Aufgaben: Zuerst musste ich mich als Quästor um die Steu-
15 *ern kümmern, ein paar Jahre später als Ädil dafür sorgen, dass auf dem Markt alles mit rechten Dingen zugeht. Auch Prätor bin ich gewesen und habe Gerichtsverhandlungen geleitet. Erst danach wurde ich Konsul. Aber*
20 *nicht allein: Immer hatte ich einen Kollegen dabei, der mich auf Fehler aufmerksam machen konnte. Und wenn ich anderer Meinung war als er, konnte ich seine Entscheidung verhindern. Ich sagte dann nur: »Veto!*
25 *Ich verbiete es!«*

Julia: Und warum bist du nicht Konsul geblieben? Vater erzählt doch immer, dass du deine Sache so gut gemacht hast!

Großvater: Das ging nicht! Man darf in Rom
30 *nur für ein Jahr in jedem Amt bleiben. Keiner soll zu mächtig werden, wie es vor langer Zeit einmal die Könige waren.*

Julia: Wie hast du denn dein erstes Amt bekommen?

Großvater: Dafür war wichtig, dass auch alle unsere Vorfahren Senatoren waren.

Als Patrizier war es ihnen möglich, sich ohne Bezahlung für Rom einzusetzen. Denn Beamte und Senatoren bekom-
40 *men kein Geld für ihre verantwortungsvolle Arbeit. Trotzdem musste ich mich aber für jedes Amt zur Wahl stellen. Mir hat geholfen, dass nicht nur befreundete Patrizier, sondern auch meine*
45 *↦ Klienten für mich gestimmt haben.*

Julia: Wie lange bleibst du noch Senator?

Großvater: Solange ich mir es noch zutraue. Du siehst ja, schon das Anziehen fällt mir schwer. Außerdem muss ich die Überprü-
50 *fung des Zensors bestehen. Das ist ein besonders würdiger Beamter, der regelmäßig prüft, ob wir 300 Senatoren wohlhabend genug sind und die römischen Sitten einhalten.*

Julia: Und was besprecht ihr heute?

Großvater: Eine Stadt in Süditalien möchte, dass Rom sie gegen ihre Feinde unterstützt. Einer der beiden Konsuln hat wie bei allen wichtigen Fragen den Senat um Rat gebeten. Wie die meisten im Senat bin ich dafür,
60 *unsere Truppen zu schicken. Aber wer weiß, ob nicht ein Volkstribun[1] als Vertreter der Plebejer sein Veto einlegt. Die Plebejer haben immer Angst, dass wir sie in einen Krieg hineinziehen könnten. Aber immerhin sind*
65 *sie ja in der Volksversammlung dabei, die solchen Entscheidungen zustimmen muss. Meist hört das Volk aber auf uns, wir sind ja schließlich seine »Väter« — so werden wir Senatoren genannt.*

Mit geübten Handgriffen legt sich der Großvater die Toga um (M2) und macht sich auf den Weg. ‹‹‹

M2 Die Toga war kein genähtes Gewand, sondern wurde aus einem großes Stück Stoff gewickelt. Man trug sie über einem kurzen Untergewand, der Tunika.

1 Volkstribun: von den Plebejern gewählter politischer Vertreter, der Einspruch gegen Entscheidungen des Senats einlegen konnte

Bringen die Kriege den Staat in Gefahr?

M1 Das plastische Bild auf einer römischen Säule zeigt, wie verwundete Soldaten versorgt werden.

---

1. Betrachte M1 und lies die Unterschrift. Stelle Vermutungen an über mögliche Folgen der Kriegszüge für die Soldaten.

Die Lage der Bauern

Römische Bauern mussten in Kriegen oft jahrelang als Fußsoldaten dienen. Auch wenn sie gesund zurückkehrten, konnten sich die meisten nicht als Sieger fühlen: Ihr
5 Beuteanteil war gering, und sie wussten, dass sie während der Kriegszüge ihren Familien bei der Landarbeit gefehlt hatten. Oft kam es zu schlechten Ernten und Verschuldung, sodass viele ihren Grundbesitz
10 nicht halten konnten. Wenn dann reiche Gutsherren ihr Land kaufen wollten, gingen die verarmten Bauern meist darauf ein und wurden Tagelöhner[1] dieser Gutsherren. Sie waren zu Notleidenden geworden, die
15 nichts besaßen. Weil sie nur noch ihre Kinder hatten – ihre Nachkommen (lateinisch: proles) – nannte man sie **Proletarier**.

Einen Ausweg sahen viele darin, in die Großstadt Rom zu ziehen und zu versu-
20 chen, dort Geld zu verdienen. Auch für verwitwete Frauen mit Kindern schien dies oft die einzige Möglichkeit zu sein.

Die Oberschicht wird reicher

Ganz anders erging es den Männern der Oberschicht. Als Offiziere erhielten sie bei
25 Kriegszügen den Großteil der Beute, und auch bei der ↦ Verwaltung der ↦ Provinzen konnten sie sich bereichern. Mit diesem Geld kauften sie das Land der verarmten Bauern oder Staatsland[2] hinzu. Um ihre
30 großen Güter zu bewirtschaften, setzten sie ↦ Sklavinnen und Sklaven ein, denn Kriegsgefangene waren günstig zu bekommen.

Mangel an Soldaten

Mit der Verarmung der Bauern wuchsen die
35 Spannungen innerhalb der Bevölkerung Roms. Aber nicht nur das. Auch die militärische Stärke des Römischen Reiches litt: Denn für den Militärdienst kamen nur freie Römer, die sich selbst ausrüsten konnten,
40 infrage. Doch die Zahl derer, die über genügend Geld verfügten, nahm immer weiter ab. Würden in Zukunft noch genügend Soldaten verpflichtet werden können, um das große Reichsgebiet zu sichern?

45 Die Senatoren konnten sich nicht auf eine Lösung des Problems einigen. Eine kleine Gruppe um die Brüder Tiberius und Gaius Gracchus schlug schließlich vor, Staatsland an die verarmten Bauern zu verteilen, um
50 deren wirtschaftliche Situation zu verbessern. Doch mit diesem Vorschlag machten sie sich Feinde unter den ↦ Patriziern. Tiberius Gracchus wurde ermordet, das Vorhaben gestoppt. Von diesem Zeitpunkt an
55 kam es innerhalb der römischen ↦ Adelsschicht immer häufiger zu gewalttätigen Auseinandersetzungen.

---

1 Tagelöhner: jemand, der tageweise, nur wenn er gebraucht wird, arbeitet und dafür Lohn erhält

2 Staatsland: erobertes Land, das vom Senat zu Besitz des römischen Staates erklärt wurde

M2 Gesetzesvorschläge

123 v. Chr. brachte Gaius Gracchus als Volkstribun Gesetzesanträge in den Senat ein. Damit wollte er die kritische Situation des römischen Staates lösen. Der griechische Schriftsteller Plutarch berichtete im 1. Jahrhundert n. Chr. darüber:

Von den neuen Gesetzen, die er vorschlug, um die Gunst des Volkes zu erlangen und die Macht des Senats zu verringern, betraf das eine [...] die Verteilung des Staats-
5 landes unter den Armen.

Ein zweites nahm sich der Soldaten an und verlangte, dass sie auf öffentliche Kosten ohne den geringsten Abzug von ihrem Sold ausgestattet werden sollten [...].
10 Ein drittes betraf die Unterworfenen in Italien: Alle Bewohner Italiens sollten das gleiche römische ↦ Bürgerrecht bekommen wie die Römer.

Ein viertes verordnete, dass Getreide an
15 die Armen zu einem niedrigen Preis verkauft werden sollte.

Ein fünftes schließlich beschäftigte sich mit den Gerichten; durch dieses verminderte er die Macht der Senatoren am mei-
20 sten. Denn bisher hatten diese allein die Gerichte besetzt und dadurch dem Volk [...] Furcht eingejagt.

Plutarch: Gaius Gracchus, zit. nach: Dagobert von Mikusch (Hrsg. u. Übersetzer): Plutarch. Große Griechen und Römer. Köln: Anaconda 2009, S. 233 (bearbeitet)

2. Versetze dich in die Situation eines Bauern und erzähle aus seiner Sicht, wie sich die Lebensbedingungen verändert haben.

3. *Kriege – Bauern – Proletarier – Beute – Oberschicht – Sklaven*
Verfasse mithilfe der Begriffe einen Text, in dem die Folgen der Kriege für die Bauern und die Oberschicht deutlich werden.

4. Durch die Gesetzesvorschläge des Gaius Gracchus fühlten sich viele Senatoren bedroht. Finde Gründe dafür mithilfe von M2.

5. Entwickelt zu zweit ein Streitgespräch zwischen einem armen Bauern und einem reichen Patrizier um die Gesetzesanträge von Gaius Gracchus.
a) Sammelt gemeinsam Argumente für beide Seiten. Nutzt dafür die Ergebnisse der Aufgaben 2 und 4 sowie die Sprechblasen.
b) Präsentiert euer Streitgespräch vor der Klasse.

Gracchus bezweckte bei seinen Reden den Sturz der Adelsherrschaft und die Gründung einer Volksregierung!

Was könnte ein verarmter Bauer entgegnen?

Gracchus hat dafür gesorgt, dass die einfachen Bürger mehr Macht hatten als die Vornehmen. Dadurch wurde die frühere Einigkeit zwischen dem Senat und den reichen Plebejern zerstört. Zudem betrachtete das einfache Volk von jetzt an beide Gruppen als Gegner.

M3 Kritische Stimmen zu Gaius Gracchus, zusammengestellt nach: Diodor 34/35

Caesar – ein Konsul wird mächtig

M1 Mit seinem Gemälde aus dem Jahr 1798 zeigte der Maler Vincenzo Camuccini, wie er sich ein bedeutendes Ereignis der römischen Geschichte im März des Jahres 44 v. Chr. vorstellte. Im Mittelpunkt steht der berühmte Feldherr und Politiker Julius Caesar.
Unter dem Webcode WES-117726-036 findest du das Bild als Ganzes.

WES-117726-036

1. Betrachtet M1. Tauscht euch dann zu zweit darüber aus, was hier passiert und welche Gründe es dafür gegeben haben könnte.

Caesar – Politiker und Feldherr

Im Jahr 60 v. Chr. trafen sich drei bedeutende Römer, die sich Sorgen um ihren politischen Einfluss machten. Es waren der zu dieser Zeit mächtigste Heerfüh-
5 rer, Gnaeus Pompeius, außerdem Marcus Licinus Crassus, der reichste Mann Roms, und der beim Volk beliebte Politiker Gaius Julius Caesar. Pompeius, Crassus und Caesar beschlossen, heimlich ein Bündnis ein-
10 zugehen: Sie wollten dafür sorgen, dass in der römischen Politik in Zukunft nichts gegen ihren Willen unternommen werde.

Tatsächlich gelang es ihnen, ihre Ziele durchzusetzen: Durch Bestechung erreich-
15 ten sie, dass Caesar ins Amt des ↦Konsuls gewählt wurde. Zudem machten sie sich zu Verwaltern von ↦Provinzen. So erhielt Caesar 59 v. Chr. das Kommando über die Truppen an der Grenze zu Gallien. Inner-
20 halb von zehn Jahren eroberte er mit seinen Soldaten Gallien – ohne dazu vom Senat beauftragt worden zu sein! Seine Siege machten ihn reich und verhalfen ihm zu treuen, kampferprobten Truppen.

25 Pompeius sah Caesar nun als Konkurrenten. Er drängte den Senat, ihn als Heerführer abzusetzen. Der Senat beschloss, dass Caesar umgehend seine Legionen entlassen und als Privatmann nach Rom zurückkehren
30 sollte. Doch der weigerte sich. Stattdessen führte er im Jahr 49 v. Chr. sein Heer gegen Rom. Es kam zum Bürgerkrieg, in dem Caesar sich nach Jahren durchsetzen konnte.

Caesar als Alleinherrscher

Caesar setzte nun viele neue Senatoren ein.
35 Da sie ihm viel zu verdanken hatten, unterstützten sie seine Politik im Senat. Vor allem aber übertrug der Senat Caesar im Jahr 44 v. Chr. ein besonderes Amt: Er wurde zum ↦**Diktator** auf Lebenszeit ernannt. Dabei
40 war das Amt des Diktators eigentlich nur für wenige Monate vorgesehen: In einer Krise sollte ein Diktator schnell einen Lösungsweg durchsetzen können. Caesar hingegen wurde diese Macht dauerhaft übertragen.

45 Doch nicht alle waren mit Caesars Machtfülle einverstanden. Manche Senatoren fürchteten, dass Caesar sich zum König machen wollte, und erinnerten an mächtige Etruskerherrscher der römischen Frühzeit
50 (S. 116). Sie sahen das Weiterbestehen der ↦**Republik** durch Caesar in Gefahr. So kam es zu der in M1 gezeigten Szene: Während einer Senatssitzung am 15. März 44 v. Chr. wurde Caesar von eine Gruppe Senatoren
55 ermordet. Ein weiterer Bürgerkrieg begann: Auf der einen Seite standen die Mörder Caesars, auf der anderen seine Anhänger. Sie wollten den Mord rächen und ihre eigene politische Macht sichern.

M2 Caesar baut seine Macht aus

Der griechische Schriftsteller Plutarch schrieb um 100 n. Chr. über Caesar:
Caesar schuf sich in den gallischen Kriegen seine politische Macht. Während man meinte, er schlüge sich in weit entfernten Gegenden mit Belgiern, Sueben und Bri-
5 tanniern herum, verstand er es mit seiner politischen Begabung doch, heimlich gegen Pompeius zu arbeiten.
    In Gallien wollte er seine Truppen in den Kämpfen zur Härte erziehen. [...] Kostbare
10 Beute schickte er nach Rom. So wagte er hier und da Bestechungen, unterstützte die Ädilen, Prätoren und Konsuln [...] bei ihren Ausgaben und schuf sich immer neue Freunde.

Plutarch: Pompeius 51. Zit. nach Römische Heldenleben. Hrsgg. u. übersetzt v. Wilhelm Ax. 5. durchges. Auflage, Stuttgart: Kröner 1953

M3 Caesar – ein König?

Der römische Schriftsteller Sueton, der zur Zeit Plutarchs lebte, urteilte über Caesar:
Er nahm übertriebene Ehren an: die ständige Wiederwahl zum Konsul, die Diktatur auf Lebenszeit, außerdem den Ehrentitel »Imperator« und den Beinamen »Vater des
5 Vaterlandes«, ein Standbild zwischen denen der Könige und einen Thron im Theater.
    Darüber hinaus duldete er auch Ehrungen, die Menschen nicht angemessen sind: einen goldenen Sessel im Senat und
10 im Gericht, Standbilder neben den Götterstatuen, die Benennung eines Monats nach seinem Namen. Er nahm und vergab auch Ämter, wie es ihm gefiel. In aller Öffentlichkeit sagte er, dass die Republik ein Nichts
15 sei. Besonderen Hass zog er sich durch Folgendes zu: Er empfing die Senatoren im Sitzen, als sie ihm weitere Ehren übertragen wollten.

Sueton: Kaiserbiografien. Gaius Julius Caesar, 76–79 (übersetzt v. Bernd Zaddach)

🔍 Textquellen zeitlich einordnen

Wenn du aus einer Textquelle Informationen über vergangene Zeiten sammeln willst, ist es nicht nur wichtig, ihre Aussagen zu verstehen. Du solltest auch darauf achten, ob der Verfasser an den Ereignissen oder Umständen, die er schildert, beteiligt war oder ob er mit größerem zeitlichen Abstand darüber schreibt. Wenn jemand über etwas schreibt, was schon lange zurückliegt, solltest du überlegen, wie glaubwürdig die Quelle ist.

– *Ermittle den zeitlichen Abstand zwischen den geschilderten Ereignissen um Caesar und den Berichten des Plutarch und des Sueton darüber. Auskunft über den Zeitpunkt der Entstehung der Quellen gibt in der Regel die Einleitung.*

– *Überlege, worauf Plutarch und Sueton ihre Beschreibungen gestützt haben könnten.*

---

2. Belege an M2, weshalb der Krieg in Gallien für Caesars politischen Aufstieg wichtig war.

3. Arbeite aus M3 heraus, wie sich Caesar gegenüber den Ehrungen verhielt.

+ Caesar hatte unter den Anhängern der alten Sitten (S. 128) erbitterte Gegner. Verfasse eine Rede, in der ein solcher Gegner das Vorgehen Caesars leidenschaftlich angreift.

4. Beurteile mithilfe des Kompetenztrainings: Wie glaubwürdig sind die Darstellungen der Absichten und Handlungen Caesars in M2 und M3?

Augustus schafft eine neue Ordnung

M1 Eine Person – mehrere Namen

> **63 v. Chr.** Geburt des Gaius Octavius
> **44 v. Chr.** Gaius Octavius nennt sich »Gaius Julius Caesar Octavianus« (Oktavian).
> **27 v. Chr.** Oktavian wird ab jetzt »Caesar Augustus« genannt. »Augustus« bedeutet »der Erhabene«.

---

1. Stelle Vermutungen darüber an, warum Gaius Octavius seinen Namen mehrmals änderte.

Senatoren in Sorge

Im Jahr 27 v. Chr. versammelten sich die Senatoren, um Oktavian anzuhören. Er war der Adoptivsohn des 17 Jahre zuvor ermordeten Julius Caesar. Nur wenige der
5 Senatoren hatten den Mord selbst miterlebt. Aber alle erinnerten sich an den Bürgerkrieg um die Macht im römischen Staat, der danach ausgebrochen war. Oktavian hatte schon früh beansprucht, Nachfolger
10 Caesars zu werden – und sich nach jahrelangen Kämpfen durchgesetzt.

Die Senatoren waren voller Sorge: Während des Krieges hatte Oktavian sich durch Grausamkeit hervorgetan. Wollte er nun
15 wie Caesar für immer ↦ Diktator werden? Würden die Senatoren unter seiner Herrschaft womöglich nicht mehr über die römische Politik mitentscheiden können?

Oktavian wollte die Senatoren jedoch nicht
20 herausfordern, wie Julius Caesar es getan hatte. Daher überraschte er die Versammelten: Er erklärte, die alte Ordnung Roms, die ↦ **Republik**, zu erhalten. Die Senatoren dankten ihm für seinen Großmut und schlu-
25 gen vor, ihn mit dem Beinamen »Augustus« zu ehren. Oktavian nahm dies wohlwollend an. Später erhielt er einen weiteren Ehrennamen: »pater patriae«, »Vater des Vaterlands«.

Eine neue Ordnung: der Prinzipat

30 Oktavian selbst nannte sich bescheiden »Princeps«, »erster ↦ Bürger«, und tat scheinbar alles, um die Republik wiederzubeleben:
– Jährlich wurden ↦ Konsuln und Beam-
35 ten gewählt.
– Der Senat beriet die anstehenden Themen.
– Die Senatoren durften wie früher ↦ Provinzen verwalten.
40 Doch bei allen wichtigen Entscheidungen beanspruchte Augustus das letzte Wort – z. B. bei der Besetzung von Ämtern.

Augustus hatte die Republik also nicht wiederhergestellt, sondern eine andere Regie-
45 rungsform eingeführt. Man bezeichnet sie – abgeleitet von »Princeps« – als ↦ Prinzipat. Der Charakter des Prinzipats zeigte sich besonders am Ende der Herrschaft des Augustus: Er bestimmte seinen Stiefsohn
50 zum Nachfolger, so, wie auch er selbst als Adoptivsohn Caesars dessen Nachfolger geworden war. Das Prinzipat war eine Form der ↦ **Monarchie**, der Herrschaft eines Einzelnen für die Dauer seines Lebens. In
55 Rom wurden die Herrscher nun »Caesaren« genannt, lateinisch für ↦ Kaiser.

Der »Augustusfrieden«

Trotz vieler Kriege an den Grenzen empfanden die Römer die Regierungszeit des Augustus als eine Zeit des Friedens und der
60 Blüte: Handel und Wirtschaft nahmen einen Aufschwung, prunkvolle öffentliche Bauten entstanden, politische Wirren waren vorbei. Augustus selbst lag viel daran, seine Leistungen im besten Licht erschei-
65 nen zu lassen: Er beauftragte Dichter und Geschichtsschreiber, ihn und seine Taten zu preisen. In allen Städten waren Statuen des Augustus zu bewundern, und auf Münzen wurde sein Bild weit verbreitet.

Nachdem ich die Flammen der Bürgerkriege gelöscht hatte, habe ich die Macht im Staat wieder an den Senat und das Volk übertragen. Seitdem habe ich alle an Ansehen und Einfluss übertroffen, aber als Beamter hatte ich nicht mehr Befugnisse als meine Amtskollegen.

M3 Dies schrieb Augustus über sich selbst in seinem »Tatenbericht«. Er ließ den Text auf Bronzetafeln gravieren und diese in vielen Städten aufstellen.

(Res gestae 34, übersetzt v. Bernd Zaddach))

M4 Republik oder Monarchie?

Der römische Politiker und Geschichtsschreiber Cassius Dio, der um 200 n. Chr. lebte, urteilte über die von Augustus eingeführte Regierungsform:

Die ganze Macht des Volkes und des Senats [ging] auf Augustus über, und von diesem Zeitpunkt an bestand, genau genommen, eine Monarchie [...].

5 Zwar bestehen [...] die Ämter der Römischen Republik der Zahl nach auch heute noch, geleitet und verwaltet aber wird alles ganz und gar nach dem Willen des jeweiligen Kaisers.

10 Und damit die Kaiser wenigstens den Schein aufrechterhalten, als besäßen sie diese Macht aufgrund der Gesetze und nicht wegen ihres Selbstherrschertums, haben sie [...] sämtliche Befugnisse der 15 Ämter an sich gezogen, durch die in den Zeiten der Republik das Volk über große Macht verfügte.

Cassius Dio: Historia Romana 53, 17. Zit. nach: Lenelotte Möller (Hrsg. u. Übersetzerin): Cassius Dio: Römische Geschichte. Wiesbaden: marixverlag 2012, S. 582, bearbeitet

M2 Die 19 v. Chr. entstandene Statue zeigt Oktavian als Augustus überlebensgroß. Er ist bewaffnet und – wie sonst nur Götter – barfuß dargestellt. Die Bilder auf seinem Brustpanzer erzählen von seinen Siegen. Die kleine Figur links ist Amor, Gott der Liebe und Sohn der Venus. Er weist darauf hin, dass Augustus als Nachfahre dieser Göttin galt.

---

2. Betrachte das Standbild M2 und erkläre mithilfe der Bildunterschrift, welche Eigenschaften des Herrschers darin besonders hervorgehoben werden.

3. a) Arbeite aus M4 heraus, wie Cassius Dio das Prinzipat beurteilt, die von Augustus eingeführte Regierungsform.

b) Vergleiche das Urteil des Cassius Dio mit dem Bild, das Augustus in M3 von sich selbst entwirft.
c) Benenne Gründe, warum Augustus sich selbst so positiv darstellt.

4. Augustus starb mit 76 Jahren im Schlaf. Erkläre mithilfe des Textes, warum er dem Schicksal Caesars entging.
↦ **Tipp:** S. 333

Rom, die Hauptstadt des Reiches

M1 Foto eines Stadtmodells von Rom um 300 n. Chr. Die meisten Gebäude stammten bereits aus früheren Jahrhunderten:
① Kapitol, ② Circus Maximus, ③ Colosseum, ④ Forum Romanum (Foren), ⑤ Palatin, ⑥ Aquädukt, ⑦ Tiber, ⑧ Thermen

So in etwa sah Rom von oben aus, als das Römische Reich seine größte Ausdehnung erreicht hatte. Mithilfe der »Zeitreise« auf der Seite rechts erfährst du mehr über die
5 in der Abbildung markierten Punkte.

Die »Zeitreise« dreht sich um zwei römische Kinder, die Geschwister Claudia und Quintus. Sie lebten im Jahr 85 n. Chr. Gerade haben sie erfahren, dass der Athener Kimon,
10 ein Freund des Vaters, mit seinen Kindern in Brundisium angekommen ist. In einigen Tagen werden die drei in Rom erwartet ...

1. a) Lies die »Zeitreise« oder höre sie dir an. Beschreibe den Eindruck, den das Gespräch dir von Rom vermittelt, und nenne die erwähnten Besonderheiten, die Rom als Hauptstadt auszeichnen.
   b) Suche die unterstrichenen Sehenswürdigkeiten in der Abbildung M1.

2. Finde Gründe, warum die römischen ↦ Kaiser, so viele Prachtbauten errichten ließen.
   ↦ **Tipp:** S. 333

ZEITREISE ››› Ein Stadtrundgang in Rom

Quintus: Philippos und Helene kommen bald, und wir müssen uns um sie kümmern. Große Lust habe ich nicht. Wie sollen wir uns überhaupt verständigen?

Claudia: Mit unserem Griechisch, das uns der Sklave Patroklos beigebracht hat, wird es schon klappen. Hände und Füße haben wir ja auch noch. Bestimmt wird es nett! Lass uns mal überlegen, was wir mit ihnen
10 unternehmen!

Quintus: Naja, sie sollen schon merken, dass Rom die prächtigste Stadt der Welt ist. Athen ist ja nichts dagegen.

Claudia: Angeber! Du warst doch noch nie in
15 Athen. Aber einen Tag brauchen wir mindestens, um ihnen zu zeigen, was man in Rom gesehen haben muss. Am besten starten wir auf dem Kapitol.

Quintus: Ja, von dort hat man einen tollen
20 Blick auf den Tiber und die Aquädukte. Und da sehen sie auch gleich den Circus Maximus und das neue Kolosseum.

Claudia: Und wenn wir schon einmal auf dem Kapitol sind, können unsere Gäste gleich in
25 den Tempeln den Göttern danken, dass sie heil übers Meer gekommen sind.

Quintus: Weiter geht's die Stufen vom Kapitol hinunter zum alten Forum. Auf jeden Fall müssen wir ihnen die Prunkvillen der
30 Kaiser auf dem Palatin zeigen. Die werden sie umhauen.

Claudia: Reicht das nicht fürs Erste?

Quintus: Na, zum Grabmal des Augustus auf dem Marsfeld müssen wir unbedingt. Ohne
35 diesen Friedensstifter sähe es in Rom ganz anders aus, sagt Vater immer. Aber bis zum Marsfeld ist es natürlich ganz schön weit. Und das bei der Hitze!

Claudia: Wir können ja im Schatten der
40 Arkaden[1] bleiben. Langweilig wird es bestimmt nicht. Was für Typen auf der Via Flaminia unterwegs sind! Da habe ich Leute mit strohblondem Haar und seltsamer Kleidung gesehen, manche richtig
45 zum Fürchten. Da merken sie, dass Rom eine Weltstadt ist.

Quintus: Danach müssen wir aber eine Pause machen! Am besten gehen wir zurück am Pompeius-Theater entlang, dort gibt es
50 mehrere Schnellimbisse. Gut gewürztes Fleisch mit frischem Fladenbrot und viel Fischsoße. Da freu ich mich jetzt schon drauf!

Claudia: Trinkflaschen brauchen wir nicht
55 mitzunehmen. An jeder Ecke gibt es ja Brunnen mit Wasser aus den Bergen. Was meinst du: Ob es in Athen wohl auch so viele öffentliche Klos mit Wasserspülung gibt wie bei uns?

Quintus: Glaub ich nicht. – Aber was machen wir am Nachmittag? Die Foren müssen wir uns wohl noch etwas näher ansehen. Von dort aus wird die Welt regiert, meinen die Senatoren doch immer! Und erst wenn man
65 in den Hallen und Tempeln ist, spürt man, wie riesig sie sind.

Claudia: Und durch die Verkaufshallen müssen wir auf jeden Fall noch gehen. Das wird Helene auch mögen, vielleicht findet sie
70 eine Seidenstola oder eine Parfümsalbe.

Quintus: Mir macht es am meisten Spaß, den Marktschreiern zuzuhören. Aber das reicht dann auch als Programm für den ersten Tag. Schließlich gibt es zu Hause bestimmt
75 noch ein Fünf-Gänge-Menü!

Claudia: Und am nächsten Tag können wir ja dann mit ihnen in die Thermen gehen ... ‹‹‹

1 Arkaden (von lateinisch »arcus«: Bogen): gemeint sind Bogenreihen an Gebäuden

WES-117726-037
Unter diesem Webcode kannst du dir den Text anhören.

Alltagsleben und Freizeit in Rom

In Rom, der Hauptstadt des Reiches, lebten zur Kaiserzeit etwa eine Million Menschen, die meisten von ihnen in einfachen Unterkünften. Doch die Stadt bot beliebte Frei-
5 zeiteinrichtungen für alle. In ihnen konnte man sich an den vielen Feiertagen kostenlos erholen und vergnügen. Die ↦ Kaiser ließen große, prächtige Theater oder Thermen errichten und sorgten durch Anord-
10 nungen dafür, dass etwa jeden zweiten Tag »Zirkusspiele« stattfanden.

Was könnten Gründe dafür gewesen sein? ↦ Historikerinnen und Historiker gehen davon aus, dass die Kaiser die Römerinnen
15 und Römer beeindrucken wollten: Das Volk sollte dankbar sein. Aus demselben Grund sorgten sie auch für die Einfuhr von Getreide auf Staatskosten und ließen es an die Bevölkerung verteilen. Dieses Vorge-
20 hen wird als »Brot und Spiele« bezeichnet: Die Menschen sollten friedlich hinnehmen, dass – anders als früher – die Herrschaft allein vom Kaiser ausging. Unruhen sollten nicht aufkommen.

IN DER GRUPPE

 ein Thema erschließen und ein digitales Plakat gestalten

Auf den folgenden fünf Seiten lernt ihr das Leben im Rom der Kaiserzeit näher kennen. In Quellentexten und Bildern begleitet ihr Römerinnen und Römer in die Thermen, ins Colosseum, in den Circus, in ein Wohngebiet oder zu einem Gastmahl. Bearbeitet die Themen im Gruppenpuzzle.

1. Bildet Fünfer-Stammgruppen. Jedes Gruppenmitglied übernimmt ein Thema, liest die Texte und sieht sich die Abbildungen genau an.

2. Diejenigen, die dasselbe Thema gewählt haben, bilden nun Expertengruppen. Stellt gemeinsam die interessantesten Informationen auf euren digitalen Endgeräten in kurzen Texten (z. B. in der digitalen Mappe oder dem Textverarbeitungs- oder Notiz-Tool) zusammen.

3. a) Geht in eure Stammgruppen zurück und gestaltet gemeinsam ein digitales Lernplakat, Überschrift: *»Alltagsleben und Freizeit in Rom«*. Nutzt eure digitalen Infotexte. Unter dem Webcode links findet ihr passende Bilder.

Tipp: Beachtet die Hinweise zur digitalen Plakatgestaltung auf Seite 343 (mit Erklärvideo).

b) Legt eure Plakate in einem Ordner der digitalen Dateiablage eurer Klasse (z. B. IServ) ab, sodass alle aus der Klasse Zugriff darauf haben. Benennt sie mit einem eindeutigen Dateinamen (z. B. »Rom_Alltagsleben_Gruppe1«).

4. Betrachtet die Plakate nacheinander auf euren digitalen Endgeräten und sprecht darüber, was gelungen ist. Notiert dies für jedes Lernplakat. Schreibt dann auch eure Verbesserungsvorschläge und Fragen auf.

5. Besprecht abschließend in der Klasse, ob sich alle der Alltagssituationen und Freizeitmöglichkeiten auf alle Bewohnerinnen und Bewohner Roms bezogen oder nur für bestimmte Gruppen zugänglich waren.

WES-117726-038

Die Thermen: antike Spaßbäder?

»Ein gesunder Geist ist in einem gesunden Körper«, sagten die Römer. Um sich zu pflegen, konnten sie die Thermen besuchen. Das waren riesige Badeanstalten, zu denen nicht nur Badebecken, sondern auch Sporträume, Bibliotheken und Außenanlagen gehörten. ↦ Sklavinnen und Sklaven boten Massagen oder Haarschnitte an – oder sie bedienten die Fußbodenheizung, die für Wärme in den Hallen sorgte.

M1 Rekonstruktionszeichnung der Caracalla-Thermen in Rom. Ihr Name geht auf Kaiser Caracalla zurück, da sie in seiner Amtszeit (212–217 n. Chr.) erbaut wurden.
① Schwimmbad im Freien,
② Frigidarium (Kaltbad),
③ Caldarium (Warmbad),
④ Gymnasium (Sportraum),
⑤ Hof/Garten

M2 Das Vergnügen der anderen

Der Philosoph Seneca klagt in einem Brief:
Stille ist so notwendig für einen, der in seine Studien vertieft ist. Doch direkt oberhalb von Thermen wohne ich. Stelle dir nun alle Arten von Geräuschen vor.

5 Wenn Kraftprotze üben und ihre Hände schwingen, die mit Bleigewichten beschwert sind. Wenn sie sich abmühen, höre ich ihr Stöhnen. Wenn sich jemand mit dem Einsalben begnügt, höre ich das Klatschen der
10 Hand, die auf die Schultern schlägt. Wenn ein Ballspieler dazukommt und die Bälle zu zählen beginnt, ist es mit meinen Studien ganz vorbei. Und dann noch das Geschrei eines Streithahnes, eines ertappten Diebes 15 oder von einem, dem seine Stimme im Bad gefällt oder das Geplatsche derer, die ins Becken springen! Denke dann noch an einen Haarauszupfer, der seine dünne schrille Stimme unent-
20 wegt ertönen lässt, um sich bemerkbarer zu machen. Der ist nur still, wenn er einem Kunden die Achselhaare auszupft, der dann an seiner Stelle schreien muss. Schon höre ich die verschiedenen
25 Rufe von Getränkeverkäufern, Wursthändlern, Bäckern und Imbissbetreibern, wie sie auf eigene Weise ihre Waren anpreisen.
Seneca: Epistulae morales ad Lucilium ep. 56,1–2, S. 20–23 (übersetzt v. Bernd Zaddach)

M3 Die Funktionsweise einer römischen Wand- und Fußbodenheizung

Ein Besuch im Kolosseum

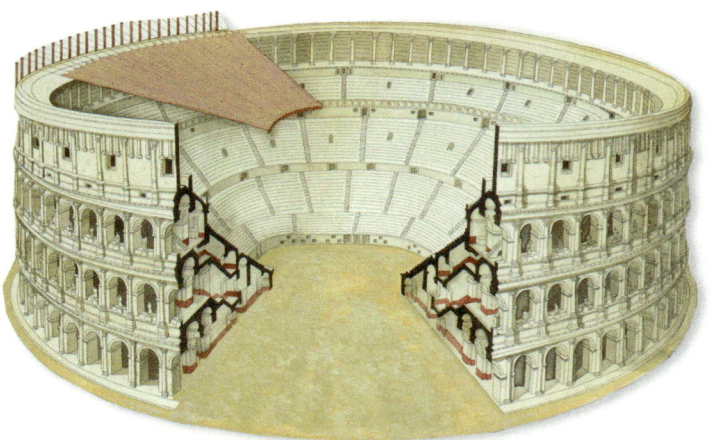

M 1 Der Aufbau der Zuschauerränge im Kolosseum (mit Sonnensegel), Rekonstruktionszeichnung

Der bekannteste Ort für »Spiele« und zugleich das größte Amphitheater in Rom war das Kolosseum mit 50 000 Plätzen. Die besten direkt über der Arena waren für die Männer der Oberschicht und den ↦ Kaiser mit seinem Gefolge vorgesehen.

5 Vor allem Kämpfe fanden hier statt: Vormittags konnte man zuschauen, wie Tiere gegeneinander gehetzt oder von Gladiatoren getötet wurden. Nachmittags kämpften Gladiatoren gegeneinander. Falltüren, Rampen und Aufzüge machten es möglich, dass wilde Tiere oder Gladiatoren wie aus dem Nichts in der Arena
10 auftauchen oder verschwinden konnten! Oft wurde auf Zuruf der Menge entschieden, ob ein Unterlegener geschont oder vom Sieger getötet werden sollte.

M 2 Die Eröffnung

Der römische Historiker Cassius Dio beschrieb die Eröffnung des Kolosseums im Jahr 80 n.Chr. unter Kaiser Titus:
Da gab es einen Kampf zwischen Kranichen und einen zwischen vier Elefanten. Zahlreiche Männer fochten als Einzelkämpfer und nicht wenige Gruppen kämpften in
5 Land- und Seeschlachten miteinander. Denn Titus ließ das Kolosseum mit Wasser füllen und zahme Tiere hereinbringen, die dazu abgerichtet waren, sich im Wasser so wie an Land zu verhalten. [...] Am zweiten
10 Tag folgte ein Wagenrennen und am dritten eine Seeschlacht mit 3 000 Mitwirkenden, dem sich noch ein Fußtruppen-Gefecht anschloss. Diese Spiele dauerten einhundert Tage.
15 Währenddessen stiftete der Kaiser auch mancherlei Dinge von praktischem Wert für das Volk: So warf er von seinem erhöhten Platz aus kleine, mit verschiedenen Zeichen versehene Holzbälle ins Publikum.
20 Dabei bedeutete dann ein Zeichen etwas Essbares, ein anderes Kleidung, wieder ein anderes ein Silber- oder gar Goldgefäß. Zu gewinnen waren auch Vieh und ↦ Sklaven.
Cassius Dio: Historia Romana 66, 25, 3–5. Zit. nach: Lenelotte Möller. a.a.O., S. 840 (bearbeitet)

M 3 Kämpfende Gladiatoren und Tiere, Mosaik, um 320 n.Chr.

Eine Attraktion im Circus Maximus

M 1 Ein Wagenrennen im Circus Maximus könnte für Zuschauer auf den besten Plätzen so ausgesehen haben. Rekonstruktionszeichnung von Peter Connolly

Neben Theatervorführungen und Gladiatoren- oder Tierkämpfen zählten Wagenrennen zu den beliebtesten Freizeitvergnügen der Römer. Die größte Rennbahn
5 im ganzen Römischen Reich bot dafür der Circus Maximus (M 1/ ②, S. 140). Sie war 570 m lang. Auf den Rängen des Circus fanden etwa 250 000 Menschen Platz – und meistens war er gut besucht!

10 Bei einem Wagenrennen musste die Bahn sieben Mal umrundet werden. Dabei versuchten die Fahrer, sich gegenseitig wegzudrängen oder vom Wagen zu stoßen. Um nicht herunterzufallen, wickelten sie
15 sich die Zügel um den Körper. Erfolgreiche Wagenlenker wurden wie heutige Sportstars verehrt; sie konnten zu Millionären werden! In Rom gab es vier Rennställe, die nach Farben unterschieden wurden: Rot,
20 Blau, Weiß und Grün.

M 2 Wagenrennen, (k)eine Freude?

Der Politiker Plinius der Jüngere lebte um 100 n. Chr. Er schrieb in einem Brief:
Es gab neulich Zirkusspiele in Rom, ein Vergnügen, das mich überhaupt nicht reizen kann. Es reicht, wenn man sie einmal gesehen hat. Umso mehr wundert
5 mich, dass so viele Tausend Erwachsene so kindisch immer wieder danach verlangen, die rennenden Pferde und die auf den Wagen stehenden Männer zu sehen. Wenn sie von der Schnelligkeit und
10 der Geschicklichkeit der Lenker begeistert wären, hätte es ja noch einen Sinn. Sie aber jubeln den Farben ihrer Mannschaft zu. Das gilt nicht nur für die einfachen Leute, sondern auch für ernsthafte Männer.
15   Wenn ich daran denke, dass die Leute bei einer so sinnlosen Sache ihre Zeit vertun, habe ich Spaß daran, dass ich daran keinen Spaß habe.
Plinius der Jüngere: Epistulae IX, 6 (übersetzt v. Bernd Zaddach)

Wohnen in Rom

M 1 Römische Straßenszene mit Brunnen (Rekonstruktionszeichnung)

Fast 50 000 Mietshäuser gab es zur Kaiserzeit in Rom. Es waren mehrgeschossige Gebäude, in denen viele kleine Wohnungen und – zu ebener Erde – Läden, Wirtshäuser
5 und Werkstätten untergebracht waren. Wie Inseln vom Meer waren die Mietshäuser auf allen Seiten von Straßen umgeben. Deshalb nannte man sie »Insulae« (Einzahl: »Insula«). Die meisten Wohnungen darin
10 waren klein. Oft mussten sich mehrköpfige Familien mit einem einzigen Raum begnügen. Wasser holte man sich aus öffentlichen Brunnen an Plätzen, wo es auch öffentliche Toiletten gab. Meist wur-
15 den aber Nachttöpfe benutzt, die man an Sammelstellen entleeren konnte.

Wohlhabende römische Familien dagegen lebten in freistehenden Häusern, deren Mittelpunkt ein Innenhof, das Atrium,
20 war: Sie schirmten das Familienleben nach außen gegen Hitze und Lärm ab.

M 3 Weltstadttrubel

Der Dichter Martial lebte um 100 v. Chr. in Rom. In einer seiner Schriften klagte er:
Du fragst, warum ich zu meinem kleinen, bescheidenen Landhaus aufbreche?

In Rom gibt es keinen Ort, wo man zum Nachdenken oder zur Ruhe kommt, mein
5 Freund. Die Lehrer vermiesen einem das Leben am Morgen mit ihren lauten Belehrungen, die Bäcker in der Nacht und die Hämmer der Schmiede den ganzen Tag. Hier klimpert der faule Geldwechsler mit
10 seinem Kleingeld auf dem schmutzigen Tisch, dort hämmert einer, der mit seinem Schlägel Blattgold verarbeitet. Die Anhänger der Kriegsgöttin Bellona geben mit ihren lauten Gebeten nie Ruhe, auch
15 nicht der Junge, der von seiner Mutter zum Betteln erzogen wurde oder der triefäugige Straßenhändler. Nachts schreckt mich das Lachen der Passanten auf, als ob ganz Rom an meinem Bett steht.
Martial: Epigramme XII, 57 (übersetzt v. Bernd Zaddach)

M 2 Modell eines mehrstöckigen Mietshauses in Ostia

Römische Gastlichkeit

M1 Ein Gastmahl als Motiv eines Fußbodenmosaiks aus dem späten Römischen Reich

Mahlzeiten in Italien: Man frühstückt fast im Vorbeigehen, ein kleiner Imbiss reicht zur Mittagszeit, am Abend aber folgt ein Essen mit mehreren Gängen. So hielten es
5 die Menschen auch in der ↦ Antike.

Für die Angehörigen der Oberschicht war es zudem üblich, möglichst oft zu einem Gastmahl einzuladen. Dabei wollten sie ihre Gäste nicht nur mit erlesenen Speisen
10 beeindrucken, sondern auch mit kostbar ausgestatteten Speiseräumen. In ihnen lagen sich die eingeladenen Männer – Frauen und Kinder speisten in Nebenräumen – auf Liegen gegenüber. Wein und
15 Speisen, die meist schon vorher mundgerecht zerlegt worden waren, wurden ihnen in kostbaren Gefäßen gereicht.

M2 Das richtige Maß finden

Plinius der Jüngere berichtete um 100 n. Chr. von einem Gastmahl:
Ich war bei einem Bekannten zu Gast, der sich selbst für vornehm und aufmerksam hielt, den ich aber geizig und verschwenderisch fand. Sich und einigen Auserwählten ließ er Leckereien auftischen, den übrigen Gästen billige Speisen in kleinen Portionen. Den Wein
5 stellte er in drei Krügen bereit, den einen – den besten! – für sich und uns, einen anderen für weniger gute Freunde und einen dritten für seine und unsere ehemaligen ↦ Sklaven.
    Der neben mir am Tisch lag, fragte mich: »Und wie machst du es?« – »Ein und dasselbe setze ich allen vor. In jeder Hinsicht
10 behandele ich die gleich, die ich zu einem Gastmahl einlade.«
    »Auch die freigelassenen Sklaven?« – »Ja, auch sie. Denn für mich sind sie Gäste, keine Freigelassenen.«
    »Ist das nicht zu teuer für dich?« – »Aber nein! Denn meine Freigelassenen trinken natürlich nicht dasselbe wie ich, sondern ich
15 dasselbe wie die Freigelassenen.« [...]
    Es fällt einem nicht schwer, viele Gäste zu haben, wenn man Gaumen und Kehle zügelt. Sie muss man mäßigen, um die Kosten im Rahmen zu halten. Das schafft man mit eigener Zurückhaltung, ohne manche Gäste zu kränken. Denk also dran: Vermeide diese neu-
20 modische Verbindung von Luxus und Geiz. Jedes für sich ist schon abscheulich, aber viel schlimmer ist die Verbindung von beiden.
Plinius: Epistulae II, 6 (übersetzt v. Bernd Zaddach)

Pompeji – eine Stadt erstarrt

M 1 Blick auf den ehemaligen Marktplatz (das Forum) von Pompeji; im Hintergrund der Vesuv

August, im Jahr 79 n. Chr.: Der Vulkan Vesuv ist ausgebrochen! Selbst im 30 km entfernten Misenum bebt die Erde. Asche und Steinbrocken fallen auf die Menschen, die
5 ihre einstürzenden Häuser verlassen. Panik macht sich breit: »Man hörte das Geheul der Kinder, das Jammern der Frauen, das Schreien der Männer. Viele erhoben ihre Hände zu den Göttern, aber die Mehrzahl
10 meinte, es gäbe nirgends mehr Götter und diese Nacht sei ewig und die letzte für die Welt«, berichtete Plinius der Jüngere von Misenum.

Unvorstellbar, was erst in den Bewohnern
15 von Pompeji, das unmittelbar am Fuße des Vesuvs lag, vorgegangen sein muss! Von Asche- und Gesteinsmassen wurden sie regelrecht begraben oder von giftigen Gaswolken erstickt. Mit dieser Katastrophe
20 hatte niemand gerechnet.

Etwa 10 000 Einwohner hatte Pompeji, als der Vesuv ausbrach. Kaum einer von ihnen wird mit dem Leben davongekommen sein. Dabei hatte die fruchtbare Landschaft süd-
25 lich von Rom den Menschen vorher gute Lebensbedingungen geboten. Viele waren wohlhabend. Die Reichen besaßen prächtige Villen und wurden von Handwerkern, Kaufleuten sowie ↪ Sklavinnen und Skla-
30 ven gut versorgt.

M 2 In Pompeji entdeckte man viele Hohlräume, die die zerfallenen Körper der Toten in der Asche hinterlassen haben. Man hat sie mit Gips ausgegossen. So entstanden plastische Bilder, die zeigen, wie Menschen und Tiere gestorben sind.

Pompeji erforschen

↪ Archäologinnen und Archäologen erforschen seit etwa 250 Jahren, was geschah. Ihre Ausgrabungen zeigen, wie manche Einwohner starben:
– Eine Frau wurde von einem einstürzen-
35 den Dach erschlagen, als sie gerade versuchte, ihre Wertsachen zu retten.
– In der Ringerhalle starben ein Chirurg mit seiner Instrumententasche und ein Ringer, der Massageöl bei sich hatte.
40 – In einer Bäckerei fand man zwei Maultiere mit gebrochenem Rückgrat, die den Mühlstein im Kreis bewegt hatten.
– Angekettete Gefangene erstickten in der Gladiatorenkaserne.

M3 (linke Spalte) Ein Mosaik aus Pompeji, das vermutlich im 1. Jahrhundert n. Chr. entstanden ist **M4** Getreidemühlen einer Bäckerei. Auch die Form dieses Brotes blieb erhalten:

45 Dadurch, dass die Ascheschicht den Zustand Pompejis im August des Jahres 79 n. Chr. konserviert hatte, konnten aber auch viele wissenschaftliche Erkenntnisse gewonnen werden. ↦Historikerinnen und
50 Historiker fanden z. B. heraus,
– dass es in der Stadt über 40 Bäckereien und Imbissbuden an fast jeder Ecke gab,
– mit welcher Technik die Mühlen betrieben wurden (S. 124),
55 – wie die Bewohner ihre Gärten gestalteten und bewässerten, welche Blumen und Gemüsesorten sie dort anbauten,
– dass sie ihre Räume mit kunstvollen Wandmalereien ausschmückten.

60 Anhand von erhaltenen Skeletten konnte zudem erforscht werden, was die Menschen aßen, an welchen Krankheiten sie litten und wie alt sie wurden. Und viele Graffiti an Häuserwänden geben Aufschluss darüber,
65 was sie in ihrem privaten Alltag bewegte.

Heute: Vorsorgen

Bei einem ähnlich heftigen Ausbruch des Vesuvs wie vor knapp 2000 Jahren wären heute etwa zwei Millionen Menschen unmittelbar gefährdet. Alarmpläne liegen
70 bereit, Fluchtwege sind ausgearbeitet. Es bleibt zu hoffen, dass sie ausreichen, falls es zur Katastrophe kommt.

M5 Graffiti, in Pompeji entdeckt

Lucilius grüßt seine Lucida wo sie auch ist

WÄHLT GAJUS POLYBJUS ZUM ÄDJL!

ER SORGT FÜR GUTES BROT

Von Gnaeus Nigidius werden ab 1. Juli vermietet: Läden mit Oberzimmern, vornehme Speisezimmer und ein Haus

Die Gladiatoren des Lucretius werden am 31. JULI kämpfen! Es gibt Tierhetzen und Sonnensegel

Wir sind alle voll wie die Weinschläuche!

CELADUS TRAX IST DER SCHWARM ALLER MÄDCHEN

ICH BEWUNDERE DICH, MAUER, DASS DU NOCH STEHST, WO DU DIE SCHWEINEREIEN SO VIELER SCHMIERFINKEN ERTRAGEN MUSST!

Hieronymus Geist/Werner Krenkel: Pompejanische Wandinschriften, München: Heimeran 1960

1. Der Dichter Goethe formulierte 1787 nach einem Besuch in Pompeji: »Es ist viel Unheil in der Welt geschehen, aber wenig, das den Nachkommen so viel Freude gemacht hat.« Erläutere diesen Satz anhand der Materialien und Informationen auf dieser Doppelseite.

2. Wandkritzeleien begegnen dir häufig in deiner Umgebung, vielleicht sogar in der Schule. Sammle einige (mindestens fünf) und vergleiche sie mit denen aus Pompeji (M5).

Römer in Germanien

M1 Rekonstruktionszeichnung: Begegnungen vor einem römischen Militärlager.
Während die Menschen in der Hauptstadt Rom ihren Vergnügungen nachgingen, eroberten römische Truppen weiter fremde Gebiete. Oft errichteten sie dort Militärlager, sogenannte Kastelle. M1 zeigt eine Szene, die sich vor einem Kastell in Germanien abgespielt haben könnte.

---

1. Betrachte M1 und beantworte folgende Fragen:
 – Wer ist hier römisch, wer germanisch?
 – Was für Kontakte zwischen Römern und Germanen sind zu erkennen?
 – Welche Arbeiten und Beschäftigungen werden gezeigt?
 – Wie unterscheiden sich die Gebäude voneinander und wozu dienten sie vermutlich?

In den Provinzen entstehen römische Städte

Die meisten Gebiete, in die römische Truppen vordrangen, waren nur dünn besiedelt. Die Menschen, auf die die Römer dort trafen, erschienen ihnen oft unzivilisiert[1].
5 Das trifft auch auf die Germanen zu, die in einfachen Dörfern von Viehzucht und wenig ertragreichem Getreideanbau lebten. In solch einem Gebiet waren die Kastelle Rückzugsorte für die römischen Soldaten
10 und ihre Familien, die mit ihnen gezogen waren. In diesen Stützpunkten versorgten sie sich, und von hier aus sicherten sie das eroberte Gebiet für Rom.

Manche der Militärlager bauten die Römer
15 zu Städten aus: mit Marktplatz, Wasserversorgung, Thermen und Theater. Händler brachten Waren auch aus ferneren ↦ Provinzen des Reiches dorthin. So wurden bei Ausgrabungen von römischen Städten und
20 Militärlagern im Gebiet der ehemaligen Provinz Germanien Schalen von Austern, Scherben von Gefäßen aus Gallien, Spanien und Griechenland gefunden. In manchen wurden Öl, Wein oder Oliven nach Germa-
25 nien eingeführt.[2]

Nach und nach ließen sich einheimische Handwerkerfamilien und Kaufleute auch in den Städten und um sie herum nieder, um ihre Waren dort zu verkaufen. Viele Men-
30 schen aus der Umgebung der Römerstädte wurden von den dortigen Lebensbedingungen angezogen. So begannen bereits Kinder und Enkel der Unterworfenen, die römische Lebensweise anzunehmen.

Veränderungen auch auf dem Land

35 Wenn römische Soldaten aus dem Militärdienst entlassen wurden, erhielten sie – als sogenannte **Veteranen** – ein Stück Land zur Bewirtschaftung. Auch das diente der

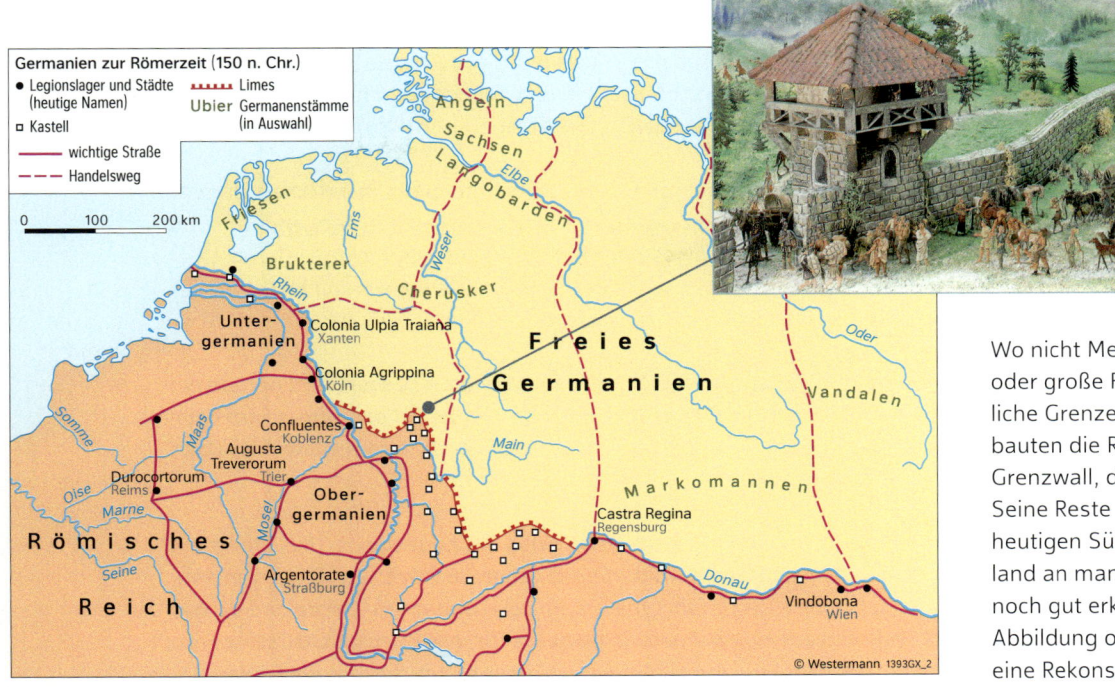

Germanien zur Römerzeit (150 n. Chr.)
- Legionslager und Städte (heutige Namen)
- Kastell
- ▬▬ wichtige Straße
- ▬▬▬ Handelsweg
- ⋯⋯⋯ Limes
- **Ubier** Germanenstämme (in Auswahl)

0 100 200 km

M 2 Karte: Germanien um 150 n. Chr.

Wo nicht Meere, Wüsten oder große Flüsse natürliche Grenzen bildeten, bauten die Römer einen Grenzwall, den »Limes«. Seine Reste sind im heutigen Süddeutschland an manchen Orten noch gut erkennbar. Die Abbildung oben zeigt eine Rekonstruktion im Modell.

Herrschaftssicherung, denn wenn ein ehe-
40 maliger Soldat in der Provinz blieb, konnte er im Notfall wieder einberufen werden und zur Verteidigung der Grenzen beitragen.

Die meisten Veteranen verfügten über besondere handwerkliche Fertigkeiten, die
45 sie sich in ihrer Heimat und als Legionäre angeeignet hatten – z. B. beim Straßenbau, in Handwerksbetrieben wie Ziegeleien und in der Landwirtschaft. Diese Fertigkeiten waren ihnen nun nützlich: Um ihr Land zu
50 bewirtschaften, verwendeten sie häufig Getreide-, Gemüse- und Obstsorten, die sie aus ihrer Heimat am Mittelmeer kannten.

In Germanien z. B. legten römische Veteranen an sonnigen Hängen die ersten Wein-
55 berge an und führten kräftigere Viehsorten aus dem Süden ein. Sogar die Hauskatze brachten sie mit in die nördlichen Provinzen! Die Einheimischen übernahmen nach und nach die von den Römern einge-
60 führten Neuerungen, sodass der römische Lebensstil bald auch die Provinzbevölkerung prägte.

Das Leben wird römisch

Wie stark das Leben der Germanen von den Römern verändert wurde, lässt sich
65 gut am Einfluss der lateinischen Sprache erkennen: Die Soldaten und die Beamten, die die Provinzen verwalteten, sprachen nur Latein. Wer etwas von ihnen wollte, musste ihre Sprache lernen. Vor allem für
70 viele Handelsgüter setzten sich lateinische Bezeichnungen durch. Noch heute gibt es sie im Deutschen als Lehnwörter[3].

Für die germanische Oberschicht, wurde es selbstverständlich, Latein zu beherrschen.
75 Viele Germanen hatten im römischen Heer gedient. Sie kleideten und ernährten sich wie Römer und besuchten Thermen und Theater. Viele erlangten das römische ↦ Bürgerrecht.

80 Eine solche Entwicklung, bei der eroberte Provinzen in Sprache, Wirtschaftsweise und Lebensform von den römischen Eroberern geprägt und nach deren Vorbild zivilisiert[1] wurden, nennt man ↦ **Romanisierung**.

1 unzivilisiert: rückständig. Das Gegenteil, **zivilisiert**, bedeutet »hoch entwickelt«.

2 Schau dir dazu auch den Film an, der unter diesem Webcode abgerufen werden kann:

WES-117726-039

3 Lehnwort: (von »lehnen« im Sinne von »leihen«): aus einer anderen Sprache übernommenes Wort

WES-117726-040
Unter diesem Web-code kannst du dir den Text anhören.

ZEITREISE ››› Zu Besuch im Römischen Reich

Ein kühler Herbsttag im Jahr 220 n. Chr.: Dietmar und Gerhild, zwei junge Germanen, sind mit frisch gesammelten Pilzen unterwegs, um sie jenseits der Grenze zu verkaufen. Da sie das schon oft getan haben, kennen sie sich in der Sprache der Römer so weit aus, dass sie die vielen fremden Dinge dort richtig bezeichnen können.

5 *Am Limes angekommen, müssen sie erst einmal tolonium bezahlen. Wer keine monetae hat, darf die Grenze, die aus einem palum neben dem anderen und einem mächtigen vallum aus gestampftem Lehm besteht, nicht passieren. Über die via strata mit ihrem plastrum haben sie trotz des Regens von letzter Nacht die milia bis zur Stadt schnell zurückgelegt.*

10 *Schon sind sie am Haus des Kaufmanns angelangt. Nebenan wird gerade ein neues Gebäude errichtet. Das cellarium ist bereits fertig, der murus wird noch hochgezogen. Vor der Baustelle lagern die tegulae, mit denen später das Dach gedeckt werden soll.*

Durch die porta betreten die beiden das Haus des Kaufmanns. Hier lagert ein 15 *saccus neben dem anderen, gefüllt mit getrockneten fructi und Gewürzen. Hm, wie das riecht! Ein Knecht fährt mit einem carrus mehrere cistae und corbes herein. Während der caupo ihnen die monetae für ihre Ware gibt, ist seine Frau nebenan in der coquina gerade mit dem coquere fertig. Sie lädt die beiden ein, mit ihnen zu essen. Auf der hölzernen tabula stehen schon einige pannae mit* 20 *Speisen. Lecker!* ‹‹‹

M3 Römische Waren

Relief aus der Hafenstadt Ostia nahe Rom, um 200 n. Chr.

Römische Wandmalerei, 1. Jahrhundert n. Chr.

Funde aus römischen Städten im heutigen Süddeutschland

M4 Ein germanisches Bauernhaus, rekonstruiert für ein Freilichtmuseum

M5 Blick in das rekonstruierte Speisezimmer eines Hauses der Stadt Augusta Rauricorum (heute Augst, in der Schweiz). Das Haus verfügte über eine Wand- und Fußbodenheizung (M3, S. 143)

M6 Ein Römer über die Germanen

Der römische Geschichtsschreiber Tacitus beschrieb im 1. Jahrhundert n. Chr. die Lebensweise der Germanen:

Bei den Germanen gedeiht Getreide; Obst hingegen nicht. Vieh gibt es reichlich, doch zumeist ist es recht klein.

5 In den Grenzgebieten kennen sie unser Geld und nehmen es gerne; doch im Inneren des Landes herrscht noch einfacher Tauschhandel.

Die Germanen tragen einen Umhang, den eine Spange zusammenhält. Nur die 10 Reichsten haben noch Untergewänder. Man trägt auch Tierfelle.

Zum Hausbau verwenden sie nicht Bruchsteine oder Ziegel, sondern unbehauenes Holz, ohne auf ein gefälliges oder 15 freundliches Aussehen zu achten.

In jedem Haus wachsen die Kinder nackt und schmutzig zu dieser von uns bestaunten Größe heran.

Als Getränk dient den Germanen ein Saft 20 aus Gerste oder Weizen, der durch Gärung eine gewisse Ähnlichkeit mit Wein erhält. Die Kost ist einfach: wildes Obst, frisches Wild oder geronnene Milch. Ohne feine Zubereitung, ohne Gewürze vertreiben sie 25 den Hunger.

Tacitus: Germania, 5, 16–17, 23 (übersetzt v. Bernd Zaddach)

M7 Eine Forschungsmeinung

Die Historikerin Miriam Sénécheau schrieb:
Ihr Aussehen war den Germanen keineswegs gleichgültig. Funde aus dem Moor beweisen: Sie führten eine Art Kulturbeutel mit sich. Dieser Kulturbeutel enthielt Holzstäbchen für die Zahnpflege, eine Schere, ein Rasiermesser, eine Pinzette und einen Kamm aus Horn.
Miriam Sénécheau: Der Fund als Fakt? in: Eva Pirker u. a. (Hrsg.): Echte Geschichte. Bielefeld: Transcript 2010, S. 93 bis 121 (bearbeitet)

WES-117726-039

---

2. Finde die passenden deutschen Wörter für die in der »Zeitreise« verwendeten lateinischen Begriffe.

3. Gerhild und Dietmar schildern ihren Gastgebern das Leben in Germanien. Was könnten sie erzählen? Lies dazu M6 sowie M7 und beachte M4.

4. Erkläre mithilfe des Darstellungstextes, womit die Römer das Leben in den Provinzen veränderten. Sieh dir auch den Film unter WES-117726-039 an.

5. Stell dir vor, du bist eine Germanin oder ein Germane. Was würde dich bewegen, in eine römische Provinz zu ziehen, oder dich veranlassen, lieber in deinem Heimatdorf zu bleiben?
↪ **Tipp:** S. 333

6. a) Fasst zusammen: Was macht Romanisierung aus?
b) Diskutiert, ob die Romanisierung einen Fortschritt für die eroberten Gebiete bedeutete.

Römische Spuren in unserem Alltag

1. Römische Sprache und Schrift wirken bis in unseren Alltag nach. Wählt zu zweit eines der folgenden Themen aus und recherchiert dazu Informationen im Internet. Ihr könnt die Anregungen unter den Texten nutzen, aber auch andere Aspekte wählen, die euch interessant erscheinen.

M1 Eine Klappkarte

🔍 Im Internet recherchieren

Bevor du anfängst, Informationen zusammenzustellen, mach dir klar, was du wissen willst. Eine Orientierung bieten dir die Anregungen unten. Gehe dann in folgenden Schritten vor:

– Suche Informationsquellen.
a) Erste Hinweise erhältst du mithilfe verlässlicher Such-maschinen, z. B.:
***www.fragfinn.de**,*
***www.blinde-kuh.de** oder*
***www.helles-koepfchen.de**.*
Diese Suchmaschinen bieten keine eigenen Texte an, sondern stellen Links auf Webseiten zu verschiedenen Fachgebieten bereit.
b) Eine Suchmasschine mit Artikeln für Kinder ist
***klexikon.zum.de**.*
*c) Eine Webseite, die geschichtliche Themen behandelt, ist beispielsweise **www.kinderzeitmaschine.de**. Hier sind Infor-mationen knapp und verständlich aufbereitet.*

– Gib einen Suchbegriff ein. Fast alle Webseiten geben ein Such-feld vor, in das du Suchbegriffe eintragen kannst. Keine oder aber sehr viele Ergebnisse sind ein Zeichen dafür, dass du die Suche mit anderen Begriffen ausprobieren solltest. Wenn du dich z. B. über lateinische Sprichwörter informieren möchtest und den Begriff »Latein« eingibst, ist dies zu ungenau; du erhältst zu viele Ergebnisse.

– Schreibe Informationen heraus und sortiere sie. Notiere Stich-worte zu deinem Thema. Was wichtig ist, hängt von der Fra-gestellung ab, die du bearbeitest. In der Forschung gibt man auch an, wo die Informationen gefunden wurden. Schreibe die Fundstellen (Links) zu deinen Informationen auf.

Latein – die Sprache des Römischen Reiches

Die Römer verbreiteten ihr Latein überall, wo sie ↦ Provinzen gründeten. Viel Latei-nisches hat sich bis in unsere Zeit erhalten. So steckt es nicht nur in manchem Mar-
5 kennamen – wie etwa »Nivea« (»schnee-weiß«) oder »Audi« (»horch«, nach dem Firmengründer August Horch). Auch gehen zahlreiche im Deutschen geläufige Fremd-wörter auf Latein zurück. So sagt man statt
10 »beispielhaft« auch »exemplarisch«, was vom lateinischen Wort »exemplum« für »Beispiel« abgeleitet ist. Darüber hinaus werden manchmal lateinische Sprichwörter zitiert – wie »Carpe diem« (M1). Wörtlich
15 übersetzt heißt das: »Pflücke den Tag.« Aber was bedeutet es?

ANREGUNG

– Findet in einer Internetrecherche die deutschen Übersetzungen und die Bedeutungen der folgenden Sprich-wörter heraus:
»Carpe diem.« – »Veni, vidi, vici.« – »Alea iacta est.« – »Errare humanum est.« – »In dubio pro reo.«

Unser sprachliches Profil

Klasse	Sprachen	
ab 5	Englisch	Englisch
ab 6	Latein	Französisch
ab 8	Spanisch	Spanisch oder Latein

M2 Ausschnitt aus einer Schulbroschüre

M3 Eher selten: Ein römisches Zifferblatt

Romanische Sprachen in Europa

Lateinische Lehnwörter finden sich nicht nur im Deutschen (S. 152), sondern auch im Englischen. Darüber hinaus gibt es aber auch Sprachen, die nicht nur einzelne Wör-
20 ter übernommen und abgewandelt haben, sondern die sich aus der römischen Sprache entwickelt haben: die sogenannten romanischen Sprachen. Zu diesen gehören unter anderem Französisch und Spa-
25 nisch. Viele Wörter in den romanischen Sprachen gehen auf dieselben lateinischen Worte zurück. Wer eine dieser Sprachen beherrscht, dem fällt es meist leicht, eine andere romanische Sprache zu lernen,
30 denn diese Sprachen sind einander ähnlich.

Römische Ziffern

Noch heute begegnet man römischen Zahlen bei uns – z. B. an historischen Gebäuden, auf Zifferblättern von Uhren (M 3) oder als Entstehungsjahr im Abspann von
35 Spielfilmen. Die einzelnen Ziffern bestehen aus klaren Linien. Es sind Großbuchstaben – unter anderem X für 10, L für 50 und C für 100. Um größere Zahlen zu bilden, fügt man einzelne Ziffern nach festen
40 Regeln zusammen[1]. Der Wert einer Zahl ergibt sich aus der Summe ihrer Ziffern – anders als bei unseren arabischen Zahlen. Die römischen Zahlen wurden im Lauf der Jahrhunderte erweitert: So wurde die Zahl
45 M für 1000 erst im Mittelalter gebräuchlich.

1 Schreibregeln: Denselben Buchstaben darf man bis zu dreimal hintereinander schreiben, z. B.: XXX = 30.

Will man 40 schreiben, stellt man ein X vor ein L: (XL = 10 vor 50).

Aber: Nicht alle kleineren Ziffern können vor größeren stehen, sondern nur:
– I vor V und X,
– X vor L und C,
– C vor D und M.

ANREGUNG

– Findet in einer Internetrecherche heraus:
a) Welche Sprachen gehören zur Familie der romanischen Sprachen?
b) Wie lauten die folgenden Wörter in Latein, Französisch und Spanisch? Geschichte – Zeit – Stunde – einfach – Unterbrechung – arm – vergleichen – Fahrrad – besuchen

ANREGUNG

– Recherchiert im Internet eine römische Zifferntafel.

– Schreibt diese römischen Zahlen in unseren arabischen Zahlen auf: XV – LII – LXXXII – XCIX – CXLI – MLX – ML – MCCCXXV

– Schreibt eure Geburtsdaten römisch.

Wie besiegten die Germanen die Römer?

M 1 Karte: Rekonstruktion germanischer Angriffe auf ein römisches Heer nahe Kalkriese

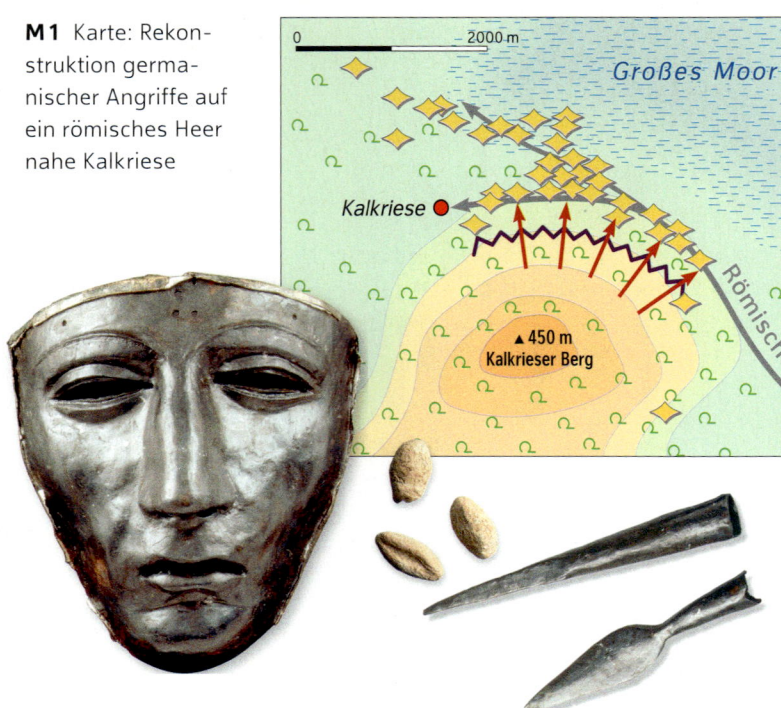

M 2 Funde aus der Nähe von Kalkriese: eine eiserne Gesichtsmaske, römische Schleuderbleie und Speerspitzen. Zudem wurden viele Pferde- und Menschenknochen sowie römische Werkzeuge entdeckt.

---

1. Betrachte die Karte M 1 und die Fundstücke in M 2. Begründe, warum in der Forschung davon ausgegangen wird, dass bei Kalkriese eine bedeutende Schlacht zwischen Römern und Germanen stattgefunden hat.

Kalkriese, Ort der »Varusschlacht«?

Sind es die Überreste der sogenannten »Varusschlacht«, die bei Kalkriese entdeckt wurden? Vieles spricht dafür. Der römische Geschichtsschreiber Cassius Dio erzählt
5 von dieser Schlacht als der größten Niederlage, die römischen Truppen jemals zugefügt wurde. Seinem Bericht zufolge zogen im Jahr 9 n. Chr. einige Tausend Menschen durch das Weserbergland. Es
10 waren drei römische Legionen, Soldaten mit ihren Familien sowie mit Wagen und Lasttieren. Ihr Feldherr[1] hieß Quinctilius Varus. Begleitet wurden sie von germanischen Hilfstruppen unter der Führung
15 des Arminius. Er kannte sich aus mit dem

römischen Militär, denn er hatte bereits im Dienst der Römer gekämpft.

In einem dichten Wald sollen sich die Germanen von den Römern entfernt haben,
20 angeblich, um die Gegend zu sichern. Weit auseinandergezogen bewegten sich die römischen Legionen nun durch das schwer zu durchdringende Gelände. Plötzlich griffen die bewaffneten Germanen die Römer
25 an. Drei Tage lang soll der Kampf gedauert haben. Tausende römische Soldaten verloren ihr Leben oder gerieten in germanische Gefangenschaft; Varus beging noch auf dem Schlachtfeld Selbstmord.

30 In Rom fiel danach die Entscheidung, die Eroberung rechtsrheinischer Gebiete zu beenden. Dennoch kam es noch viele Jahre zu vereinzelten Vorstößen und Strafexpeditionen römischer Soldaten in das heu-
35 tige Norddeutschland. Ausgrabungen bei Northeim beweisen, dass noch 233–234 n. Chr. römische Truppen bis in den Harz vordrangen.

1 Feldherr: Heerführer, Oberbefehlshaber im Krieg

2 Statthalter: Beamte, die »an Kaisers statt« in den ↦ Provinzen regierten

M3 Varus und die Germanen in römischen Berichten

a) Ein römischer Offizier berichtete:

Quinctilius Varus war ein freundlicher Mann, ruhig, an bequemes Lagerleben gewöhnt. Als er Oberbefehlshaber in Germanien wurde, dachte er, durch das römische Recht – nicht durch das Schwert – könnten die Menschen dort fügsam gemacht werden.

b) Lucius Annaeus Florus, ein historischer Schriftsteller des 2. Jahrhunderts, schrieb:

Hätte Augustus es doch nicht für so wichtig gehalten, auch Germanien zu besiegen! Denn es ist schwieriger, eine Provinz zu halten, als sie zu erobern. Die Germa-
5 nen waren nämlich zwar besiegt, aber nicht gebändigt. Sie verabscheuten die Gier und den Hochmut des Quinctilius Varus.

Unter der Führung des Arminius grif-
10 fen die Germanen zu den Waffen, als sie erkannten, dass die Gerichtsentscheidungen des Varus noch grausamer als das römische Heer waren. Sie überfielen den Ahnungslosen, als er wieder vor Gericht
15 lud, und überwältigten drei Legionen.

c) Von Cassius Dio, der um 200 n. Chr. lebte, stammt die einzige erhaltene Schilderung der »Varusschlacht«. Über die Vorgeschichte berichtet er:

Nach der Eroberung Germaniens passten sich die Barbaren den neuen Sitten an. Doch hatten sie ihre alten Gewohnheiten und ihre einstige Macht nicht vergessen. Als
5 Varus Statthalter[2] der Provinz Germanien wurde, trieb er von ihnen Steuern ein. Eine derartige Behandlung wollten sich diese aber nicht gefallen lassen. Sie empörten sich nicht öffentlich, da sie sahen, dass
10 viele römische Truppen am Rhein standen. Stattdessen nahmen sie Varus bei sich auf, taten so, als wollten sie alle erteilten Befehle ausführen, und lockten ihn weit weg vom Rhein. Dann aber griffen sie den
15 Feldherrn und seine Truppen inmitten dichter Wälder an und richteten schreckliche Verheerungen an.

Alle zitiert nach: Lutz Walther (Hrsg.): Varus, Varus. Antike Texte zur Schlacht im Teutoburger Wald. Stuttgart: Reclam, erweiterte Ausgabe 2019, S. 59 ff. (bearbeitet)

M4 In Kalkriese wurde die Varusschlacht schon mehrfach nachgestellt. Das Foto entstand 2009. Damals zeigten 400 Darsteller von Römern und Germanen vor Publikum Schlachtszenen. Ein solches Nachspielen historischer Ereignisse bezeichnet man als »Reenactment«.

---

2. a) Bearbeitet die drei Berichte in M3 zu zweit: A liest M3 a) und b), B liest M3 c). Arbeitet heraus, aus welchen Gründen die Germanen unter Arminius die Truppen des Varus überfielen.
→ **Tipp:** S. 333
b) Vergleicht, wie in M3 einerseits Varus und die römischen Truppen und andererseits die Germanen beschrieben werden.

3. Lies die Aussagen in den Sprechblasen. Stimmst du Paul oder Ida zu? Begründe!

> *Das Nachspielen historischer Ereignisse macht Geschichte anschaulich und erfahrbar!*

Paul

> *Stimmt nicht! Historische Ereignisse können nicht glaubwürdig nachgestellt werden. Reenactment vermittelt immer falsche Vorstellungen!*

Ida

+ Informiere dich unter dem Webcode WES-117726-041 über das Museum in Kalkriese (Stichworte: »Museum & Park« und »Die Varusschlacht«). Schreibe für eure Schulzeitung einen Artikel, der Lust auf einen Besuch der dortigen Ausstellung macht.

WES-117726-041

Religionen im Römischen Reich

Der größte Planet unseres Sonnensystems ist nach dem höchsten römischen Gott benannt.

Der helle Abend- bzw. Morgenstern trägt den Namen der Liebesgöttin.

Der »rote Planet« erinnert an den römischen Kriegsgott.

Der nach dem schnellen Götterboten benannte Planet ist der Sonne am nächsten.

Der nach dem Meeresgott benannte Planet gilt als stürmisch.

M1 Einige Planeten unseres Sonnensystems

1. a) Die Planeten unseres Sonnensystems sind nach römischen Göttinnen und Göttern benannt. Finde heraus, wie die abgebildeten Planeten heißen.
↦ **Tipp:** S. 333
b) Die römischen Gottheiten waren den griechischen ähnlich. Erkläre, welchen griechischen Gottheiten diese fünf entsprechen. Blättere dafür zu S. 83 zurück.

Ein Reich – viele Götter

Die Römerinnen und Römer glaubten, dass die Gottheiten mit ihren vielen verschiedenen besonderen Fähigkeiten die Menschen unterstützen würden, wenn
5 sie sie anbeten und ihnen Opfer bringen würden. Doch in den eroberten Gebieten zwangen sie den Besiegten ihre Religion nicht auf. Den Unterworfenen blieb freigestellt, woran sie glaubten und wie sie dies
10 taten. Denn in Rom war man überzeugt: Es konnte für das Wohl des Reiches kein Nachteil sein, wenn viele Gottheiten angebetet werden.

Alle Menschen unter römischer Herrschaft
15 hatten aber eine Pflicht: Sie mussten den ↦ Kaiser wie einen Gott verehren und ihm Opfer bringen, um ihm ihre Treue zu beweisen.

Juden und Christen weigern sich

Den Kaiser anbeten und ihm opfern? Das
20 konnten manche mit ihrem Glauben nicht vereinbaren: Im östlichen Mittelmeerraum hatten die Römer im 1. Jahrhundert v. Chr. ein Gebiet zu ihrer ↦ Provinz gemacht, das sie »Judäa« nannten. Dort lebte die Reli-
25 gionsgemeinschaft der Juden. Seit Langem schon glaubten sie an einen einzigen allmächtigen Gott – und daran, dass dieser ihnen einen »Messias« schicken werde, einen »Erlöser«.

30 Von Judäa aus verbreitete sich bald darauf noch eine weitere Religionsgemeinschaft, für die es nur einen Gott gab: das **Christentum**. Anfangs galt es als eine unbedeutende Splittergruppe des **Judentums**, denn
35 die ersten Christen waren eine jüdische Minderheit. Sie waren davon überzeugt, dass der erwartete Messias schon gekommen sei – mit Jesus.

M 3 »Der gute Hirte«. So wurde Jesus auf einem frühchristlichen Wandbild gezeigt.

M 4 Ein Motiv auf dem Titusbogen, einem Triumphbogen in Rom. Titus war der Oberbefehlshaber über die römischen Truppen in Judäa, als diese im Jahr 70 n. Chr. das wichtigste Heiligtum der Juden zerstörten, den Tempel in Jerusalem. Die erbeuteten Schätze führten sie im Triumphzug mit sich. Dazu gehörte der siebenarmige Leuchter, ein wichtiges Glaubenssymbol der Juden.

Jesus war ein Jude, der zur Zeit der Herr-
40 schaft von Kaiser Augustus in Judäa geboren worden war. Als junger Mann predigte
er von Gott, und man sagte, dass er Kranke
heilen und Wunder vollbringen könne. So
hatte er Anhänger, seine »Jünger«, gewon-
45 nen und um sich versammelt.

Weil Juden und Christen sich weigerten, die
römischen Kaiser wie Götter zu verehren
und ihnen zu opfern, betrachteten die Kaiser Juden und Christen als ihre Gegner, die
50 sich ich ihnen nicht unterordnen wollten.

i ›‹ Juden unter römischer Fremdherrschaft Nachdem die Römer Judäa erobert hatten, durfte die Bevölkerung ihre Lebensweise und ihre Einrichtungen beibehalten. So tagte in der Stadt Jerusalem weiterhin ihr »Hoher Rat«. Er war das höchste Gericht und zugleich die religiöse Führung. In Jerusalem stand auch der wichtigste jüdische Tempel. Zu diesem Tempel pilgerten die Gläubigen, um ihren Gott anzubeten.

Die Römer verlangten von den Unterworfenen aber, Zwangsarbeiten zu leisten und hohe Steuern zu bezahlen. Dagegen lehnten sich die Menschen in Judäa mehrmals auf. So kam es im Jahr 70 n. Chr. zu einem großen jüdischen Aufstand. Die römischen Truppen zerstörten daraufhin den Tempel in Jerusalem. Nur Reste der Tempelmauer blieben erhalten. M 4 zeigt, wie danach Tempelschätze und Gefangene in einem Triumphzug durch Rom geführt wurden.

Viele Juden flohen nun aus der Heimat ihrer Vorfahren. Sie hofften aber, eines Tages nach Jerusalem zurückkehren zu können und wünschten sich seitdem bei religiösen Festen: »Nächstes Jahr in Jerusalem!«

Das Christentum wird verboten ...

Die römischen Besatzer in Judäa wussten, dass es ihnen nicht einfach gelingen würde, das Judentum zu unterdrücken: Es war bereits seit Jahrhunderten verbreitet.
55 Die christliche Religionsgemeinschaft dagegen war gerade erst im Entstehen. Deswegen hofften die Kaiser, ihre Ausbreitung verhindern zu können, und verboten sie. Menschen, die trotzdem den christlichen
60 Glauben ausübten, wurden verfolgt und bestraft.

Doch mit seiner Lehre von der Nächstenliebe und der Hoffnung auf Erlösung nach dem Tod sprach das Christentum viele
65 Menschen an. Daher verbreitete sich die neue Religion im Verborgenen (M 5). Schätzungen gehen davon aus, dass um 300 n. Chr. etwa zehn Prozent der Menschen im Römischen Reich Christen waren.

... und dann doch anerkannt

70 Die römischen Herrscher erkannten, dass die Unterdrückung des Christentums nicht mehr gelingen konnte. Sie begannen, die Gottesdienste der Christen zu dulden. Im Jahr 312 n. Chr. ging Kaiser Konstantin noch
75 einen Schritt weiter: Er selbst nahm den christlichen Glauben an und ließ das Christentum als gleichberechtigte Religion zu. Diese Veränderung wird auch als »Konstantinische Wende« bezeichnet.

80 Konstantin sah sich als Schutzherr der Christen. Er glaubte, dass sie die Einheit des Römischen Reiches und die Macht des Kaisers stützen würden. Deshalb sorgte er dafür, dass die höchsten Vertreter der
85 Christen, die Bischöfe, mit der kaiserlichen ↦ Verwaltung eng zusammenarbeiteten. Die Bischöfe berieten Konstantin und wurden auch als Richter eingesetzt.

Der Anteil der Christen in der Bevölkerung
90 wuchs weiter, andere Religionen wurden verdrängt. Im Jahr 391 n. Chr. erklärte Kaiser Theodosius das Christentum zur Staatsreligion und verbot bald darauf alle heidnischen Kulte – sogar die Olympischen Spiele (S.
95 84–87). Überall im Römischen Reich wurden nun große christliche Kirchen gebaut.

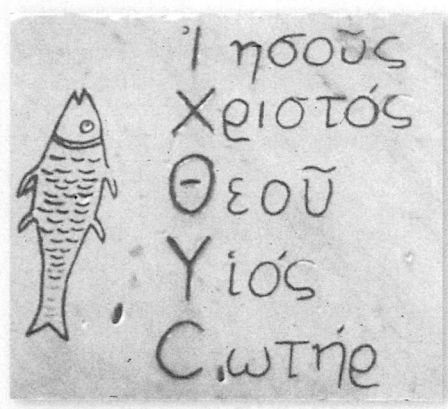

M 5 Die frühen Christen wählten den Fisch als geheimes Erkennungszeichen. »Fisch« heißt auf Griechisch »Ichtys«.

I	I	Iesous (Jesus)
X	CH	Christos (Christus)
Θ	TH	Theou (Gottes)
Y	Y	Yios (Sohn)
Σ	S	Soter (Erlöser)

M 6 Silbermünze, um 315 n. Chr., mit dem Porträt von Kaiser Konstantin. Auf dem Helm ist das sogenannte Christogramm abgebildet. Dabei handelt es sich um die ersten Buchstaben des griechischen Wortes »Christos«, X (Ch) und P (R).

M7 Die Ausbreitung des Christentums vom 3. bis zum 5. Jahrhundert n. Chr.

M8 Die Christen und der Staat

Kaiser Galerius und sein Mitkaiser Konstantin erließen 311 n. Chr. diese Verordnung:

Wir wollten alles nach den alten Gesetzen der Römer regeln und dafür sorgen, dass auch die Christen zur Vernunft zurückkehren. Denn die Christen befolgten aus
5 lauter Sturheit und Dummheit nicht mehr die Bräuche der Vorfahren. Vielmehr gaben sie sich ihre eigenen Gesetze und bildeten aus Angehörigen verschiedener Völker eine eigene Gemeinschaft. Als Wir ihnen erfolg-
10 los befohlen hatten, zu den Gebräuchen der Vorfahren zurückzukehren, wurden viele vor Gericht gestellt, viele auch vertrieben. Trotzdem blieben die meisten hartnäckig und verehrten nicht die Götter in der ange-
15 messenen Weise. Daraufhin haben Wir beschlossen, Unsere Großzügigkeit auch den Christen gegenüber zu zeigen, sodass sie wieder Christen sein und ihre Versammlungsstätten aufbauen dürfen. Sie dürfen
20 aber keinesfalls gegen die öffentliche Ordnung verstoßen.

Als Gegenleistung für Unsere Großzügigkeit haben sie die Pflicht, zu ihrem Gott zu beten – sowohl für unser Wohl und das
25 des Staates als auch für ihr eigenes Wohl, damit der Staat in jeder Hinsicht vor Schaden bewahrt wird und sie sicher in ihren Häusern leben können.

Lactanz: De mortibus persecutorum, 34 . Zitiert nach:
Karin Piepenbrink: Konstantin der Große und seine Zeit,
Darmstadt: WBG 2002, S. 33 (bearbeitet)

2. Die Römer stellten den Unterworfenen die Ausübung ihres Glaubens an ihre eigenen Götter frei. Trotzdem sahen sie in der christlichen und jüdischen Religion eine Gefahr. Arbeite aus dem Text Gründe hierfür heraus.

3. »Nächstes Jahr in Jerusalem!« – Erkläre diesen Spruch mithilfe des Infotextes auf S. 159.

4. Finde heraus, wie das Geheimzeichen M5 zu verstehen ist und welchen Nutzen Christen davon hatten, es zu gebrauchen.

5. Liste anhand von M8 die Gründe auf, die Kaiser Galerius veranlassten, die Christenverfolgung zu beenden.
↦ **Tipp:** S. 333

+ Erkläre, warum die Olympischen Spiele verboten wurden (Darstellungstext, ab Z. 89).

6. Zeige an M6 und M7, wie sich der Übertritt Kaiser Konstantins zum Christentum auswirkte. Erkläre dabei: Welche Rolle spielte es, dass die meisten Orte, an denen sich früh christliche Gemeinden bildeten, am Mittelmeer lagen?

Colonia Agrippina – eine bedrohte Stadt?

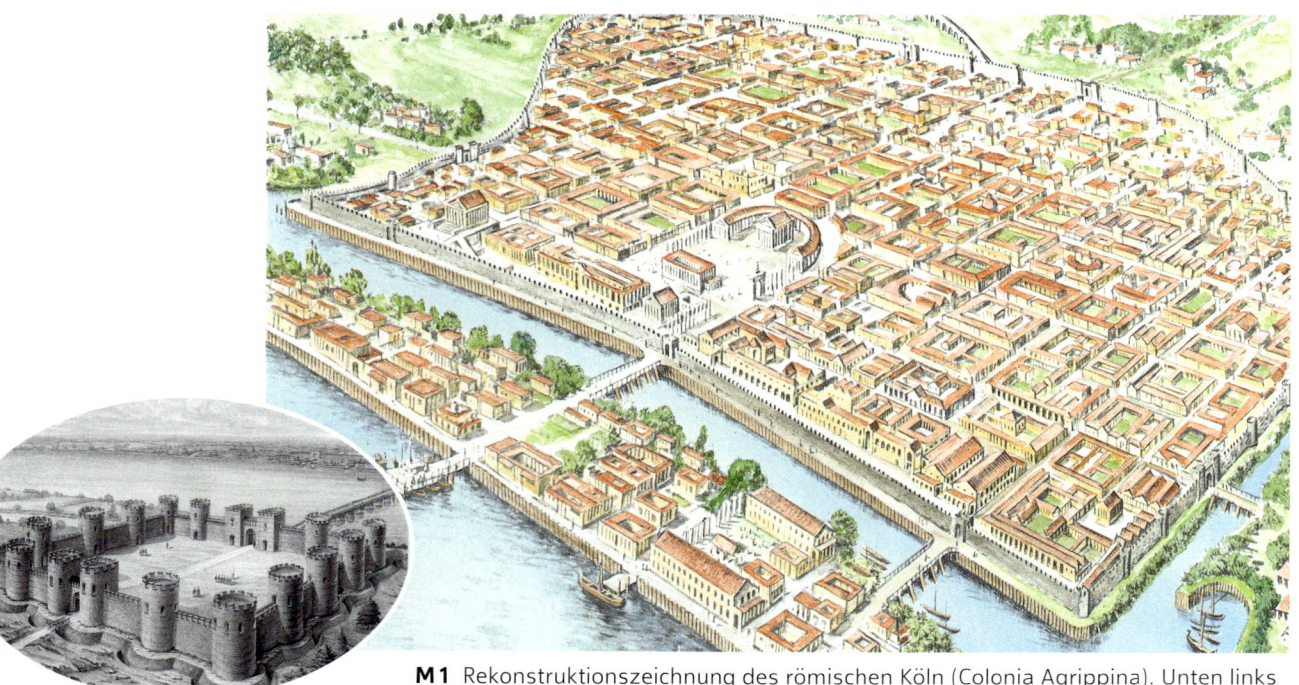

M1 Rekonstruktionszeichnung des römischen Köln (Colonia Agrippina). Unten links ist das Kastell Divitia zu sehen. Es wurde Anfang des 4. Jahrhunderts n. Chr. errichtet, um die Stadtbevölkerung besser schützen zu können.

WES-117726-042

Unter diesem Webcode kannst du dir den Text anhören.

ZEITREISE ››› Fliehen oder bleiben?

Es ist das Jahr 455. Aemilius aus Colonia Agrippina (Köln) blickt nachdenklich über den Rhein. Von dort, aus dem Osten, werden sie kommen, die Germanen, und diesmal gibt es wahrscheinlich keine Rettung mehr für die Stadt. Soeben hat er die Nachricht erhalten, dass der Heerführer
5 *Aetius in einer Schlacht umgekommen ist.*

Aetius hatte lange verhindern können, dass Colonia Agrippina von den germanischen Heeren eingenommen wird. Ja, unter Aetius hatten vier Jahre zuvor sogar die gefürchteten Hunnen die wohl entscheidende Niederlage erlitten. Ohne ihn ist die Stadt verloren! Aemilius überlegt,
10 *ob er mit seinen sechzig Jahren zusammen mit seiner Frau seine Heimat verlassen sollte.*

Schon seit Jahren war das reiche und strategisch günstig am Rhein gelegene Colonia Agrippina Ziel germanischer Eroberer. Aemilius denkt daran, dass es trotz aller Gegenmaßnahmen immer wieder zu Angriffen
15 *und Verwüstungen durch Germanen gekommen ist. Dabei gehen ihm verschiedene Ereignisse durch den Kopf:*

Im Jahr 259 n. Chr. machten die am Rhein stationierten Legionen ihren Heerführer Postumus zum ↦ Kaiser, nachdem sie die Germanen zurückgedrängt hatten. Von Colonia Agrippina aus regierte Postumus fast zehn Jahre lang einen Teil des Reiches und organisierte dort die Abwehr der Germanen. Auch in anderen römischen ↦ Provinzen gab es zu der Zeit viele solcher »Soldatenkaiser«.

402 waren Truppen aus Colonia Agrippina und von der Rheingrenze abgezogen worden, um die Goten zu bekämpfen, die das Römische Reich im Nordosten bedrohten. In der Neujahrsnacht 407 griffen dann germanische Krieger an: Colonia Agrippina blieb zwar verschont, aber andere große römische Städte wurden völlig zerstört.

293 teilte Kaiser Diokletian das Reich in vier Teile und verlagerte die Hauptstädte in die Grenzprovinzen, um die Grenzen sicherer zu machen. Eine der neuen Hauptstädte war Augusta Treverorum (Trier), nicht weit von Colonia Agrippina.

Im Jahr 310 ließ Kaiser Konstantin auf der anderen Rheinseite das mächtige Kastell Divitia (Deutz) errichten. Eine lange Brücke über den Rhein verbindet das Kastell mit der Stadt, sodass die Menschen dort Schutz suchen können, wenn Colonia Agrippina bedroht wird.

Als es unter den Römern am Rhein zu Auseinandersetzungen kam, nutzten germanische Volksgruppen die Gunst der Stunde und eroberten 355 die Stadt – trotz Verteidigungsanlagen. Aber schon ein Jahr später konnten römische Legionäre Colonia Agrippina zurückerobern.

Um das Jahr 400 war Colonia Agrippina ein von verschiedenen germanischen Volksgruppen eingeschlossener Vorposten des Römischen Reiches. 435 und 446 gelang es dem Heerführer Aetius noch einmal, die Germanen hinter den Rhein zurückzudrängen.

An Aetius denkt Aemilius und daran, wie es wohl ohne diesen starken Heerführer in Colonia Agrippina weitergehen wird. Sechzig Jahre sind ein hohes Alter! Soll er wirklich seine Heimatstadt verlassen oder wäre
20 es besser, auf sein Glück zu hoffen, zu bleiben und vielleicht den Sturm der Germanen lebend zu überstehen?

Am Ende entschied Aemilius sich zur Flucht. Viele seiner Besitztümer ließ er zurück. Als er fünf Jahre später zurückkam, fand er alles völlig verändert vor: Colonia Agrippina war zerstört und entvölkert,
25 die umliegenden Güter und Siedlungen der Römer von Germanen in Besitz genommen. ‹‹‹

1. Wie hättest du an der Stelle von Aemilius entschieden? Begründe.

2. a) Erstelle einen Zeitstrahl mit den Daten, die im Text genannt werden.
↦ **Tipp**: S. 333
b) Markiere in dem Zeitstrahl mit unterschiedlichen Farben die Bedrohungen der Germanen und die Gegenmaßnahmen der Römer.

Das Römische Reich zerfällt

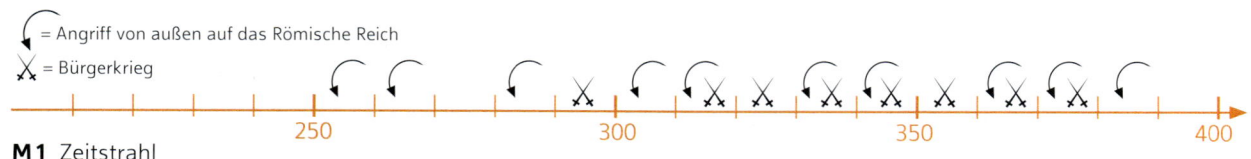

= Angriff von außen auf das Römische Reich

= Bürgerkrieg

M 1 Zeitstrahl

1. a) Gib die Information in M 1 in eigenen Worten wieder.
b) Vermute: Was könnte die Entwicklung für das Römische Reich bedeuten?

Gefahren von außen ...

An den römischen Grenzen kam es seit dem 3. Jahrhundert zu vielen Konflikten: So versuchten um 260 die Perser im Osten, das fruchtbare Mesopotamien zu erobern. Zur
5 gleichen Zeit drängten von Norden germanische Gruppen wie Franken und Alemannen ins Römische Reich. Einzelne, Familien oder auch größere Verbände von Kriegern und ihren Angehörigen wanderten ein.
10 Dafür gab es viele Gründe: Missernten und Hunger, aber auch Überbevölkerung zwangen die Menschen, ihre Siedlungsgebiete zu verlassen. Sie hofften, im Römischen Reich Frieden und Wohlstand zu finden.

15 Die ↦ Kaiser versuchten, die Grenzen sicherer zu machen, indem sie
– die Zahl der Legionäre aufstockten und Befestigungsanlagen ausbauen ließen.
– eingedrungene Gruppen nahe den Gren-
20 zen ansiedelten. Sie sollten als Verbündete nachrückende Gruppen abwehren.
– die Macht des Kaisers aufteilten. Seit 290 n. Chr. hatte er drei Mitkaiser, die in grenznahen Hauptstädten regierten,
25 um vor Ort schneller handeln zu können.

... und von innen

Häufig kam es jetzt auch innerhalb des Reiches zu verlustreichen Bürgerkriegen zwischen Feldherren, die um Macht konkurrierten. Auch Attentate auf die römischen
30 Kaiser wurden verübt. Mord und Gewalt waren als Mittel der Auseinandersetzung in Konflikten verbreitet.

Um mehr Sicherheit zu erreichen, beschlossen die Kaiser im Jahr 395, das Reich in
35 zwei Gebiete aufzuteilen – in Ostrom und Westrom. Das Christentum, das mittlerweile verpflichtende Religion war, sollte beide Reiche in Zukunft zusammenhalten.

Neue Reiche entstehen

In Ostrom machte Kaiser Konstantin Byzanz,
40 das heutige Istanbul, zur Hauptstadt. Er nannte es nach sich selbst: »Konstantinopel«. Bald entstand dort eine eigenständige ↦ Kultur, die Wirtschaft blühte. Reiche ↦ Provinzen wie Ägypten und Syrien
45 führten hohe Steuern ab, sodass es gelang, das Militär gut auszurüsten. Daher konnte sich das Oströmische Reich auch gegen Angriffe von außen gut behaupten.

Im Weströmischen Reich gelang dies nicht:
50 Der letzte römische Kaiser wurde im Jahr 476 entmachtet. Bald gründeten hier germanische Volksgruppen eigene Reiche. Manche von ihnen blieben lange bestehen. Am erfolgreichsten waren die Fran-
55 ken[1]. Nachdem sie im Jahr 455 Köln erobert hatten (S. 162 f.), erlangten sie nach und nach die Herrschaft über Gallien. Dass sie nicht auch noch das Gebiet des heutigen Spanien eroberten, lag an der allmählichen
60 Ausdehnung des Islam (**i**). Seit dem 8. Jahrhundert regierten hier arabische Herrscher, die Muslime waren. Drei »Erben« teilten sich nun das Gebiet des früheren ↦ Imperium Romanum: Ostrom, das Frankenreich
65 und das Reich der Araber.

1 **Franken:** große germanische Volksgruppe

M2 5. Jahrhundert: Das Gebiet des Römischen Reiches

M3 8. Jahrhundert: Neue Herrschaftsbereiche auf dem Gebiet des ehemaligen Römischen Reiches

Geschichtskarten vergleichen

Die Karten zeigen je eine Momentaufnahme innerhalb der Entwicklung des Mittelmeerraumes vom 5. bis zum 8. Jahrhundert n. Chr. Um den Wandel genauer beschreiben zu können, müssen sie miteinander verglichen werden.
Gehe so vor:

1. Beschreibe zunächst jede einzelne Karte mithilfe der bereits geübten Schritte. Lies gegebenenfalls auf S. 341 nach.

2. Überprüfe, ob die Karten miteinander vergleichbar sind. Werden immer dieselben Räume abgebildet oder stimmen nicht alle der gezeigten Ausschnitte überein?

3. Vergleiche nun die Ergebnisse deiner Beschreibungen miteinander: Was blieb bestehen? Was hat sich verändert? Geben die Karten Hinweise darauf, warum sich bestimmte Entwicklungen vollzogen haben?

4. Formuliere ein Fazit.

---

2. Wähle je eine Krisenmaßnahme der römischen Kaiser aus, die du für besonders wirksam oder für eher unwirksam hältst (Darstellungstext, Z. 15–38). Begründe deine Entscheidung.

3. Vergleiche die Geschichtskarten M2 und M3 mithilfe des Kompetenztrainings.

i ›‹ Der Islam ist ein Eingottglaube, wie auch das Judentum und das Christentum. Seine Lehre geht auf Mohammed zurück. Zu Beginn des 7. Jahrhunderts lebte dieser als Kaufmann in Mekka. Dort glaubten die Menschen zu jener Zeit an viele Götter. Mohammed
5 aber glaubte an Allah als einzigen Gott, denn Allah erschien ihm in Eingebungen.

Mit einigen Gefährten zog Mohammed 622 nach Medina, wo sie die erste muslimische Glaubensgemeinschaft bildeten. Dort verkündete Mohammed seinen Glauben anderen Menschen.
10 Nach seinem Tod im Jahr 632 sammelten und ordneten Mohammeds Anhänger seine Verkündigungen. Dadurch entstand die heilige Schrift des Islam, der Koran. Viele Menschen nahmen nun den neuen Glauben an. Bis zum Jahr 750 hatte sich die neue Religion weit verbreitet.

SELBSTÜBERPRÜFUNG

Wenn du die vorangegangenen Seiten bearbeitet hast, solltest du die folgenden Aufgaben lösen können. Schreibe die Lösungen in dein Heft. Ob du richtigliegst, erfährst du auf Seite 337.

---

1. Finde die passenden Begriffe für folgende Umschreibungen:
a) Beamter, der den römischen Staat in Friedens- und Kriegszeiten anführte,
b) Rat der Alten, dessen Beschlüsse die Römer in der Regel befolgten,
c) Vater der römischen Familia,
d) von den Römern eroberte und verwaltete Gebiete,
e) Entwicklung, bei der die unterworfenen Völker die Sprache, Lebensweise und Wirtschaftsform der Römer übernahmen.

2. Wähle, ob du als Mitglied einer adligen römischen Familie lieber zur Zeit der römischen Republik oder des römischen Kaiserreiches gelebt hättest. Begründe deine Entscheidung.

3. a) Benenne anhand der Karte M1 die Erdteile, auf denen die Römer Provinzen errichteten.
b) Ermittle mithilfe der Maßstabsleiste grob die Ausdehnung des Römischen Reiches von Nord nach Süd und von Ost nach West.
c) Beschreibe die römische Grenze in Germanien und nenne Gründe, warum es dort eine Grenzbefestigung gab, an anderen Grenzen des Römischen Reiches aber nicht.

4. Waren die Römer eher …
a) rücksichtslose Eroberer oder
b) bewundernswerte ↦ Kultur-Verbreiter?
Blättere die Seiten dieses Kapitels noch einmal durch und finde Begründungen für beide Ansichten. Schreibe auch, wie deine persönliche Meinung dazu ist.

M1 Das »Imperium Romanum« zur Zeit seiner größten Ausdehnung im Jahr 117 n. Chr.

166

Das Römische Reich

Im 9. Jahrhundert v. Chr. entstanden am Fluss Tiber Siedlungen, aus denen die Stadt Rom hervorging. Bald herrschten dort etruskische Könige. Um 500 v. Chr. endete ihre Herrschaft; die Römer gründeten eine von ↦ **Patriziern** regierte ↦ **Republik**. Später erreichte das
5 Volk, die ↦ **Plebejer**, das Recht, den Staat mitzugestalten.

Die Römer eroberten in vielen Kriegen ein großes ↦ **Imperium**. Durch die Kriegszüge verarmten aber die Kleinbauern, die als Soldaten dienen mussten. Die erfolgreichen Heerführer dagegen erwarben immer größeren Einfluss auf den Staat. Es kam zu Bür-
10 gerkriegen. Zunächst setzte sich der Feldherr Caesar durch. Nach seiner Ermordung (44 v. Chr.) erkämpfte Augustus die Macht. In seiner Regierungszeit wurde aus der Republik ein **Kaiserreich**.

Im 1. Jahrhundert n. Chr. begannen römische Heerführer mit Er-oberungen im Gebiet des heutigen Südwestdeutschland. In den
15 neuen ↦ **Provinzen** errichteten sie Straßen, Feldlager, Städte und Bauernhöfe. Viele Menschen nahmen die römische Lebensweise an. Sie wurden ↦ **romanisiert**.

Seit der Mitte des ersten Jahrhunderts n. Chr. verbreitete sich das **Christentum** im Römischen Reich. Zunächst wurden jedoch die
20 Christen als gottlos und staatsfeindlich verfolgt. Kaiser Konstantin gewährte ihnen 313 n. Chr. das Recht, ihre Religion frei auszuüben.

Seit dem 3. Jahrhundert drängten immer wieder fremde Volks-gruppen über die römischen Grenzen. Auch Bürgerkriege erschüt-terten das Römische Reich. Um es besser beherrschen zu kön-nen, wurde es nun in ein **Weströmisches** und ein **Oströmisches Reich** geteilt. Nach und nach siedelten sich ger-manische Volksgruppen im westlichen Teil des Römerreichs an und gründeten eigene Rei-che. Im 7. Jahrhundert dehnte sich zudem der arabische Herrschafts-raum nach Norden aus. Das Römische Reich zerfiel.

»Vorsicht! Bissiger Hund!« Fußboden-mosaik aus Pompeji

ZEITTAFEL

> **9. Jahrhundert v. Chr.**
Am Tiber werden Siedlungen errichtet, aus denen später Rom hervorgeht.

> **um 500 v. Chr.**
Die römische Republik entsteht.

> **201 v. Chr.**
Die Römer herrschen über den west-lichen Mittelmeerraum und errichten Provinzen.

> **2. Jahrhundert v. Chr.**
Wegen der Kriege verarmen viele römische Bauern. Erfolgreiche Feld-herren werden mächtiger.

> **45 v. Chr.**
Der Feldherr Caesar wird ↦ Diktator auf Lebenszeit.

> **31 v. Chr.**
Mit Augustus beginnt die Kaiserzeit.

> **117 n. Chr.**
Das Römische Reich erreicht seine größte Ausdehnung.

> **313 n. Chr.**
Kaiser Konstantin gewährt Religions-freiheit; das Christentum verbreitet sich.

> **4. Jahrhundert n. Chr.**
Das Römische Reich wird geteilt.

> **5. Jahrhundert n. Chr.**
Germanen errichten Reiche auf west-römischem Boden.

> **7. Jahrhundert n. Chr.** Der arabische Herrschaftsbereich dehnt sich nach Norden aus.

Die Maya in Mittelamerika

M1 Ein Schriftzeichen der Maya

1839 stieß eine Forschungs-Expedition in Honduras auf Reste einer untergegangenen Stadt. Der Regenwald hatte sie völlig überwuchert. Es handelte sich um die
5 Maya-Stadt Copan. Bis heute folgten viele Expeditionen, und nach und nach wurden viele Maya-Städte entdeckt und freigelegt.

Funde und Deutungen

Offensichtlich waren hier riesige Pyramiden, Paläste, fest angelegte Plätze und Straßen
10 gebaut worden. Durch ↦ archäologische Forschungen fand man heraus, dass die Pyramiden mehrfach vollständig überbaut wurden. Die Maya errichteten neue Anlagen um die alten herum, sodass nun mehrere
15 Bauwerke ineinanderliegen – wie bei einer Zwiebel die Häute. Für die Forschenden war das eine Fundgrube, weil sie sich in die Geschichte der Anlagen gewissermaßen »hineinfressen« und Entwicklungen
20 erkennen konnten.

Vor großen Gebäuden fand man Stelen, also Säulen, in Form von »Hinkelsteinen«. Sie waren mit Bildern versehen und – so glaubten die Forschenden – mit vielen
25 Verzierungen. Es war ein Meilenstein in der Erforschung der Maya-Kultur, als sich herausstellte, dass diese »Verzierungen« eine Schrift aus Hieroglyphen waren. Allmählich wurde sie entschlüsselt und es
30 zeigte sich, dass die Maya hier ihre Mythen[1] aufgeschrieben hatten, aber auch wichtige Ereignisse, die mit einem genauen Datum verbunden waren.

Weil der ↦ Kalender der Maya schon be-
35 kannt war, konnte man z. B. daraus entnehmen, ab welchem Tag unserer Zeitrechnung in Copan ein bestimmter Herrscher regierte und wann es Kriege gegeben hatte.

Wissen über die Maya

Heute wissen wir, dass die Maya nicht in
40 einem großen Staat zusammenlebten, sondern eher wie die Griechen in vielen Stadtstaaten. Ihre Lebensräume waren unterschiedlich – von trockener Savanne im Tiefland bis zum bergigen Regenwald.
45 Dennoch hatten die Maya eine gemeinsame Religion und Schrift sowie ähnliche Sprachen – etwa so, wie das Deutsche und das Niederländische einander ähnlich sind. Auch vergleichbare Bauten errichteten sie. Die
50 verschiedenen Stadtstaaten entwickelten also eine gemeinsame Kultur. Ihre Blüte hatte sie etwa zwischen 250 und 900 n. Chr.

Regiert wurden die Maya von Königen, manchmal auch Königinnen, die zugleich
55 weltliche Herrscher und höchste Priester waren. Man glaubte, dass sie die Verbindung zur übersinnlichen Welt der Geister, Dämonen und Götter herstellten, auch indem sie eigenes Blut opferten.

1 Mythen (Mehrzahl von Mythos): Erzählungen, in denen die Entwicklungen einer ↦ Kultur mit dem Handeln von Göttern verknüpft werden. Sie werden von Generation zu Generation weitergegeben.

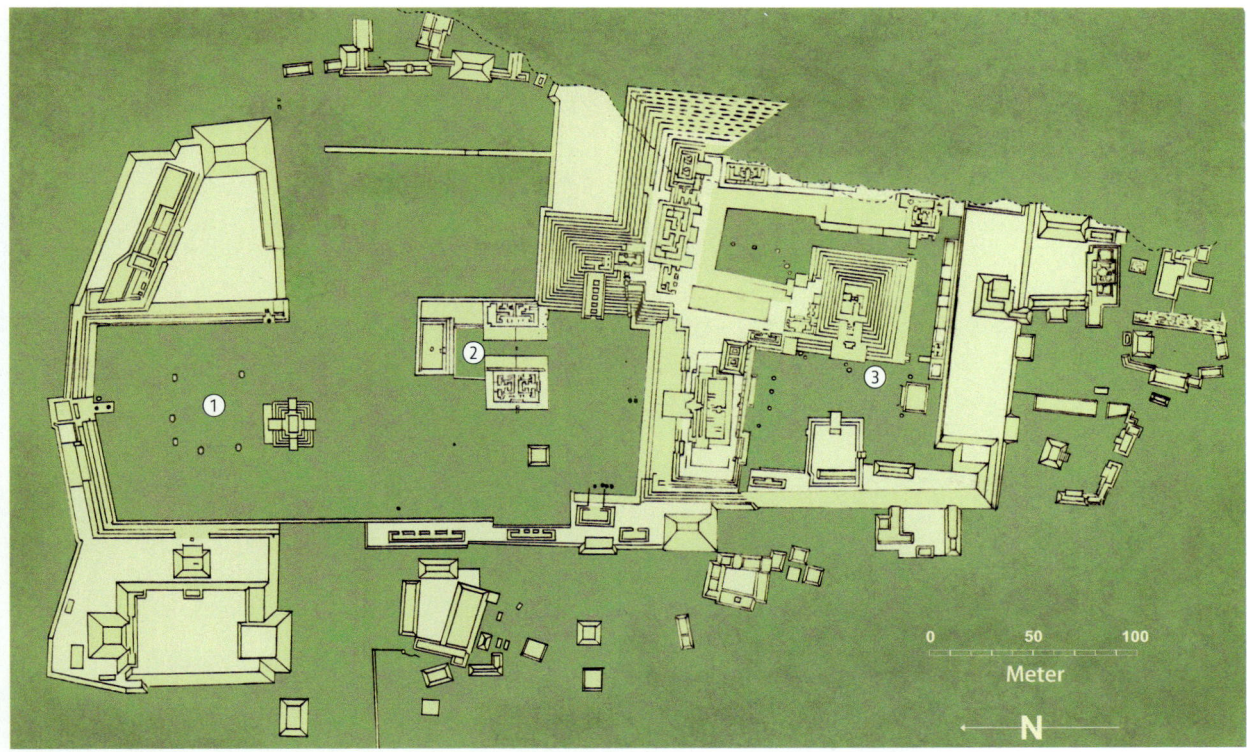

M 2 Das ausgegrabene Copan. Während die einfache Bevölkerung in Einraumhütten aus Holz oder Palmwedeln lebte, wohnten Adlige in Palästen aus Stein. Die Gebäude hatten offenbar aber keine prunkvollen Innenräume.

① Auf einem großen Platz waren 18 ver- zierte Steinpfeiler aufgestellt – zu Ehren der Herrscher.

② Als Ritual der Maya gilt ein Ballspiel, in dem der Kampf des Guten gegen die Unterwelt nachgespielt wurde: eine Vorform von unse- rem Fußball! Es fand auf einem großen Platz statt, der als Ballspielplatz gedeutet wird

③ Wichtiger als ihre Räume waren den Königen die großen Plätze und Pyramiden. Auf den Gipfeln der Stufenpyramiden befan- den sich Tempelanlagen.

60 Um die Maya-Kultur zu verstehen, mussten sich Europäer und Nordamerikaner mit völ- lig anderen Denkweisen vertraut machen, als sie ihnen aus ihrer Geschichte bekannt waren. Es entstand allmählich das Bild einer
65 faszinierenden ↦Hochkultur, die lange wohl die bedeutendste in Amerika war. Heute arbeiten Nachfahren der Maya selbst daran mit, ihre Geschichte aufzudecken.

ZUM NACHDENKEN

– Vergleiche die Stadt Rom (M 1, S. 140) mit der Stadt Copan. Beachte vor allem, worauf bei den Bauwerken besonderer Wert gelegt wurde.

– Wenn du mehr Eindrücke von der Maya-Kultur gewinnen willst, sieh dir den Film unter dem Webcode an.

WES-117726-043

Herrschaft im Mittelalter

Skulpturen und Bauwerke aus dem Mittelalter sind noch heute in unseren Städten erhalten. Dazu gehört z. B. der »Braunschweiger Löwe«, der an Herzog Heinrich »den Löwen« erinnert. Aber auch Kirchenvertreter ließen Zeichen ihrer Macht zurück, beispielsweise prächtige Kirchengebäude. Am Hildesheimer Dom wächst ein angeblich tausend Jahre alter Rosenstock.

Auf den folgenden Seiten erfährst du,

– wie ein großes Reich im Mittelalter regiert wurde.
– warum im Mittelalter ein König immer auf Reisen war.
– was Pfalzen waren und welche Rolle sie spielten.
– was die Herrschaftsverhältnisse für die Bevölkerung auf dem Land bedeuteten.

Dieses Bild zeigt einen Ausschnitt aus einer Buchmalerei, einem Zierbild in einem handgeschriebenen Buch. Es ist etwa 1 000 Jahre alt. Von mächtigen Männern wird hier ein König gekrönt.

Außerdem übst du,

– bildlich dargestellte Regeln aus dem Mittelalter zu untersuchen und die darin verwendeten Zeichen zu verstehen.
– gesellschaftliche Positionen in einem Standbild darzustellen.
– eine Karte auszuwerten.

Theophanu, ein Mädchen aus Byzanz

WES-117726-044

Du kannst dir den Text anhören. Scanne den QR-Code mit deinem Tablet oder gib den Webcode auf www.westermann. de/webcode ins Suchfeld ein.

ZEITREISE ››› Hoftag in Quedlinburg

Feierliche Gesänge erklingen, es herrscht Osterstimmung in der Servatiuskirche in Quedlinburg. Kerzen erhellen den hohen Raum, doch es ist eiskalt. Am 23. März 973 feiert ↦ Kaiser Otto I. mit seiner Familie und zahlreichen Gästen das Osterfest. Anschließend wird ein großer Hoftag stattfinden, eine Versammlung der Adligen[1] des
5 Reiches. Hunderte sind aus allen Landesteilen gekommen, dazu Gäste aus aller Welt: aus Polen und Dänemark, Ungarn und Spanien. Der ganzen christlichen Welt will Otto die Bedeutung seines Reiches und seine Macht vor Augen führen.

Die Aufmerksamkeit der Gäste richtet sich auf das junge Mädchen, das in der Nähe des Kaisers sitzt: die dreizehnjährige Theophanu. Sie ist die Nichte des oströmischen[2]
10 Kaisers und Ottos Schwiegertochter. Theophanu friert in ihren kostbaren Gewändern, aber sie bewahrt Haltung. In ihrer Heimat Byzanz hat sie eine gute Ausbildung erhalten und weiß sich angemessen zu benehmen. Theophanu spricht drei Sprachen, doch dieses Sächsisch, das hier gesprochen wird, muss sie noch lernen. Ihr 17-jähriger Ehemann heißt wie sein Vater Otto und ist der Thronerbe. Mit ihm kann sie sich auf Latein unter-
15 halten. Er ist gebildet, und sie versteht sich gut mit ihm. Da hat sie Glück gehabt, denn natürlich hatte sie ihn vor ihrer Abreise aus Byzanz nie gesehen.

Theophanu, die Mitkaiserin

Kaiser Otto I. scheint Theophanu zu mögen. Er hat sie ohne Zögern in die Familie aufgenommen und sie bei der Hochzeit mit seinem Sohn im letzten Jahr gleich vom ↦ Papst zur Mitkaiserin krönen lassen. Nach der Hochzeit im April ist Theophanu mit ihrer neuen
20 Familie durch den Süden des Ostfränkischen Reiches gezogen, über das Otto I. herrscht. Der Kaiser hat an jedem Ort, an dem sie sich aufhielten, Regierungsgeschäfte getätigt.

Für Theophanu war die Reise eine gute Gelegenheit, einen Eindruck von diesem großen Reich zu bekommen, das so anders ist als Ostrom. Schließlich kommt sie aus der lebendigen Weltstadt Konstantinopel — und jetzt bestimmen Wälder, unbefestigte Straßen,
25 einsame Dörfer und mit Wällen und Holzzäunen befestigte Klöster das Bild.

Den August hat die Familie im mächtigen ↦ Kloster von St. Gallen verbracht, dessen großzügige Bauten und reiche Bibliothek sie beeindruckt haben. Theophanu hat vorher nicht gewusst, dass es solche Orte des Wissens und der ↦ Kultur auch nördlich der Alpen gibt.

30 Theophanu ist fest entschlossen, Byzanz auf dem Hoftag würdig zu vertreten. Sie weiß, dass ihre Anwesenheit für die Gäste des Hoftags ein wichtiges Zeichen ist: Dadurch, dass ihr Onkel, der oströmische Kaiser, sie dem Sohn Ottos I. zur Frau gab, hat er gezeigt, dass er Otto I. als Kaiser anerkennt. ‹‹‹

1 Adlige: aus vornehmen Familien stammende Personen, die besondere Rechte in einer ↦ Gesellschaft hatten

2 oströmisch: aus Ostrom. Das Oströmische Reich wird auch als Byzantinisches Reich bezeichnet. Es galt als mächtiges Nachfolgereich des Römischen Reiches. Seine Hauptstadt war Konstantinopel, das heutige Istanbul.

M1 Theophanu (rechts) und ihr Ehemann Otto II. (links) auf einer Elfenbeinschnitzerei. Das Bild entstand vor mehr als tausend Jahren.

In der kleinen Figur unten links zu Füßen Ottos hat sich der Stifter des Bildes darstellen lassen, ein hoher Geistlicher. Stifter sind Personen, in deren Auftrag Kunstwerke gestaltet wurden. In früheren Jahrhunderten ließen sie sich als kleine Figuren auf den Werken mit abbilden, um die Betrachtenden aufzufordern, für sie zu beten.

1. Lies die Zeitreise oder höre sie dir an. Schreibe in Stichworten auf, was du über die Welt erfährst, in die Theophanu hineingekommen ist.

2. Schau dir die Karte M2 auf Seite 165 an. Erkläre dann, was »oströmischer Kaiser« bedeutet.

3. a) Beschreibe die Abbildung M1.
   b) Die Figur in der Mitte soll Jesus Christus darstellen. Erkläre, was durch die Schnitzerei zum Ausdruck gebracht wird.
   ↦ **Tipp:** S. 334

König, Kaiser und Kirche

Was war das für ein Reich, über das Theophanu mit ihrem Ehemann, ↦ Kaiser Otto II., herrschen sollte? Es lag auf ehemals weströmischem Gebiet. Dort hatten sich ver-
5 schiedene germanische Völker angesiedelt und neue Königreiche gegründet. Das bedeutendste unter ihnen war das Frankenreich (M 1). Der fränkische König Karl ließ sich im Jahr 800 nach dem Vorbild der
10 antiken römischen Herrscher sogar in Rom zum **Kaiser** krönen – vom ↦ Papst, dem höchsten Würdenträger der Christen.

Ein Kaiser war mächtiger als ein König, und nur der Papst konnte einen König zum Kai-
15 ser erheben. Indem der Papst König Karl zum Kaiser krönte, zeigte er allen Mächtigen, dass er Karl für denjenigen hielt, der das Frankenreich mit Gottes Hilfe regieren werde. Mit »Karl dem Großen« gab es nach
20 über 300 Jahren wieder einen Kaiser, der über Rom und große Teile von Westeuropa herrschte.

M 1 Die Bronzefigur aus dem 9. Jahrhundert gilt als Bildnis des ersten mitteleuropäischen Kaisers nach den Römern: Karls des Großen.

Als Karl im Jahr 814 starb, wurde sein Herrschaftsgebiet unter seinen Nachfolgern
25 aufgeteilt und zwei bedeutende Reiche gingen daraus hervor: das Westfränkische Reich und das Ostfränkische Reich (M 3). Das Gebiet des Westfränkischen Reichs ist der Kern des heutigen Frankreichs und
30 aus dem Ostfränkischen Reich ging später Deutschland hervor.

Otto – ein gefährdeter König

Der sächsische Herzog Otto wurde im Jahr 936 König des Ostfränkischen Reiches. Zu **Königen** wurden ↦ Adlige erhoben, die sich
35 vor den anderen ausgezeichnet hatten. Ein König musste siegen können, das verstanden die Menschen als »Königsheil«.

Doch Ottos Herrschaft war gefährdet: Immer wieder fielen ungarische Krieger in
40 sein Herrschaftsgebiet ein. Aber auch im Inneren war der neue König nicht von allen anerkannt. Denn andere mächtige Herzöge ordneten sich ihm nur ungern unter. Sie fühlten sich als Anführer ihres
45 Stammes, z. B. der Bayern oder der Schwaben, und dem König ebenbürtig.

M 2 Das Frankenreich zur Zeit Karls des Großen. Sein bedeutendster Herrschaftssitz war Aachen.

Die Kirche stützt das Königtum

Aber nicht nur Adlige besaßen in dieser Zeit eigene Herrschaftsgebiete. Auch hohe Geistliche, die **Bischöfe**, herrschten über
50 große Gebiete und deren Bewohner. Daher waren die hohen kirchlichen Würdenträger ebenso mächtig wie Adlige. Gegenüber dem König hatten sie zudem die gleichen Pflichten wie Adlige, nämlich ihn im Kriegs-
55 fall mit ihren Soldaten zu unterstützen. Eine Sache aber war bei den Bischöfen anders als bei den Adligen: Adlige vererbten ihre Herrschaftsgebiete an ihre Söhne. Bischöfe dagegen hatten keine Erben, da sie als
60 Geistliche nicht heiraten durften.

Für die Herrschaft Ottos I. wurden die Bischöfe zur wichtigen Stütze. Denn weil nur der König Männer zu Bischöfen bestimmen durfte, konnte er diejenigen auswäh-
65 len, denen er vertraute. Aber auch die Ausgewählten selbst profitierten davon, weil sie als Bischof ein eigenes Herrschaftsgebiet erhielten. Bevor sie Bischof wurden, bekamen sie eine Ausbildung im Gefolge[1]
70 des Königs. So waren sie im Kontakt mit den engsten Vertrauten des Königs und fühlten sich ihm verpflichtet.

Otto I. wird Kaiser

Als Otto im Jahr 955 ein wichtiger Sieg gegen feindliche Truppen gelang, war für
75 die Adligen sein Königsheil bewiesen. Nun war er der mächtigste König im Westen. 962 zog er nach Rom und wurde vom Papst zum Kaiser gekrönt wie damals der Franke Karl. Otto sah sich als mächtiger Herrscher,
80 der sein christliches Imperium schützte, und nannte sich »durch göttliche günstige Gnade erhabener Kaiser«. Sein Reich wurde **Heiliges Römisches Reich** genannt. Dieser Name drückte aus, dass es als Nachfolger
85 des antiken Römischen Reiches gesehen wurde.

M 3 Das Ostfränkische Reich und seine Stammesherzogtümer um das Jahr 1000

1. Erkläre, wie sich ein Kaiser von einem König unterscheidet.

2. a) Beschreibe die Karte M 3 und finde heraus, in welchen Herzogtümern das heutige Niedersachsen liegt.
b) Erläutere mithilfe des Darstellungstextes (ab Z. 23) und M 2, wie sich das Ostfränkische Reich entwickelt hat.

3. Nenne Gründe, warum Otto eng mit mächtigen Kirchenvertretern wie Bischöfen zusammenarbeitete.
↪ **Tipp:** S. 334

4. Bildet Dreiergruppen. Erarbeitet ein Standbild, um Ottos Position zwischen den Bischöfen und den Herzögen zu verdeutlichen. Nutz dazu die Anleitung auf Seite 342.

1 Gefolge (auch »Hof des Königs«): Personen, die den König umgaben. Das Gefolge eines mittelalterlichen Königs bestand aus mehreren Hundert Adligen und hohen Geistlichen, die besondere Dienste, »Hofämter«, ausübten.

M 4 Otto I. wird zum König gekrönt

M 5 Blick in den Aachener Dom. **Tipp:** Sieh dir den Innenraum mit dem Thron Karls des Großen auf der Webseite an: www.aachenerdom.de

Der Mönch Widukind von Corvey, ein Zeitgenosse Ottos I., beschrieb im Jahr 967 dessen Krönung zum König des Ostfränkischen Reiches, die im Jahr 936 stattgefunden hatte. Widukind selbst war allerdings nicht dabei gewesen:

[In der Aachener Pfalz] versammelten sich die Herzöge und obersten Grafen mit den vornehmsten Rittern in dem Säulenhof vor der Kirche Karls des Großen. Sie setzten den neuen Herrscher auf einen dort aufgestellten Thron, huldigten ihm, gelobten ihm Treue, versprachen ihm Unterstützung gegen alle seine Feinde und machten ihn nach ihrem Brauch zum König.

Otto betrat darauf die Kirche. Dort ging ihm der Erzbischof[2] von Mainz entgegen und berührte mit seiner linken Hand die
15 rechte des Königs.

Er sagte: »Seht, ich bringe euch Otto. Gott hat ihn erwählt und sein Vater, der mächtige König Heinrich, hat ihn einst zum König bestimmt. Jetzt aber wurde er von allen
20 ↦ Fürsten zum König gemacht.« [...]

Dann schritt der Erzbischof mit dem König hinter den Altar, auf dem die königlichen Abzeichen lagen: das Schwert, der Mantel, der Stab mit dem Zepter und die
25 Krone. Er nahm das Schwert, wandte sich an den König und sprach: »Nimm dieses Schwert, auf dass du alle Feinde Christi verjagst, da durch Gottes Willen dir alle Macht im Frankenreich übertragen ist, zum uner-
30 schütterlichen Frieden für alle Christen.«

Dann legte er ihm den Mantel um und gab ihm Zepter und Stab. Auf der Stelle wurde er mit dem heiligen Öl gesalbt und mit der goldenen Krone gekrönt und durch
35 die beiden Bischöfe von Mainz und Köln zum Thron geführt, zu dem man über eine Wendeltreppe hinaufstieg.

Widukind von Corvey II, 1–2, in: Res gestae Saxonicae/ Die Sachsengeschichte. Hrsgg. u. übersetzt v. Ekkehart Rotter u. Bernd Schneidmüller. Stuttgart: Reclam 1981, S. 105, 107, 109 (bearbeitet)

M 6 Diese Buchmalerei ist um 1310 entstanden. Sie zeigt eine spätere Königskrönung im Aachener Dom.

2 **Erzbischof:** Titel des höchsten Bischofs in einem kirchlichen Amtsgebiet

M7 Zu den Herrschaftszeichen der Kaiser des Heiligen Römischen Reiches gehörte neben den abgebildeten Gegenständen auch das Zepter. Die Krone ist in symbolischer Weise verziert:

i ›‹ **Die Herrschaftszeichen,** mit denen die Kaiser gekrönt wurden, werden **Reichsinsignien** genannt. Sie sind Sinnbilder kaiserlicher Macht und Zeichen für:
– den christlichen Glauben (Kreuz),
– die Herrschaft über die Weltkugel (Reichsapfel),
– die Würde als Kaiser (Krone),
– die Gewalt der Rechtsprechung (Zepter),
– die Macht auf Erden (Schwert).

Die Zahl der Edelsteine auf der Stirnplatte (Perlen werden nicht mitgezählt) steht für Vollkommenheit.

Eine Platte in der Krone zeigt Christus mit zwei Engeln: »Durch mich herrschen Könige«, steht auf Latein darauf.

5. Untersuche den Bericht M4 über die Erhebung Ottos zum König. Lege dazu eine Liste mit vier Spalten an.
 – Spalte 1: Trage die genannten Personen ein.
 – Spalte 2: Schreibe auf, was sie taten.
 – Spalte 3: Schreibe den genauen Ort der Handlung auf.
 – Spalte 4: Notiere, was die Handlungen möglicherweise bedeuteten.

6. Betrachte M6. Beurteile, ob die Darstellung zur Quelle M4 passt.

+ Stell dir vor, du führst eine Schulklasse durch die Schatzkammer der Hofburg in Wien und stellst die Reichsinsignien (M7) vor. Entwirf deinen Vortrag.

Reisen und herrschen

M 1 Ein König mit seinem Gefolge auf einer Reise. Darstellung aus dem 14. Jahrhundert

1. a) Überlege, aus welchen Gründen der mittelalterliche König mit seinem Gefolge gereist sein könnte.
b) Überprüfe deine Vermutungen mithilfe des Textes.

Der König reist

Wie regiert man ein Reich, wenn man in kurzer Zeit weder von Ort zu Ort kommt noch Anordnungen versenden kann? Im **Mittelalter**[1] gab es schließlich keine elek-
5 tronischen Medien und auch kein Telefon. Nachrichten wurden über längere Strecken mit berittenen Boten gesendet. Sie konnten höchstens 80 km am Tag zurücklegen, sofern sie unterwegs die Möglichkeit hat-
10 ten, ihr Pferd zu wechseln.

Im Mittelalter war ein Reich zudem nicht wie ein moderner Staat organisiert: Es gab keine Hauptstadt und keine Polizei. Der König stützte sich auch nicht auf eine große
15 ↦ Verwaltung wie etwa die Kaiser in der römischen Antike. Doch dort, wo der König persönlich anwesend war, übte er Macht aus: Er stellte z. B. Urkunden über Besitzrechte aus, schlichtete Streitigkeiten zwi-
20 schen ↦ adligen Familien, saß zu Gericht, führte politische Verhandlungen mit auswärtigen Gesandten oder ordnete den Ausbau von Straßen und Brücken an. Vor allem, um vor Ort Einfluss zu nehmen, befand sich
25 der König meist auf der Reise durch sein Reich. Diese Art der Regierung nennt man **Reisekönigtum.**

Begleitet wurde der König nicht nur von Familienangehörigen und Bediensteten.
30 Sein Gefolge bestand aus mehreren Hundert Personen. Dazu gehörten Krieger, aber auch Geistliche und Adlige, die als Beamte besondere Aufgaben hatten.

Der königliche Tross konnte am Tag etwa 20
35 bis 30 km zurücklegen. Quartier bezogen die Reisenden in **Pfalzen**. Das Wort leitet sich vom lateinischen »palatium« ab, was »Palast« bedeutet. Besonders prunkvoll dürfen wir uns die Pfalzen aber nicht vor-
40 stellen: Es waren Steinbauten, die durch ihre Größe die Macht des Königs zeigen sollten. Zu ihnen gehörten aber auch große Bauernhöfe. Sie sicherten die Versorgung der Reisenden.

[1] **Mittelalter:** der Zeitabschnitt der Geschichte, der auf die Antike folgte. Es dauerte etwa von 500 bis 1500.

Vertraute unterstützen den König

45 Überall dort, wo der König nicht vor Ort
sein konnte, brauchte er Vertraute, die
die Regierungsgeschäfte an seiner Stelle
übernehmen konnten. Und wenn ein
Kriegszug bevorstand, benötigte er aus-
50 gerüstete Krieger, die bereit waren, für
ihn in den Kampf zu ziehen. Nur so war es
möglich, das Königreich zu verwalten und
die Grenzen zu sichern. Doch wie bewegte
der König andere dazu, ihn verlässlich zu
55 unterstützen?

Der König hatte die größte Machtstellung
im Reich und verfügte über das gesamte
Reichsgebiet. Deshalb konnte er Abmachungen mit ausgewählten hohen Geist-
60 lichen und mit Adligen treffen: Denjenigen,
denen er vertraute, überließ er Ämter und
Teile des Reichsgebiets – wie Dörfer, Klöster oder Grafschaften – als **Lehen**, was
»Geliehenes« bedeutet.

65 Das Lehen war also eine Leihgabe: Die
Vertrauten – ob Bischöfe oder Adlige –
erhielten Land, das von Bauern bewirt-
schaftet wurde. Daher waren sie nun gut
versorgt. Als Gegenleistung mussten sie
70 dem König, ihrem **Lehnsherrn**, mit »Rat
und Tat« zur Seite stehen – wie es damals
hieß. Das bedeutete: Ihre Hauptaufgabe
war es, das an sie übertragene Gebiet zu
kontrollieren und Kriegsdienst zu leisten
75 sowie den König bei schwierigen Entscheidungen zu beraten.

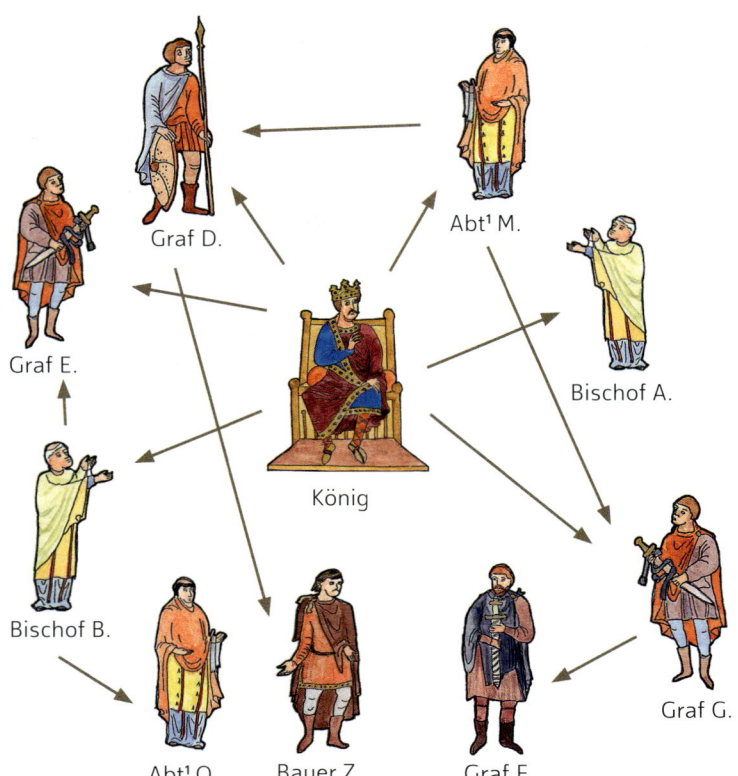

M 2 Schaubild: So könnten Lehen vergeben worden sein.

Lehnsherren und Vasallen

Die untergeordnete Stellung derjenigen, die ein Lehen erhielten, macht ihre
Bezeichnung deutlich: Man nannte sie
80 **Vasallen**. Der Begriff ist vom lateinischen
Wort »vassus« abgeleitet und bedeutet
»Knecht«. Doch ein solcher Knecht konnte
auch selbst zum Lehnsherrn werden: Die
Vasallen des Königs erhielten oft so große
85 Gebiete, dass sie sie nicht allein beherrschen konnten. Daher durften sie Teile
ihres Lehens an eigene Vasallen weitergeben. Aber auch diese mussten nicht ihr
ganzes Lehen selbst verwalten, sondern
90 konnten wiederum Teile vergeben.

Was aber, wenn ein Vasall seine Dienste nicht erfüllte? Oder wenn er mehreren Lehnsherren diente, die miteinander
in Streit gerieten? Die Wirklichkeit des
95 Lehnswesens war manchmal kompliziert.
Um Konflikte zu vermeiden, wurden Regeln
nach und nach in Rechtsbüchern festgehalten.

2 **Abt:** Leiter eines
↦ Klosters

2. a) Betrachte das Schaubild M 2. Halte
in einem Diagramm fest, wer Lehnsherren und Vasallen sind.

b) Erläutere mithilfe des Darstellungstextes (Z. 56–76), wie durch das
Lehnswesen Herrschaft ausgeübt
werden konnte.

3. Lies die Zeilen 65–76 sowie 91–98
des Darstellungstextes und beurteile,
welche Vor- und Nachteile Lehnsherren und Vasallen hatten.

Wie werden Lehen vergeben?

Die Übergabe eines Lehens erfolgte durch eine symbolische Handlung, den soge-
100 nannten **Handgang**: Vor Zeugen legte der Vasall seine Hände in die des Lehnsherrn und leistete einen Treue-Eid, indem er z. B. sagte: »Herr, ich begehre von Euch
105 zu lehen und biete Euch dafür meine Mann-
schaft.« Danach übergab der Herr ihm ein Schwert, eine Fahne oder einen Schlüssel
als Symbol (Zeichen) des Lehens. Abläufe wie diese wurden im Mittelalter in Rechts-
110 büchern festgeschrieben, z. B. im »Sachsen-
spiegel« (**i**).

Durch Handgang und Treue-Eid entstand ein Netz von persönlichen Bindungen und gegenseitigen Verpflichtungen zwischen
115 dem König, den Adligen und den hohen Geistlichen. Anfangs fiel ein Lehen nach dem Tod eines Vasallen an den Lehnsgeber zurück und er vergab es an einen neuen Vertrauten seiner Wahl. Doch die Adligen
120 wollten die Ländereien an ihre Söhne wei-
tergeben, daher wurden Lehen bald erblich.

M 3 Handgang und Treue-Eid in Bildern

①

i ›‹ **»Sachsenspiegel«** ist der Name mehrerer Ausgaben von Rechtsbüchern. »Spiegel« bedeu-
tet so viel wie Überblick. Das Buch gibt also einen Überblick über Regeln, die im mittelalterlichen Sachsen, dem heutigen Norddeutschland, galten. Es wurde im 13. Jahrhundert verfasst. Die Regeln hielt man nicht nur in Tex-
ten fest, sondern auch in Bildern. Dabei wurden Zeichen verwendet, beispielsweise:

– **Krone:** königliche Macht
– **Rot:** Macht
– **Grün:** adlige Herkunft
– **eine Fahne übergeben:** einem Adligen ein Lehen übertragen
– **einen Schlüssel übergeben:** einem Geistlichen ein Kloster oder eine Kirche als Lehen übertragen
– **ineinandergelegte Hände** (»Handgang«): einander Treue und Schutz versprechen
– **Hand schräg nach unten halten:** erklären
– **erhobener Zeigefinger:** ermahnen
– **Hände verschränken:** ablehnen
– **niederknien:** sich unterordnen
– **ein Schwert halten:** auf Macht, Strafe oder Kriegsdienst hinweisen

4. Betrachte M 3. Erkläre mithilfe des Darstellungstextes auf Seite 180 und der Zusatzinformation (**i**), welche Handlungen dargestellt sind. Beachte, dass in diesem Bild zwei Szenen gezeigt sind. Orientiere dich an folgenden Fragen:
- Was für Personen sind beteiligt?
- Woran erkennst du ihre Bedeutung?
- Wer bietet seine »Mannschaft« und was bedeutet dies?
- Wie sind das Gebäude und der übergebene Gegenstand zu verstehen?

5. a) Erkläre mithilfe der Zusatzinformation (**i**), worum es in M 4 und M 5 geht.
b) Spielt die Szenen nach. Tauscht euch hinterher in der Klasse darüber aus, wie sich die Situation jeweils für den »Vasallen« anfühlt und wie für den »Lehnsherrn«.
Oder:
Ladet euch unter dem Webcode rechts den Text »Richard erhält ein Lehen« herunter und entwickelt dazu ein Rollenspiel.

WES-117726-045

②

③

Wirtschaften in einer Pfalz

M 1 Rekonstruktionszeichnung einer großen Pfalzanlage. Die Pfalz Grona, um die es in der folgenden Geschichte geht, war kleiner als die hier gezeigte Pfalz. Die Gebäudeteile: ① Königshalle, ② Pfalzkapelle, ③ Säulengänge, ④ Wehrmauer, ⑤ Wohn- und Verwaltungsräume, ⑥ Haupteingang, ⑦ Wirtschaftsgebäude

ZEITREISE ››› Wenn die Kaiserin kommt

1 Grona: Die Pfalz lag nordwestlich des heutigen Zentrums von Göttingen und ist Namensgeberin des Stadtteils Grone. Im 10. und 11. Jahrhundert wurde sie von Kaiser Otto I. und seinen Nachfolgern gerne und oft besucht.

WES-117726-046
Unter diesem Webcode kannst du dir den Text anhören.

*Der September des Jahres 986 hatte schon begonnen, als der **Pfalzgraf** von Grona[1] – nennen wir ihn Martin – den kaiserlichen Boten empfing. Der teilte ihm mit, dass ↦ Kaiserin*
5 *Theophanu mit ihrem Sohn Otto und einem großen Gefolge den Oktober auf der Pfalz verbringen wollte. Es sollte ein Hoftag stattfinden. Damit hatte Martin nicht gerechnet, denn erst den März hatte der Kaiser und sein Gefolge in*
10 *Grona zugebracht und das hatte viele Vorräte gekostet! Nun sollten bald wieder etwa 500 Menschen kommen. Sie zu versorgen würde große Anstrengungen bereiten. Aber Grona war eben eine beliebte Pfalz!*

15 *Gleich schickte Martin nach seinem Verwalter, Bruno. Auf den erfahrenen, verständigen Mann, der die Pfalz und die umliegenden Hofstellen bestens kannte, hatte er sich bisher*

immer verlassen können. Auch Bruno war
20 *überrascht, als er von dem baldigen Besuch erfuhr, doch nachdem er einen Augenblick überlegt hatte, sagte er: »Ich meine, das ist zu schaffen, Herr Martin! Die Ernte ist gut, der Bestand an Vorräten müsste ausreichen und*
25 *die Räume sind gepflegt. Sogar das Dach des Palatiums ist wieder abgedichtet.«*

Der Verwalter prüft und sorgt vor

Bruno machte sich auf den Weg zu seinem Seneschall, dem Beamten, der für die Essensvorräte verantwortlich war. Mit ihm prüfte
30 *er, wie viele Kühe, Schweine, Schafe, Gänse und Hühner zur Schlachtung bereit waren. Schinken und Würste wurden gezählt und die Getreidesäcke durchgesehen – ob auch keine Mäuse oder Ratten sie angefressen hatten!*

Der Seneschall ließ auch den Jagdaufseher
35 kommen, denn er musste wissen, ob die Fisch-
teiche gut bestückt waren und ausreichend
Wild in der Gegend stand.

Mit dem Mundschenk besprach Bruno in-
40 zwischen den Stand der Getränkevorräte.
Frischwasser war mit dem nahen Bach ausreichend vorhanden. Vielleicht sollte man noch
Rheinwein holen? »Unsere Weinfässer sind
gefüllt!«, sagte der Mundschenk. »Aber Bier
45 könnten wir noch brauen.«

Über den breiten Innenhof der Pfalz ging
Bruno zu den Stallungen. Der Marschall, der
für die Unterbringung und das Futter für die
Pferde des königlichen Trosses zu sorgen hatte,
50 klagte: Ein Teil des Heus sei feucht geworden
und schimmele nun. Dafür müssten die Bauern
eben Heu nachliefern.

Am Ende seines Rundgangs war Bruno ganz
zuversichtlich. Auch die Arbeitshäuser waren
55 gut besetzt; dort webten die Frauen des Her-
renhofes das feine Leinen für die Königsfamilie
und das etwas gröbere für das übrige Gefolge.
Es schien, als müssten für den Besuch der Kaiserin nicht viele Waren zugekauft werden. Das
60 würde auch den Kämmerer Leodulf freuen, der
hinter gesicherten, mit Eisen beschlagenen
Türen das königliche Vermögen der Pfalz verwaltete!

Geistliches Leben auf der Pfalz

Pfalzgraf Martin stattete inzwischen dem
65 Priester der Pfalzkapelle einen Besuch ab.
Schließlich mussten auch die Gestaltung des
feierlichen Gottesdienstes zur Eröffnung
des Hoftages und der Empfang für die hohen
Herren des Umlandes geplant sein! Martin
70 traf ihn in den Nebenräumen der Königshalle,
wo er sich mit einem der gräflichen Beamten
besprach. Sie prüften eine Urkunde für eine
Schenkung an ein ↦ Kloster in der Nähe. Der
Priester wollte gleich einen Boten zum Bischof
75 von Magdeburg schicken, damit er den Gottes-

M 2 Auch Hufschmiede wurden auf der Pfalz gebraucht, denn die
Pferde des königliches Trosses mussten versorgt werden. Englische
Buchmalerei aus dem 13. Jahrhundert

dienst mitfeiern könnte. Auch andere geistliche
Herren wollte er zum Fest einladen.

Als Martin vor die Tür der Pfalzkapelle trat,
konnte er die gesamte Pfalzanlage überblicken.
80 In den Höfen standen Pferde und wurden von
Knappen gestriegelt, aus den offenen Werkstätten und Schmieden drang Arbeitslärm.
Seine Pfalz war doch ein beeindruckender
Ort! Die Kaiserin würde sicher auch diesmal
85 zufrieden sein … ‹‹‹

1. a) Lies den Text oder höre ihn dir an.
Überlege dann, wofür der Verwalter
Bruno noch sorgen muss, und entwirf
für ihn eine ausführliche Checkliste
der vor dem Besuch zu erledigenden
Arbeiten.
b) Notiere, wer alles an den Arbeiten
beteiligt ist.

+ Die Geschichte über die Pfalz Grona
ist eine erfundene Erzählung. Erkläre,
wie man überprüfen kann, ob sie der
mittelalterlichen Wirklichkeit entspricht.

Freie Herren – unfreie Bauern

Wer ein ↦ Lehen erhalten hatte, war verpflichtet, seinem Lehnsherrn Dienste zu leisten. Er musste – wenn nötig – in den Krieg ziehen oder, wie der ↦ Adlige Martin 5 (S. 182), einen kaiserlichen Tross auf seiner Pfalz versorgen. Um dies leisten zu können, hatte er Land bekommen. Das Land war aber nur etwas wert, weil darauf Bauernfamilien lebten, die es bearbeiteten und 10 für Ernten sorgten. Durfte also ein Pfalzgraf wie Martin über die Bauern bestimmen? Ja, denn er war **Grundherr** der Familien, die auf seinem Land lebten.

Grundherr und Leibeigene

Jeder Grundherr verfügte über einen Herrenhof mit Ackerland. Dieses Land ließ er 15 für den eigenen Bedarf bewirtschaften. Alle bäuerlichen Arbeiten wurden von Knechten und Mägden verrichtet, die auf dem Herrenhof lebten: das Pflügen, 20 Säen und Ernten, das Instandhalten der Wege und Gebäude, das Verarbeiten von Flachs und das Herstellen von Stoffen.

1 Fron: Das Wort kommt aus dem mittelalterlichen Deutsch (Mittelhochdeutsch) und bedeutet so viel wie Herrschaft.

Die Knechte und Mägde gehörten dem Grundherrn: Sie waren unfrei und zähl-25 ten als **Leibeigene** zu seinem Besitz. Der Grundherr ließ sie nicht nur für sich arbeiten, sondern er war auch ihr Richter. Nicht einmal heiraten durften Leibeigene ohne die Erlaubnis des Grundherrn. Andererseits 30 war er dazu verpflichtet, sie zu versorgen und vor Gefahren zu schützen.

Hörige: unfreie Bauern

Einem Grundherrn unterstanden aber noch weitere kleine Bauernhöfe, die außerhalb seines Gutes lagen: die sogenannten 35 Hufen. Auch die »Hufenbauern«, die diese Bauernhöfe bewirtschafteten, mussten für den Grundherrn arbeiten, denn auch sie waren von ihm abhängig und persönlich unfrei. Man bezeichnet sie als **Hörige** – 40 das Wort kommt von »gehorchen«. Wenn das Land, auf dem sie lebten, verkauft oder verschenkt wurde, wurden die Hörigen mit dem Land weitergegeben. Sie waren, wie es hieß, »an die Scholle (an das Land) gebun-45 den«: Ein Höriger war also ein Bauer, der von einem Grundherrn abhängig war, aber nicht als Besitz des Grundherrn galt.

Abgaben und Dienste

Die Hörigen mussten einen Teil ihres Viehs und Geflügels sowie Eier, Milch und 50 Getreide an den Grundherrn abgeben. Ein Zehntel ihrer Ernte erhielt zudem die Kirche: den sogenannten Kirchenzehnt. Zudem hatten Hörige für ihren Grundherrn **Frondienste**[1] zu leisten. Dazu gehörten 55 die Bestellung der Felder des Grundherrn und »Spanndienste«: Mit Ochsen- oder Pferdegespannen waren Ernteerträge zu transportieren. Auch beim Bau von Wegen mussten sie mitarbeiten. Und im Falle des 60 Pfalzbesuchs eines Herrschers hatten sie sich an den Vorbereitungen zu beteiligen.

Herrenhof
Grundherr
Herrenland
Land, Schutz
Leibeigene
Hufenland
Abgaben, Dienste
freier Bauer
Hörige
2315GX_1

M 1 Schaubild: Das System der Grundherrschaft

M 2 Bauern liefern Abgaben beim Verwalter ihres Grundherrn ab. Nachträglich kolorierter Druck aus dem Buch »Spiegel des menschlichen Lebens«, 1479

Da der Grundherr für Frieden und Ordnung im Dorf sorgen sollte, konnte er die Einhaltung seiner Gebote und Verbote mit
65 Gewalt erzwingen. Die **Grundherrschaft** bestimmte etwa von 800 bis 1800, also tausend Jahre lang, das Leben der Menschen auf dem Land.

Von der Freiheit zur Hörigkeit

Forschende gehen davon aus, dass schon
70 im frühen Mittelalter die meisten Bauern Hörige waren. Dies hängt damit zusammen, dass Bauern im Kriegsfall als Soldaten zu dienen hatten. Zum einen war das teuer, denn ihre Waffen mussten sie
75 selbst bereitstellen. Zum anderen fanden Kriegszüge meist im Sommer statt; deshalb fehlten sie bei der Feldarbeit im Dorf. Die Folge war, dass ihre Familien verarmten und hungern mussten. Um die Pflicht zur
80 **Heeresfolge** – also zum Kriegsdienst – zu umgehen, gaben viele Bauern ihre Freiheit auf und begaben sich in die Hörigkeit. Denn der Grundherr nahm ihnen die Pflicht ab und versprach, sie zu schützen – z. B. vor
85 Übergriffen anderer adliger Herren, die versuchten, das Land, auf dem die Bauern lebten, zu erobern. So konnten sie die lebensnotwendige Feldarbeit leisten.

1. Bildet Dreiergruppen und klärt, was die Begriffe »Grundherr«, »Hörige« und »Leibeigene« bedeuten. Nutzt dazu den Text (bis Z. 47) sowie M 1. Geht so vor:
Wählt je einen Begriff und schreibt Stichworte dazu auf. Gebt dann eure Notizen weiter. Das nächste Gruppenmitglied ergänzt sie gegebenenfalls. Danach gebt ihr die Notizen noch einmal weiter, sodass alle in der Gruppe über die Begriffe informiert sind.

2. Stellt eure Ergebnisse aus Aufgabe 1 in der Klasse vor und besprecht sie. Einigt euch auf eine Begriffsklärung.

+ Wie gut kennst du dich aus mit der Grundherrschaft? Finde es heraus mithilfe des Webcodes:

WES-117726-047

3. Gestaltet Denkblasen, in die ihr die Empfindungen und Gedanken eintragt. Legt sie zum Bild.
→ **Tipp:** S. 334

① *Kräuter und Getreidebündel werden an Mariä Himmelfahrt, dem 15. August, in der Kirche geweiht. Außerdem ist der Gänsezehnt fällig.*

② *Am Tag des Heiligen Urban, dem 25. Mai, sind die Frühjahrsarbeiten in Obstgarten und Weinberg beendet. Das zeigt der abgelegte Arbeitskittel.*

③ *Am Bartholomäustag, dem 24. August, sind verschiedene Abgaben fällig, z. B. Geld, Eier und Getreide. Um den Termin zu kennzeichnen, ist der heilige Bartholomäus dargestellt, der seine Haut an einem Stock trägt. Der Überlieferung nach wurde Bartholomäus gehäutet und enthauptet.*

④ *Der Fleischzehnt ist am 24. Juni, dem Johannistag, fällig. Darauf weisen Rind, Kalb, Ziege und Hahn hin.*

⑤ *Am Margarethentag, dem 13. Juli, ist der Kornzehnt fällig. Um den Termin zu kennzeichnen, ist die heilige Margarethe dargestellt. Der Legende nach fesselte sie den Teufel.*

M4 Dienste der Hörigen

Um das Jahr 900 entstand ein Verzeichnis des Gutshofes Friemersheim am Rhein, das die Verpflichtungen der Hörigen genau festlegte. Dort heißt es, dass zwei Wochen im Herbst, im Frühling und im Juni für jeweils fünf Tage bestimmte Feldarbeiten geleistet werden müssen:

Im Herbst soll jeder Hufenbauer pflügen, das Saatkorn vom Hof empfangen und eggen.

5 Der gleiche Dienst ist im Frühjahr zu leisten. [...] Weiter ist im Frühjahr auf Verlangen eine Fläche zu ackern. Jedem Pflug steht ein Sechstel Bier, ein Brot und Zukost zu. [...]

In der Heuernte soll jeder Hufenbauer 10 bis zum Mittag mähen, dann steht zweien ein Brot zu, Zukost und ein Sechstel Bier. Er soll darauf das Heu in Haufen zusammenrechen und einen Wagen voll in die Scheune fahren.

15 Weiter soll er zum Haupthof 30 Pfähle bringen, sooft es notwendig ist, den Zaun zu erneuern. [...]

Auf dem Feld soll er den Zaun derart instand halten, dass die Zugochsen oder 20 anderes Vieh nicht in die Saaten einbrechen können. Wenn Vieh einbricht, ist er verantwortlich.

Er soll jährlich zwei Scheffel² Roggen vom Haupthof empfangen und mahlen und 25 verbacken. Von 24 Broten erhält er eines, wenn er sie abliefert.[...]

Zitiert nach: Günther Franz: Quellen zur Geschichte des deutschen Bauernstandes im Mittelalter. Darmstadt: WBG 1967/Nr. 43 (bearbeitet)

M5 Erntearbeit. Buchmalerei, um 1300

M6 Wie kam es zur Abhängigkeit?

Aus dem 9. Jahrhundert ist die folgende Klage eines Bauern überliefert:

Da ich, wie jedermann bekannt ist, nicht mehr weiß, wovon ich mich ernähren oder kleiden soll, habe ich Euer Mitgefühl angerufen, und Euer Wille hat mir gestat- 5 tet, mich Eurem Schutz auszuliefern oder anzuvertrauen. Dies geschehe unter folgenden Bedingungen: Entsprechend meinen Diensten und Verdiensten um Euch seid Ihr verpflichtet, mir zu helfen und mich 10 mit Nahrung und Kleidung zu versorgen. Ich schulde Euch bis an mein Lebensende Dienstbarkeit und Gehorsam, sofern sie mit der Freiheit vereinbar sind; bis an mein Lebensende werde ich mich Eurer Macht 15 und Eurem Schutz nicht entziehen können.

Zitiert nach: Georges Duby: Krieger und Bauern. Frankfurt am Main: Syndikat 1981 (2. Auflage), S. 49 (bearbeitet)

---

4. Ordne jeder Bildzeile von M3 die passende Textzeile zu.

5. Erstelle mithilfe von M4 und dem Text (Z. 32–65, S. 184) eine Tabelle.
a) Schreibe auf der linken Seite auf, was der Grundherr für den Hörigen tat, und auf der rechten Seite, was der Hörige für den Grundherrn leisten musste.
b) Nimm Stellung zur Situation des Hörigen. Beachte auch M5.

6. Lies M6 und gib das Anliegen des Bauern in eigenen Worten schriftlich wieder.
↦ **Tipp:** S. 334

7. Führt zu zweit ein Rollenspiel durch: Zwei Bauern treffen sich, ein Freier und ein Höriger. Sie sprechen darüber, ob es besser ist, frei oder hörig zu sein, und berichten einander von ihren Erfahrungen.
↦ **Tipp:** S. 334

2 Scheffel: ein Gefäß, das als Hohlmaß genutzt wurde (wie z. B. Liter). In verschiedenen Gegenden waren Scheffel allerdings sehr unterschiedlich groß.

Wenn du die vorangegangenen Seiten bearbeitet hast, solltest du die folgenden Aufgaben lösen können. Schreibe die Lösungen in dein Heft. Ob du richtigliegst, erfährst du auf Seite 338.

M 1 Dieses Bild eines mittelalterlichen Königspaares verzierte ein mittelalterliches Buch.

1. a) Erkläre anhand der Abbildung, wie die Könige im Mittelalter ihre Herrschaft ausübten.
b) Bringe die folgenden Begriffe in einem kurzen Text in einen sinnvollen Zusammenhang:
Herrschaft – Gefolge – Pfalz – Lehen – Reisekönigtum.

2. a) Beschreibe die Abbildung M 2. Bestimme, wen die Personen darstellen, und erkläre ihre Handlung.
b) Erläutere die Bedeutung dieser Handlung für die Personen.
c) Begründe, warum die Personen voneinander abhängig sind.

3. Erkläre, inwiefern die Grundherrschaft das Leben der meisten Menschen im Mittelalter bestimmte.

M 2 Abbildung aus einem Buch, das im 13. Jahrhundert angefertigt wurde

Herrschaft im Mittelalter

Im 8. Jahrhundert wurden auf dem Gebiet des ehemaligen Weströmischen Reiches verschiedene germanische **Königreiche** gegründet. Schließlich setzte sich der fränkische König Karl durch. Im Jahr 800 wurde er in Rom vom ↦ Papst zum ↦ **Kaiser** gekrönt.
5 Karl »der Große« sah sein **Frankenreich** in der Nachfolge des Römischen Reiches. Nach Karls Tod wurde das Frankenreich geteilt: Das Westfränkische Reich wurde zum Kern des künftigen Frankreichs; aus dem **Ostfränkischen Reich** ging später Deutschland hervor.

10 Im ↦ Mittelalter regierten die Könige mithilfe des ↦ **Lehnswesens**: Oberster **Lehnsherr** war der König. Er verlieh Land oder Ämter an seine **Vasallen**: Herzöge, Grafen, Bischöfe und Äbte. Dafür schuldeten sie ihm Treue. Das bedeutet: Sie mussten ihm am Hof dienen und beraten oder ihn im Kriegsfall unterstützen (»Rat
15 und Tat«). Vasallen konnten Teile ihrer Lehen an eigene Vasallen weiterverleihen. Dadurch entstand ein Netz von vielfältigen Beziehungen und die Herrschaft war vom König bis zu den freien Bauern verklammert.

Im Ostfränkischen Reich besaßen Stammesherzöge Macht gegen-
20 über dem König, dem sie sich nicht bedingungslos unterordnen wollten. Otto I. sicherte jedoch seine Herrschaft, indem er große Lehen an Bischöfe vergab. Da sie keine Familien haben durften, vererbten sie ihre Lehen nicht weiter. Die Kirche war daher eine besonders sichere Stütze der königlichen Herrschaft. 962
25 wurde Otto in Rom zum Kaiser gekrönt. Sein Reich wurde nun als ↦ **Heiliges Römisches Reich** bezeichnet.

Der mittelalterliche König regierte, indem er mit seinem Tross von Pfalz zu Pfalz zog (**Reisekönigtum**). Die Pfalzen waren meist größere Gutshofanlagen und wur-
30 den von ↦ Adligen geführt. Als Pfalzgrafen waren sie ↦ **Grundherren**, wie alle anderen Freien auch, die Lehen erhalten hatten. Die Grundherren wurden von unfreien **Leibeigenen** und ↦ **hörigen Bauern** versorgt. Dafür mussten sie ihnen militärischen Schutz bieten.

ZEITTAFEL

› **4. Jahrhundert n. Chr.**
Das Römische Reich wird geteilt.

› **5. Jahrhundert n. Chr.**
Germanische Stämme errichten eigene Reiche auf dem Boden des Weströmischen Reiches.

› **800**
Der Franke Karl der Große wird vom Papst zum Kaiser gekrönt.

› **seit 936**
Otto I. wird zum König ausgerufen. Sein Herrschaftsgebiet ist das Ostfränkische Reich.

› **962**
Otto I. wird in Rom vom Papst zum Kaiser gekrönt.

› **972–991**
Theophanu ist zunächst Mitkaiserin ihres Ehemannes, Kaiser Ottos II. Seit 983 regiert sie für ihren Sohn, Otto III., der beim Tod seines Vaters erst drei Jahre alt war.

M 1 Der »Reichsapfel« ist ein Symbol dafür, wie die kaiserliche Herrschaft im mittelalterlichen Europa verstanden wurde: Die Kugel steht für die Erde, über die der Kaiser herrscht, das Kreuz für den christlichen Glauben.

Die Osterinsel

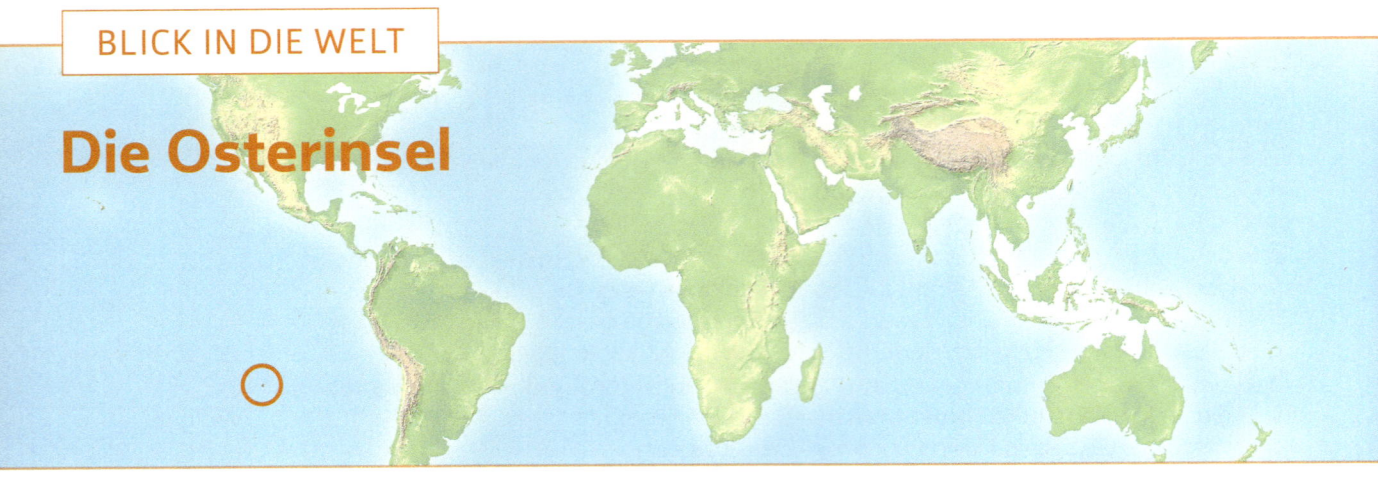

Eine karge Insel – und 4 000 km² Wasser drum herum: der Pazifik. 1722 landeten hier europäische Seefahrer unter dem Kommando des Niederländers Jakob
5 Roggeveen, und zwar am Ostersonntag. Sie nannten die Insel deshalb **Osterinsel**. Etwa 2 000 km sind es bis zur nächsten Insel und über 3 000 km bis zum Festland. Die Europäer staunten: Auf dieser einsam
10 gelegenen Insel lebten Menschen!

Wie wir heute wissen, wurde sie schon zwischen 700 und 900 n. Chr. von Seefahrern aus Polynesien, der Inselwelt des südlichen Pazifiks, entdeckt und besiedelt. Die Poly-
15 nesier waren geniale Schiffsbauer und Steuerleute. Diese Kunst ermöglichte es ihnen, lange auf See zu bleiben und den Gefahren des Meeres zu trotzen. Wahrscheinlich kam es um 1400 zu einer zweiten
20 Einwanderungswelle auf der Osterinsel.

Rätselhafte Steinriesen ...

Noch mehr als über die Besiedlung, die sie in dieser Einsamkeit nicht erwartet hatten, staunten die Europäer allerdings über Hunderte von Statuen, die sie hier
25 vorfanden. Vor allem an der Küste waren sie aufgestellt: Es waren riesige Figuren, sogenannte Kolossalfiguren, aus hartem Stein. In der Sprache der Einheimischen werden sie »Moai« genannt. Forschende
30 konnten nachweisen, dass die Statuen seit etwa dem 13. Jahrhundert über einen langen Zeitraum hinweg entstanden sind. Zu einer Zeit also, die in Europa als »Hochmittelalter« gilt, wurde auf der Osterinsel eine
35 enorme Energie in die Gestaltung dieser Werke gesteckt. Es wird angenommen, dass die Menschen glaubten, in den Moai würden die Seelen Verstorbener überleben und die Insel schützen.

Die Einwohner der Osterinsel lebten zu dieser Zeit in zehn Stämmen mit eigenen Gebieten. Jeder Stamm fertigte Moai. Daher werden die Statuen auch als Ausdruck für die Macht und die technischen Möglichkeiten der einzelnen Stämme gesehen. Die Moai sind also auch Ergebnisse einer Konkurrenzsituation.

Die Steinblöcke wurden mit steinzeitlichen Werkzeugen bearbeitet. Sie mussten aus den Steinbrüchen an die Küste geschafft werden, wo sie mit Blick aufs Meer oder zum Land hin aufgestellt wurden. Vor allem ihre grob gehauenen, aber ausdrucksstarken Gesichter beeindrucken. Ursprünglich hatten sie eingesetzte Augen aus Korallen und Obsidian, einem glasähnlichen Stein. Am Körper sind Arme und Hände angedeutet, aber Beine haben die Moai nicht.

Um 1600 endete die Produktion neuer Skulpturen. Forschende meinen, dass es eine ökologische Krise auf der Insel gegeben hat, weil zu viele Menschen die Insel als Lebensgrundlage nutzten. Denn Wälder waren abgeholzt, Böden ausgelaugt, Wildbestände knapp geworden, und zum Fischfang musste man weit aufs Meer hinausfahren. Lebensmittel waren knapp und kostbar geworden.

... und ein Vogelmann

In dieser neuen Lebenssituation entstand ein neuer Kult: der Vogelmannkult. Er verdeutlicht die Armut der Menschen: Wer das erste Ei einer Seeschwalbe von einem vorgelagerten Felsen holen und es schwimmend und kletternd auf die Insel bringen konnte, wurde ein Jahr lang als außergewöhnlicher Mensch verehrt, als Vogelmann. Er lebte in dieser Zeit isoliert von den anderen, gab sich das Aussehen eines Vogels und hatte eine herausgehobene Stellung auf der Insel. Der Kult zeigt symbolisch, wie wertvoll Lebensmittel geworden waren und dass Menschen ihr Leben fürs Überleben einsetzten.

Heute gehört die Osterinsel zu Chile und hat etwa 5000 Einwohner. Ein Vielfaches an Touristen besucht aber jedes Jahr die Insel mit den geheimnisvoll wirkenden Statuen.

ZUM NACHDENKEN

Überlege, was Menschen heute an der Osterinsel so fasziniert, dass sie den weiten Weg dorthin auf sich nehmen.

M1/M2 Moai auf der Osterinsel. Foto, 2012. – Forschende vermuten, dass die Statuen mithilfe von Seilen transportiert wurden, und zwar stehend. Das passt zu alten Überlieferungen. In ihnen heißt es, die Moai seien zu ihren Standorten »gelaufen«.

Lebensorte im Mittelalter

400	600	800	1000	1200	1400	1600

Spätantike

Mittelalter

Frühe Neuzeit

Der Italiener Ambrogio Lorenzetti malte diese Szenen an der Mauer einer mittelalterlichen Stadt im Jahr 1338.

Ob in Filmen, Büchern, Onlinespielen oder auf dem »Mittelaltermarkt« – das ↦ Mittelalter ist auch zu unserer Zeit zu erleben. Welche Vorstellungen vom Leben der damaligen Menschen werden dabei geweckt? Und wie nah kommen sie den mittelalterlichen Lebensbedingungen? Einen Eindruck bekommst du in diesem Kapitel.

Auf den folgenden Seiten erfährst du,

- wie die Menschen im Mittelalter auf dem Land und in den Klöstern, auf Burgen und in der Stadt lebten und arbeiteten.
- warum es den Menschen gelang, mehr Nahrung zu produzieren.
- welche Bedeutung Klöster für die mittelalterliche ↦ Gesellschaft hatten.
- wie Städte entstanden sind und welche Merkmale sie von Dörfern unterscheiden.
- was man unter einer Ständeordnung verstand.

Außerdem übst du,

- dich in ein Bild hineinzuversetzen und darüber zu berichten.
- ein Thema in einer Gruppe zu untersuchen und die Ergebnisse in einer Mindmap festzuhalten.
- die Aussage einer Textquelle herauszuarbeiten und mit Forschungsergebnissen zu vergleichen.
- in der Klasse arbeitsteilig ein Thema zu erarbeiten und daraus ein Rollenspiel zu entwickeln.

Der Wald – unheimlich, aber nützlich

M1 »Der unheimliche Wald«. Gemälde von Fernand Khnopff, 1898

Vor einem großen Wald wohnte ein armer Holzfäller mit seiner zweiten Frau und seinen beiden Kindern. Das Bübchen hieß Hänsel und das Mädchen Gretel. Im Land herrschte große Not und so konnte er das tägliche Brot nicht mehr beschaffen.

Wie er sich nun abends im Bett Gedanken machte und sich vor Sorgen herumwälzte, seufzte er und sprach zu seiner Frau: »Was soll aus uns werden? Wie können wir unsere armen Kinder ernähren, wenn wir doch selbst nichts mehr haben?« »Weißt du was, Mann«, antwortete die Frau, wir wollen morgen in aller Früh die Kinder in den Wald führen, wo er am dichtesten ist, dort geben wir ihnen noch ein Stückchen Brot und dann gehen wir und lassen sie allein. Sie finden den Weg nicht wieder nach Haus und wir sind sie los.«

M2 Aus einem Märchen der Gebrüder Grimm

1. a) Vermutlich kommt dir der Märchenanfang in M2 bekannt vor. Weißt du, wie die Geschichte ausgeht? Erzähle sie in der Klasse.
b) Erkläre, welche Bedeutung der Wald in dem Märchen hat.

Sich wie Hänsel und Gretel im Wald verirren – das ist bei uns heute kaum mehr möglich, denn unser Wald hat nichts mehr mit dem Wald des ↦ Mittelalters zu tun. Zu
5 Beginn des Mittelalters war fast das ganze Land von Wald bedeckt – einem Urwald. Dörfer, Klöster und Burgen müssen wie kleine freundliche Inseln in einem großen dunklen Meer gewirkt haben. Durch den
10 Wald zu gehen war gefährlich: Es gab wilde Tiere, und wenn Menschen im Wald lebten, dann vor allem, weil sie sich verstecken wollten.

M 3 Ausschnitt aus einem Wandbild aus dem 15. Jahrhundert

Gefährlich und nützlich zugleich

Märchen geben uns noch heute eine Ah-
15 nung davon, wie man sich im mittelalterlichen Wald gefühlt haben mag. Aber noch
etwas anderes wird deutlich: Die meisten
Märchen erzählen von Menschen, die sehr
arm waren. Auch deshalb hatte der Wald
20 für ihr Leben – trotz aller Gefahren – eine
große Bedeutung, denn Holz war für die
Menschen im Mittelalter der wichtigste
Rohstoff:
– Die allermeisten Häuser wurden aus Holz
25 gebaut, auch viele Burgen, Brücken und
 sogar die Stadtmauern der älteren Zeit.
– Manche Wege waren mit Holzbohlen
 befestigt und der Boots-, Schiffs- oder
 Mühlenbau war ohne Holz undenkbar.
30 – Die Wagen und die meisten Werkzeuge
 bestanden natürlich aus Holz, und – nicht
 zu vergessen – die Einrichtungs- und
 Gebrauchsgegenstände, selbst Löffel
 oder Kellen.
35 – Auf Holzfeuer wurde gekocht, mit Holz
 geheizt.
– Auch Köhler verfeuerten gewaltige Mengen an Holz, denn die von ihnen produ-
 zierte Holzkohle benötigte man für die
40 Eisenherstellung.

Darüber hinaus bot der Wald auch **Nahrung** für Mensch und Tier: Zum einen konnten die Bauern ihr Vieh in den Wald treiben,
wo es sich von den jungen Trieben und den
45 Früchten der Bäume ernährte. Zum anderen fand man im Wald aber auch Beeren
und Honig, mit denen man Speisen süßen
konnte.

Wo aber neues Ackerland gebraucht wurde,
50 musste der Wald weichen. Mit großer Mühe
wurde er gerodet, um den Menschen
mehr Platz zum Ackerbau zu beschaffen.
Noch heute weisen Ortsnamen, wie z. B.
»Osterode«, darauf hin.

2. a) Beschreibe den in M 1 dargestellten Wald. Nenne Gründe, warum
man sich darin verlaufen, aber auch
verstecken konnte.
b) Erkläre, welche Schwierigkeiten
Menschen zu überwinden hätten,
wenn sie diesen Wald roden wollten.

3. a) Stelle in einer Tabelle zusammen,
wofür im Mittelalter der Wald und
das Holz benötigt wurden. Berücksichtige M 3.
b) Überlegt, welche Bedeutung der
Wald für uns heute hat.

+ Suche in einem Atlas Ortsnamen
in Niedersachsen, die auf die Entstehung des Ortes durch Rodung
hinweisen.

Bäuerliches Leben im Dorf

ZEITREISE ››› Johanna in Sorge

Johanna stand vor dem strohgedeckten Lehmhaus und starrte auf die Felder. Sie hoffte, die Brüder zu sehen, die mit dem schlichten Holzpflug den Acker bearbeiteten. Pflügen war eigentlich eine zu schwere Arbeit für Kinder, aber der
5 *Vater brachte für den ↦ Grundherrn Holz in die Stadt und würde wohl erst in sieben Tagen zurückkommen. Und die Mutter, die sonst mitgearbeitet hätte, war hochschwanger. Die Aussaat konnte jedoch nicht warten. Die Brüder würden arbeiten, solange es hell war, und versuchen, den ganzen*
10 *Acker für die Aussaat vorzubereiten. Aber es dauerte noch bis zum Sonnenuntergang.*

Ob die Brüder ihr sonst eine Hilfe gewesen wären? Denn Johanna sorgte sich. Bei der Mutter hatten die Wehen eingesetzt, und die letzten beiden kleinen Geschwister waren kurz
15 *nach der Geburt gestorben. Sollte sie die Kräuterfrau holen oder den Pfarrer? Würden sie der Mutter helfen können?* ‹‹‹

1. Lies die Zeitreise oder höre sie dir an. Arbeite heraus, worüber Johanna sich Gedanken macht.

Die Bauernfamilie

Im 12. Jahrhundert waren über 90 Prozent der Menschen in Mitteleuropa Bauern und lebten in Dörfern. Die Bauern selbst haben uns kaum schriftliche ↦ Quellen hinter-
5 lassen. Von Bildern und archäologischen Forschungen wissen wir aber: Sie lebten in Häusern aus Holz und Lehm, deren Dächer meist mit Stroh gedeckt waren. Oft gab es nur einen einzigen Raum, in dem gekocht,
10 gegessen, gearbeitet und geschlafen wurde. Statt Fenster ließen offene Luken, die man im Winter notdürftig zustopfte, Luft herein. Der Fußboden bestand aus gestampfter Erde. Eine Feuerstelle in der
15 Mitte des Raumes war die einzige Wärmequelle, es gab keinen Schornstein. Hühner, Gänse, Katzen und Hunde liefen frei umher.

Fast alles, was die Bauernfamilie brauchte, stellte sie selbst her: ihr Haus, die Nah-
20 rungsmittel, aber auch Arbeitsgeräte, Stoffe, Kleidung und Schuhe. Wenn es hell wurde, begann der Arbeitstag – im Sommer gegen 5 Uhr morgens. Nur sonntags oder an kirchlichen Feiertagen ruhte die
25 Feldarbeit: Die Dorfbewohner gingen zur Kirche und feierten den Gottesdienst.

Den Alltag bewältigen

Die Menschen heirateten vor allem, um gemeinsam den Alltag besser bewältigen zu können. Dabei waren besonders die
30 Frauen großen Belastungen ausgesetzt. Sie mussten kochen, backen, Kleidung herstellen, aber auch auf dem Feld arbeiten. Oft waren sie zudem schwanger oder stillten ein Baby. Da sie ihre Kinder meist unter
35 schlechten hygienischen Bedingungen zur Welt brachten, war die Sterblichkeit von Frauen und Kindern während der Geburt oder kurz danach hoch. In vielen Familien erreichten nur zwei Kinder das Erwachse-
40 nenalter. Selten wurden Menschen älter als 40 Jahre, zum einen, weil sie von der schweren Arbeit früh erschöpft waren, zum anderen aber auch, weil sie häufig Hunger litten. Oft reichten die Ernten nicht aus, um
45 die ganze Familie gut zu ernähren.

2. Lies den Darstellungstext und arbeite heraus, vor welchen Herausforderungen die Menschen auf dem Land standen.

3. Untersuche das Bild M1.
a) Rufe den Webcode WES-117726-049 auf und löse das Puzzle.
b) Mache einen Fünf-Sinne-Check zum Bild. Ergänze dann deine Ergebnisse aus Aufgabe 2.

WES-117726-048
Unter diesem Webcode kannst du dir die Zeitreise anhören.

M1 Ausschnitt eines Gemäldes aus dem 17. Jahrhundert. Die gezeigten Lebensverhältnisse waren den mittelalterlichen ähnlich. Hier findest du ein Puzzle zum Bild:

WES-117726-049

Einen Fünf-Sinne-Check machen

Manche Bilder eignen sich gut für eine Untersuchung mit allen fünf Sinnen. Das geht so:

1. *Frage dich »Was sehe ich?« und schreibe dies auf.*
   Gehe z. B. auf folgende Aspekte ein:
   – *Wie viele Personen sind zu sehen?*
   – *Womit sind sie beschäftigt?*
   – *Was für Möbel und Haushalts-geräte haben sie?*
   – *Wie ist der Raum beschaffen, in dem sie sich aufhalten?*

2. *Stell dir nun vor, du wärest im Bild und würdest weitere Sinne einsetzen.*

Notiere dazu Stichworte.
– *Welche Geräusche würdest du hören?*
– *Was würdest du riechen?*
– *Könntest du etwas ertasten?*
– *Ließe sich etwas schmecken?*

3. *Formuliere abschließend eine Aussage zum Bild. Stelle dafür einen Zusammen-hang her zwischen deinen Empfin-dungen und den Informationen, die du bereits zum Thema des Bildes gewon-nen hast.*

Die Arbeit auf den Feldern

Die Äcker der Bauern, genannt **Dorfflur**, lagen in der Umgebung der Dörfer. Sie setzten sich aus mehreren Großfeldern zusammen. Jede Bauernfamilie hatte in
50 jeder dieser Flächen einen schmalen Streifen, damit alle gleichen Anteil hatten an gutem und schlechtem Boden. Deshalb mussten sich die Bauern über den Zeitpunkt für Aussaat und Ernte absprechen. Auch die
55 Frage, was angebaut werden sollte, musste gemeinsam entschieden werden.

Für das Bestellen der Felder mussten Regeln beachtet werden; es herrschte **Flurzwang**: Das bedeutete z. B.:
60 – Keiner durfte sein Ochsen- oder Pferdegespann über das Feld seines Nachbarn treiben.
– Dort, wo andere Getreide anbauten, durfte niemand sein Land als Viehweide
65 nutzen.
– Vieh musste auf die gemeinsame Weide, die **Allmende**, oder in den Wald getrieben werden, um nach Nahrung zu suchen.

Die Dorfgemeinschaft

Die Bauern im Dorf waren als ↦ **Hörige** von
70 einem **Grundherrn** abhängig. Ihm gehörte das Land, das sie bewirtschafteten und von dem sie sich ernährten. Weil Grundherren meist über mehrere Dörfer verfügten und ihren Besitz nicht immer selbst verwalten
75 konnten, setzten sie zur Kontrolle ihrer Hörigen und zur Organisation ihrer Dienste Verwalter ein, sogenannte **Meier**. Im Dorf lebte der Meier auf einem größeren Gutshof, dem Meierhof. Den Meierhof bestellten
80 Leibeigene des Grundherrn, also Bauern, die zum Besitz des Grundherrn gehörten.

Die wenigen mittelalterlichen Quellentexte zum bäuerlichen Leben zeigen, dass das Leben in der Dorfgemeinschaft nicht überall
85 gleich geregelt war. Meist sorgte der Meier dafür, dass sich alle an die Abmachungen hielten, die im Dorf galten. Mancherorts gab es aber auch Dorfgerichte, an denen mehrere Dorfbewohner beteiligt waren.
90 Wenn jemand gegen die Regeln verstieß, verhängte das Dorfgericht Strafen.

M 2 Elf bäuerliche Arbeiten im Lauf eines Jahres und ein Grundherr bei der Falkenjagd. Jedes Feld dieser Buchmalerei aus dem 15. Jahrhundert steht für einen Monat. Die Arbeiten:
– *Korn dreschen*
– *Eicheln für die Schweine von Bäumen schlagen*
– *Wiesen mähen*
– *Wein keltern*
– *Gräben reinigen*
– *Schafe scheren*
– *Getreide ernten*
– *Saat ausbringen*
– *ein Schwein schlachten*
– *Sträucher zurückschneiden*
– *Garten düngen*

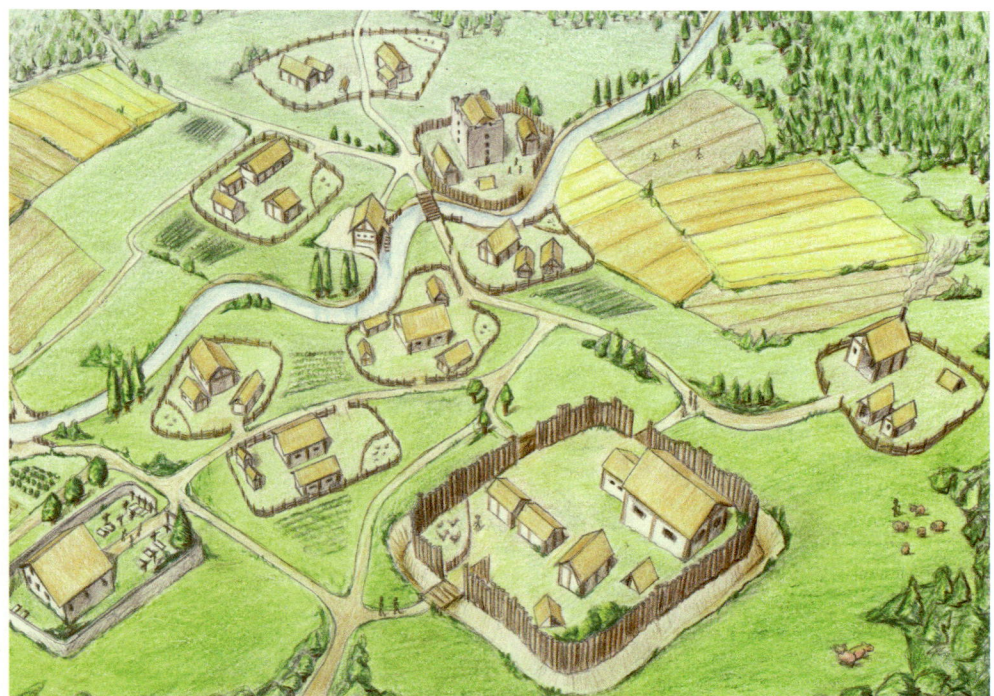

M3 Rekonstruktionszeichnung eines Dorfes. Sie wurde nach archäologischen Erkenntnissen gestaltet.

M4 Nachbarschaft im Dorf

Das Rechtsbuch »Sachsenspiegel« gibt die in Norddeutschland im 13. Jahrhundert geltenden Gesetze wieder. Es regelt:

Niemand darf seine Dachkante in eines anderen Mannes Hof hängen lassen.

Jedermann soll seinen Hofteil einzäunen; wenn er es nicht tut und daraus Schaden
5 erwächst, muss er ihn bessern. Geschieht ihm selber Schaden, bleibt er straflos. [...]

Jeder, der einen Zaun setzt, soll die Äste in seinen Hof kehren.

Öfen, Abtritte [Toiletten] und Schweine-
10 koben sollen drei Fuß Abstand vom Zaun haben. Jedermann soll auch seinen Ofen und seine Feuermauern verwahren, dass die Funken nicht in eines anderen Mannes Hof fliegen und dort Schaden stiften. [...]

15 Rankt sich der Hopfen über den Zaun, dann darf der, der die Wurzeln in seinem Hof hat, so nahe wie möglich an den Zaun treten, hinübergreifen und den Hopfen her-überziehen; was er erreicht, gehört ihm;
20 was auf der anderen Seite hängen bleibt, gehört seinem Nachbarn. Die Zweige seiner Bäume sollen nicht über den Zaun hängen, seinem Nachbarn zum Schaden.

Zitiert nach: Arno Borst: Lebensformen im Mittelalter,
ungekürzte Ausgabe. Berlin: Ullstein 1995, S. 361 f.

4. Ordne den in M2 dargestellten Tätigkeiten die Stichworte in der Randspalte zu. Das kannst du auch am Tablet machen. Lade dazu die Übung unter dem Webcode WES-117726-050.

5. Beschreibe die Dorfanlage in M3.

6. Gib die Bestimmungen aus dem Sachsenspiegel (M4) in deinen Worten wieder.
   ↦ **Tipp:** S. 334

7. Arbeite aus dem Darstellungstext (Z. 46–68) und den Materialien dieser Doppelseite heraus, in welchen Bereichen die Menschen sich gegenseitig unterstützten und in welchen Bereichen Konflikte entstehen konnten. Berücksichtige dabei auch die folgenden Begriffe: *Zaun, Allmende, Flurzwang, Regeln, Dorfgericht.*

+ Vergleiche das Zusammenleben auf dem Dorf mit dem heutigen Dorfleben.

WES-117726-050

Fortschritte in der Landwirtschaft

Oft litten Bauern im ↦ Mittelalter unter geringen Ernten: Auf einen Sack Aussaat konnten im 9. Jahrhundert durchschnittlich drei Säcke Getreide geerntet werden, und
5 einer davon wurde für die nächste Aussaat gebraucht. Aus Erfahrung wussten die Bauern, dass sie von einem Feld auf Dauer mehr ernten konnten, wenn sie es für ein Jahr brachliegen[1] ließen. Deshalb teilten sie es
10 in zwei Teile und nutzten diese im Wechsel für den Ackerbau und als Viehweide. Diese Bewirtschaftung bezeichnet man als **Zweifelderwirtschaft**.

Verbesserungen durch neue Ideen

Langsam setzte sich jedoch eine neue
15 Form der Bewirtschaftung durch, die mehr Menschen ernähren konnte: Die Bauern erkannten, dass die Ernten höher ausfielen, wenn sie das Land in drei große Felder teilten. Auf dem ersten Feld bauten die Bauern
20 im Herbst Wintergetreide (Roggen, Weizen, Dinkel) an. Im Hochsommer des nächsten Jahres konnte es geerntet werden.

[1] **brachliegen:** nicht genutzt oder bebaut sein

Auf dem zweiten Feld bauten sie im Frühjahr Sommerfrucht (Hafer, Gerste, Hülsen-
25 früchte) an, die im Spätsommer geerntet wurde. Das dritte Feld ließen die Bauern brachliegen. Hier konnte das Vieh grasen und sein Mist gab dem Boden neue Nährstoffe, sodass sich der Boden erholte.

	Feld A	Feld B	Feld C
1. Jahr	Wintergetreide	Sommergetreide	Brache
2. Jahr	Sommergetreide	Brache	Wintergetreide
3. Jahr	Brache	Wintergetreide	Sommergetreide

30 Mit dieser Bewirtschaftung, der **Dreifelderwirtschaft**, war die bäuerliche Arbeit besser über das Jahr verteilt. Außerdem bedrohten Naturkatastrophen wie Hagelschlag nun nicht mehr das gesamte Getreide. Aber erst
35 im 13. Jahrhundert hatte sich die Umstellung von der Zwei- zur Dreifelderwirtschaft überall durchgesetzt.

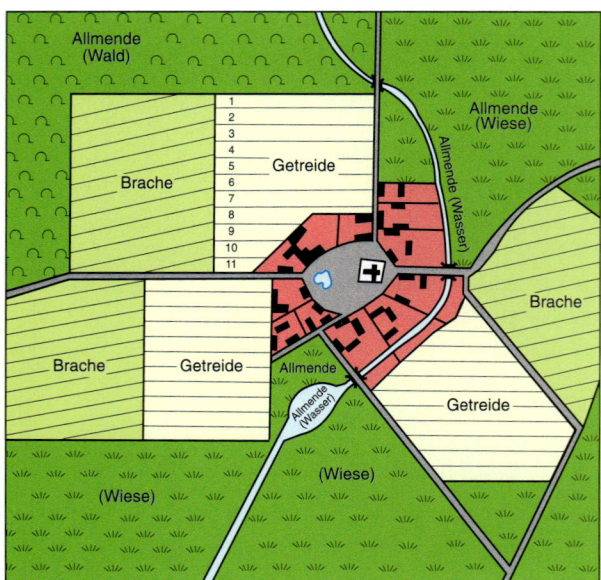

M 1 Schaubild: Zweifelderwirtschaft

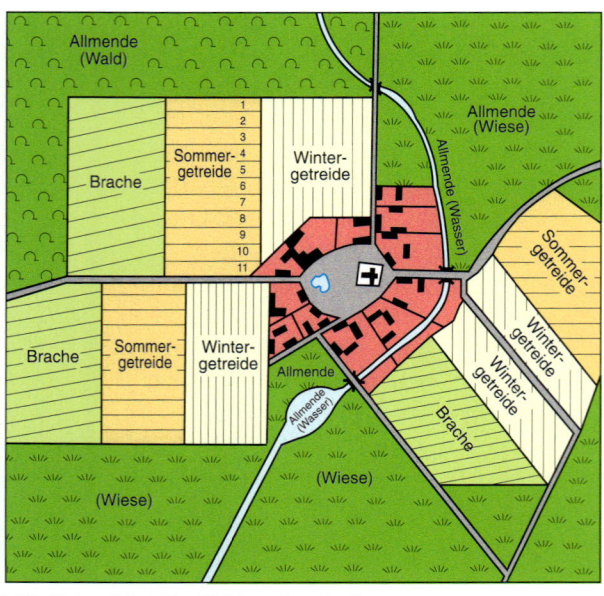

M 2 Schaubild: Dreifelderwirtschaft

Neues Land – neue Techniken

Neben der Dreifelderwirtschaft halfen neue Arbeitsgeräte und Techniken, die Ernten zu
40 vergrößern, darunter der eiserne **Räderpflug**, der langsam den hölzernen Hakenpflug ablöste. Sein Pflugmesser drang tiefer in den Boden ein. Der Boden wurde beim Pflügen nun angehoben, gewendet
45 und gelockert. So konnte sich fruchtbarer Humus bilden. Mithilfe der Räder war der Pflug zudem besser in der gewünschten Spur zu halten. Aber so ein Pflug war teurer und brauchte viel mehr Zugkraft. Deswe-
50 gen wurden auch Hakenpflüge noch lange benutzt. In ärmeren Ländern werden sie teilweise noch heute eingesetzt, denn Eisen ist teuer. Sie sind ein Grund dafür, dass die Getreideernten in diesen Ländern im
55 Verhältnis zu den unseren klein sind.

Im Mittelalter wurden auch Hufeisen und ein neues Geschirr zum Anspannen von Pferden entwickelt. Das Geschirr hatte einen gepolstertem Halsring und ermög-
60 lichte es dem Zugtier, mit voller Kraft zu ziehen, ohne sich wehzutun. Pferde ersetzten jetzt häufig die Ochsen als Zugtiere. Pferde sind bei gleicher Arbeitsleistung schneller als Ochsen und können ein
65 bis zwei Stunden täglich länger arbeiten.

Die Landschaft verändert sich

Im Zeitraum von 1000 bis 1300 verdoppelte oder verdreifachte sich die Einwohnerzahl in den meisten europäischen Ländern. Es mussten also immer mehr Menschen
70 ernährt werden. Die Bauern zogen in bisher unbewohnte Gebiete und legten dort Dörfer an. Dafür wurden auch Wälder gerodet und Sümpfe trockengelegt. Erst zu dieser Zeit entstand das Aussehen unseres Landes,
75 wie wir es heute kennen.

---

1. a) Erkläre die folgenden Begriffe: Brache, Allmende, Sommergetreide, Wintergetreide.
   b) Vergleiche das Vorgehen der Bauern anhand von M1 und M2. Warum ergibt die Dreifelderwirtschaft mehr Ertrag als die Zweifelderwirtschaft?

2. Erkläre anhand des Darstellungstextes, M3 und M4, mit welchen neuen Techniken neben der Dreifelderwirtschaft die Menschen die Ernteerträge steigerten.

M4 Sense und Dreschflegel

Alltag auf dem Land

M 1 Picknick bei der Erntearbeit auf dem Feld. Dieses Motiv hat der niederländische Maler Pieter Brueghel der Jüngere (sprich: Breugel) im Jahr 1624 gemalt. Die Szene hätte sich aber auch in früheren Jahrhunderten so abspielen können.

IN DER GRUPPE
eine Mindmap entwickeln

1. An den Erntearbeiten auf dem Bild M 1 sind viele Menschen beteiligt. Beschreibe sie und ihre Tätigkeiten.

2. Überlegt gemeinsam, worin sich ihr Alltag von eurem unterscheidet.

Wie mag es sich angefühlt haben, in einem ↦mittelalterlichen Dorf zu leben? Worüber haben sich die Menschen gefreut, was hat ihnen Angst gemacht? Aus schriftlichen
5 ↦Quellen des Mittelalters erfahren wir nur wenig darüber, was die Bauern in ihrem alltäglichen Leben bewegte. Der Grund dafür ist, dass sie selbst in der Regel nicht schreiben konnten. Daher sind keine Texte überlie-
10 fert, in denen sie von ihrem Leben erzählen. Wer etwas über ihre Ängste, Sorgen und Freuden erfahren möchte, ist darauf angewiesen, in Berichten, die meist in Klöstern entstanden sind, Hinweise zu finden.

Macht euch auf die Suche und erfahrt mehr über das Leben der Bauern im Mittelalter.

1. Bildet Gruppen und wählt nach eurem Interesse eines der Themen aus.

2. Wertet die Materialien aus und notiert in Stichworten, wodurch das Leben der Menschen auf dem Land geprägt war.

3. Stellt eure Ergebnisse vor.

4. Entwickelt nun in der Klasse an der Tafel eine Mindmap zum Leben der Menschen auf dem Land. Berücksichtigt dafür die Hinweise auf S. 176. Ihr könnt auch die Ergebnisse der Bildbeschreibung (Aufgabe 1) mit aufnehmen, also:

Katastrophen

Arbeit

Alltag auf dem Land

Kindheit

Feste

Wenn Katastrophen drohen

In Chroniken (Geschichtsdarstellungen) und Annalen (Jahrbüchern) aus dem Mittelalter wurden immer wieder außergewöhnliche Ereignisse geschildert, die große Auswirkungen auf das Leben der Menschen auf dem Land hatten. Die Berichte M 2–M 4 stammen aus dem 9. Jahrhundert:

M 3 Ein Dorf wird von Raubrittern geplündert. Ausschnitt aus einer Zeichnung, um 1480

M 1 Im Jahr 823 ...

... sind in Sachsen 23 Dörfer durch vom Himmel fallendes Feuer verbrannt, und zwar kamen Blitze bei heiterem Wetter, am hellen Tage vom
5 Himmel herab. Und in vielen Gebieten wurden die Feldfrüchte durch Hagelschlag vernichtet. [...]
Daraufhin brach eine große Seuche und Sterblichkeit unter den Menschen
10 aus, die im gesamten Reich grausam und endlos gewütet hat und eine unzählige Menge Menschen jeden Alters und Geschlechtes durch ihr schlimmes Wüten umgebracht hat.
Annales regni Francorum, 823. Zitiert nach: Siegfried Epperlein: Bäuerliches Leben im Mittelalter. Köln: Böhlau 2003, S. 20 (bearbeitet)

M 2 Im Jahr 868 ...

... gab es im Lande der Franken [...] eine schwere Hungersnot, Sterblichkeit der Menschen und Viehseuche. Diese wütete [...] im Volk so sehr, dass
5 viele sich gezwungen sahen, ihre Heimat zu verlassen und in andere Länder auszuwandern, sodass viele Orte des Reiches nur noch wenige Einwohner hatten.
Hugonis Chronicon, 868. Zitiert nach: ebd. S. 30 (bearbeitet)

M 4 Im Jahr 873 ...

... schwoll in der Winterzeit das Wasser bei der Schneeschmelze plötzlich zur Überschwemmung an, vor allem an den Ufern des Rheins. Viele Menschen ertranken in den gewaltigen
5 Wasserfluten. Auch zahllose Gebäude und Erntevorräte wurden vernichtet. [...]
Nachher, in der Mitte des Monats August, kam ein unendlicher Schwarm von Heuschrecken, wie Bienen aus dem Korb ausschwär-
10 men. Wenn sie durch die Luft schwirrten, machten sie ein feines Geräusch wie kleine Vögelchen. Und sobald sie aufflogen, konnte man den Himmel kaum noch wie durch ein Sieb sehen. An vielen Orten zog ihnen [...] die
15 ganze Geistlichkeit mit Kreuzen entgegen und erflehte Gottes Barmherzigkeit, dass er sie von der Plage bewahre.
Xantener Annalen (Jahrbücher). Zitiert nach: Arno Borst: Lebensformen im Mittelalter, ungekürzte Ausgabe. Berlin: Ullstein 1995, S. 109 f. (bearbeitet)

Kinder spielen – und arbeiten

Über den Alltag der Bauernkinder im Mittelalter ist wenig überliefert. Wer das Thema erforschen will, muss auch auf das zurückgreifen, was über Kinder in der Stadt und auf der Burg bekannt ist. So ging auch die Historikerin Shulamith Shahar vor:

M1 Spielen und arbeiten

Shulamith Shahar schrieb 2002:

a) Spiele

Historische und literarische ↦ Quellen berichten über Spielzeuge, verschiedene Kinderspiele, Gruppenspiele im Freien, Spiele mit allerlei Gegenständen in der
5 Natur und mit Gebrauchsgegenständen im Haus. [...] So bauten Kinder beispielsweise aus Erde, Wasser, dünnen Holzscheiten und Stoff Dämme, Boote, Mühlen und Öfen. Eine Muschel wurde zum Sieb,
10 zwei Stöcke zur Egge [...]. Über einige im Mittelalter üblichen Spiele wären heutige Mütter entsetzt. Ertrank beispielsweise ein Huhn im Brunnen, so holte die Mutter es heraus und gab den Kindern das tote Tier
15 zum Spielen.

b) Erziehung

Für die Erziehung waren die Eltern, die Dorfgemeinschaft und der Dorfpfarrer zuständig. Die Kinder sahen den Erwachsenen bei der Arbeit zu und mussten schon
5 früh mithelfen. [...] Mit sieben Jahren machten die Bauernkinder schon Botengänge, brachten den Knechten das Essen aufs Feld oder hüteten Tiere. Wenn sie älter waren, fütterten sie die Pferde, holten Wasser,
10 jäteten Unkraut, räumten Steine aus dem Weg, ernteten Gemüse, halfen beim Binden von Getreidegarben nach der Ernte und beim Säen, beim Dachdecken mit Stroh, trieben die Zugtiere an und führten sie am
15 Geschirr. [...] Es gab aber auch leichtere und angenehmere Arbeiten für Kinder, wie Beerensammeln, Torfholen, Brennholzsammeln und Fischen.

Shulamith Shahar: Kindheit im Mittelalter. Düsseldorf: Patmos Verlag 2002, S. 121 ff. und 275 ff. (bearbeitet)

M2 Darstellung eines brennenden Bauernhauses in einer mittelalterlichen Chronik. Die Familie hat sich draußen mit ihren Tieren und Besitzstücken in Sicherheit gebracht.

M4 Junge oder Mädchen?

In Rechtsquellen finden sich Hinweise auf Regelungen zur Geburt von Kindern:
Erwartet eine Frau zur Erntezeit ein Kind und es ist ein Sohn, so erlässt man ihr zwei Tage Fronarbeit, ist es eine Tochter, so erlässt man ihr einen Tag.
5 Wird dem Leibeigenen ein Knabe [geboren], so soll man ihm zwei Karren Holz geben, wird ihm eine Tochter [geboren], erhält er einen Karren Holz.

Weisthümer aus Aflen und Neftenbach. Zitiert nach: Siegfried Epperlein: a.a.O., S. 237 (bearbeitet)

© Korporation Luzern, Luzern

M3 (rechts) In Städten wurden häufig Murmeln gefunden. Ob auch Dorfkinder damit spielten, ist nicht sicher.

Feste feiern

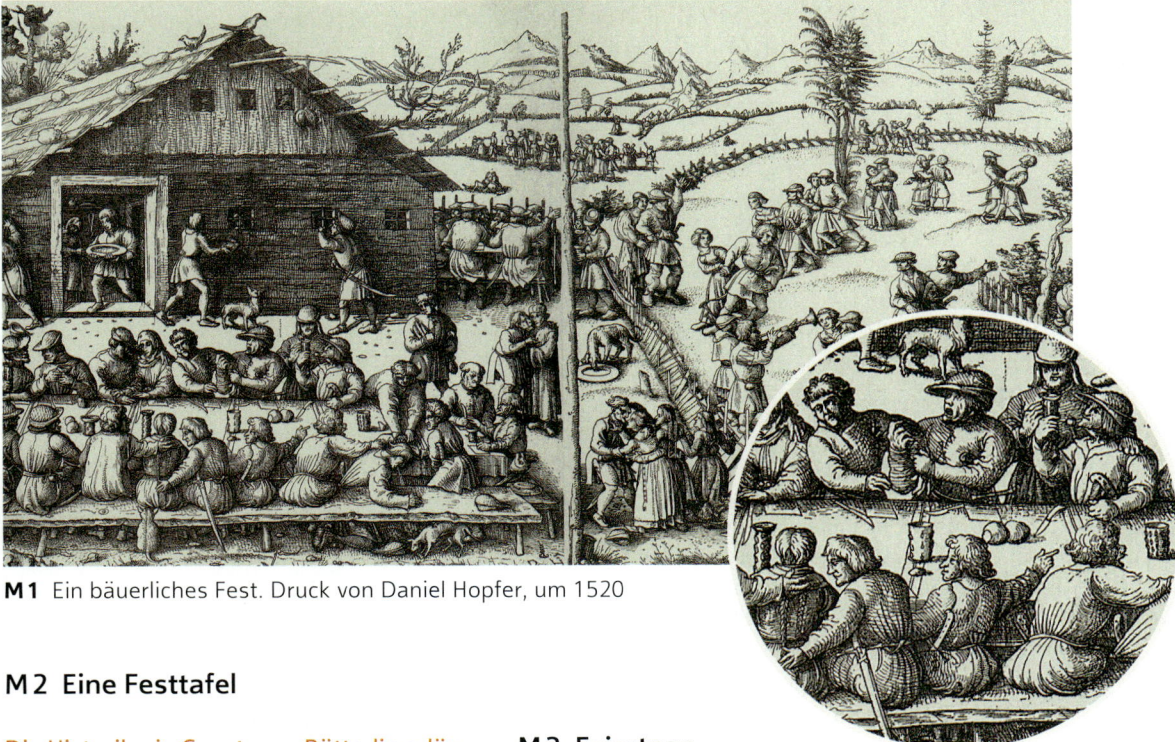

M1 Ein bäuerliches Fest. Druck von Daniel Hopfer, um 1520

M2 Eine Festtafel

Die Historikerin Constanze Bütterlin erläutert den Druck M1 folgendermaßen:
Wie spärlich [...] ein spätmittelalterlicher Esstisch gedeckt sein konnte, ist auf dem Bild zu sehen: Jedem feiernden Bauern steht hier lediglich ein flaches Brettchen
5 und ein eigenes Messer zur Verfügung. [...] Das Messer zählte zum persönlichen Besitz und wurde vom Gast selbst mitgebracht. [...] Gabeln befinden sich keine auf dem Tisch. Deren Verwendung ist in dieser Zeit
10 nur in wenigen Fällen belegt. [...] Während des ganzen Spätmittelalters wurde dagegen in allen ↦ Gesellschaftsschichten mit den Fingern gegessen [...]. Auch sind nur wenige Trinkbecher abgebildet. Anschei-
15 nend wurden sie gemeinsam benutzt. [...]
  Wenn möglich, wurden Feste [...] unter freiem Himmel abgehalten, um der Enge des Bauernhauses zu entfliehen.
Constanze Bütterlin: Essverhalten und Tischsitten, in: Sönke Lorenz u. a. (Hrsg.): Spätmittelalter am Oberrhein. Alltag, Handel und Handwerk 1350–1525. Stuttgart: Jan Thorbecke Verlag 2001, S. 387

M3 Feiertage

Der Historiker Peter Dinzelbacher schreibt über mittelalterliche Feste:
Das Fest ist eine Unterbrechung des grauen Alltags und gehörte doch im Mittelalter wegen seiner Häufigkeit [...] mit dem Alltag zusammen.
5   Die ganze ↦ Epoche hindurch steigerte sich dauernd die Zahl der kirchlichen Festtage, da immer wieder neue Feste hinzukamen – sei es für neue Heilige, sei es für Christus und Maria. [...]
10   [Daneben gab es] Naturfeste, wie der Maitanz mit der Errichtung des Maibaums, oder die Sommersonnwende mit ihren Feuer- und Kräuterbräuchen.
Peter Dinzelbacher: Lebenswelten im Mittelalter 1000–1500. Badenweiler: Wissenschaftlicher Verlag Bachmann 2010, S. 150f. (bearbeitet)

M4 Aus einem mittelalterlichen Festkalender:

Nikolausfest
Weihnachten
Dreikönigsfest
Fastnacht
Ostern
Walpurgisnacht
Maibaumstellen
Fronleichnam
Jakobi
Kirchweih
Almabtrieb
Erntedank
Sankt Martin

Leben auf der Burg

WES-117726-051

Unter diesem Web-
code kannst du dir
die Zeitreise an-
hören.

ZEITREISE ››› Ankunft auf einer Burg

*Die kleine Gruppe war tagelang geritten — durch dichte Wälder und auf schlam-
migen Wegen. Der siebenjährige Erik wurde zu der ↦ adligen Familie gebracht,
die seine Ausbildung zum Ritter übernommen hatte. Eriks Vater hatte den Burg-
herrn, Graf Adalbert, im Kampf kennengelernt. So hatte Erik Glück, dass er in*
5 *eine angesehene Familie kam.*

*An diesem Tag hat es viel geregnet und die Wollumhänge waren nass und schwer.
Aber heute sollten sie ihr Ziel erreichen. Erik freute sich auf ein Dach über dem
Kopf, ein Feuer, um die Kleidung zu trocknen, ein warmes Essen und einen tro-
ckenen Ort zum Schlafen.*

10 *Und plötzlich ragte die Burg vor ihnen auf wie ein steinernes Gebirge aus Men-
schenhand. So eine hoch gelegene, großartige Burg hatte Erik noch nie gesehen!
Jahrelang muss daran gebaut worden sein. Die Burg seines Vaters war eher ein
Gutshof, umgeben von einem stabilen Holzzaun. Über die Zugbrücke und durch
das Tor kam die Reisegruppe zunächst in die Vorburg. Hier lebten die Knechte*
15 *und Mägde, und hier befanden sich die Ställe und die Holzvorräte. Erst durch
ein zweites Tor gelangten sie in den Haupthof der Burg. Über ihnen ragte der
Bergfried in den Himmel, das höchste Bauwerk der Burg. Bei einer Belagerung
sollte er allen Bewohnern als Zufluchtsstätte dienen. Sie gelangten zu einem
mehrstöckigen Steinbau, dem Palas. Hier lebte die Grafenfamilie, und Graf Ada-*
20 *lbert begrüßte sie nun.*

*Aus der Küche im Erdgeschoss roch es sehr angenehm, denn die Mägde waren
mit der Zubereitung des Essens beschäftigt. Aber der Graf führte sie in das Obergeschoss, wo sich ein kleiner Festsaal befand, in dem schon die Tafeln für das
Begrüßungsmahl aufgebockt waren. Ein Kaminfeuer wärmte die frierenden,*
25 *erschöpften Reisenden. Im Obergeschoss waren auch die Wohn- und Schlafräume
zu finden. In den Schlafräumen gab es aber keine Kamine — außer im Frauenge-
mach, der »Kemenate«.*

*Erik, sein Vater und ihre Begleiter fanden sich mit der Familie und den Männern
des Grafen zum Mahl ein. Es gab verschiedene Fleischsorten, Eier, Käse und Fisch,*
30 *Gemüse, Suppe und Brot. Pagen liefen mit großen Platten um die Tafel. Das würde
später auch Eriks Aufgabe sein. Zu trinken gab es sauren Wein und Bier, das für
die Jüngeren mit Wasser verdünnt wurde.*

*Heute würde Erik noch bei seinem Vater schlafen, aber morgen schon sollte die
Ausbildung zum Ritter beginnen. Seine Familie würde Erik lange nicht wieder-*
35 *sehen.* ‹‹‹

---

1. Lies die »Zeitreise« oder höre sie dir an. Schreibe anschließend
Eriks Gedanken und Erwartungen an diesem Abend auf.

M2 Verschiedene Burgtypen:

»Motte« (hölzerne Erdhügelburg)

① Bergfried, ② Palas (Herrenhaus), ③ Zwischentore, ④ Turm, ⑤ Zwinger (Verteidigungsbereich), ⑥ Kapelle, ⑦ Bollwerk, ⑧ Wohnhaus, ⑨ Weingärtnerhaus, ⑩ Waschhaus, ⑪ Pferdestall, ⑫ Eingänge, ⑬ Vorburg, ⑭ untere Burg

Höhenburg

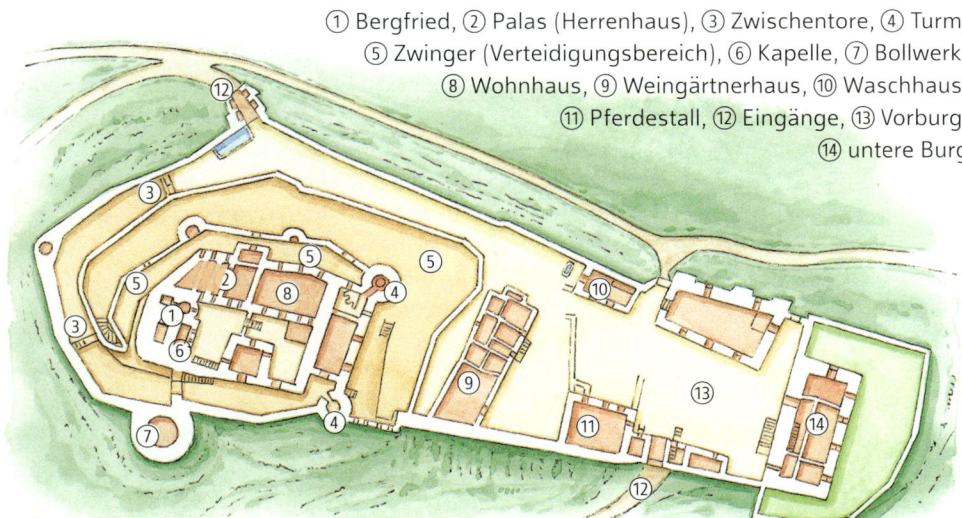

Wasserburg

M1 Die Burg Hornberg am Neckar. Oben der Grundriss der Burg; unten der Blick auf die Burg

Burgen – Symbole des Mittelalters

Das Bild vom ↦ Mittelalter ist für viele Menschen durch Burgen geprägt. Als Ruinen sind sie Teile der geschichtlichen Landschaft. Warum aber wurden sie überhaupt
5 gebaut? Die Aufgabe der auf den Burgen lebenden Adligen und Ritter war es, das Gebiet, in dem sie und ihre ↦ Hörigen lebten, zu sichern. Ab dem 11. Jahrhundert errichteten immer mehr Burgherren dicke
10 Steinmauern und Wehranlagen, um ihren Wohnsitz zu schützen. Auch die Bauern der Umgebung sollten im Kriegsfall in der Burg Aufnahme finden. Um die Sicherheit der Menschen zu gewährleisten, wurde
15 sehr viel Zeit und Arbeit für den Bau dieser Burgen aufgewendet.

Doch über die Jahrhunderte wurden neue Waffen entwickelt wie beispielsweise die Kanone, gegen die Burgen nicht verteidigt
20 werden konnten. Die neuen Waffen erforderten auch neue Kampftechniken. In der Folge ging die Zeit der Burgen wie auch die der Ritter im 15. Jahrhundert zu Ende.

WES-117726-052

2. a) Arbeite aus den Texten dieser Doppelseite die Aufgaben einer Burg heraus. Auskunft gibt darüber auch der unter dem Webcode WES-117726-009 abrufbare Film.
b) Betrachte M1 und weise den Bereichen der abgebildeten Burg die herausgearbeiteten Aufgaben zu.

3. Recherchiere im Internet. Stelle in der Klasse eine mittelalterliche Burg vor.
↦ **Tipp:** S. 334

M 3 Wie man Angreifer abwehrte

Über die Verteidigung einer Burg schrieb die französische Schriftstellerin Christine de Pisan um 1400:

In der Burg muss ausreichend Öl, Pech und Schwefel gelagert sein, um die Belagerungsmaschinen des Gegners in Brand zu setzen, außerdem eiserne und hölzerne
5 Geschosse und Speere, Bogen, Armbrüste und alle Arten von Verteidigungswaffen. Man braucht auch große Mengen von festen Steinen, die man auf den Mauern und in den Türmen bereithält. Dort lagert man auch Behälter mit ungelöschtem Kalk. Wenn man diesen auf angreifende Feinde herunterschüttet, werden sie blind gemacht. [...]

Wenn die Leute auf der Burg [...] etwas wahrnehmen, was auf das Graben von
20 unterirdischen Gängen hinweist, müssen sie ihrerseits Gänge graben, bis sie diejenigen der Feinde erreichen. Wenn sie die Feinde sehen, täuschen sie Flucht vor, und wenn sie wieder oben sind, werden Wasser
25 und Urin in den Gang geschüttet, wodurch die anderen ertrinken.

Es gibt genug Methoden, einer Belagerung standzuhalten. Gegen den Rammbock wurde eine andere Maschine erfunden, der
30 Wolf. Die Verteidiger brauchen ein gebogenes Eisen mit scharfen und starken Zähnen. Es wird an Seile gebunden und mit ihm wird der Rammbock eingefangen, hochgezogen und festgezurrt, sodass die Mauern
35 nicht mehr beschädigt werden können. Gegen hölzerne Türme können die Verteidiger glühend heißes Eisen einsetzen.

Christine de Pisan: Le livre des faits et bonnes moeurs du sage roy Charles V. Chroniques et Mémoires, 1404. Société de Saint Augustin: Desclée, de Brouwer et. Cie 1892, S. 204 f. (eigene Bearbeitung)

M 4 Modell eines Rammbocks

M 5 Eine belagerte Burg als Motiv einer Buchmalerei. Je mächtiger die Befestigungsanlagen wurden, desto aufwendiger wurden auch die Belagerungsmaschinen. Unter dem Webcode findest du eine Abbildung zum Hineinzoomen.

M 6 Wie es auf einer Burg zugehen konnte

Ulrich von Hutten wurde 1488 als Sohn eines Ritters geboren. Er verbrachte die ersten 11 Lebensjahre auf der elterlichen Burg. Auch später lebte er dort noch einmal für einige Zeit. In einem Brief blickte er 1518 auf das Burgleben zurück:

Die Burg selbst ist nicht als angenehmer Aufenthalt [...] gebaut. Sie ist von Mauern und Graben umgeben, innen ist sie eng und durch Stallungen für Vieh und
5 Pferde zusammengedrängt. Daneben liegen dunkle Kammern, vollgepfropft [...] mit Kriegsgerät. Überall stinkt es nach Schießpulver; und dann die Hunde und ihr Dreck, auch das – ich muss es schon
10 sagen – ein lieblicher Duft! Reiter kommen und gehen, darunter Räuber, Diebe, Wegelagerer. [...]
Man hört das Blöken der Schafe, das Brüllen der Rinder, das Bellen der Hunde,
15 das Rufen der auf dem Feld Arbeitenden, das Rattern der Fuhrwerke und Karren; ja sogar das Heulen der Wölfe hört man in unserem Haus, weil es nahe am Wald liegt.
Der ganze Tag bringt vom Morgen an
20 Sorge und Plage. Äcker müssen umgepflügt und umgegraben werden, Weinberge müssen bestellt, Bäume gepflanzt, Wiesen bewässert werden; jetzt steht die Ernte bevor, dann die Weinlese.

25 Wenn aber einmal ein schlechtes Ertragsjahr kommt, wie in dieser mageren Gegend meistens, dann haben wir fürchterliche Not und Armut; dann hört es gar nicht mehr auf mit banger Unruhe.

Zitiert nach: Arno Borst: Lebensformen im Mittelalter, ungekürzte Ausgabe. Berlin: Ullstein 1995, S. 174 f.

> *Betrachtet man die schwierigen, ja jämmerlichen Lebenssituationen der Beteiligten, so wird klar, dass es sich um eine Schriftquelle eines Einzelnen handelt, die man keineswegs verallgemeinern darf.*

> *Man weiß über das Alltagsleben auf den Burgen kaum etwas, da alltägliche Gepflogenheiten kaum Niederschlag in Schriften oder bildlichen Darstellungen gefunden haben.*

M 7 So kommentierte der Historiker Joachim Zeune die Quelle M 6.
Wiedergegeben nach: Ders.: Ritterburgen. Bauwerk, Herrschaft, Kultur. München: C. H. Beck 2015, S. 27 f.

---

4. Beschreibe M 5. Wo ist der Rammbock? Wie viele Bogenschützen entdeckst du?

5. Nenne Maßnahmen für einen Angriff auf eine Burg und Gegenmaßnahmen (M 3). Erkläre dabei, wie ein Rammbock und ein Wolf funktionieren.

Oder:
Schreibe eine Handlungsanweisung für die Burgbewohner. Thema »Verhalten bei Angriff auf die Burg«. Gehe auch darauf ein, was vorbereitet werden muss.

6. a) Untersuche die Textquelle M 6 mithilfe des Methodentrainings auf Seite 340.
b) Vergleiche die historische Darstellung mit den Aussagen des Historikers in M 7.

7. a) Vergleiche das Leben auf der Burg mit dem Leben im Dorf mithilfe einer Tabelle.
↦ **Tipp:** S. 334
b) Hättest du lieber auf einer Burg oder im Dorf gelebt? Begründe deine Meinung.

Die Welt der Ritter

M1 Ein Ritterkampf vor festlich gekleidetem Publikum. Französische Buchmalerei aus dem 15. Jahrhundert

Der Pfingstmontag des Jahres 1184 war für die beiden Söhne Kaiser Friedrichs I. ein ganz besonderer Tag: Während eines Hoftags in Mainz erhob ihr Vater sie vor
5 den Augen und unter dem Jubel der anwesenden hohen ↦ Adligen des Landes zu Rittern! Danach wurden sie mit Glückwünschen überhäuft. Im anschließenden Turnier gehörte der erste Auftritt ihnen. – Was aber
10 bedeutete es, Ritter zu sein?

Der Ritter – ein Kämpfer

Seit dem 11. Jahrhundert hatte sich das **Rittertum** herausgebildet. Es setzte sich aus bewaffneten Kämpfern zusammen, die entweder selbst adlig waren oder als
15 Kämpfer im Dienst adliger ↦ Grundherren standen. Letztere erhielten für ihren Dienst Land, auf dem ↦ Hörige für sie arbeiteten. So hatten sie Zeit, um für den Kampf zu trainieren, und waren vermögend genug,
20 um sich teure Waffen zu leisten.

Zu den Höhepunkten eines Ritterlebens gehörte der Sieg in einem großen **Turnier**. Für die Teilnehmer war es wichtig, immer wieder ihre Kampfkraft zu erpro-
25 ben, denn schließlich gab es nur selten die Möglichkeit, sich im kriegerischen Kampf zu bewähren. Bei Turnieren kämpften die Ritter mit stumpfen Waffen gegeneinander, sodass Todesfälle oder schwere Ver-
30 letzungen sehr selten vorkamen.

Daneben gab es den **Tjost**, einen Zweikampf zwischen Berittenen, die in mehreren Runden versuchten, den Gegner aus dem Sattel zu heben. Der Unterlegene
35 musste sich, sofern er überlebt hatte, freikaufen. Seine Rüstung, seine Waffen, oft auch sein Pferd, gehörten dem Sieger. Es folgten Siegerehrung und Festmahl.

Ganz anders geartet waren die **Fehden**:
40 So bezeichnet man gewaltsame Auseinandersetzungen, die manchmal zwischen ganzen Familien ausgetragen wurden. Da es im ↦ Mittelalter keine Polizei gab, an die man sich bei einem Streit oder einer
45 Bedrohung hätte wenden können, war es erlaubt, sich selbst zu helfen, auch mit Waffengewalt. Ritter verwüsteten fremde Äcker, vernichteten Vorräte, raubten Vieh oder brannten Gehöfte nieder, um dem
50 Gegner ihres Herrn zu schaden.

Der Ritter – ein Vorbild

Doch Ritter sollten nicht nur kämpfen können. Über die Jahrhunderte entwickelte sich die Vorstellung von einer ritterlichen Lebensführung, die für alle
55 Adligen zum Vorbild wurde. Bäuerliche Arbeit galt für den Ritter als »unehrlich«, also mit der Ehre nicht vereinbar. Stattdessen sollte die ritterliche Lebensweise »höflich« und vorbildlich im Sinne des Christ-
60 tentums sein: eifrig im Glauben, hilfsbereit gegenüber den Armen und Schwachen, aber auch stets bereit, Andersgläubige zu bekämpfen. Seinem Herrn sollte ein Ritter gehorsam und treu sein sowie Gerech-
65 tigkeit gegenüber denjenigen walten lassen, die abhängig von ihm waren.

M 2 Vier Abbildungen aus einem Buch aus dem 14. Jahrhundert, der »Manessischen Liederhandschrift«. Es enthält die Liedersammlung einer adligen Familie namens Manesse.

Ritterliche Erziehung

Die Ausbildung eines adligen Jungen zum Ritter begann meist im Alter von sieben Jahren: Er lernte klettern, schwimmen,
70 fechten sowie das Jagen mit Pfeil und Bogen, manchmal auch Lesen, Schreiben und europäische Fremdsprachen. Spätestens mit 14 verließ der Junge sein Zuhause, um sich einem von seinen Eltern
75 ausgewählten erfahrenen Ritter als Knappe anzuschließen. Seine Aufgabe war es nun, für Pferd, Rüstung und Waffen zu sorgen und dem Ritter auf gemeinsamen Fahrten zu dienen. Im Alter von 21 Jahren wurde
80 er dann in einer feierlichen Zeremonie zum Ritter erhoben. Wenn möglich, übernahm der junge Ritter nach und nach die Verwaltung der Burg und des väterlichen Besitzes. Viele Ritter, häufig die jüngeren
85 Söhne, verließen aber auch die Burg der Eltern, um als fahrende Ritter anderen Herren zu dienen.

Adlige Mädchen heirateten häufig mit 14 oder 15 Jahren; meist hatten die Eltern
90 die Ehe schon lange vereinbart. Zu den Aufgaben adliger Ehefrauen gehörte es, die Arbeiten ihres Mannes weiterzuführen, wenn der Ehemann – als Ritter – zum Heeresdienst gerufen wurde. Junge
95 Mädchen mussten also lernen, den riesigen Haushalt einer Burg zu führen. Dazu gehörten das Spinnen und Weben ebenso wie das Kochen und das Beaufsichtigen von Bediensteten. Auch finanzi-
100 elle Angelegenheiten mussten sie regeln. Deshalb erwartete man von ihnen, dass sie lesen, schreiben und rechnen konnten. Die meisten Adelstöchter konnten zudem singen, tanzen und Schach
105 spielen. Viele waren in der Lage, zu reiten und mit ihrem Jagdfalken, den sie selbst abgerichtet hatten, ihre Männer auf der Jagd zu begleiten. ↦ Quellen berichten auch von Frauen, die die Verteidigung von
110 Burgen gegen Angreifer geleitet haben.

---

1. Betrachte M 1. Erkläre mithilfe des Darstellungstextes, um was für einen Kampf es hier geht: Turnier, Tjost oder Fehde?

2. a) Arbeitet arbeitsteilig aus dem Darstellungstext und den Abbildungen in M 2 heraus, was adlige Jungen (Z. 67–86) und Mädchen (Z. 87–109) lernen mussten.
b) Beurteile: Konnte die Erziehung dazu beitragen, eine ideale ritterliche Lebensweise (Z. 51–66) zu entwickeln?

+ Unter dem Webcode erfährst du, wie die Zeit der Ritter auf unseren Alltag abgefärbt hat.

WES-117726-054

M3 Es gab verschiedene Rituale, durch die junge Männer zu Rittern erhoben wurden. Beim »Ritterschlag« erhielt der Knappe einen echten Schlag mit dem Schwert oder der Hand: Es sollte der letzte sein, den er sich ohne Gegenwehr gefallen ließ. Der Cartoon zeigt eine andere verbreitete Zeremonie, die »Schwertleite«:

---

3. Betrachte die Abbildung M3.
   a) Versetze dich in die Rolle des jungen Mannes und beschreibe, wie du dich bei der Zeremonie fühlst.
   b) Wodurch wird die Bedeutsamkeit des Ereignisses betont?

+ Verfasse einen Brief des Knappen in M3 an seinen Vater, in dem er von seinem Dienst und seinen Erlebnissen berichtet.

4. Diskutiert, ob die Zeremonie wohl dazu beitragen konnte, dass Ritter sich vorbildlich verhielten.

M4 Auf in den »fröhlichen Krieg«?

In einem Lied eines fahrenden Sängers aus dem 12. Jahrhundert heißt es:
[Mir gefällt es], wenn ich auf den Wiesen Zelte und gehisste Flaggen erblicke, und mein Jubel ist groß, wenn ich bewaffnete Ritter auf ihren Pferden in Schlachtordnung
5 aufgestellt sehe.

Und es gefällt mir, wenn das Volk vor den schnellen Reitern flieht, in deren Gefolge eine große Schar bewaffneter Männer kommt. Mein Herz schlägt schneller vor
10 Freude, wenn ich feste Burgen belagert und die Palisaden zerstört sehe und das Heer am Ufer, umgeben von Wassergräben [...], Waffen, Schwerter, Helme in Hülle und Fülle. Die Schilde werden durchstoßen
15 sein, sobald der Kampf beginnt, und viele Soldaten werden niedergestreckt sein, ihre Pferde und die der Verwundeten irren dann umher. Und wenn die Schlacht tobt, darf keiner mehr, der aus vornehmer Familie
20 stammt, an etwas anderes denken als daran, Köpfe zu spalten und Glieder abzuschlagen, denn besser ist es zu sterben, als besiegt weiterzuleben. Ich sage euch: Weder am Essen, Trinken noch Schlafen
25 finde ich so viel Gefallen wie daran, den Schrei »Auf sie!« zu hören.

Zitiert nach: Marc Bloch: Die Feudalgesellschaft. Frankfurt/Main: Propyläen 1982, S. 352 (bearbeitet)

M5 Gebet eines Ritters

Aus einem Gebetbuch, das aus dem 13. Jahrhundert erhalten ist:
Heiligster Herrgott, allmächtiger Vater, Du, der Du den Gebrauch des Schwertes auf Erden erlaubt hast, um das Böse zu bezwingen und die Gerechtigkeit zu
5 verteidigen,
der Du zum Schutz des Volkes den Ritterstand eingesetzt hast, [...]
hilf Deinem Knecht und wende sein Herz zum Guten, damit er dieses Schwert hier
10 niemals gebraucht, um jemand Unrecht zu tun, sondern dass er sich seiner stets bedient, um Recht und Gerechtigkeit zu verteidigen.

Zitiert nach: ebd., S. 384 f. (bearbeitet)

---

5. Arbeitet zu zweit aus M4 heraus, wie der fahrende Sänger die Ritterwelt sieht.

6. Gib wieder, um was der Ritter in M5 bittet. Erkläre am Beispiel der Fehde: Warum könnte es schwerfallen, »das Böse« und »die Gerechtigkeit« (Z. 3) voneinander zu unterscheiden?

7. Stellt euch vor, die beiden Ritter aus M4 und M5 treffen abends am Kamin zusammen. Entwerft ein Gespräch.
↦ **Tipp:** S. 334

Filmtipp:
Wie schwer war eigentlich so eine Rüstung? Dies und mehr über das Ritterleben erfährst du im Film »Wie wurde man Ritter?« auf www.planet-schule.de.

M6 Angreifende Ritter. Motiv auf dem »Teppich von Bayeux«, einer fast 70 Meter langen Stickerei, die um 1100 in Frankreich angefertigt worden ist

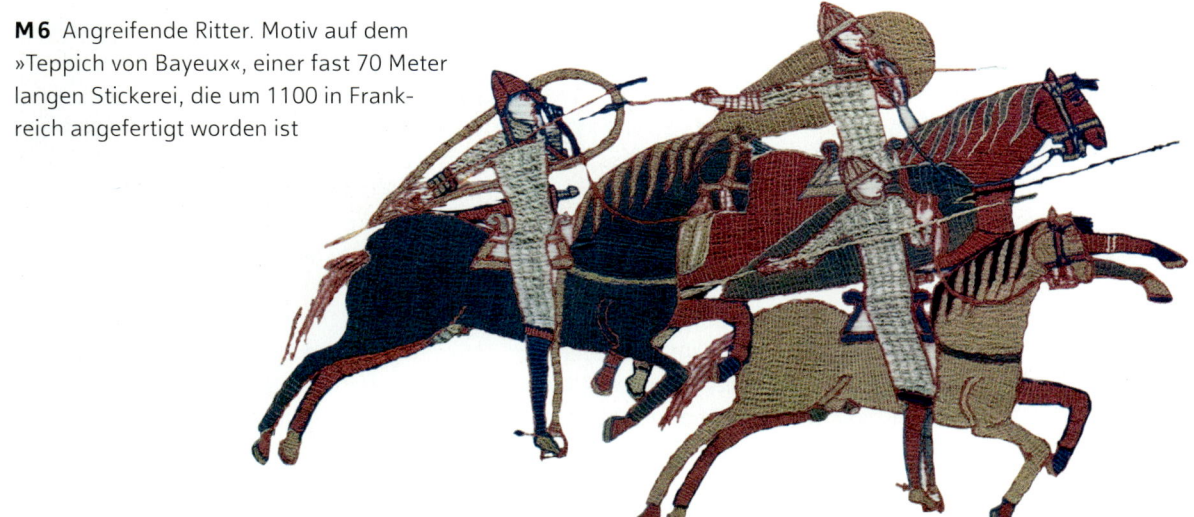

Klöster prägen die europäische Kultur

M 1 Ein Junge wird von seinen Eltern in ein Kloster gegeben. Der Vater überreicht dem **Abt**, also dem Leiter des Klosters, Geld. Buchmalerei, um 1350

---

1. a) Beschreibe M 1 mithilfe der Bildunterschrift.
b) Suche dir eine beteiligte Person aus. Überlege und schreibe auf, welche Gedanken und Gefühle sie haben könnte.

Eine Ankunft im Kloster

In heutiger Zeit gibt es kaum Menschen, die sich vorstellen können, im ↦ Kloster zu leben. Im ↦ Mittelalter dagegen entschieden sich junge ↦ Adlige, aber auch Frauen
5 und Männer aus Bauernfamilien dafür, **Mönch** oder **Nonne** zu werden. Was war das Besondere der klösterlichen Lebensform? Besuchen wir das Kloster Reichenau am Bodensee:

10 »Ich war völlig unwissend und staunte sehr, als ich die großen Klostergebäude sah, in denen ich von nun an wohnen durfte. [...] Allein schon nach wenigen Tagen fand ich mich besser zurecht, und kaum hatte ich
15 mich in die gemeinsame Ordnung fügen gelernt, bekam ich einen Meister, bei dem ich lesen lernen sollte.« – So erinnerte sich Walahfrid Strabo an seine ersten Tage im Kloster Reichenau, in das er um 815 im
20 Alter von etwa acht Jahren kam.

Andere Kinder waren schon seit ihrem fünften Lebensjahr hier. Sie lebten in einem abgesonderten Klosterbereich unter der Aufsicht eines Lehrers, bei dem sie Unter-
25 richt in Lesen, Schreiben und Latein hatten. Das war etwas Besonderes: Denn außerhalb von Klöstern gab es damals kaum Möglichkeiten, Lesen und Schreiben zu lernen. Nach der Schulzeit – etwa im Alter von
30 16 Jahren – begann das Noviziat, eine Art Probezeit. Danach legten die Jugendlichen ihr Gelübde[1] ab. Erst dann waren sie richtige Mitglieder der Klostergemeinschaft.

Die Karriere eines Mönchs

Warum Walahfrid von seinen adligen Eltern
35 in ein Kloster geschickt wurde, wissen wir nicht. Vielleicht wollte seine Familie, dass er für sie betet, um dadurch Gott näherzukommen? Viele Eltern gaben auch Kinder ins Kloster, die – als jüngere Geschwister –
40 keinen Grundbesitz erben würden. Im Kloster waren sie versorgt.

Walahfrid jedenfalls erlebte als Mönch Ungewöhnliches: Im Gegensatz zu den meisten anderen, die ihr Kloster in ihrem
45 Leben kaum jemals verließen, kam er weit herum. Er studierte bei einem Gelehrten und wurde im Alter von 30 Jahren zum Abt des Klosters Reichenau ernannt. Als Abt schrieb er mehrere Bücher über Pflanzen
50 und über das Leben von Heiligen.

---

1 Gelübde (von geloben): ein feierliches Versprechen, sich an bestimmte Regeln zu halten

Klosterregeln

Die ersten Klöster entstanden im 4. Jahrhundert: An abgeschiedenen Orten bildeten Gläubige Lebensgemeinschaften, um sich ganz auf ihren Glauben zu konzentrieren.
55 Der Begriff Kloster – er kommt vom lateinischen Wort »claustrum«: Verschluss – bezeichnet solch einen abgeschiedenen Ort.

Um so zu leben, wie es Gott gefallen würde, unterwarfen sich Mönche und Nonnen in
60 den Klöstern strengen Regeln. Die meisten europäischen Klostergemeinschaften richteten sich nach den **Benediktsregeln**. Der Mönch Benedikt von Nursia hatte sie im 6. Jahrhundert aufgestellt. Sie schrieben
65 nicht nur gemeinsame Bet-, Essens- und Schlafenszeiten vor, sondern legten auch fest, wie im Kloster ein maßvolles Leben geführt werden könnte. So verlangten sie beispielsweise, dass man sich beim Ein-
70 tritt ins Kloster von seinem persönlichen Besitz trennen sollte. Außerdem musste man geloben, ehelos zu leben, und dem Abt gegenüber gehorsam zu sein.

Ora et labora: Bete und arbeite!

Auch den Tagesablauf im Kloster legten die
75 Benediktsregeln genau fest. Dazu gehörte neben dem Gebet auch Arbeit – in der Bibliothek, in den klösterlichen Werkstätten oder in der Landwirtschaft. Oft wurden in

M 3 Unterricht in einem Kloster. Buchmalerei, um 1400

Klöstern neue handwerkliche Fertigkeiten
80 oder landwirtschaftliche Anbautechniken entwickelt und an die Bauern im Umland weitergegeben. So wirkten die Klöster auf ihre Umgebung.

Zu den Hauptarbeiten der Mönche und Non-
85 nen gehörte das Abschreiben alter Texte. Denn bis zur Erfindung des Buchdrucks im 15. Jahrhundert wurden Bücher vor allem in den Scriptorien, den Schreibstuben, der Klöster hergestellt. Klöster waren Orte, an
90 denen Menschen sich mit Kunst und Wissenschaft beschäftigten. Hier entstanden auch die ersten Schulen. Auf die perfekte Beherrschung der lateinischen Sprache wurde viel Wert gelegt, denn dies war die
95 Sprache, in der Bücher geschrieben und Gesetze und Urkunden abgefasst wurden.

2. Vergleiche den Tagesablauf M 2 mit deinem.

3. Erkläre mithilfe des Darstellungstextes und M 3, wodurch Klöster im Mittelalter zur Bildung beitrugen.

4. Diskutiert: Was wäre anders in der mittelalterlichen ↦ Gesellschaft gewesen, wenn es keine Klöster gegeben hätte?

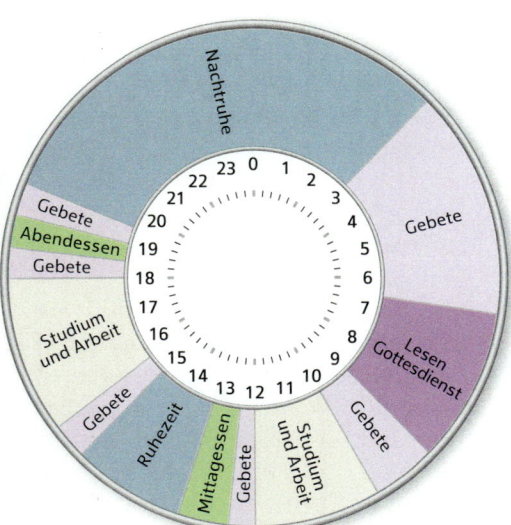

M 2 Tagesablauf in einem Benediktinerkloster

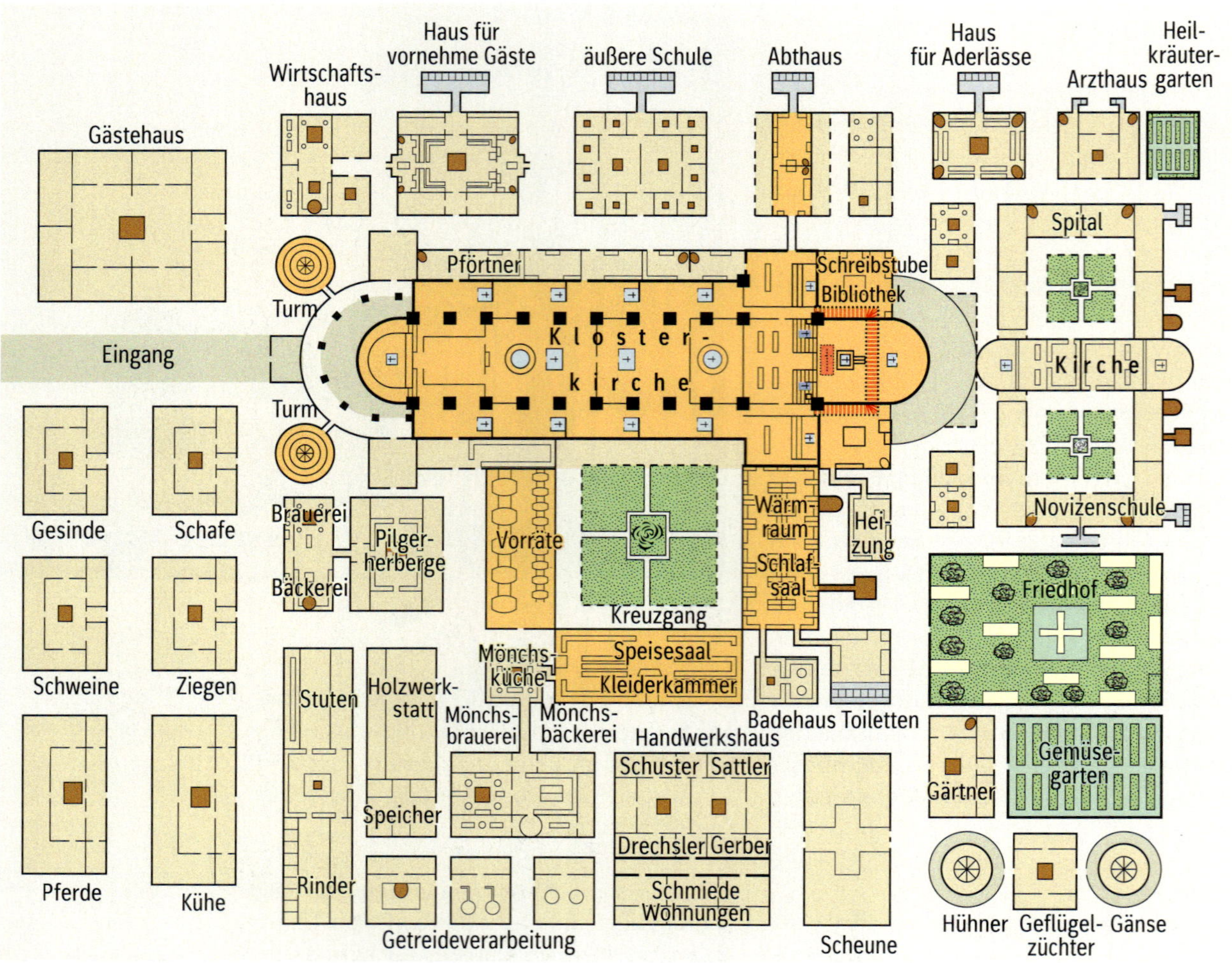

Gästehaus

Wirtschaftshaus · **Haus für vornehme Gäste** · **äußere Schule** · **Abthaus** · **Haus für Aderlässe** · **Heilkräutergarten** · **Arzthaus**

Pförtner · **Schreibstube** · **Bibliothek** · **Spital**

Turm · **Eingang** · **Turm** · **Kloster-kirche** · **Kirche**

Gesinde · **Schafe** · **Brauerei** · **Pilgerherberge** · **Bäckerei** · **Vorräte** · **Kreuzgang** · **Wärmraum** · **Heizung** · **Schlafsaal** · **Novizenschule**

Schweine · **Ziegen** · **Mönchsküche** · **Speisesaal** · **Kleiderkammer** · **Friedhof**

Pferde · **Kühe** · **Stuten** · **Holzwerkstatt** · **Mönchsbrauerei** · **Mönchsbäckerei** · **Handwerkshaus** · **Badehaus Toiletten** · **Gärtner** · **Gemüsegarten**

Speicher · **Rinder** · **Schuster** · **Sattler** · **Drechsler** · **Gerber** · **Schmiede** · **Wohnungen**

Getreideverarbeitung · **Scheune** · **Hühner** · **Geflügelzüchter** · **Gänse**

M 4 Plan eines idealen mittelalterlichen Klosters. Er wurde im 9. Jahrhundert im Kloster Reichenau entwickelt. (Nachzeichnung)

> *Müßiggang ist der Feind der Seele. Deshalb sollen die Brüder zu bestimmten Zeiten mit Handarbeit und zu bestimmten Stunden mit heiliger Lesung beschäftigt sein.*

> *Das Kloster soll, wenn möglich, so angelegt werden, dass sich alles Notwendige innerhalb des Klosters befindet, nämlich Wasser, Mühle und Garten, und die verschiedenen Arten des Handwerks dort ausgeübt werden können. So brauchen die Mönche nicht draußen herumlaufen, denn das ist für sie überhaupt nicht gut.*

M 5 Dies sind Auszüge aus den Klosterregeln, die Benedikt von Nursia im 6. Jahrhundert formuliert hat.
(Aus: Regula Benedicti: »Die Ordnung für Handarbeit und Lesung« und »Die Dienstordnung«. © Salzburger Äbtekonferenz. Zitiert nach: benediktiner.benediktiner.de/ index.php/die-ordensregel-des-hl-benedikt.html, Zugriff: 17.11.2023)

5. a) Erstelle eine Liste der Gebäude und Anlagen des idealen Klosters, getrennt nach kirchlichen, wirtschaftlichen und wissenschaftlichen Aufgaben.
b) Benenne ihre Bedeutung für das Leben der Mönche.
↪ **Tipp:** S. 334

6. Überprüfe, ob der Klosterplan ein Leben nach den Benediktsregeln (M 5) ermöglichen würde. Begründe!

+ Unternimm einen virtuellen Rundgang durch das Kloster Walkenried in Niedersachsen mithilfe des folgenden Webcodes:

WES-117726-055

Leben für Gott im Frauenkloster

Ora et labora!

Nach dieser Klosterregel leben auch heute Frauen im Kloster Wienhausen bei Celle. Als alleinstehende ältere Damen finden sie hier eine Lebensgemeinschaft, die auf
5 dem gemeinsamen christlichen Glauben aufbaut. Dabei verpflichten sie sich, die bedeutenden Kunstschätze des Klosters zu erhalten und der Öffentlichkeit zu zeigen – das ist ihre Arbeit.

10 Diese Kunstschätze wurden von Nonnen geschaffen, die früher im Kloster Wienhausen lebten. Gegründet wurde das Kloster um 1230 von der verwitweten Herzogin Agnes von Landsberg. Als junge
15 Frau war sie mit einem älteren ↦ Adligen verheiratet worden, der schon bald nach der Hochzeit gestorben war. In das Kloster wurden zunächst nur vermögende Frauen aus adligen oder angesehenen ↦ Bürger-
20 familien aufgenommen. Daher blieb es finanziell unabhängig. Die Nonnen lebten hier nach eigenen Klosterregeln.

Für unverheiratete Frauen war das Kloster ein sicherer Lebensort. Zudem war das
25 Leben in der Abgeschiedenheit zu Ehren Gottes in der mittelalterlichen ↦ Gesellschaft hoch angesehen. Schließlich opferten die Nonnen ihr weltliches Leben für ihr Seelenheil. Dennoch gingen Frauen im Mit-
30 telalter im Gegensatz zu heute nur selten auf eigenen Entschluss hin ins Kloster. Sie folgten der Entscheidung ihrer Familien, die wollten, dass ihre Töchter versorgt sind.

In den Klöstern konnten sich die Frauen
35 der Bildung widmen. Die Nonnen von Wienhausen webten und stickten wertvolle Bildteppiche, auf denen sie Sagen und Heiligenlegenden in Szene setzten. Ihre Teppiche bedeckten ganze Wände. Sie
40 werden von den heutigen Bewohnerinnen des Klosters gezeigt und erklärt.

M1 Ausschnitt aus einem Bildteppich des Klosters Wienhausen. Er wurde im 14. Jahrhundert angefertigt und gibt eine bekannte mittelalterliche Sage wieder: die Tristan-Sage des Dichters Gottfried von Straßburg. Darin geht es um die verbotene Liebe des jungen Adligen Tristan und der Prinzessin Isolde. Unter dem Webcode WES-117726-057 findest du alle Szenen des Teppichs.

1. Lies den Darstellungstext und erkläre anschließend:
   – Warum lebten Frauen im Mittelalter in Klöstern?
   – Erläutere, wie sich das Leben der Frauen im Kloster Wienhausen von dem ihrer mittelalterlichen Vorgängerinnen unterscheidet. Informiere dich dazu auch auf der Homepage des Klosters: WES-117726-013.

WES-117726-056

+ Lerne die Tristan-Sage (M1) mithilfe des Webcodes WES-117726-014 kennen.

WES-117726-057

Macht Gott Unterschiede?

Hier auf Erden beten die einen, andere kämpfen und noch andere arbeiten.

Beten, kämpfen, arbeiten — auf diesen drei Säulen ruht die Ordnung der Welt. Wenn eine zerstört ist, bricht die Ordnung zum Nachteil der anderen Säulen zusammen.

M 2 Aussagen wie diese finden sich in zahlreichen Texten, die um das Jahr 1000 von Gelehrten verfasst wurden.

---

1. a) Beschreibe M 1 und ordne den Figuren die in M 2 genannten Tätigkeiten zu.
b) Erstelle aus der Sicht je eines der Dargestellten eine Denkblase zur eigenen Situation.

M 1 Verzierung eines Textes in einer französischen Handschrift aus dem 13. Jahrhundert

Ein fester Platz in der Gesellschaft

Die Gelehrten des ↦ Mittelalters waren Geistliche. Sie erklärten den Menschen die Welt. Dabei betonten sie aber nicht nur, dass die Menschen unterschiedliche Aufga-
5 ben auf der Erde zu erfüllen hatten. In ganz Europa lehrten Geistliche, dass diese Aufgaben den Menschen von Gott zugedacht worden seien. Er habe die Menschen in drei ↦ **Stände** eingeteilt: den Stand der
10 Geistlichen, den der ↦ Adligen und den des einfachen Volkes. Dieses bestand zum Großteil aus Bauern, aber auch Handwerker und Händler zählten dazu.

Die Aufgaben der Stände seien zwar
15 ungleich, aber doch gleich viel wert, verkündeten die Gelehrten: Jeder Stand sei auf die Tätigkeiten der anderen Stände angewiesen. In diese gottgegebene **Ständeordnung** hätte sich jeder zu fügen. Dies
20 nicht zu tun wurde als Gotteslästerung betrachtet.

Muss alles bleiben, wie es war?

Im Mittelalter wurde jeder Mensch entweder in den Adels- oder in den Bauernstand geboren. Weil Geistliche nicht heira-
25 ten durften, setzte sich der geistliche Stand aus Angehörigen der anderen Stände zusammen: Hohe Geistliche stammten meist aus Adelsfamilien. Wer aus einer einfachen Bauernfamilie kam, konnte
30 Priester, Mönch oder Nonne werden.

Die Ständeordnung hatte in Europa bis ins 19. Jahrhundert, also ungefähr ein Jahrtausend, Bestand. Sie war jedoch keine rein europäische Erscheinung, auch in anderen
35 Erdteilen gab es sie.

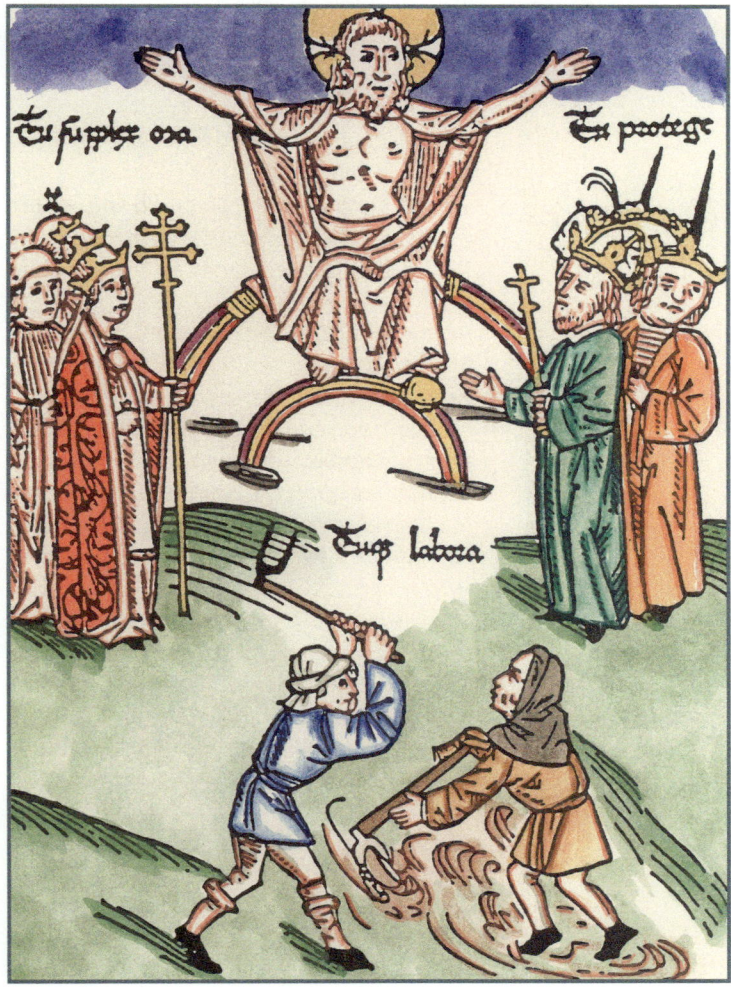

Tu supplex ora

Tu protege

Tuq labora

M3 Die mittelalterliche Ständeordnung in einer Darstellung aus
dem 15. Jahrhundert. Die Beschriftungen lauten:

»Tu supplex ora«   »Tu protege«
(Du bete inständig!) (Du schütze!)

          »Tuque labora«
          (Und du arbeite!)

M4 Aus unserem Grundgesetz

(Artikel 2, Absatz 1) Jeder hat das
Recht auf die freie Entfaltung seiner
Persönlichkeit, soweit er nicht die
Rechte anderer verletzt […].

(Artikel 3, Absatz 1): Alle Menschen
sind vor dem Gesetz gleich.

---

2. a) Beschreibe M3 mithilfe der Bildunterschrift und des Darstellungstextes (bis Z. 19).
- Erläutere, was die genannten Aufgaben der verschiedenen Stände
für die anderen Stände bedeuten.
- Erkläre, welche Gruppen ein Interesse daran gehabt haben könnten,
in diese Darstellung die Christus-
figur einzubeziehen.
b) Vergleiche M3 mit den Darstellungen der Stände in M1.

3. Erkläre mithilfe des Textes und M3,
wie die Menschen im Mittelalter die
soziale Ungleichheit rechtfertigten
und ertragen konnten.

4. a) Stelle der Ständeordnung des
Mittelalters die Artikel des Grund-
gesetzes gegenüber (M4).
b) Nennt Möglichkeiten, die heutige
Menschen im Gegensatz zu Menschen
damals haben.

Der Markt – Mittelpunkt der Stadt

M 1 Rekonstruktionszeichnung einer mittelalterlichen Stadt

ZEITREISE ›››
Ein Markttag in der Stadt

Dort lag Lüneburg! Jetzt konnte Minna die Stadt sehen: die hohen Befestigungsmauern, die Wälle und Tore. Fast sah sie aus wie eine riesige Burg. Und die vielen Türme! Kirch-
5 *türme, Stadttürme und Türmchen auf dem Dach der Hospitäler[1].*

Minna versuchte, sie zu zählen. Doch plötzlich schrie sie auf: »Hilfe! Die Stadt brennt!« Grete und Ida, mit denen Minna zum Stadttor
10 *gezogen war, sahen erschrocken auf. Dann aber lachten sie. »Ach was! Das ist doch nur der Wasserdampf über dem Salzwerk.« Minna guckte sie ratlos an. Da lachten die Frauen noch mehr. Aber dann erklärten sie es ihr:*
15 *»Da wird Salzwasser gekocht, bis das feine Salz übrig bleibt. Lüneburg ist doch berühmt für sein Salz! 54 Siedehütten gibt es hier. Die Sülzer kochen Tag und Nacht — sogar sonntags. Dafür haben sie eine Erlaubnis vom*
20 ↦ *Papst. Die Dampfwolken kannst du immer hier sehen.«*

Die schwere Kiepe[2] auf dem Rücken, zog Minna mit den beiden anderen Hökerinnen[3] zum Stadttor. Auf dem Wochenmarkt wollten
25 *sie Eier und Gemüse verkaufen. Minna kam zum ersten Mal in die Stadt. Sie musste die Mutter ablösen, die zu Hause im Dorf genug zu tun hatte. Jetzt, mit elf Jahren, war Minna alt genug für die Stadt.*

30 *Am Roten Tor prüften die Torschreiber jeden Karren. Für die meisten Waren mussten die Händler Abgaben an die Stadtkasse zahlen.*

1 Hospital (von lateinisch »hospitalis«: gastfreundlich): anfangs Armenhäuser, später auch Krankenhäuser

2 Kiepe: Korb, der auf dem Rücken getragen wurde

3 Hökerinnen: Kleinhändlerinnen, die zu Wochenmärkten zogen. Dort verkauften sie, was sie in der Kiepe tragen konnten.

Die Kiepen der Hökerinnen beachtete der Torwächter aber gar nicht. Doch wie alle Fremden
35 musste auch Minna ihren Namen nennen, der in eine Liste eingetragen wurde.

Eine andere Welt

Als sie durch die Straßen zum Marktplatz gingen, stellte Minna enttäuscht fest, wie klein und krumm die Häuser waren, die sich am
40 Straßenrand zusammendrängten. Aber was hieß schon Straße! Die reinste Schlammspur war das. Dabei hatte die Stadt aus der Ferne so herrschaftlich gewirkt. Grete bemerkte, wie unglücklich Minna jetzt aussah. »Sei froh, dass
45 es so nass und schlammig ist«, sagte sie aufmunternd. »Hast du schon gesehen, dass die Leute hier ihren Dreck einfach auf die Straße kippen? Drei Tage lang dürfen sie ihn liegen lassen, dann werden die Reste in den Stadtgra-
50 ben geschaufelt. Und wenn es warm ist, dann stinkt es hier zum Gotterbarmen.«

Der Wochenmarkt war riesig. Auf Tischen, in Krambuden und auf Stadtbänken boten Händler und Handwerker ihre Waren an. Nur
55 mit Mühe fanden Minna, Grete und Ida eine Ecke, in die sie sich mit ihren Kiepen stellen konnten. »Passt bloß auf«, warnte Ida, »hier laufen überall Diebe herum. Die nehmen, was sie kriegen können.«

60 Minna sah sich um. Jetzt fiel ihr zum ersten Mal das Rathaus auf. Mächtig stand es da. Die rote Marktfahne zeigte, dass Wochenmarkt war, das hatten ihr die anderen schon erklärt. »Da sind ja Zimmerleute«, rief
65 Minna, »ist das Rathaus denn schon kaputt?«

»Im Gegenteil«, antwortete Ida, »sie machen es immer größer. Hier gehen doch die hohen Herren, die die Stadt regieren, ein und aus. Die brauchen ihren Platz. Und dann erst die
70 ganzen Papiere! Sie schreiben alles auf. Die Gesetze und natürlich vor allem die Steuern, die jeder ↦ Bürger einmal im Jahr zahlen muss.«

Alles im Übermaß

Aber Minna hörte nicht mehr hin. Gegenüber
75 gab es auf einmal ein großes Geschrei. Männer zerrten eine junge Frau herbei und schlossen sie mit Eisenfesseln an einen hohen Pfahl. »Was ist denn da los?«, fragte sie. »Die hat bestimmt geklaut«, meinte Grete, »deswegen
80 muss sie jetzt am Kak stehen.« »Am Kak?« »Na, an dieser Schandsäule da. Die nennt man ›Kak‹. Jetzt dürfen die Leute sie bewerfen! Oha, mit der Frau möchte ich nicht tauschen.«

»Hat das der Stadtherr entschieden?«, fragte
85 Minna. »Nein, die Ratsherren«, rief Ida, »das habe ich doch gerade erklärt: Die bestimmen hier einfach alles. Das können sie sich erlauben, weil sie aus den vornehmsten Kaufmannsfamilien stammen. Und die Allerreichsten werden
90 Bürgermeister. Die werden hier verehrt wie bei uns der Grundherr.«

Da läuteten die Kirchturmglocken. Es war so laut, dass Minna sich unwillkürlich nach dem Turm umdrehte. Aber sie konnte die Richtung,
95 aus der das Läuten kam, nicht ausmachen. Es schien von allen Kirchtürmen gleichzeitig zu kommen. In der Stadt gab es wirklich alles im Übermaß! ‹‹‹

WES-117726-058

Unter diesem Webcode kannst du dir die Zeitreise anhören.

---

1. Lest die Zeitreise oder hört sie euch an. Tragt dann zusammen, was Minna in der Stadt auffällt.

2. Erkläre, warum Menschen wie Minna, Grete und Ida in die Stadt gingen.

3. Betrachte noch einmal die Abbildung M 3 auf der Seite 199. Erkläre dann, durch welche Merkmale sich Dorf und Stadt im ↦ Mittelalter voneinander unterschieden.
↦ **Tipp:** S. 334

Städte steigen auf

M1 Hans Borne-
mann: Ansicht von
Lüneburg (Aus-
schnitt aus einer
Altartafel), um 1445

Die Stadt, die Minna betrat, war eine
reiche Stadt, in der ein Stadtrat und ein
Bürgermeister regierten und die einen
großen ↦ **Markt** hatte. Die Lüneburger
5 hatten Salz, das »weiße Gold«, mit dem
sie Handel trieben. Salz war in einer Zeit
ohne Kühlschränke ein wichtiges Mittel
zum Haltbarmachen von Lebensmitteln.
Außerdem brauchte man es zum Gerben
10 von Tierhäuten, und Töpfer benutzten es
für Glasuren. Salz bedeutete also Reichtum.

Lüneburg wird eine Stadt

Am Anfang war im Schutz der ↦ fürstlichen
Burg, der Lüneburg, und des benachbarten Michaelisklosters eine kleine Siedlung
15 entstanden, deren Bewohner das Salz verarbeiteten. Die Siedlung lag an einem wichtigen Handelsweg, dem Fluss Ilmenau. Für
den Handel mit dem Salz mussten die Salzarbeiter Abgaben an das ↦ Kloster zahlen.
20 König Otto I. hatte dem Kloster schon im
Jahr 956 das Recht dazu verliehen.

Erst im 12. Jahrhundert wendete sich das
Blatt zugunsten der Salzarbeiter: Der Lan-
desfürst Heinrich der Löwe förderte Han-
25 delszentren, um seine eigenen Einnahmen
zu erhöhen. Gezielt ließ er andere Salzquel-
len zuschütten und zerstörte das mächtige
Bardowick nahe der Lüneburg. So bekam
die Siedlung an der Ilmenau eine heraus-
30 ragende Stellung im Salzhandel.

M2 Die Verleihung
des Stadtrechts.
Sachsenspiegel, um
1440 (aus der Rats-
bücherei Lüneburg):

① Herzog Otto das
   Kind,
② Kaiser Friedrich II.,
③ die Lüneburger
   Bürger,
④ ein Rechtsgeleh-
   ter,
⑤ der Kalkberg mit
   der Burg des
   Herzogs

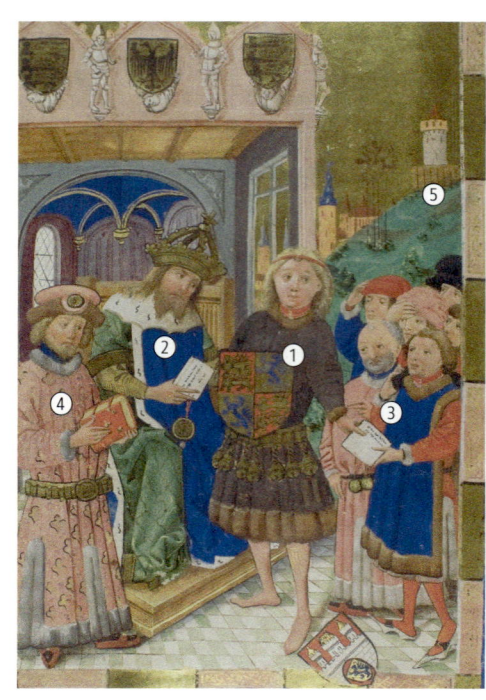

Die Lüneburger bauten einen neuen Marktplatz sowie ein Rathaus und umgaben alles
mit einem Holzzaun. Jetzt sah Lüneburg
zwar schon aus wie eine Stadt, aber es war
35 noch keine. Dazu fehlte das **Stadtrecht** –
das Recht, eigene Gesetze zu machen und
anzuwenden sowie einen Rat zu wählen.
Erst 1247 bekamen es die Lüneburger von
Herzog Otto dem Kind und seiner Frau Mat-
40 hilde. Nun waren sie freie ↦ Bürger. Stolz
umgaben sie ihre Stadt mit einer Mauer.

Neue Städte überall

Seit dem 12. Jahrhundert waren im ↦ Heiligen Römischen Reich immer mehr Städte gegründet worden. Zuvor hatte das bäu-
45 erliche Leben jahrhundertelang die mittelalterliche Welt bestimmt. Doch als die Bevölkerung wuchs und immer besser versorgt wurde, gewann der Handel an Bedeutung. Handwerker und Händler rich-
50 teten **Marktorte** im Schutz von Klöstern und Burgen oder an Fernhandelswegen und Flussübergängen (Furten) ein.

Den Mittelpunkt dieser Siedlungen bildete der Markt. Um dort Handel treiben – also
55 den Markt veranstalten – zu dürfen, benötigten die Händler das Marktrecht, das nur der Fürst vergeben konnte. Er gewährleistete die Sicherheit des Marktplatzes und erhob dafür Abgaben. Als **Stadtherren**
60 verdienten die Fürsten daher gut an den neuen Handelsorten.

Zu Beginn des 14. Jahrhunderts gab es schon über 3 000 deutsche Städte. Nur wenige von ihnen galten wie Lüneburg mit
65 mehr als 10 000 Einwohnern als Großstädte. Man schätzt, dass im 14. Jahrhundert etwa 20 % der Menschen in Städten lebten.

M 4 Ordnung muss sein

Marktaufseher wachten über die Märkte in den Städten. Dieses Amt war genau geregelt, wie das folgende Beispiel aus Hildesheim zeigt:
Das Banner, das als Marktzeichen dient, sollt Ihr zur rechten Zeit aufrichten und einholen [...] und Ihr sollt kontrollieren, dass keinerlei unzulässige und verfälschte Ware auf den
5 Markt kommt und zum Verkauf angeboten wird. Wenn Ihr jemand mit solcher Ware antrefft, der körperliche Züchtigung oder eine andere große Strafe verdient, sollt Ihr ihn vor den Rat bringen. Auch sollt Ihr aufpassen, dass Fremde mit
10 Fremden keinen Handel treiben. [...] Ihr sollt auch den Marktplatz reinigen lassen und [...] anweisen, dass jeder seine Ware zum gebührenden Preis anbietet. Auch sollt Ihr darauf achten, dass die Maße eines jeden Kaufmannes –
15 seien es nun Kornmaße, Biermaße oder andere Maße – und auch alle Arten von Gewichten den Vorschriften entsprechen und stimmen. [...] Für diese Dienste will Euch der Rat in jedem Jahr ein blaues und ein graues Gewand geben und
20 dazu fünf neue Pfund Silber.

Zitiert nach: Heinz-Günther Borck (Hrsg.): Quellen zur Stadt Hildesheim im Mittelalter. Bearbeitet von Jürgen Borchers. Hildesheim: Gerstenberg 1986, S. 43

M 3 Orte, an denen im Mittelalter Städte entstanden

1. Beschreibe die Orte, die in M 3 zu sehen sind, und erkläre, warum sie für die Gründung von Städten geeignet waren.

2. a) Beschreibe M 2: Wie ist das Verhältnis der abgebildeten Personen bei der Übertragung der Rechte dargestellt?
   b) Erkläre mithilfe des Darstellungstextes, was es für die Lüneburger bedeutete, die Stadtrechte zu erhalten.

3. a) Fertigt ein Plakat an, auf dem die Anweisungen an den Marktaufseher (M 4) in Regeln für die Händler umformuliert sind (z. B. »Ihr dürft eure Waren nur verkaufen, wenn das Marktbanner hochgezogen ist!«). Zur Vorbereitung kannst du den Webcode nutzen
   b) Diskutiert darüber, ob ihr diese Marktordnung für sinnvoll haltet.

WES-117726-059

Arbeiten in der Stadt

M 1 Blick in einen städtischen Handwerksbetrieb. Druck aus dem 15. Jahrhundert. Unter dem Webcode WES-117726-060 kannst du dir das Bild genauer ansehen.

---

1. Beschreibe M 1. Beantworte dabei diese Fragen:
  – Um was für eine Werkstatt handelt es sich?
  – Welchen Tätigkeiten gehen die Menschen nach?
  – In welchem Verhältnis stehen sie wohl zueinander?

Gemeinsam stärker

Das Rote Tor, durch das Minna Lüneburg betrat, steht nicht mehr. Doch die Bäckerstraße, über die sie zum ↦ Markt ging, gibt es noch. Vielleicht ist Minna auch in die Gra
5 pengießerstraße eingebogen, um über die Schröderstraße dort hinzulaufen. Alle diese Straßennamen bezeichnen die Berufe derer, die hier gelebt und gearbeitet haben: Die Bäcker backten Brot, Grapengießer fertig
10 ten gusseiserne Kessel, die zum Kochen in jedem Haushalt benötigt wurden. Die Schröder oder Schrader waren Schneider, denn »schraden« ist ein altes Wort für schneiden.

Dass die Straßen nach dem Handwerk
15 benannt wurden, das in ihnen ausgeübt wurde, war praktisch: So konnte man sich

WES-117726-060

besser orientieren. Wer ein Brot oder einen Kessel brauchte, wusste, wohin er zu gehen hatte. Heute würde man wohl denken, dass
20 es doch günstiger für die Handwerker gewesen wäre, sich über die Stadt zu verteilen, schon um die Konkurrenz der Nachbarwerkstatt zu umgehen. Aber das sahen die ↦ mittelalterlichen Handwerkerfamilien
25 ganz anders. Für sie galt: Die Gemeinschaft macht stark! Seit dem 12. Jahrhundert schlossen sie sich daher zu Berufsgruppen zusammen, in denen sie ihre wirtschaftlichen Interessen gemeinsam verfol
30 gen konnten, den ↦ **Zünften**.

Gemeinsam legten die Mitglieder Preise, Qualität und die Menge der Waren fest. Jeder Meister sollte dieselbe Zahl von Lehrlingen und Gesellen haben. Nach Mög
35 lichkeit sollten Söhne von Zunftgenossen ausgebildet werden, damit das Gewerbe in deren Familie blieb. Nur mit Zustimmung aller Meister durften fremde Handwerker in die Zunft aufgenommen werden. Diesem
40 »Zunftzwang« unterwarfen sie sich, weil so keiner den anderen übertrumpfen konnte, und jeder Meister mit seiner Familie ein Auskommen fand.

Auch Kaufleute schlossen sich in ähnlichen
45 Vereinigungen zusammen, den **Gilden**.
Viele der Kaufmannsgilden waren sehr
reich. Das zeigten sie nicht nur in prächtigen Gebäuden, die sie sich an den Markt-
plätzen der Städte erbauen ließen. Sie stif-
50 teten auch viele soziale Einrichtungen wie
Hospitäler und Kirchen.

Leben und arbeiten in der Gemeinschaft

Die Vereinigungen regelten nicht nur wirtschaftliche Angelegenheiten: Sie waren
auch Lebensgemeinschaften. Die Mitglieder
55 feierten gemeinsam Gottesdienste und hatten eigene Schutzheilige. Für ihre Kirchen-
altäre stifteten sie Leuchter. Das Geld dafür
kam aus einer gemeinsamen Kasse, in die
jedes Mitglied Beiträge einzahlen musste.
60 Damit versorgten sie auch kranke und in
Not geratene Mitglieder sowie deren Wit-
wen und Waisen. Auch andere Feste wurden zusammen gefeiert – und dabei der
Wohlstand der Gemeinschaft gezeigt.

65 Zünfte und Gilden waren jedoch auch militärische Einheiten. In Lüneburg trug jeder
Abschnitt des Stadtwalls den Namen einer
Zunft wie etwa der Schifferwall, der Schus-
terzwinger und der Wollenweberdamm.
70 Die Mitglieder dieser Zünfte hatten den
Abschnitt instand zu halten und im Kriegsfall zu verteidigen.

Spezialisten sind gefragt

Wie war es zu der enormen Vielfalt an
Handwerken in den Städten gekommen?
75 Durch die Märkte in den Städten entstand
eine große Nachfrage nach Handelswaren,
sodass sich die Handwerker hier voll und
ganz auf ihr Handwerk konzentrierten –
für die Herstellung von Lebensmitteln
80 sorgten ja andere. Dadurch konnten sich
die Handwerker auch spezialisieren: Statt
der Weber gab es bald Wollweber oder
Tuchmacher für die Verarbeitung von Wolle,
Leinenweber oder Lakenmacher für die Ver-
85 arbeitung von Flachs und Seidenweber für
die von Seide.

Frauen- und Männerarbeit

In den Gemeinschaften hatten die Männer
das Sagen. Aber auch die Frauen arbeiteten selbstständig oder in den Familien-
90 betrieben mit ihren Männern zusammen.
Es war auch üblich, dass die Ehefrau ihren
Mann vertrat, wenn er auf Reisen war, und
es kam vor, dass die Witwe die Werkstatt
ihres verstorbenen Mannes übernahm.
95 Frauen konnten auch Meisterinnen mit
vollem Zunftrecht sein, in die Lehre gehen
und als selbstständige Mägde arbeiten.

Die Möglichkeiten von Frauen, im Handwerk zu arbeiten, waren aber von der
100 jeweiligen Zunftsatzung abhängig.
So kam es vor, dass Frauen in ein
und derselben Stadt in der einen
Zunft Meisterin sein durften, in
der anderen aber nicht den Be-
105 trieb des verstorbenen Ehemannes weiterführen durften.
Als Selbstständige arbeiteten Frauen hauptsächlich im
Lebensmittel- und im Textilge-
110 werbe. In Köln und Paris wurden
Garne und Seidentücher sogar
in Frauenzünften hergestellt.
Die meisten Frauen aber verdienten ihren Lebensunterhalt
115 als Hökerinnen oder Kräme-
rinnen, denn der Kleinhandel
war gut mit der Hausarbeit
zu vereinbaren.

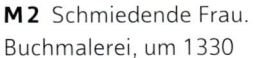

M 2 Schmiedende Frau.
Buchmalerei, um 1330

---

2. In vielen Städten mit mittelalterlichem Kern gibt es Straßennamen, die Berufsbezeichnungen sind. Finde heraus, welche
Straßennamen in deiner Stadt auf alte Handwerksbezeich-
nungen zurückgehen.

+ Möglicherweise geht auch dein Familienname auf ein mittelalterliches Handwerk zurück. Welches ist es?

3. Notiert, um welche Lebensbereiche ihrer Mitglieder sich die
Zünfte kümmerten. Findet heraus, wer diese Aufgaben in
unserer Zeit übernimmt.
↦ **Tipp:** S. 334

M 3 Berufe von Stadtbewohnern. Vier Darstellungen aus dem »Codex Balthasar Behaim«, 1505

M 4 Zunftregeln

Die Goldschmiede der Stadt Köln hielten 1357 diese Regeln fest:

Es sei allen kundgetan, dass wir eine Bruderschaft der Goldschmiede gegründet haben. Alle Mitglieder sollen gutes Gold und Silber nach Vorgabe der Zunft verwen-
5 den, wie es in Köln üblich ist.

Jährlich soll man einen Meister und fünf Beisitzer wählen, die vereidigt werden und dieses Amt annehmen müssen.

Wenn nötig, sollen sie jederzeit Gold und
10 Silber untersuchen können. Wer schlechteres Material als vorgesehen verwendet, zahlt Buße und muss alle schlechten Stücke entzweischlagen. [...]

Kein Goldschmied soll heimlich verkau-
15 fen, sondern offen zur Straße hin, sodass niemand betrogen wird.

Jeder Bruder, der verkaufen will, soll einen eigenen Brustpanzer haben. Wer keinen hat, zahlt Buße. [...]
20 Weiter soll man von Oktober bis zur Fastenzeit nicht länger bei Kerzenlicht arbeiten, als bis es vier schlägt und man in den Kirchen St. Laurentius und St. Alban die Nachtglocke geläutet hat, außer zwei
25 Wochen vor und nach Weihnachten. Dann darf jeder Bruder so lange arbeiten, wie er will. Wer sonst länger arbeitet, zahlt eine Mark Buße. [...]

Wenn ein Bruder einen Lehrjungen
30 anstellen will, soll er ihm einen Monat Probezeit geben. Will er ihn behalten, soll er der Zunft acht Gulden geben und darauf achten, dass der Junge nicht älter als 15 Jahre, niemandem ↦ hörig und für den
35 Beruf geeignet ist. [...]

Wenn ein Goldschmied nach Köln kommt und sich keiner dieser Regeln unterwirft, dann wird ihm verboten dazuzugehören. [...]
40 Weiterhin zahlt Buße: Wer bei der Beerdigung eines Bruders nicht teilnimmt und wer einen Bruder unbrüderlich mit Worten oder Taten behandelt.

Zitiert nach: Heinrich von Loesch (Hrsg.): Die Kölner Zunfturkunden nebst anderen Kölner Gewerbeurkunden bis zum Jahre 1500, Bonn: Hanstein 1907, S. 80f. (bearbeitet)

Balthasar Behaim lebte in Krakau (im heutigen Polen). Als Stadtschreiber dokumentierte er die Berufe der Krakauer.

M5 Handwerkerinnen stellen Forderungen

In der süddeutschen Stadt Heilbronn forderten Frauen, die als Weberinnen in den Werkstätten ihrer Männer arbeiteten, als Zunftmitglieder anerkannt zu werden:

Wenn nur eine von uns oder einer unserer Männer krank wird, so ist es offenkundig, dass wir alle bedürftige und arme Leute sind. Denn etliche von uns haben wenig
5 und manche gar kein Geld von ihren Eltern geerbt. Und wenn uns jetzt das Arbeiten und Verkaufen, was wir von Jugend an getrieben haben, verboten werden sollte, so müssten wir uns und unsere Kinder samt
10 dem kranken Mann vom Betteln ernähren.

Zitiert nach: Erika Uitz: Die Frau in der mittelalterlichen Stadt. Stuttgart: Abend 1992, S. 91 f. (bearbeitet)

M6 Jede Zunft hatte ihr eigenes Wappen. So gab es unter anderem Symbole für Knopfmacher, Zinngießer, Messerschmiede, Nagelschmiede, Schornsteinfeger, Bierbrauer ...

4. Nenne mithilfe der Abbildungen in M3 und M6, welche Handwerksberufe es im Mittelalter gab.

+ Ermittle die Handwerke, die es noch heute gibt, und die, die in anderen aufgegangen sind.

5. a) Stelle zusammen, wofür die Zunft der Goldschmiede in M4 Regeln festlegte.
b) Ein Geselle, der in die Zunft aufgenommen werden will, fragt nach dem Sinn der Regeln. Erklärt ihm, z.B. in einer Spielszene, warum sie wichtig für ihn und alle Zunftgenossen sind.

6. Arbeite aus dem Darstellungstext und M5 heraus, welche Rechte Frauen im Handwerk hatten und welche ihnen vorenthalten wurden.

Bürger und andere Stadtbewohner

*Ich will dem Rat gehorsam sein
und niemals gegen ihn handeln. Ich will auch
zu keinem Aufruhr anstiften oder mich daran beteiligen.
Wo ich von Aufruhr oder heimlichen Anschlägen gegen diese
Stadt erfahre, will ich das dem Rat treulich vermelden. Ich will
die Gesetze einhalten, die der Rat und die Gemeinde beschlossen
und beschworen haben. Ich will recht Zölle und Steuern zahlen.
Den Oberen des Rates will ich gebührenden Gehorsam
leisten und zum Besten des Rates und der Stadt-
gemeinde streben. Alles, was dieser Stadt
schadet, will ich abwehren.*

M1 Wer Bürger einer mittelalterlichen Stadt werden wollte, schwor vor dem Rat der Stadt einen solchen Eid.

1. a) Stellt die Eidsituation nach: Ein Schüler oder eine Schülerin stellt sich vor die anderen, die den Rat darstellen, und spricht mit erhobener Hand die Eidesformel.
b) Überlegt gemeinsam, was euch als Bürgergemeinde stark macht.

Stadtbewohner – alles Bürger?

»Stadtluft macht frei« – das ist ein berühmter Satz, der für das ↦ Mittelalter gilt. Aber natürlich war es nicht die Luft, die Menschen innerhalb ihrer Stadtmauern zu
5 freien Menschen machte. Frei wurden sie durch das ↦ Stadtrecht. Denn darin stand geschrieben: Kein ↦ Grundherr darf einen ↦ Hörigen oder Leibeigenen, der länger als ein Jahr in der Stadt gewesen ist, zurück-
10 holen.

In der Stadt wohnen zu dürfen hieß aber nicht, ein vollwertiges Mitglied der Gemeinschaft – ein **Bürger** – zu sein: Bürger konnte nur werden, wer in eine bürgerliche Familie
15 geboren worden war oder über Vermögen verfügte und Grundbesitz hatte. Um Teil der Bürgergemeinde zu werden, musste man einen Bürgereid schwören. Erst jetzt genoss man den vollen Schutz der Stadt.

1 **Ackerbürger:** Stadtbürger, die Ackerbau betrieben. Ihre Felder lagen vor den Toren der Stadt.

20 Die unterschiedlichen Stellungen der Stadtbewohner zeigten sich bereits an ihren Wohnorten innerhalb der Stadtmauern: Da gab es die reichen Kaufleute, die in komfortablen Häusern direkt am Marktplatz lebten.
25 Dahinter wohnten die einfachen Handwerker in den Straßen und Gassen, die nach ihren Berufen benannt waren. Ganz am Rande der Stadt lebten die vielen Arbeiter und Armen, die das Bürgerrecht nicht
30 besaßen. Die meisten hausten in einfachen Bretterbuden. Manche waren gleich an die Stadtmauer angebaut worden, um eine Wand zu sparen. Hier lebten auch diejenigen, deren Arbeit als »unehrenhaft« oder
35 »unrein« galt. Für »unehrenhaft« hielt man z. B. Schäfer und Schauspieler, die nicht sesshaft waren. Als »unrein« wurden Totengräber und vor allem Henker betrachtet, die mit Blut und Leichen in Berührung kamen.

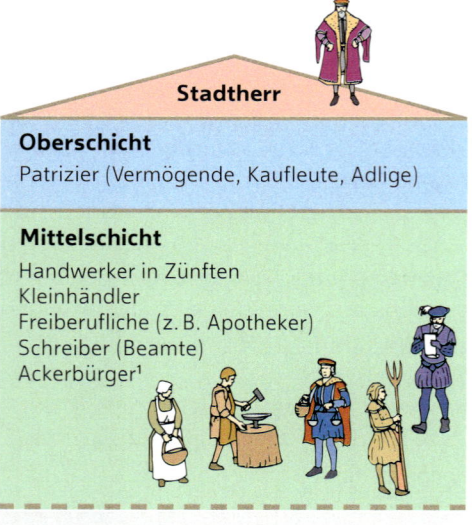

Stadtherr

Oberschicht
Patrizier (Vermögende, Kaufleute, Adlige)

Mittelschicht
Handwerker in Zünften
Kleinhändler
Freiberufliche (z. B. Apotheker)
Schreiber (Beamte)
Ackerbürger[1]

Unterschicht
Menschen mit »unehrlichen Berufen«
Bedienstete (Knechte und Mägde)
Tagelöhner
Arme und Bettler

M2 Die Stadtgesellschaft (Schaubild)

Vornehme regieren die Stadt

40 Die Reichen und Vornehmsten in den Städten – sie nannten sich **Patrizier**[2] – vererbten ihren Nachkommen nicht nur ihren Besitz, sondern auch ihren Anspruch, die Stadt zu regieren. Anfangs hatten sogar nur sie
45 das Recht, den Rat zu wählen. Handwerker mussten sich dieses Recht erst erkämpfen. Die Ratsherren oder gar Bürgermeister kamen aber weiter aus den vornehmsten Familien. In Lüneburg z. B. waren nur Mit-
50 glieder der wenigen Familien, die Anteile am Salzwerk besaßen, dazu berechtigt.

Als **Ratsherren** bestimmten die wenigen reichen Familien die Politik in den Städten. Das verschaffte ihnen Vorteile. So konnten sie
55 mit dem sogenannten Stapelrecht durchreisende Kaufleute dazu zwingen, ihre Waren drei Tage lang auf den Märkten der Stadt anzubieten, und zwar zu Preisen, die der Rat festlegte. Um zu verhindern, dass die
60 Kaufleute an der Stadt einfach vorbeifuhren, verhängten sie den »Straßenzwang«: ein Verbot, die Stadt zu umfahren. Die fremden Kaufleute mussten Zölle bezahlen und brachten daher der Stadt Geld.

Stadtherrschaft

65 Wie die Landbewohner ihren Grundherrn hatten, so hatten anfangs auch die Stadtbewohner einen Herrn, den Stadtherrn. Er gewährte ihnen Rechte, ließ sich das aber auch bezahlen.

70 Als die Bürger reicher wurden, wuchs ihr Selbstvertrauen: Sie wollten nicht mehr auf den Stadtherrn angewiesen sein. Die Lüneburger Bürger z. B. sahen ihre Stunde gekommen, als es 1371 zu einem Streit
75 zwischen zwei ↦ Fürstenfamilien um die Stadtherrschaft kam: Als Frauen verkleidet gaben junge Bürger vor, einen Gottesdienst im Michaeliskloster besuchen zu wollen.

M 3 Lüneburg um 1500: Die Patrizier hatten das Rathaus ihrer Stadt bereits prächtig ausgebaut. Die Kaufmannshäuser am Markt und am Handelsplatz »Am Sande« zeigten den Wohlstand der Besitzer.

So drangen sie in die herzogliche Burg auf
80 dem Kalkberg ein. Unter den Röcken hatten sie Schwerter versteckt, mit denen sie alles kurz und klein schlugen. Der Versuch des Fürsten, die Stadt später mit Soldaten zurückzuerobern, schlug fehl. Ab jetzt
85 regierten die Patrizier.

---

2. a) Arbeite aus dem Text heraus, welche Voraussetzungen ein Stadtbewohner erfüllen musste, um Bürger zu werden.
b) Erkläre, warum viele Menschen in die Stadt zogen, obwohl ihnen das Bürgerrecht zunächst verweigert wurde.
↦ **Tipp:** S. 334

3. Werte das Schaubild M 2 aus: Lege eine Tabelle an, in der du die Lebensbedingungen, Rechte und Aufgaben der Menschen notierst. Beachte auch M 3.
↦ **Tipp:** S. 334

[2] **Patrizier:** Die vornehmen Stadtbürger, oft reiche Kaufleute, nannten sich nach der römischen Oberschicht »Patrizier«.

M4 Wer trägt was? Eine Kleiderordnung

Überall, wo die Macht der Patrizier in den Städten wuchs, zeigten sie dies auch nach außen: Mehr und mehr grenzten sie sich von der übrigen Stadtbevölkerung ab, z.B. durch besondere Tischmanieren und erlesene Kleidung. Durch sogenannte **Kleiderordnungen** regelten sie, was wer tragen durfte. Im Jahr 1471 galt in Lübeck:

Keine Frau darf gekrauste Tücher tragen und mehr als zwei pelzgefütterte Mäntel besitzen und darf auch keinerlei Geschmeide mit teuren Edelsteinen und
5 Perlen an ihren Kleidern tragen, wenn ihr Mann nicht mindestens 400 Mark Silber zu versteuern hat.

Wenn der Mann für mindestens 200 Mark Silber Steuern zahlt, darf seine Frau
10 eine Mark Silber an allen ihren Kleidern tragen.

Wenn der Mann weniger als für 100 Mark Silber Steuern zahlt, darf seine Frau keinerlei Geschmeide tragen. Vor allem darf
15 keine Bürgersfrau Pelzwerk oder Seide unter ihren Kleidern tragen.

Insbesondere wird befohlen, dass keine Dienstmagd Spangen, scharlachrotes Tuch oder irgendwelches vergoldetes
20 Geschmeide trägt, welches mehr als 8 Schillinge wert ist. Wer dagegen verstößt, dem soll das Geschmeide sofort weggenommen werden oder sein Herr oder seine Herrin sollen drei Mark Silber Strafe zahlen
25 oder die Magd innerhalb von drei Tagen aus der Anstellung jagen.

Zitiert nach: Karl Martin Bolte: Deutsche Gesellschaft im Wandel. Opladen: Leske 1966, S. 237 (bearbeitet)

M5 Augsburger Patrizier bei einem Reigentanz im Rahmen eines Balles. Gemälde, um 1500

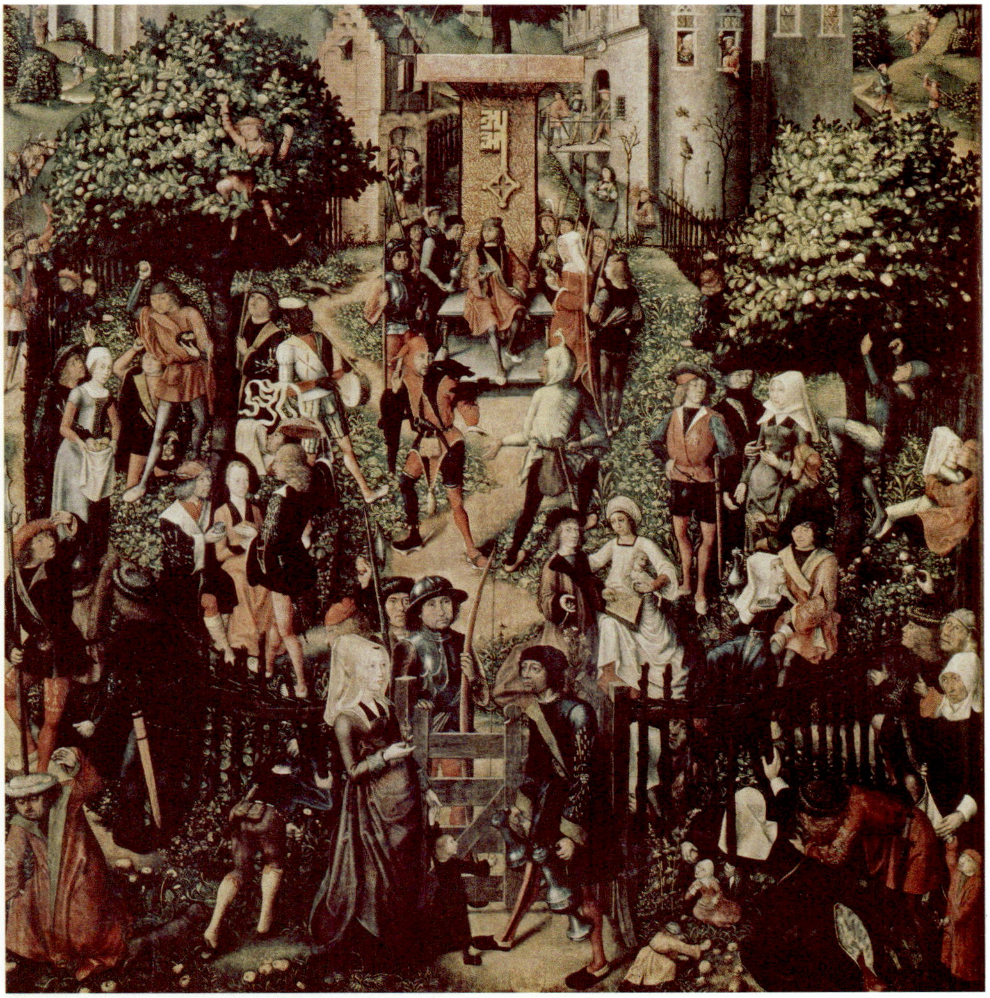

M6 Ein Fest im Zunftgarten. Gemälde, um 1500 (Ausschnitt)

4. Vergleicht die Gemälde M5 und M6. Details könnt ihr mithilfe des Webcodes WES-117726-061 entdecken.

Schritt 1: Die eine Hälfte der Klasse betrachtet M5, die andere M6. Untersucht euer Bild zu zweit und macht dabei Notizen. Achtet auf folgende Aspekte:
- Wo findet die gezeigte Szene statt?
- Wie sind die Menschen gekleidet?
- Was tun sie?
- Wie verhalten sie sich zueinander?

Schritt 2: Bildet Vierergruppen, sodass ihr zu beiden Gemälden Notizen habt. Vergleicht eure Ergebnisse und zieht gemeinsam Schlüsse auf Stellung und Macht beider Gruppen innerhalb der Stadtgesellschaft.

5. Im Mittelalter war modische Kleidung ein teurer Luxus, für den sich Menschen verschulden konnten.
a) Sieh dir das Video über Frauenkleidung im Mittelalter an (Webcode WES-117726-062) und notiere, wodurch Wohlstand ausgedrückt wurde.
b) Arbeite aus M4 heraus, wem die Kleiderordnung auf welche Weise zugute kam.
↦ **Tipp:** S. 335

6. Vergleiche: Womit versucht sich die Oberschicht unserer Zeit von anderen Schichten abzugrenzen? Mit welchen Gegenständen oder Tätigkeiten wird in unserer ↦ Gesellschaft zum Ausdruck gebracht, dass man sich Luxus leisten kann? Suche dazu Bilder im Internet.
↦ **Tipp:** S. 335

WES-117726-061

WES-117726-062

Alltag in der Stadt

M1 Blick in die Krumme Straße in Wolfenbüttel. Foto, 2020

Wie klein doch manche Fachwerkhäuser sind: niedrige Stockwerke, schiefe Fußböden, winzige Fenster – und alles so dicht beieinander! In der Stadt mussten die Men-
5 schen zusammenrücken, denn durch die Stadtmauer war der Raum begrenzt, guter Baugrund knapp. Die teuersten Grundstücke lagen im Stadtkern – in der Nähe von Rathaus, ↦ Markt und Hauptkirche –
10 und waren nur für die reichen ↦ Patrizierfamilien erschwinglich. Ihren Wohlstand zeigten sie, indem sie die Häuser mehrere Stockwerke in die Tiefe wie auch in die Höhe bauten. Bis zu drei Kellergeschosse gab es,
15 und die obersten Stockwerke ließ man in die Straße hineinragen, »vorkragen«. Diese Leute konnten es sich leisten, Steinhäuser zu bauen, denn sie waren »steinreich«. Zur Stadtmauer hin wurden die Häuser in den
20 engen, kreuz und quer verlaufenden Gassen immer kleiner und niedriger.

In den Handwerkerhäusern kochten, aßen, arbeiteten und schliefen alle unter einem Dach. Die Gesellen und Lehrlinge gehörten
25 mit zur Familie. Auch Kleinvieh lebte im Haus. Das Erdgeschoss diente als Werkstatt und Verkaufsraum. Ganz oben unter dem Dach neben dem Speicher kamen die Lehrlinge unter. Die Familien selbst lebten
30 in ein oder zwei Räumen – niemand hatte einen Raum für sich allein. In der Küche saßen alle zusammen, wenn man nicht die Geselligkeit im ↦ Zunfthaus suchte.

IN DER GRUPPE
ein Rollenspiel entwickeln

Erarbeitet die folgenden Themen in Kleingruppen und bereitet eine Ratssitzung vor.

1. Wähle eines der folgenden Themen zur Bearbeitung aus und suche zwei bis drei Mitschüler/-innen, die dasselbe Thema gewählt haben.
   a) Setzt euch zuerst in Einzelarbeit mit den Materialien auseinander.
   b) Bearbeitet dann gemeinsam die Aufgaben und notiert euch dazu Stichworte.

2. Erarbeitet auf der Grundlage eurer Notizen einen Antrag für die Ratssitzung einer mittelalterlichen Stadt zu eurem Problemfeld. Ziel soll es sein, die Lebensbedingungen der Menschen zu verbessern.

3. Stellt eure Anträge in der Klasse vor und diskutiert sie gemeinsam.
   Oder
   Führt ein Rollenspiel durch: Eine Schülerin / Ein Schüler übernimmt als Bürgermeister den Vorsitz, die anderen sind Ratsherren. Diskutiert die Anträge und beschließt Verbesserungsmaßnahmen.

Wärme und Licht

Heizen – ein Luxus

Zwei Stuben habe er stets geheizt, notierte der ↦ Patrizier Anton Tucher 1510. Das kostete im Jahr 25 Gulden, so viel, wie ein Geselle in einem ganzen Jahr verdiente.
5 Die ärmeren Stadtbewohner froren dagegen oft, ihnen spendete nur das Herdfeuer in der Küche Wärme. Auch dunkel war es meist bei ihnen, denn sie mussten mit dem wenigen Tageslicht auskommen, das die
10 kleinen Fenster einließen. Im Winter waren diese mit Pergament oder Holzläden verschlossen, denn Glasscheiben konnten sich nur wenige leisten. Fackeln waren die qualmenden Lichtquellen, mit denen man
15 nachts den Weg zum Abtritt fand.

Gefährliches Feuer

Offene Feuerstellen in Küchen und Schmieden, aber auch Lichter und Fackeln stellten eine ständige Gefahr für die Städte dar. Denn die Häuser standen eng aneinander,
20 waren vorwiegend aus Holz gebaut und oft mit Stroh gedeckt. So war in Lüneburg, wo zudem Tag und Nacht Salz über offenem Feuer gesiedet wurde, die Angst vor einem Stadtbrand allgegenwärtig.

25 Die Hauptaufgabe von Nachtwächtern bestand darin, bei ihren Rundgängen Brände rechtzeitig zu bemerken und die Einwohner zu alarmieren. In vielen Städten gehörte es daher zu den ↦ bürgerlichen Pflichten,
30 einen ledernen Eimer bereit zu halten, um im Brandfall löschen zu können. Trotzdem brannten die meisten Städte mehrmals ab!

M1 Buchmalerei: Der »Große Brand« von Bern (1405). Er zerstörte Hunderte Häuser und forderte viele Todesopfer.

M2 Aus Feuerordnungen

Erfurt, 1351: Erhebt sich ein Feuer, so sollen die Träger Wasser tragen. Kommt aber einer nicht, soll er in acht Tagen die Stadt verlassen oder im Gefängnis sitzen. Jede Familie soll in ihrem Haus eine Leiter haben, die bis an das Dach reicht, und einen Wassereimer. Wer sich nicht daran hält, muss fünf Groschen Strafe zahlen. [Das entsprach dem Lohn eines Handwerkers für fünf Tage.]

Hameln, 1385: Es ist untersagt, die Dächer mit Stroh zu decken. Wer es dennoch getan hat, der soll es noch in diesem Jahr ändern.

Hannover, um 1550: In welchem Haus Stroh oder Futter liegt, und zwar auf dem Boden, wo die Feuerstelle direkt darunter gelegen ist, der soll dafür eine Strafe zahlen.

Textquellen: S. 168

---

1. Arbeitet aus M1 und M2 heraus, welche Personen mit welchen Mitteln Stadtbrände verhindern sollten. Vergleicht dies mit heutigen Feuerwehreinsätzen.

2. Entwickelt Maßnahmen, die in den Städten zu einem besseren Brandschutz hätten führen können.
↦ **Tipp:** S. 335

Tischmanieren

Arme und reiche Städterinnen und Städter wohnten und kleideten sich im ↦ Mittelalter ganz verschieden. Doch die Ernährung der Reichen unterschied sich nicht so sehr von der ärmerer Menschen: Die wichtigsten Speisen wurden aus Getreide berei-
5 tet: Brot und Gebäck, Hirsebrei und Hafergrütze, Suppe aus Graupen und auch der »Gerstensaft« Bier waren Grundnahrungsmittel. Dazu kam an Gemüse, Kräutern und Früchten auf den Tisch, was im Garten geerntet werden konnte. Ab und zu hatte man Eier von eigenen Hühnern. Die Hühner aß man – wie
10 Fleisch überhaupt – aber nur bei besonderen Gelegenheiten, zu kostbar war das Vieh. Fisch allerdings, vor allem Salzhering, wurde freitags und in der Fastenzeit gegessen.

Vornehm wirken – Manieren zeigen

Beim Essen versuchten besonders die Vornehmen, ihren Rang auch durch gute Manieren zu zeigen. Sie hielten sich
15 an Regeln, die in sogenannten Tischzuchten verbreitet wurden. So wollten sie sich von den Angehörigen der unteren
20 Schichten und von den einfachen Bauern auf dem Land abgrenzen.

M1 Mittelalterliches Essgeschirr

---

1. a) Setzt euch mit den Regeln für gute Tischmanieren auseinander (M2): Welche erscheinen ungewöhnlich?
   b) Arbeitet heraus, welche Rückschlüsse die Regeln über das übliche Verhalten bei Tisch zulassen.

2. Erklärt mithilfe von M3 den Sinn der Regeln.

3. Vergleicht mit unseren Tischsitten: Wie erklärt ihr euch die Unterschiede?
   ↦ **Tipp:** S. 335

> *Spuck nicht auf den Tisch!*

> *Kratz dich nicht bei Tisch!*

> *Wirf abgenagte Knochen nicht in die Schüssel zurück!*

> *Lege ein Stück Fleisch, das du schon im Mund hattest, nicht wieder zurück in die Schüssel!*

> *Fass während des Essens nicht in deine Ohren!*

> *Benutz nicht das Tischtuch, um dich zu schnäuzen!*

M2 Benimmregeln

M3 Wie die Menschen aßen

Der Wissenschaftler Norbert Elias untersuchte die Umgangsformen im Mittelalter. Über das übliche Verhalten vornehmer Menschen bei Tisch stellte er fest:
Bis ins 15. Jahrhundert gibt es wenig Tafelgeschirr [...]. In den Häusern der Reicheren werden die Platten mit dem Essen gewöhnlich aufgetragen, sehr oft ohne bestimmte
5 Reihenfolge. Jeder nimmt sich, wonach er gerade Verlangen hat. Man bedient sich aus den gemeinsamen Schüsseln. Man nimmt feste Stoffe, vor allem Fleisch, mit der Hand, flüssige mit Kellen oder Löffeln.
10 Sehr oft werden Suppen und Soßen [...] getrunken. Man hebt Teller oder Schüsseln zum Mund. Lange Zeit hindurch gibt es auch nicht gesonderte Geräte für verschiedene Speisen. Man bedient sich der-
15 selben Messer, derselben Löffel. Man trinkt aus denselben Gläsern. Häufig essen zwei Personen von derselben Unterlage.
Norbert Elias: Über den Prozess der Zivilisation. Frankfurt am Main: Suhrkamp 1992, S. 85

Hygiene

Schweine sollte man im Haus halten und nicht durch die Straßen treiben, verlangten manche ↦ mittelalterliche Stadtordnungen. Denn die Städte hatten ein Müllproblem.
5 Man riecht regelrecht, wie es von den Ställen, Misthaufen und Plumpsklos gestunken haben muss.

Und man kann sich die Streitereien zwischen Nachbarn vorstellen, wenn einer
10 »nicht vor seiner Tür kehrte«. Die ungepflasterten Straßen der dicht besiedelten mittelalterlichen Städte waren von Abfällen übersät. Sauberen Fußes konnte man sie nur überqueren, indem man auf Bohlen
15 ging oder »Trippen« anschnallte. Häufig wurde auch über den Gestank aus verstopften Kloaken und übervollen Latrinen geklagt. Für ihre Säuberung mussten die antreten, die ohnehin einen »unreinen«
20 Beruf ausübten: die Henker.

Sauberes Wasser

Lebenswichtig für die Wasserversorgung der Städte waren Brunnen. Man wusste, wie wichtig reines Wasser für die Gesundheit war, und regelte die Nutzung der Brunnen
25 daher streng: Gerber, die Tierhäute zu Leder verarbeiteten, durften mit ihrem stinkenden Gewerbe nicht in ihrer Nähe wohnen. Doch Kloaken, also Abwasserkanäle, in der Nähe von Brunnen verbot man nicht. Bakterien
30 als Krankheitserreger waren noch unbekannt; die Ursache für Seuchen sah man z. B. in Ausdünstungen der Erde.

M 1 Die Buchmalerei aus dem aus dem 15. Jahrhundert zeigt ein Plumpsklo zwischen den oberen Stockwerken zweier Stadthäuser. Darunter befand sich ein Misthaufen.

M 2 Saubere Straßen – klares Wasser?

Aus einer Verordnung des Rates von Hildesheim, 1446:

[Es] gebieten unsere Herren vom Rate, dass niemand seinen Hauskehricht auf die Straße oder den ↦ Markt oder andere unbebaute Grundstücke in der
5 Stadt werfen soll und dass keiner dem anderen seinen Schlamm oder Kehricht in die Gassen schwemmen oder schaufeln soll und dass in die Bäche Hagenbach und Treibe keinerlei Mist,
10 Abfall, Schlamm oder Kehricht geworfen werden soll. [...] Wer seinen Dreck oder Mist auf die Straßen tragen lässt, der soll auch dafür Sorge tragen, dass er nicht mehr als drei Tage dort liegt, bei
15 fünf Hildesheim'schen Schillingen Strafe.
Zitiert nach: Heinz-Günther Borck: Quellen zur Stadt Hildesheim im Mittelalter. Hildesheim: Gerstenberg 1986, S. 80 (bearbeitet)

M 3 Ein Straßenkehrer mit »Trippen«. Zeichnung aus einem sogenannten Hausbuch, 1434

---

1. Erklärt mithilfe des Textes den Sinn des besonderen Schuhwerks des Straßenkehrers (M 3).

2. Arbeitet aus den Texten heraus, wer in den Städten für Müllentsorgung zuständig war. Überlegt, welche Folgen die Vernachlässigung der Müllfrage für die Gesundheit der Menschen in der Stadt haben konnte.

Bildung

M1 Schulunterricht um 1500, Holzschnitt

Bildung war lange ein Vorrecht der Geistlichen. Nur sie konnten die Bibel lesen und sich auf Latein verständigen. Doch auch in den Städten wurden bald Schulen gegründet. Dort gaben Geistliche ihr Wissen
5 außerhalb der Klöster weiter. Hier lernten die Schüler Rechnen, Schreiben, Lesen – und Gebete auswendig sprechen. Die Unterrichtssprache war: Latein.

Bildung ist gefragt

Vor allem die Kaufleute hielten die religiös orientierten Unterrichtsinhalte nicht für sinnvoll. Sie lie-
10 ßen ihre Söhne von Hauslehrern im kaufmännischen Rechnen unterrichten oder schickten sie auf die neuen Schreib- und Rechenschulen. Hier hockten bis zu fünfzig Kinder aller Altersgruppen in der Schulstube und machten mit ihren Griffeln Schreib-
15 versuche auf kleinen Schiefertafeln. Der Stadtrat prüfte zwar die Tauglichkeit der Männer, die »Schule halten« wollten, überließ es aber den Eltern, ob sie ihre Kinder unterrichten ließen. Mädchen gingen nur sehr selten in die Schule. Man schätzt, dass um
20 1500 etwa ein Drittel aller Stadtbewohner lesen und schreiben konnte.

M2 Welche Schule wählen?

Der Geistliche Giovanni Dominici schrieb 1405 über die Erziehung:
Knaben sollen den bestmöglichen Unterricht genießen. [...] Schickst du deinen Sohn in eine ↦ Klosterschule oder lässt du ihn von Geistlichen unterrichten, so wirst du
5 ihn großer Gefahr aussetzen. Heute sind diese Schulen so, dass er dort wenig lernen wird. [...]

Schickst du deinen Sohn aber in die öffentliche Schule, so ist zu befürchten,
10 dass in einem Jahr die Frucht einer siebenjährigen Erziehung verloren geht; denn dort kommt eine Menge zusammen: zügellos, böse, zum Schlimmsten geneigt, unverträglich und allem Guten feindlich. Auch
15 gegen die Beschäftigung eines Hauslehrers lassen sich Einwände vorbringen. [...]

Beschäftige dich daher mit den Knaben, wenn sie nach Hause kommen, sooft du Zeit dafür hast. Wenn sie dem Gift, dem sie
20 ausgesetzt sind, schon nicht entkommen können, so soll es durch deine Bemühung wenigstens nicht in ihnen bleiben.
Zitiert nach: Augustin Rösler (Hg.): Kardinal Dominicis Erziehungslehre und die übrigen pädagogischen Leistungen Italiens im 15. Jahrhundert. Freiburg: Herder 1894, S. 26f. (bearbeitet)

---

1. Beschreibt, was für eine Unterrichtsform in M1 dargestellt ist. Was tun die Schüler, was der Lehrer?

2. a) Arbeitet aus dem Text und M2 die verschiedenen Schultypen des Mittelalters heraus.
   b) Notiert, wie der Geistliche Giovanni Dominici die Schulformen einschätzt.

3. Erklärt, welcher dieser Schultypen für die Stadtbewohner von größerer Bedeutung war.

Krankheiten

Wer im ↦ Mittelalter erkrankte, betete für seine Heilung. Zwar gab es den Bader[1], der kleinere Wunden versorgte oder Blutegel ansetzte. Auf den Jahrmärkten traf man
5 auch Quacksalber[2], die verfaulte Zähne entfernten oder Salben von fragwürdiger Zusammensetzung verkauften. Aber diese Berufe galten als »unrein«, ihre Vertreter als wenig vertrauenerweckend. Angese-
10 hener waren oft Kräuterfrauen, die Kranke mit Heilkräutern behandelten. Viele von ihnen hatten ein großes Wissen, das sie mündlich weitergaben.

Infektionen – tödliche Bedrohungen

Gegen die meisten Infektionskrankheiten –
15 wie Keuchhusten, Masern oder Lepra – gab es keine wirksamen Mittel. So wurde Lepra durch Berührung übertragen. Am ganzen Körper des Erkrankten bildeten sich Geschwüre. Die Gliedmaßen verfaulten
20 und fielen ab. Erst 1873 wurde der Erreger entdeckt. Heute kann Lepra wirkungsvoll bekämpft werden.

Im Mittelalter jedoch bedeuteten diese Krankheiten tödliche Gefahren, besonders
25 in Städten, wo alle dicht beieinanderlebten. Reiche ↦ Bürger stifteten Hospitäler, in denen Mönche und Nonnen kranke und alte Menschen pflegten. Der Stadtrat finanzierte und beaufsichtigte diese Krankenhäuser.
30 Menschen mit ansteckenden Krankheiten wurden dort aber nicht aufgenommen. Sie waren als »Aussätzige« aus der ↦ Gesellschaft ausgeschlossen – »ausgesetzt«.

M 1 Krankheit in der Buchmalerei: oben ein Hospital, rechts ein Leprakranker

M 2 Ansteckungsgefahr!

Aus einer Verordnung der Stadt Trier für Leprakranke:
– Es ist dir verboten, in die Kirche, auf den ↦ Markt oder zu Versammlungen zu gehen.
– Deine Hände darfst du nicht in Quellen oder rinnendem Wasser waschen. Du sollst Wasser mit deinem Becher
5 schöpfen, nur in deinem Leprosenanzug und nicht barfuß herumlaufen.
– Du sollst eine Sache, die du kaufen willst, nicht anrühren, sondern nur mit einem Stäbchen berühren.
– Du darfst keinen Geschlechtsverkehr haben.
10 – Wenn du über eine Brücke gehen musst, darfst du das Gelän-der nur mit Handschuhen berühren.
– Wenn du gestorben bist, wirst du nicht in der Kirche bei all den anderen Verstorbenen beigesetzt.
Zitiert nach: Werner Besch (Hg.): Die Stadt in der europäischen Geschichte. Bonn: Röhrscheid 1972, S. 541 (bearbeitet)

1 Bader: Ursprüng-lich nannte man die Betreiber von Badehäusern so, die dort auch kleine Verletzungen behandelten.

2 Quacksalber: jemand, der schrei-end (»quakend«) seine Salben anpreist

1. Erklärt mithilfe von M 2, wie der Rat die Stadtbevölkerung vor ansteckenden Krankheiten zu schützen versuchte.

2. Überlegt, warum Leprakranke wie in M 1 Glocken oder Rasseln bei sich haben mussten.

Entwicklungen im Mittelalter?

① ② ③ ④ ⑤ ⑥

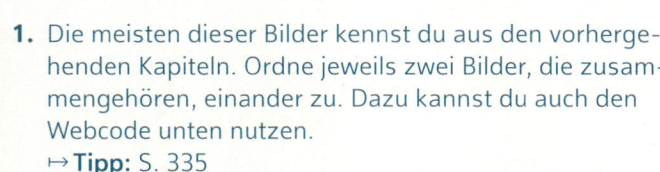

1. Die meisten dieser Bilder kennst du aus den vorhergehenden Kapiteln. Ordne jeweils zwei Bilder, die zusammengehören, einander zu. Dazu kannst du auch den Webcode unten nutzen.
↪ **Tipp:** S. 335

2. Tauscht euch zu zweit darüber aus, warum die ausgewählten Bilder für euch zusammengehören und welches Thema sie haben.

3. Diskutiert in der Klasse, ob die Bilder Entwicklungen zeigen.

+ Dorf oder Stadt – wo hättest du im Mittelalter lieber gelebt? Begründe deine Entscheidung.

WES-117726-063

Wenn du die vorangegangenen Seiten bearbeitet hast, solltest du die folgenden Aufgaben lösen können. Schreibe die Lösungen in dein Heft. Ob du richtigliegst, erfährst du auf Seite 338.

M1 Diese mittelalterliche Zeichnung zeigt einen Vorgang, über den du in diesem Kapitel etwas erfahren hast.

M2 Ein besonderes Stadtrecht

In der Gründungsurkunde der Stadt Freiburg legte Herzog Konrad von Zähringen im Jahr 1120 fest:
Jeder, der in diese Stadt kommt, darf sich hier frei niederlassen, wenn er nicht der Leibeigene irgendeines Herrn ist und diesen auch anerkennt als seinen Herrn. Der
5 Herr aber kann seinen Leibeigenen in der Stadt wohnen lassen oder aus der Stadt wegholen lassen, wie er will. [...]
   Wer aber über Jahr und Tag in der Stadt gewohnt hat, ohne dass irgendein Herr ihn
10 als Leibeigenen gefordert hat, der genießt von da an sicher die Freiheit.
Zitiert nach: Hermann de Buhr: Sozialgefüge und Wirtschaft des Mittelalters. Frankfurt am Main: Hirschgraben 1973, S. 17 (bearbeitet)

---

1. a) Betrachte die Abbildung M1 und erkläre,
   – was für Personen gezeigt sind und was sie tun.
   – was die gezeigte Handlung bedeutet.
   b) Stelle dar, welches Verhalten von der rechts stehenden Person künftig erwartet wird.

2. Übertrage die folgenden Satzanfänge in dein Heft und vervollständige sie:
   – *Die meisten Bauernfamilien hatten einen Grundherrn. Ihm gehörte …*
   – *Jedes Feld im Dorf wurde in Streifen unterteilt, damit …*

   – *Im Dorf gab es einen Meier, der …*
   – *Bauernfamilien bearbeiteten ihre Felder mit …*

3. Wie lebten Mönche und Nonnen im Mittelalter? Schreibe einen kurzen Artikel für ein Kinderwissensmagazin.

4. a) Arbeite aus der Quelle M2 heraus, wodurch ein Stadtbewohner zu einem freien Menschen wurde.
   b) Erkläre, was den Einwohner vom Bürger unterschied. Benutze dabei die Begriffe:
   Bürgereid, Stadtrat, Bürgermeister.

Lebensorte im Mittelalter

Die meisten Menschen – über 90 % der Bevölkerung – lebten auf dem Land in kleinen **Bauerndörfern**. Fast alle waren von einem ↦ **Grundherrn** abhängig, dem sie zu Abgaben, Diensten und Gehorsam verpflichtet waren.

5 Viele der Grundherren im Mittelalter lebten als Ritter auf **Burgen**. Im Kampf und bei Turnieren mussten sie sich bewähren. Zugleich lernten sie, sich bei Hofe so zu benehmen, wie es von vornehmen und gebildeten Menschen erwartet wurde. Die Lebensart der Ritter wurde nach und nach vom gesamten ↦ Adel übernommen.

10 In den ↦ **Klöstern** unterwarfen sich Mönche und Nonnen strengen Regeln. Sie verrichteten neben ihrer frommen Lebensführung auch geistige und körperliche Arbeit. Die Klöster leisteten einen großen Beitrag dazu, dass Wissen überliefert wurde.

Die Menschen glaubten, dass sie als Bauern, Ritter oder Geistliche 15 ↦ **Ständen** angehörten und von Gott vorgesehene Funktionen erfüllten. Jeder Stand hatte bestimmte Aufgaben:
– zu arbeiten, um Nahrung zu ernten,
– zu kämpfen, um andere zu schützen, und
– zu beten, um den Kontakt zu Gott zu bewahren.

20 Seit dem 12. Jahrhundert nahmen die Zahl und die Größe der **Städte** in Europa stark zu. Sie entwickelten sich aus alten Römerstädten oder entstanden neu an Handelswegen. Mauern schützten die Städte, beengten allerdings auch den Lebensraum der Bewohner. Der zentrale Ort einer Stadt war der ↦ **Markt**, wo unter dem 25 Schutz des Stadtherrn Waren zum Kauf angeboten wurden. Es galt der Grundsatz: »Stadtluft macht frei«: Männer und Frauen, die über ein Jahr in der Stadt lebten, ohne dass ihr Grundherr sie zurückgefordert hatte, galten als frei.

In den Städten entwickelten sich unterschiedliche Gesellschafts-30 gruppen. An der Spitze der ↦ Gesellschaft standen der **Stadtherr** und die ↦ **Patrizier**, meist waren dies reiche Kaufleute. Zusammen hatten sie die politische Führung in der Stadt. Unter den Stadtbewohnern waren die ↦ **Bürger** diejenigen, die die meisten Rechte hatten. Um Bürgerrechte zu erlangen, brauchte man Grundbesitz 35 und musste Steuern zahlen.

Eine breite Schicht von **Handwerkern** trug mit ihrer Spezialisierung wesentlich zur wirtschaftlichen Entwicklung der Städte bei. Die Handwerker und Kaufleute schlossen sich zu ↦ **Zünften** und Gilden zusammen.

ZEITTAFEL

› **um 529**
Benedikt von Nursia gründet ein ↦ Kloster auf dem Monte Cassino in Italien und gibt der Mönchsgemeinschaft eine Regel.

› **8. Jahrhundert**
Seit dem frühen Mittelalter breiten sich Klöster, die den Benediktinerregeln folgen, immer weiter aus.

› **11. Jahrhundert**
Bauern wenden neue Anbautechniken an. Dadurch werden die Ernten größer und die Bevölkerung wächst.
Klöster werden zu ↦ kulturellen Zentren.
Gepanzerte Ritter lösen die Bauernarmeen ab.

› **ca. 1100–1150**
Weltliche und geistliche Fürsten gründen zahlreiche Städte und erteilen den Einwohnern durch Gründungsurkunden Rechte.

› **ca. 1150–1200**
Handwerker und Kaufleute schließen sich in den Städten zu Zünften und Gilden zusammen.

› **13. Jahrhundert**
Immer mehr Städter erkämpfen sich die Freiheit von ihrem Stadtherrn. Die reichsten Bürger, ↦ Patrizier, übernehmen die Stadtherrschaft.

Kulturen treffen aufeinander

Zwei Schachspieler in einem Zelt zeigt dieses Bild, das im 13. Jahrhundert in Spanien entstand. Die Kleidung verrät: Der Mann links ist Araber, der Mann rechts ein christlicher Mönch. Ihre Religionen, der ↦Islam und das Christentum, nahmen großen Einfluss auf die Lebensweisen in Europa und im arabischen Raum.

In einem »Auslandsjahr« können Schülerinnen und Schüler heute Menschen anderer ↦ Kulturen kennenlernen. Dieses Foto zeigt die 16-jährige Chinesin Zhongyi, die an ihrer deutschen Schule von ihrer Klasse gefeiert wird.

Auf den folgenden Seiten erfährst du,

– dass in manchen Städten des ↦ Mittelalters Menschen aus unterschiedlichen Kulturen zusammengelebt und oft mehrere Sprachen gesprochen haben.
– warum die Menschen in die Städte gezogen sind.
– dass nicht nur Waren, sondern auch Ideen ausgetauscht wurden.

Außerdem übst du,

– Quellen und Karten zu erschließen.
– dich in ein Thema einzuarbeiten und als Experte oder Expertin der Klasse davon zu berichten.
– das Zusammenleben von Menschen in Städten zu bewerten.

Verschiedene Kulturen – ein Vorbild

WES-117726-064

Unter diesem Web-code kannst du dir den Text anhören.

NACHERZÄHLT ››› Der herausragendste Medicus der Welt

Der ↦ jüdische Arzt Benjamin lebt um das Jahr 1030 in der Nähe von London. Eines Tages lernt er einen jungen Christen kennen, Rob. Ihn fasziniert der Beruf des Arztes schon lange. Doch wo kann man ihn erlernen? Benjamin erzählt:

»In fast ganz Europa wird mein Beruf von einem jämmerlichen Haufen von Quacksalbern und Schurken ausgeübt. In Paris, wo ich früher gelebt habe, gab es ein großes Krankenhaus,
5 aber es wurden nur schreiende Menschen hineingeschleppt, um sie dort sterben zu lassen. Die Araber in den östlichen Ländern dagegen haben aus der medizinischen Wissenschaft eine Kunst gemacht. Im persischen Isfahan
10 haben sie ein Krankenhaus, das wirklich eine Stätte der Heilkunst ist. In diesem Krankenhaus und an einer kleinen Akademie bildet Avicenna seine Ärzte aus.«

»Wer?«

15 »Der herausragendste Medicus der Welt. Avicenna, dessen arabischer Name Abu Ali al-Husain ibn Abdullah ibn Sina lautet.«

»Ist es schwer, nach Persien zu gelangen?«

»Eine gefährliche Reise, die mehrere Jahre
20 dauert. Erst über das Meer, dann über Land durch furchtbare Gebirge und endlose Wüsten.«

Benjamin blickte seinen Gast durchdringend an. »Für Euch als Christ sind die persischen Akademien aber nichts«, sagte er dann.

25 »Es mag Euch im Umgang mit Priestern Eurer Kirche aufgefallen sein, dass sie Ärzten, Chirurgen und Badern mit Misstrauen und Ablehnung begegnen. Sie glauben nämlich, dass sie selbst durch das Gebet die rechtmäßigen Hüter
30 des Körpers und der Seele der Menschen sind.«

Der ↦ Papst, der höchste Bischof der Christen, habe die persischen Ärzteschulen, die von Muslimen geführt werden, der Gotteslästerung beschuldigt, erklärte Benjamin weiter.
35 Daher seien muslimische Gelehrte wie Ibn Sina nicht darauf aus, an ihren Schulen Christen auszubilden.

»Spanien wäre vielleicht eine Möglichkeit für Euch«, sagte er. » Die Muslime haben
40 in Städten wie Cordoba, Toledo und Sevilla berühmte Universitäten gegründet. ... Wenn ihr eine von ihnen absolviert, werdet ihr als Gelehrter anerkannt.«

»Wieso seid Ihr nicht nach Spanien gegan-
45 gen?«

»Weil Juden in Persien studieren dürfen.« Benjamin lächelte. »Und ich wollte den Saum von Ibn Sinas Gewand berühren.« ‹‹‹

Erzählt nach: Noah Gordon: Der Medicus. Aus dem Amerikanischen von Ulrike Wasel und Klaus Timmermann. München: Goldmann 1997 (25. Aufl.), S. 178 ff.

M 1 Das Gebiet, in dem Benjamin gereist ist. Eingezeichnet sind einige bedeutende Städte des 11. Jahrhunderts.

M 2 Ibn Sina hinterließ ein Lehrwerk zur Medizin. Diese Abbildung stammt aus einer Ausgabe, die im 17. Jahrhundert in Istanbul davon angefertigt wurde.

Alles ausgedacht?

Die Geschichte vom »herausragendsten Medicus der Welt« wird in einem Roman erzählt – er heißt: »Der Medicus«. Benjamin und Rob, die sich hier unterhal-
5 ten, sind Romanfiguren, ihr Gespräch ist also ausgedacht. Den Gelehrten, von dem Benjamin erzählt, gab es aber wirklich: Ibn Sina lebte von etwa 980 bis 1037 in Persien, dem heutigen Iran. Als einflussreicher Arzt
10 hinterließ er den »Kanon der Medizin«, ein umfangreiches Lehrwerk. Über Jahrhunderte war es Grundlage der medizinischen Ausbildung, auch in Europa. Aber nicht nur als »Medicus« war Ibn Sina berühmt, son-
15 dern auch für seine philosophischen Schriften und Gedichte – ein vielseitig gelehrter Mensch!

1. Lies den Text »Der herausragendste Medicus der Welt«. Gib anschließend in deinen Worten wieder,
  – wie es kam, dass Benjamin die Schule von Ibn Sina besucht hat, und
  – warum er meint, sie sei nichts für Rob.

+ Stelle Vermutungen an, auf welchen Reiserouten und mit welchen Verkehrsmitteln Benjamin nach Isfahan gekommen sein könnte (M 1).

2. a) Betrachte M 2.
  – Beschreibe die dargestellte Szene.
  – Wer ist wer? Erkläre, welche Rollen die abgebildeten Figuren haben.
  b) Das Bild war in einem Lehrbuch enthalten. Was sollte die Darstellung den Lesenden wohl vermitteln?

Wie reiste man im Mittelalter?

M1 Zwei mittel-
alterliche Darstel-
lungen Reisender
in Buchmalereien,
um 1420

1. Beschreibe die Abbildungen oben und stelle Vermutungen darüber an, was Reisen
im Mittelalter bedeutete.

Im ↦ Mittelalter gab es viele Gründe, sich
auf Reisen zu begeben: Kaufleute waren
unterwegs, um Handel zu treiben, Könige,
um an verschiedenen Orten Herrschaft
5 auszuüben. Es gab Menschen, die wegen
ihres Glaubens reisten: Pilger. Auch Handwerker zogen von Stadt zu Stadt, um ihre
Kenntnisse anzubieten. Was aber bedeutete es, im Mittelalter zu reisen? Das eng-
10 lische Wort für »reisen« gibt uns einen
Hinweis: Es heißt »to travel« und ist von
dem französischen »travail« abgeleitet.
Im Deutschen bedeuten dies »Mühe« und
»Arbeit«.

Mühsames Vorankommen

15 Im Mittelalter waren die meisten Menschen
zu Fuß, mit dem Ochsenkarren oder mit
dem Pferd unterwegs. In einigen Gebieten konnte man alte, teilweise zerfallene
Römerstraßen benutzen, in anderen fanden
20 Reisende nur unbefestigte Naturwege vor.
Auf diesen musste man bei Regen durch
Schlamm gehen oder fahren. Die Räder der
Karren hinterließen im matschigen Boden
oft tiefe Fahrrinnen, sodass die Wege auch
25 bei Trockenheit nur schwer zu befahren
waren. Bequemer und schneller war es
daher, auf Wasserwegen mit Flößen oder
Kähnen zu reisen oder Waren zu befördern.

Nicht immer war das Reisen ungefährlich.
30 Oft geschah es, dass Kaufleute und wohl-
habendere Reisende von Wegelagerern
bedroht, überfallen und ausgeraubt wurden. Auch deshalb war es für die Reisenden wichtig, am Abend eine schützende
35 Herberge oder ein Gasthaus zu erreichen.
Hier konnten sie sich von den Strapazen
des Tages erholen. Pilger wurden oft auch
in Klöstern oder Herbergen bei Synagogen
aufgenommen.

Reisende	Kilometer pro Tag
Fußwanderer	20–40
Reisende mit Gefolge und Gepäck, z. B. Kaufleute	30–45
Frachtpferd	30–50
Boten mit wechselnden Pferden	50–80
Flusskähne (mit der Strömung fahrend)	100–150

M2 Entfernungen, die bei guten Bedingungen an einem Tag zurückgelegt werden konnten

M3 Eine strapaziöse Reise

Der Mönch Richer von Reims berichtete über eine Reise nach Chartres, die er im März 991 unternahm, um dort in der Dombibliothek medizinische Handschriften zu lesen.

a) Unvorhergesehene Ereignisse:

Als ich mit meinen zwei Begleitern auf verschlungene Waldwege geriet, häuften sich die Widerwärtigkeiten. Denn an den Wegkreuzungen gingen wir fehl und machten
5 einen Umweg von sechs Meilen.

Nachdem wir an Château-Thierry vorbeigekommen waren, verfiel das Packpferd [...] in Eselstrott. Die Sonne hatte die Mittagshöhe überschritten und wollte untergehen,
10 die ganze Luft schien sich in Regen aufzulösen; da brach das Pferd, von äußerster Anstrengung erschöpft, zusammen und verendete, wie vom Blitz getroffen, sechs Meilen vor der Stadt. Welche Verwirrung
15 und Angst mich ergriff, mögen diejenigen ermessen, die einmal ähnliche Unfälle erlitten und sie mit verwandten Situationen vergleichen können. [...] Für das Gepäck gab es kein Tragtier mehr. Der Regen goss
20 in Strömen herab. Der Himmel war mit finsteren Wolken überzogen. Der Sonnenuntergang brachte die Androhung der Nacht.

Während ich inmitten all dieser Bedrängnis überlegte, kam Gottes Rat. Ich ließ den
25 Burschen mit dem Gepäck da, schrieb ihm vor, was er auf Fragen Vorbeikommender antworten solle, und schärfte ihm ein, dass er trotz seiner Müdigkeit nicht einschlafen dürfe. Dann machte ich mich allein mit dem
30 Reiter auf den Weg.

b) Gefährliche Wege:

Als ich die Brücke betrat, war es kaum mehr hell genug, sie zu sehen. [...] Auf ihr klafften so viele große Löcher, dass
35 an diesem Tag kaum die Ortskundigen hinüberkamen. Mein Begleiter, unverdrossen und beim Reisen recht umsichtig, suchte [...] nach einem Kahn, fand aber keinen, ris-
40 kierte doch den Weg über die Brücke und brachte mithilfe des Himmels seine Pferde heil hinüber. Wo Löcher waren, legte er den Pferdehufen seinen Schild oder weggeworfene Bretter unter, und bald gebückt, bald
45 aufgerichtet, bald vorwärtsgehend, bald zurücklaufend kam er tatsächlich mit den Pferden und mir hinüber.

Die Nacht war hereingebrochen und bedeckte die Welt mit abscheulicher Fins-
50 ternis, als ich das ↦ Kloster des heiligen Faro betrat. [Die Mönche] nahmen mich wie einen Bruder auf und erquickten mich mit freundlichen Gesprächen und genug Speisen. Den Reiter aus Chartres schickte
55 ich mit den Pferden zu dem verlassenen Burschen zurück; er musste die eben überstandene Gefahr an der Brücke noch einmal auf sich nehmen.

Zitiert nach: Arno Borst: Lebensformen im Mittelalter. ungekürzte Ausgabe. Berlin: Ullstein 1995, S. 146 ff. (bearbeitet)

M4 Eine alte Römerstraße mit Gleisen für Wagenräder

WES-117726-065

Unter diesem Webcode kannst du dir den Text anhören.

---

2. Überprüfe deine Vermutungen über das Reisen im Mittelalter anhand des Darstellungstextes und M4.

3. a) Arbeite aus M3 heraus, welche Schwierigkeiten der Mönch und seine Begleiter auf ihrer Reise bewältigen mussten.
b) Wie könnte es dem Burschen ergangen sein, der zurückbleiben musste? Schreibe auf, was er Richer erzählen könnte.

c) Entwickelt zu zweit einen Dialog: Richer von Reims spricht mit einem Mönch im Kloster über seinen Reisetag. Stellt euren Dialog in der Klasse vor.
↦ **Tipp:** S. 335

4. Stell dir vor, du wärst im Mittelalter von deinem Schulort nach Köln gereist. Ermittle die Entfernung und berechne mithilfe von M2 die Zeit, die du dafür (mit unterschiedlichen Transportmitteln) benötigt hättest.

Der Islam – Religion und Kultur

> *Ach, alle jungen Christen, die sich durch ihr Talent bemerkbar machen, … studieren eifrig die arabischen Bücher … und sprechen überall laut aus, dass diese Literatur bewunderungswürdig sei! Christliche Bücher beachten sie dagegen nicht. Welch ein Schmerz!*

M1 Dies beklagte um das Jahr 850 ein hoher Vertreter der christlichen Kirche, Bischof Alvaro von Córdoba.
(Textquelle: S. 330)

1. a) Gib die Klage des Bischofs in deinen Worten wieder.
b) Überlege, was du schon über die islamische ↦ Kultur erfahren hast, und stelle Vermutungen darüber an, was die jungen Christen wohl veranlasste, sich mit den Texten muslimischer Gelehrter zu befassen.

Ein neuer Glaube verbreitet sich

Im 9. Jahrhundert, als Bischof Alvaro (M1) lebte, hieß das Land, in dem Córdoba lag, nicht wie heute Spanien, sondern Al-Andalus[1]. Das Gebiet war im Jahr 711 von
5 Mauren erobert worden, einer Volksgruppe aus Nordafrika. Die Mauren waren Muslime: Ihre Religion war der Islam, und sie sprachen Arabisch.

Der Islam war zu Beginn des 7. Jahrhun-
10 derts entstanden, begründet durch den Propheten[2] Mohammed, der in Mekka auf der arabischen Halbinsel geboren worden war. Kern seiner Lehre ist der Glaube an **einen** Gott, Allah. Nach Mohammeds Tod
15 im Jahr 632 n. Chr. sammelten und ordneten seine Anhänger dessen Verkündigungen. Dadurch entstand die heilige Schrift des Islam, der **Koran**. Gläubige Muslime verstehen den Koran so, dass er die Worte Gottes
20 enthält. Daher wird der Islam als **Buchreligion** bezeichnet. Auch das ↦ Judentum und das Christentum sind Buchreligionen, da auch sie heilige Schriften haben.

Schon im Verlauf des 7. Jahrhunderts nah-
25 men viele Herrscher auf der arabischen Halbinsel die islamische Religion an. Bis zur Mitte des 8. Jahrhunderts eroberten islamische Heerführer weite Gebiete, machten Beute und forderten Abgaben
30 von den Besiegten ein. Die Eroberungen brachten ihnen Reichtümer und Macht.

1 Al-Andalus: Der heutige Name der Region im Süden Spaniens geht auf diesen Namen zurück: Andalusien.

2 Prophet: Person, von der gesagt wird, sie habe eine göttliche Offenbarung erhalten. Diese verbreitet sie als Botschaft Gottes.

M2 Die Ausbreitung des Islam bis Mitte des 8. Jahrhunderts

Gleichzeitig entstand eine islamische Welt, in welcher der gemeinsame Glaube an Allah das Verbindende war.

35 Weil auch Juden und Christen an **einen** Gott glaubten und eine heilige Schrift hatten, wurden sie von den Eroberern anders behandelt als Unterworfene, die an mehrere Götter glaubten. Während jene dazu
40 gezwungen wurden, den muslimischen Glauben anzunehmen, ließen die Eroberer Juden und Christen die Wahl:
– Sie hatten die Möglichkeit, zum Islam überzutreten. Dann erhielten sie diesel-
45 ben Rechte wie andere Muslime.
– Sie durften aber auch ihren Glauben behalten.
Allerdings: Wer als Jude oder Christ unter einem muslimischen Herrscher leben wollte,
50 hatte eine besondere Steuer zu zahlen, die sogenannte Kopfsteuer. In den Städten mussten Juden und Christen zudem in anderen Vierteln als die Muslime leben, und auch an ihrer Kleidung sollten sie als
55 Andersgläubige zu erkennen sein.

Einflüsse durch Wissenschaft und Handel

»Alchemie«, »Algebra«, »Ziffer« – dies sind Beispiele für Wörter aus dem Arabischen, die Eingang in unsere Sprache gefunden haben. Das weist daraufhin, dass im ara-
60 bischen Raum zahlreiche wissenschaftliche Entdeckungen gemacht wurden. Tatsächlich gab es bereits im frühen ↦ Mittelalter in Städten des islamischen Kulturkreises Gelehrtenzentren. So ließ der Sultan von
65 Bagdad im 7. Jahrhundert persische, griechische und lateinische Texte ins Arabische übersetzen, um das Wissen anderer Kulturen zusammenzufassen. Muslimische Gelehrte setzten die Forschungen anti-
70 ker Denker fort und entwickelten Neues. Zudem waren arabische Ärzte wie Ibn Sina (S. 245) in dieser Zeit führend. Für Operationen kannten sie verschiedene chirurgische Instrumente und setzten Betäu-
75 bungsmittel zur Narkose ein.

Auch Handelswaren aus dem arabischen Raum bereicherten den Alltag der Menschen in Europa – zumindest der wohl-

tās   garrafa   al-kuhul   safar   qahwa

suffa

kaif   dschamal   massa   zarāfa

gitara

M 3 Lehnwörter, Illustration. Die Begriffe unter dem Bild haben arabische Wurzeln. Sie haben verschiedene europäische Sprachen beeinflusst, auch die deutsche, und passen zu einigen der Bildgegenstände oben. Hier sind sie in unserer Schreibweise wiedergegeben.

80 habenden: Musikinstrumente wie die Gitarre wurden bekannt, ebenso wie neue Lebensmittel, darunter Zucker und Kaffee. In Al-Andalus setzten die Mauren Bewässerungssysteme mit Kanälen und Wasser-
85 rädern ein, die man hier bisher nicht gekannt hatte. Dies ermöglichte im trockenen Klima Südeuropas den Anbau neuer Pflanzen: z. B. Orangen, Aprikosen oder Reis.

2. a) Beschreibe mithilfe des Darstellungstextes (ab Z. 24) und der Karte M 2 die Ausbreitung des Islam. Beachte auch die Hinweise zur Kartenarbeit auf Seite 341.
b) Erläutere, was sich für die Menschen, die nun in der islamischen Welt lebten, änderte.

3. a) Von den Begriffen unter M 3 leiten sich deutsche Lehnwörter ab. Finde heraus, welche es sind, indem du die Begriffe den Bildgegenständen zuordnest.
b) Vergleicht eure Ergebnisse und erklärt mögliche Abweichungen.

4. Lies den Textabschnitt »Einflüsse durch Wissenschaft und Handel« und nimm anschließend Stellung: Waren die Einflüsse des Islam im Mittelalter wichtig für Europa?

Jüdische Gemeinden – zerstreut in alle Welt

M 1 Beispiel für ein jüdisches Wohnviertel, wie man es in einer größeren deutschen Stadt des Mittelalters vorfinden konnte

Synagoge (Gebäude für Gottesdienste und Versammlungen)

Krankenpflegestation

Gemeindevorstand

Gericht

Mikwe (Bad mit Zugang zu Grundwasser)

Schule

Schlachterei für koscheres[1] Fleisch

Armenhaus

---

1. a) Beschreibe die Anlage des Wohnviertels. Beginne in der Bildmitte. Benenne Gebäude mit besonderen Funktionen.
b) Stelle Vermutungen über das Leben in einem jüdischen Viertel an.

Der erste Eingottglaube

Das **Judentum** hatte sich als erster Eingottglaube herausgebildet – im Volk Israel, das im südöstlichen Mittelmeerraum lebte. Als es dort unter römischer Besatzung im
5 1. Jahrhundert n. Chr. zu Verfolgungen kam, flohen viele Menschen aus ihrer Heimat (i, S. 159). In Ägypten, Babylonien und Persien fanden sie Schutz in bestehenden jüdischen Gemeinden.

10 Menschen jüdischen Glaubens lebten seitdem in der **Diaspora**[2]. Der Begriff meint, dass sie religiöse oder ↦kulturelle Gemeinschaften in der Fremde bildeten. Ein jüdisches Reich gab es im ↦ Mittelalter
15 also nicht. Vielmehr entstanden in den folgenden Jahrhunderten jüdische Gemeinden weit über den Mittelmeerraum hinaus.

Nicht beieinander, doch zusammen

Auch wenn Jüdinnen und Juden nun »zerstreut in alle Welt« waren: Durch ihre Reli-
20 gion und gemeinsame religiöse Handlungen an Feiertagen sowie durch die hebräische Sprache und ihre gemeinsame Geschichte fühlten sie sich miteinander verbunden. Auch hofften sie auf eine Wie-
25 dervereinigung als Volk und Glaubensgemeinschaft in ihrer Heimat.

Die dort verbliebenen Juden waren erst wieder sicherer vor Verfolgungen, nachdem der Nahe Osten im frühen Mittelalter unter die
30 Herrschaft muslimischer Herrscher gekommen war. Denn die Muslime akzeptierten Angehörige anderer Religionen, die sich – wie sie selbst auch – auf eine heilige Schrift stützten.

1 koscher: hebräisch für »rein«. Der Begriff bezieht sich auf jüdische Speisevorschriften, wonach etwa Fleisch- und Milchprodukte nicht zusammen gegessen werden sollen.

2 Diaspora: griechisch für »Zerstreuung«, »zerstreut sein«

Jüdische Viertel – jüdisches Leben

35 Die ersten jüdischen Gemeinden im Gebiet des heutigen Deutschlands entstanden seit dem 4. Jahrhundert am Rhein. Der Fluss war ein wichtiger Handelsweg. Deshalb versuchten hier viele, als Händler
40 Fuß zu fassen – auch jüdische Kaufleute. Ab dem 9. Jahrhundert bildeten sich vor allem in den größeren Römerstädten wie Köln, Speyer, Mainz und Worms jüdische Gemeinden. Die Menschen lebten dort
45 zwar in eigenen Wohnvierteln oder »Judenstraßen«, aber meist in der Mitte der Stadt. Geschützt durch ↦ Privilegien – besondere Rechte – des Stadtherrn oder ↦ Kaisers konnten sie hier ihre religiösen Sitten und
50 eigenen Feiertage beibehalten.

Die Synagoge war der Mittelpunkt einer jüdischen Gemeinde. Hier wurde die Tora aufbewahrt. Sie umfasst die fünf Bücher Mose. In ihnen wird die Geschichte des
55 Volkes Israel erzählt, aus dem die Juden hervorgegangen sind. Am Sabbat, dem wöchentlichen Feier- und Ruhetag, wird während des Gottesdienstes daraus vorgelesen. Zudem enthält die Tora Hunderte
60 Regeln für ein gottgefälliges Leben – wie die Vorschrift, am Sabbat zu ruhen und nicht zu arbeiten, und das Gebot, nur koschere[1] Speisen zu verzehren.

Oft nahmen die christliche oder muslimi-
65 sche Mehrheit und die jüdische Minderheit der Stadtbewohner einander als fremd wahr. Dennoch begegnete man sich häufig im Alltag: auf dem ↦ Markt und in Geschäften, auf der Straße und bei Stadt-
70 festen, aber auch in Notsituationen wie Brand, Raub und Verteidigung der Stadt gegen Angreifer.

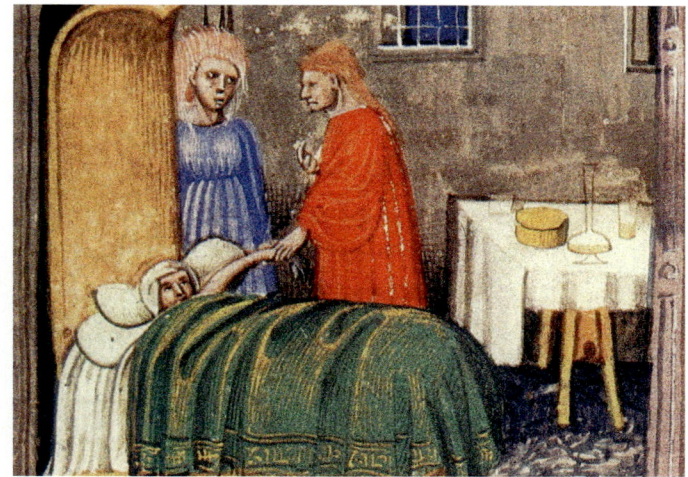

M2 In jüdischen Vierteln wurde viel Wert auf Bildung gelegt. Daher übten Juden oft Berufe aus, die eine gute Ausbildung erforderten. Das Bild aus dem 15. Jahrhundert ist in einer italienischen Ausgabe des Werkes von Ibn Sina (S. 245) enthalten. Der gezeigte Arzt ist an seiner Kleidung als Jude zu erkennen.

M3 Der Historiker Michael Brenner schrieb 2008:

> *Die jüdischen Viertel befanden sich zumeist in allernächster Nachbarschaft zu den Kathedralen und Märkten der Stadt. Die Kontakte zur christlichen Umwelt waren auf alltäglicher Ebene durchaus vorhanden und gingen mancherorts über reine Geschäftsbeziehungen hinaus. Juden wussten oft über christliche Sitten und Bräuche Bescheid und einige Christen auch über jüdische.*

> *Andererseits waren es die unterschiedlichen religiösen Bräuche und Vorschriften, die Christen oder Muslime im Alltag von den Juden trennten. Die Speisevorschriften schränkten die Tischgemeinschaft mit Andersgläubigen ein.*

M4 Dies schrieb der Historiker Michael Borgolte 2005.
(Textquellen: S. 330)

---

2. Erkläre mithilfe des Textes, warum jüdische Gemeinschaften als Minderheiten in muslimischen und christlichen Ländern lebten.

3. Arbeite aus M 2–M 4 heraus, was Juden und Christen oder Muslime im Alltag miteinander verband und was sie voneinander trennte.

4. »Meine Söhne und Töchter, wenn es irgend möglich ist, wohnet inmitten jüdischer Gemeinden, damit ihr hört und lernt die Wege des Judentums!« – Dies war der Rat eines jüdischen Gelehrten an seine Glaubensgenossen. Erkläre mithilfe des Darstellungstextes, warum er ihn gab.

Städte – Orte der Begegnung

Dzień dobry!

Guten Tag!

Bonjour!

¡Buenos días!

Yawm Jayid!

A Gutn Tag!

---

1. Lies die Sprechblasen.
- Welche dieser Sprachen kennst du?[1]
- Welche dieser Sprachen werden in heutiger Zeit wohl an deinem Wohnort oder in deiner Klasse gesprochen?
- Werden sie als gleich wichtig angesehen?

Nicht nur in unserer Zeit treffen Menschen verschiedener Religionen und Sprachen aufeinander. Schon im ↦ Mittelalter waren vor allem Städte Orte der Begegnung. Die folgenden Doppelseiten erzählen vom Zusammentreffen von Menschen in ausgewählten Städten. In M 1 werden sie mit aktuellen Fotos kurz vorgestellt.

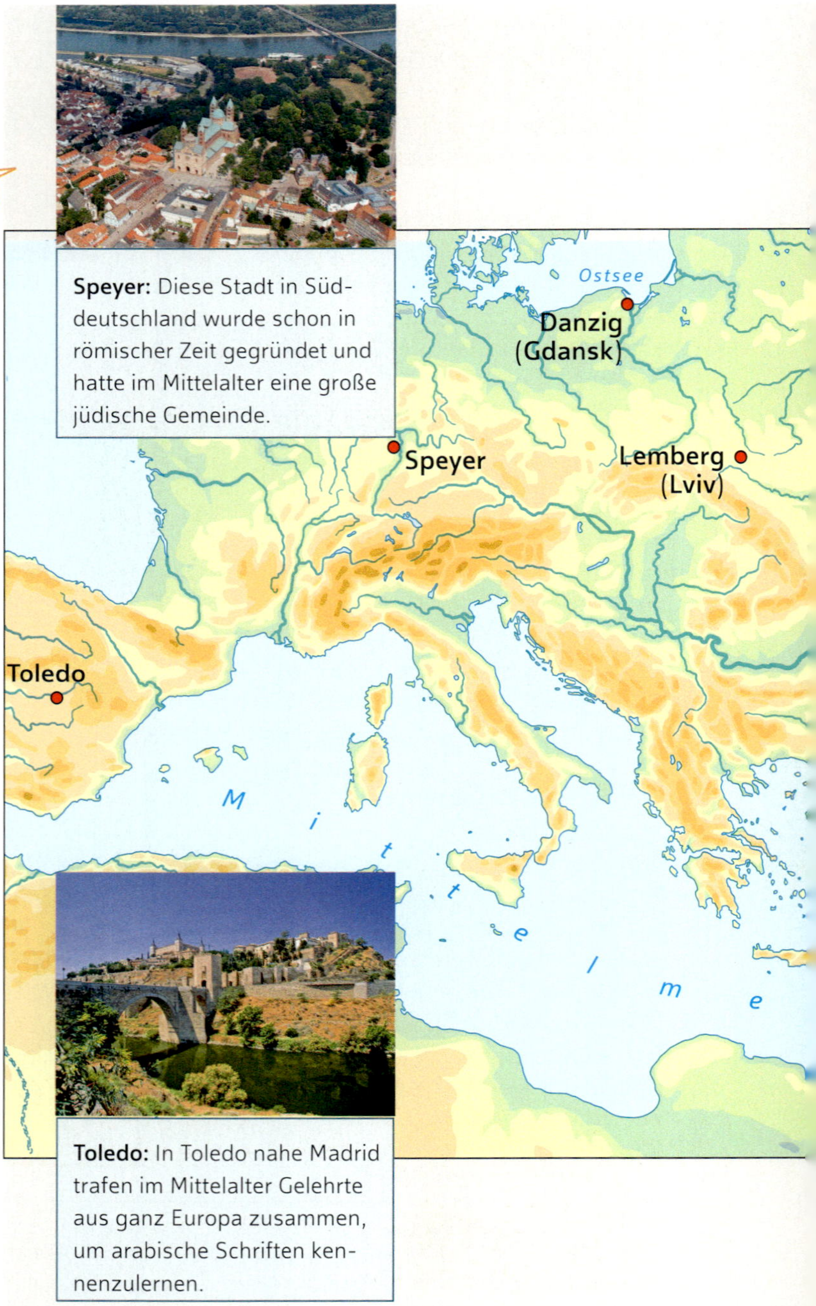

Speyer: Diese Stadt in Süddeutschland wurde schon in römischer Zeit gegründet und hatte im Mittelalter eine große jüdische Gemeinde.

Toledo: In Toledo nahe Madrid trafen im Mittelalter Gelehrte aus ganz Europa zusammen, um arabische Schriften kennenzulernen.

1 Die Sprachen in den Sprechblasen sind: Polnisch, Deutsch, Französisch Spanisch, Arabisch (in lateinischer Schrift wiedergegeben) und Jiddisch (die Sprache der Juden).

M 1 Ausgewählte Städte, in denen im Mittelalter Menschen aus verschiedenen ↦ Kulturen zusammentrafen

Danzig: Die Stadt an der Ostsee war nicht nur im Mittelalter eine bedeutende Handelsstadt. Auch heute hat sie den größten Handelshafen Polens.

Lemberg: Der ukrainische Name dieser Stadt nahe der Grenze zu Polen ist Lviv. In Lemberg gab es viele unterschiedliche Stadtviertel und Sprachen.

Schwarzes Meer

...ches Meer

● Isfahan

● Jerusalem

Jerusalem: Heute ist Jerusalem die Hauptstadt von Israel. Im Mittelalter wurde die Stadt auf manchen Weltkarten als Mittelpunkt dargestellt.

Isfahan: Diese Stadt liegt im Iran. Früher hieß das muslimische Land Persien und war vor allem für seine Stoffe berühmt.

IN DER GRUPPE
ein Kurzreferat vorbereiten

Sucht euch eine der Städte aus und bearbeitet zu viert die Doppelseite zu eurer Stadt. Lest zuerst in Einzelarbeit den Text und betrachtet die Bilder. Bearbeitet die Materialien dann gemeinsam:

1. Erstellt ein Infoplakat zu der von euch gewählten Stadt. Abbildungen findet ihr unter dem Webcode WES-117726-066.
   a) Gestaltet einen Steckbrief:
   – Wo liegt die Stadt?
   – Wer lebte dort?
   – Was ist das Besondere an der Stadt?
   – Warum sind die Menschen hierhergekommen?
   b) Notiert in Stichworten, wie sich das Zusammenleben der Menschen in der Stadt entwickelt hat.

2. Bereitet mithilfe der Hinweise auf Seite 342 ein Kurzreferat vor und präsentiert es der Klasse mithilfe eures Infoplakats.

3. Führt abschließend ein Klassengespräch:
   a) Ordnet ein: Welche Städte waren Städte des Handels, welche Städte des Wissens, welche Städte der Religionen?
   b) Beurteilt: Hat das Zusammenleben der Menschen gut funktioniert?

WES-117726-066

Isfahan – Handel und Gelehrsamkeit

M1 Das Foto zeigt Isfahan in heutiger Zeit. Die Kuppel der großen Moschee im Vordergrund gab es im Mittelalter noch nicht.

Isfahan – eine der größten Städte der Welt! Das stimmt heute nicht mehr, aber um das Jahr 1100 – der Zeit also, von der der Roman »Der Medicus« erzählt (S. 244) –
5 hatte sie mehr als 100 000 Einwohner.

M2 Blick in die Freitagsmoschee

Isfahan – Stadt des Wissens

Das Gebiet, in dem Isfahan lag, wurde zu dieser Zeit von arabischen Herrschern regiert. Im Zentrum der Stadt ließen sie eine große Moschee errichten: die »Frei-
10 tagsmoschee«. Sie wurde mehrfach erweitert und besteht noch heute. Um 1100 war sie für ihre große Bibliothek bekannt. In den Büchern, die darin gesammelt wurden, hatten Gelehrte das Wissen der
15 damaligen Welt zusammengetragen. Es wurden aber auch neue Bücher dort geschrieben, die meisten auf Persisch oder Arabisch.

Außer Moscheen gab es in Isfahan aber
20 auch andere Gotteshäuser, denn schon früh lebten dort Menschen, die aus verschiedenen ↦ Kulturen stammten. So heißt es bei den Geschichtsschreibern des ↦ Mittelalters, dass ↦ Juden bereits seit dem
25 7. Jahrhundert v. Chr. in Isfahan waren. Dort lebten sie in eigenen Vierteln, dessen Mittelpunkte Synagogen waren. Die Zoroastrier, Gläubige einer persischen Religion, besuchten dagegen Feuertempel – und
30 die wenigen Christen in Isfahan gingen zur Kirche.

Isfahan hatte aber noch mehr zu bieten: Am Ufer des Flusses Zayandeh waren Gärten und Parks angelegt. Auch Dampfbäder, in
35 denen man sich erholen konnte, gab es.

M3 Das »Seidenstraße« genannte Handelsnetz, das Europa und Asien miteinander verband

Waren und Ideen

Viele Kaufleute kamen nach Isfahan, denn die Stadt lag an einem großen Wegenetz, das China mit Europa verband. In der Forschung wurde es später »Seidenstraße«
40 genannt. Die Waren – Seide, aber auch Gewürze, Keramik und Glas – wurden von Karawanen transportiert: Händler reisten ein Stück des Weges und verkauften ihre Waren weiter an andere Händler, beispiels-
45 weise auf dem Basar in Isfahan.

Mit den Waren reisten auch Ideen und Kenntnisse. So verbreitete sich über die Seidenstraße das Wissen um die Seidenherstellung von China über Persien bis nach
50 Al-Andalus im heutigen Spanien. Auch in Isfahan wurde Seide hergestellt. Sie war so berühmt, dass Werkstätten in Südeuropa die Mode aus Isfahan nachahmten und die Muster »isfahani« nannten. Viele Elemente
55 darin erinnerten an Pflanzen.

M4 Aus einem Reisebericht

Der muslimische Gelehrte Ibn Battuta lebte im 14. Jahrhundert und war ein weitgereister Mann. Er berichtete von einem besonderen Handelsgut aus Isfahan, Melonen:
Ihre Schale ist grün, das Innere hingegen rot. Es ist fest und schmeckt ganz herrlich süß. Merkwürdigerweise schneidet man in Isfahan die Melonen
5 in Streifen, trocknet sie und verpackt sie in Körbe, so wie man es auch mit Feigen macht. Die werden bis nach Indien und China exportiert. Unter all den Sorten getrockneter Früchte gibt
10 es keine bessere als diese. Die Melonenstreifen dienen auch als Geschenk für Sultane in diesen Gegenden.
Ibn Battuta: Die Wunder des Morgenlandes. Reisen durch Afrika und Asien. Hrsgg. v. Ralf Egner. München: C. H. Beck 2010, S. 71 f. (bearbeitet)

Tipp für den Vortrag

Isfahan liegt an der Seidenstraße. Geht in eurem Vortrag auf diesen Handelsweg ein. Berücksichtigt außer dem Darstellungstext (ab Z. 36) die Karte M3.

Jerusalem – der Mittelpunkt der Welt?

Jerusalem ist heute die Hauptstadt Israels. Sie liegt 60 km vom Mittelmeer entfernt in den judäischen Bergen. Für Gläubige aller drei großen Buchreligionen – ↦ Judentum, Christentum und ↦ Islam – war und ist Jerusalem ein wichtiger religiöser Ort, denn bedeu-
5 tende Heiligtümer dieser Religionen sind hier. Im ↦ Mittelalter war Jerusalem so wichtig, dass es auf manchen Weltkarten genau in der Mitte eingezeichnet wurde. Bereits im frühen Mittelalter lebten hier Muslime, Christen und Juden.

M1 Jerusalem in Bildern aus verschiedenen Zeiten: Rechts ist ein Druck aus dem 16. Jahrhundert abgebildet, der später farbig gestaltet worden ist. Darunter sind Fotos der heiligen Stätten von Muslimen, Juden und Christen zu sehen.

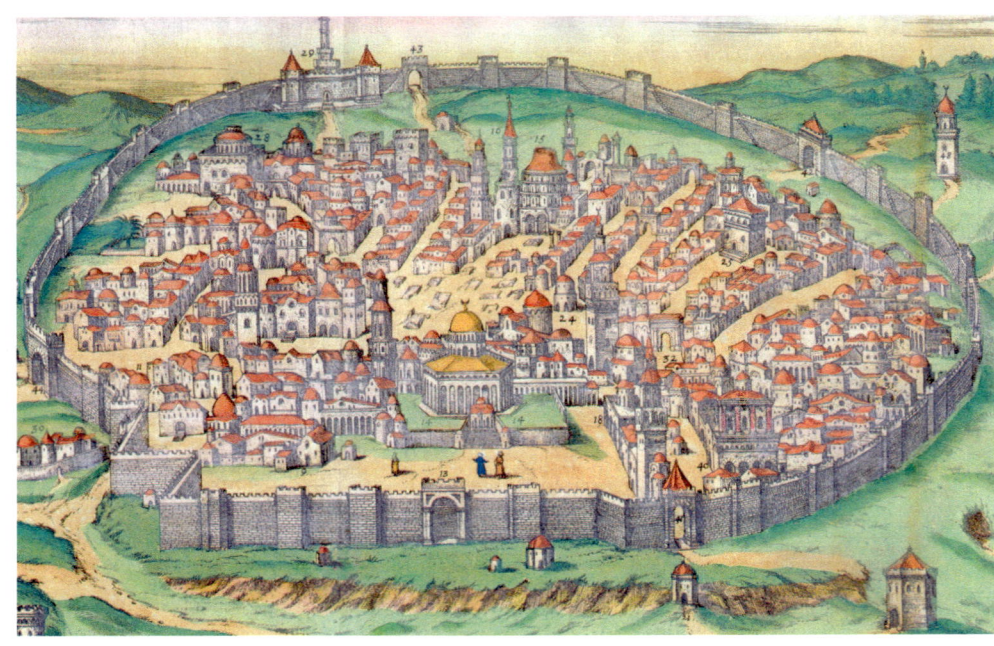

1 Prophet: Person, von der gesagt wird, sie habe eine göttliche Offenbarung erhalten. Diese gibt sie an andere Menschen als Botschaft Gottes weiter.

2 Umlauf: Zur muslimischen Pilgerreise gehört es, mehrmals um die heilige Stätte herum zu gehen. Dies nennt man »Tawaaf« (auf Deutsch »Umlauf«).

① Der Felsendom wurde um das Jahr 690 zur Erinnerung an den Propheten[1] Mohammed auf dem Tempelberg errichtet.

② Die Klagemauer auf dem Tempelberg in Jerusalem ist der einzige Überrest des Tempels der Juden, der im Jahr 70 n. Chr. von römischen Truppen zerstört wurde.

③ Die Grabeskirche. Der Ort, an dem sie errichtet wurde, galt den frühen Christen als Ort der Kreuzigung und des Grabes Jesu.

Treffpunkt der Religionen

Das Gebiet, in dem Jerusalem lag, gehörte
10 zum arabischen Herrschaftsraum. Die
Religion der Herrscher war der Islam. Sie
versprachen aber, Juden und Christen dort
wohnen und arbeiten zu lassen und ihnen
zu erlauben, z. B. ihre Waren zu verkaufen,
15 sofern sie dafür Abgaben zahlten.

Doch auch viele Menschen aus anderen Ländern – ob Muslime, Christen oder Juden –
kamen nach Jerusalem. Oft nahmen sie
lange Reisewege auf sich, um die heiligen
20 Stätten ihrer Religion mit eigenen Augen
zu sehen. Diese Reisenden nennt man Pilger. Den Einwohnern von Jerusalem war
es erlaubt, Heiligtümer ihrer Religionsgemeinschaft zu verwalten und von den
25 Pilgern Geld für den Besuch der heiligen
Stätten zu verlangen.

Jerusalem wird erobert

1099 eroberten christliche ↦ Fürsten mit
ihren Heeren Jerusalem (S. 266 ff.). Dabei
töteten sie viele der muslimischen und
30 jüdischen Einwohner. Sie gaben an, Jerusalem von den Andersgläubigen befreien
und die christlichen Stätten unter ihrer Herrschaft haben zu wollen. Das »Königreich
Jerusalem«, wie es nun hieß, hatte knapp
35 100 Jahre Bestand und brachte den Fürsten
aus Europa große Reichtümer. Im Jahr 1187
gelang es dem muslimischen Sultan Saladin
aber, Jerusalem zurückzuerobern. Dennoch
gab es in den meisten Zeiten neben Musli-
40 men auch Juden und Christen in der Stadt.

Tipp für den Vortrag

Wählt einen Satz aus jeder Quelle in M 2
aus, der zeigt, was die Menschen mit
Jerusalem verbanden. Verwendet ihn in
eurem Vortrag, nennt dabei auch den
Autor und das Jahr der Aussage.

M 2 Gläubige über Jerusalem

a) Der arabische Historiker al Yaʿqūbī schrieb im 9. Jahrhundert:

Nur zu drei Moscheen darf man als gläubiger Muslim
pilgern: zu der in Mekka, zu der in Medina und zum Felsendom in Jerusalem. Von ihm heißt es, dass der Prophet[1] Mohammed dort seinen Fuß aufgesetzt hat, als er
5 in den Himmel hinaufstieg. [...] Später wurde über dem
Felsen eine Kuppel errichtet. Die Gläubigen wurden dazu
aufgefordert, dorthin zu pilgern und einen Umlauf[2] um
den Felsen zu machen.
*Vereinfacht wiedergegeben nach: Hartmut Bobzin: Jerusalem aus
muslimischer Perspektive während der Kreuzfahrerzeit. In: Dieter Bauer
u. a. (Hrsg.): Jerusalem im Hoch- und Spätmittelalter. Frankfurt am Main:
Campus 2001, S. 213*

b) Benjamin von Tudela (gestorben 1173), der vermutlich Kaufmann war, beschrieb Jerusalem so:

Jeruschalajim ist eine kleine, mit drei Stadtmauern stark
befestigte Stadt. In ihr leben viele Menschen. Leute aller
Sprachen trifft man dort. [...]
   Vor dem Platz [auf dem in alter Zeit unser heiliger Tem-
5 pel gestanden hat] befindet sich die Klagemauer. Es ist
eine der Mauern, die zum alten Tempel gehört haben. [...]
Hierher kommen alle Juden, um zu beten. Viele schreiben
ihren Namen an die Mauer.
*Stark gekürzt und sprachlich vereinfacht wiedergegeben nach: Benjamin
von Tudela u. a.: Jüdische Reisen im Mittelalter. Übersetzt v. Stefan
Schreiner. Leipzig: Sammlung Dieterich 1991, S. 41 ff.*

c) Der Mönch Robert von Reims beschrieb die Ankunft der christlichen Eroberer Jerusalems 1099 in einem Gebet:

O gütiger Jesus, als dein Heer die Mauern dieses irdischen
Jerusalem sah, was für Wasserströme entließen da ihre
Augen! Und sie fielen auf die Erde nieder und grüßten
[...] dein heiliges Grab und beteten dich an. [...]
Wahrlich, da hast du deinen heiligen Geist mitten unter
sie geschickt!
*Robertus Monachus: Historia Hierosolimitana: RHC, Hist. Occ.; Bd. III,
863, IX 1 (übersetzt, sprachlich vereinfacht)*

Toledo – erst muslimisch, dann christlich

M 1 Toledo vom Fluss Tajo aus gesehen. Über sein tiefes Flussbett wurde schon in der Antike eine Brücke gebaut. Sie ist bis heute erhalten.

Zuerst muslimisch, dann christlich

In Toledo im heutigen Spanien hörte man seit dem 8. Jahrhundert nicht nur Spanisch. Die meisten Menschen, die dort lebten, konnten auch Arabisch sprechen
5 oder wenigstens verstehen. Denn Toledo gehörte zu Al-Andalus. Es wurde von Mauren[1] aus Nordafrika beherrscht. Aber nicht nur ihre Sprache hatten sie nach Südeuropa mitgebracht, sondern auch ihren Glau-
10 ben, den ↦ Islam. Weiterhin lebten aber auch Christen und ↦ Juden in Toledo. Die gleichen Rechte wie die muslimische Bevölkerung hatten sie aber nicht (S. 249).

Al-Andalus bestand bis zum Ende des
15 15. Jahrhunderts. Toledo allerdings wurde schon Ende des 11. Jahrhunderts von einem christlichen König erobert und wurde nun zur Hauptstadt des Reiches Kastilien. Die Einwohner gingen weiterhin zum Got-
20 tesdienst in die Moscheen, in Synagogen und Kirchen. Keiner musste die Stadt verlassen, weil er einen anderen Glauben als der König hatte.

Kulturaustausch in Toledo

Seit dem 12. Jahrhundert entwickelte sich
25 Toledo zum wichtigsten Gelehrtenzentrum Europas: Männer aus vielen Ländern machten sich auf den Weg dorthin. Ihr Ziel war die Bibliothek der größten Kirche der Stadt. Dort waren bedeutende arabische Bücher
30 gesammelt worden. Da im ↦ Mittelalter Bücher handgeschrieben wurden, gab es von jedem Buch nur wenige Exemplare. Ein Buch war ungefähr so viel wert wie heute ein Haus. Um Bücher zu lesen, musste man
35 weite Reisen auf sich nehmen.

In Europa waren seit der Antike die meisten Schriften der griechischen und römischen Gelehrten in Vergessenheit geraten. Und die Erkenntnisse und Erfindungen arabischer
40 Forscher waren nicht bekannt. Das änderte sich nun mit den Gelehrten von Toledo. Denn viele von ihnen übersetzten arabische Texte ins Lateinische und Spanische.

Dabei arbeiteten oft mehrere Menschen
45 zusammen. Ein Mann aus Toledo übersetzte mündlich, ein Schreiber schrieb den Text auf. Mönche, die wegen der Texte nach Toledo gekommen waren, machten daraus ein fertiges Buch. Manche der weitgereis-
50 ten Mönche lernten in Toledo Arabisch, um die Texte selbst lesen zu können. Einer von ihnen war Gerard von Cremona. Er übertrug mehr als 80 Bücher vom Arabischen ins Lateinische – über Medizin, Biologie,
55 Mathematik und Philosophie.

1 Mauren: aus dem Gebiet des heutigen Marokko stammende Volksgruppe

Ein König und ein berühmtes Buch

In Toledo wurden nicht nur alte Schriften übersetzt. Es entstanden auch neue Bücher. Einige von ihnen ließ König Alfons, genannt »der Weise«, im 13. Jahrhundert
60 schreiben. Eines dieser Bücher behandelt etwas, von dem der König meinte, dass es Spaß macht und nützlich ist, um mit anderen in Verbindung zu kommen. Was könnte das sein?

65 Sein Buch, das berühmt wurde, beginnt mit einem Gespräch zwischen drei Gelehrten. Sie streiten vor einem ↦Fürsten darüber, ob der Verstand oder der Zufall wichtiger im Leben ist. Der Erste meint, dass
70 der Verstand mehr wert ist als der Zufall. Denn wer nach dem Verstand lebt, handelt immer geordnet und angemessen, sagt er. Der Zweite dagegen ist überzeugt, dass der Zufall mehr zählt als der Verstand, denn
75 wenn der Zufall will, dass man verliert oder gewinnt, so könne das kein noch so großer Verstand verhindern. Der Dritte aber ist der Meinung, dass man am besten lebt, wenn man den Verstand gebraucht und trotzdem
80 mit dem Zufall rechnet. Der Fürst fordert sie auf, Beweise für ihre Meinung zu bringen. Die Männer gehen fort und denken nach. M 2 zeigt, welche Beweise sie dem Fürsten brachten. Wisst ihr jetzt, worum es in dem
85 Buch ging, das König Alfons »der Weise« schrieb?

Tipp für den Vortrag

Lest den Abschnitt »Ein König und ein berühmtes Buch«. Überlegt, ob es in seinem Buch um etwas ging, das Menschen verbinden kann. Notiert dazu einige Stichworte und ordnet sie dem Zusammenleben in Toledo zu.

M 2 Buchmalerei aus dem »Codex Alfonso«, 1283

① Dieser Beweis kommt aus dem arabischen Raum. Heute ist er vom Internationalen Olympischen Komitee als Denksport anerkannt.

② Dieser Beweis soll in der Antike bei Griechen und Römern sehr beliebt gewesen sein, aber auch bei Germanen.

③ Dieser Beweis wurde im arabischen Raum entwickelt. Man würfelt, muss aber auch gut überlegen, wenn man am Zug ist.

Danzig – eine Stadt am Meer

M1 Der Hafen von Danzig im 14. Jahrhundert. Aus einem Rechtsbuch für jüdische Kaufleute (spätere Illustration)

Danzig, das heute zu Polen gehört, war um 1300 ein Treffpunkt vieler Menschen aus unterschiedlichen Gebieten. In der Nähe der Stadt mündet der Fluss Weichsel in die
5 Ostsee, sodass Danzigs Hafen ein bedeutender Handelsplatz war.

Zunächst, im 11. Jahrhundert, lebten Fischer und Händler in Danzig, sie sprachen Polnisch. Im 13. Jahrhundert ließen
10 sich auch Deutsche hier nieder. Viele, die kamen, wollten ihr Geld als Kaufleute verdienen. Der Handel über die Ostsee ging nach England, Schweden und Norddeutschland, der Handel über die Weichsel
15 ins Königreich Polen. Flussaufwärts, also vom Meer ins Land, wurden Heringe und Salz geschifft, später auch Luxusgüter wie persische Seide, flussabwärts – also in Richtung Danzig – Getreide und Holz.

1 Deutscher Orden: Gemeinschaft von Rittern, die für die Ausbreitung des Christentums kämpfte und große Macht erlangte. Der Hauptsitz des Ordens lag südlich von Danzig.

Was brauchen die Danziger?

20 Handwerker versorgten die schnell wachsende Stadt mit ihren Produkten. Fast alle Häuser waren aus Holz, sodass Zimmerleute immer viel zu tun hatten. Auch gab es viele Bierbrauer, denn Bier war ein Getränk,
25 das nicht so schnell schlecht wurde. Das war wichtig in einer Zeit, in der man die Lebensmittel nicht kühlen konnte. Und natürlich gab es Bäckereien, Webereien, Töpfereien und viele andere Handwerks-
30 betriebe. Sie versorgten die mehrere Tausend Menschen, die in Danzig lebten. Manche produzierten auch für den Verkauf in andere Gegenden. So fertigten die Bernsteindrechsler Schmuck aus Bernstein und
35 verkauften ihn über die Ostsee in andere Länder.

Sprachen in Danzig

Im 14. Jahrhundert zerstörten Ritter des Deutschen Ordens[1] die Stadt. Sie töteten viele Einwohner und errichteten eine Burg,
40 um ihre Macht zu demonstrieren.

Danach siedelten sich vor allem deutsche Kaufleute und Handwerker und ihre Familien in Danzig an, sodass in den Straßen nun vor allem Deutsch zu hören war. Kauf-
45 leute aus Schottland, Polen und den Niederlanden, die häufig dorthin kamen oder für längere Zeit blieben, lernten Deutsch, um sich verständigen zu können.

Nur noch in einem Stadtteil Danzigs wurde
50 weiterhin Polnisch gesprochen. Aber auch Gottesdienste auf Polnisch gab es – für Gläubige, die aus dem Umland in die Stadt gezogen waren. Und Kaufmannsfamilien, die Deutsch sprachen, schickten ihre Söhne
55 häufig eine Zeit lang zu Familien befreundeter Geschäftspartner in Polen, damit sie Polnisch lernten – eine Art Schüleraustausch im ↦ Mittelalter.

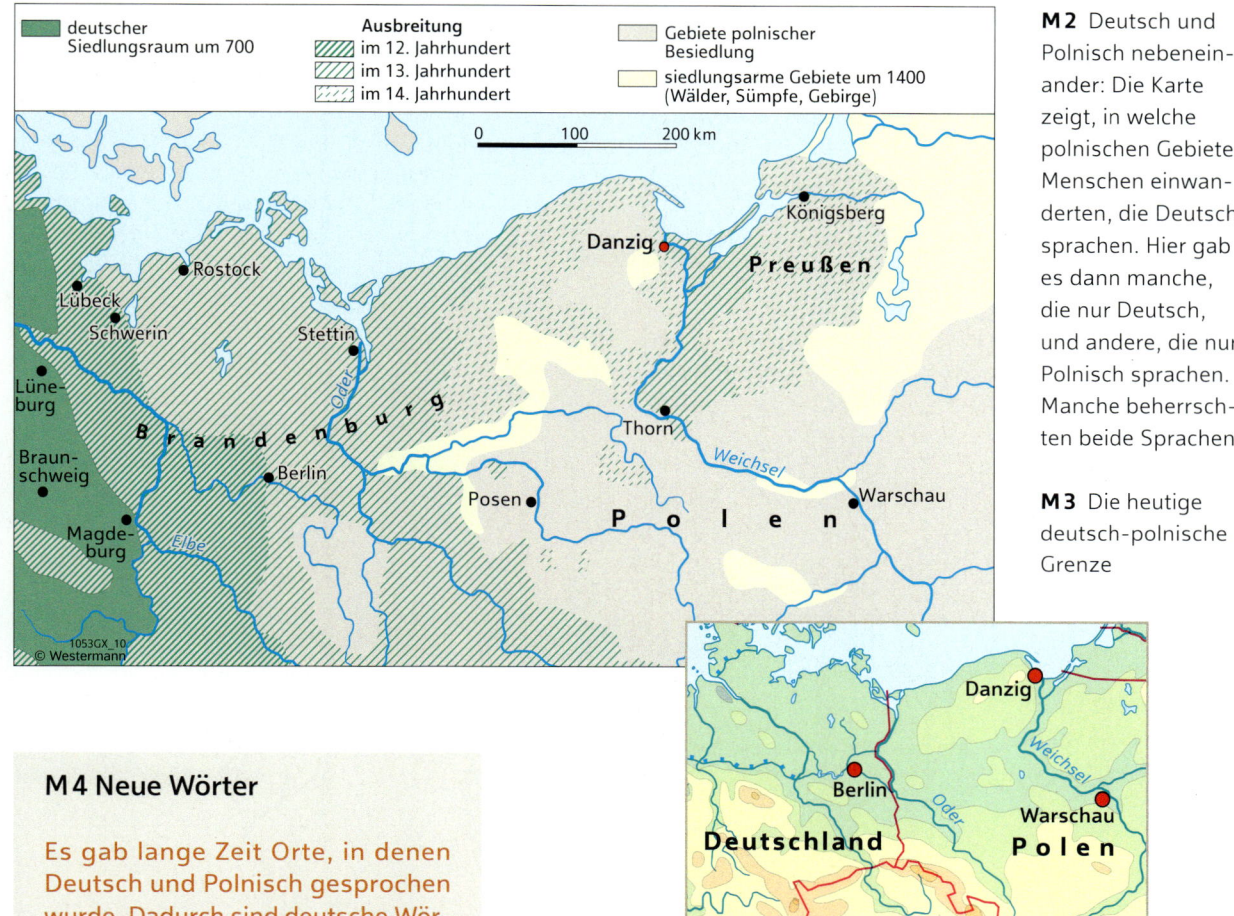

deutscher Siedlungsraum um 700

Ausbreitung
im 12. Jahrhundert
im 13. Jahrhundert
im 14. Jahrhundert

Gebiete polnischer Besiedlung

siedlungsarme Gebiete um 1400 (Wälder, Sümpfe, Gebirge)

0   100   200 km

Lübeck · Rostock · Schwerin · Stettin · Lüneburg · Braunschweig · Magdeburg · Berlin · Brandenburg · Oder · Elbe · Danzig · Königsberg · Preußen · Thorn · Weichsel · Posen · Polen · Warschau

1053GX_10
© Westermann

Deutschland · Berlin · Danzig · Oder · Weichsel · Warschau · Polen

M 2 Deutsch und Polnisch nebeneinander: Die Karte zeigt, in welche polnischen Gebiete Menschen einwanderten, die Deutsch sprachen. Hier gab es dann manche, die nur Deutsch, und andere, die nur Polnisch sprachen. Manche beherrschten beide Sprachen.

M 3 Die heutige deutsch-polnische Grenze

M 4 Neue Wörter

Es gab lange Zeit Orte, in denen Deutsch und Polnisch gesprochen wurde. Dadurch sind deutsche Wörter ins Polnische »eingewandert« und polnische Wörter ins Deutsche.

a) Deutsche Wörter im Polnischen[2]:
ratusz – rycerz – szyld – rynek
Schild – Ring/Markt – Ritter – Rathaus

b) Polnische Wörter im Deutschen[2]:
Gurke – Pflug – Quark – Grenze
granica – ogórek – pług – twaróg

[2] Wenn du die polnischen Wörter laut liest, sage: c = tz,
   sz = sch,
   rz = j (wie in »Jalousie«),
   ó = u,
   ł = w.

Tipp für den Vortrag

– Lest die polnischen Wörter in M 4 laut vor und ordnet ihnen die passenden deutschen Wörter zu. Schreibt die gefundenen Paare auf.
Wählt dann zwei Beispielpaare aus und erklärt in eurem Vortrag, durch welche Kontakte diese »neuen Wörter« wohl entstanden sein könnten.

– Beschreibt in eurem Vortrag, wo im 11. Jahrhundert Polnisch und wo Deutsch gesprochen wurde und was sich bis zum 14. Jahrhundert änderte.

Lemberg – »Stadt des Löwen«

Lew, »Löwe«, so hieß der älteste Sohn des ↦ Fürsten Daniel von Galizien. Dieser Fürst gründete im 13. Jahrhundert eine Stadt am Flüsschen Poltva und benannte sie nach seinem Sohn. Deswegen ist in ihrem Wappen ein Löwe zu sehen, so z. B. im Glasfenster des
5 Rathauses der Stadt (links). Im Deutschen nennen wir die Stadt Lemberg. In der Ukraine, zu der sie heute gehört, heißt sie Lviv.

M1 Ein Stadtplan von Lemberg um 1500
① Rathaus
② katholische Kathedrale
③ Viertel der armenischen Gemeinde
④ Viertel der griechisch-orthodoxen Gemeinde
⑤ Viertel der jüdischen Gemeinde

Die armenische Kathedrale wurde im 14. Jahrhundert errichtet.

Aus dieser Zeit stammen auch erste Gebäudeteile der katholischen »Himmelfahrts-kathedrale«.

Anstelle der orthodoxen Kirche, die im 14. Jahrhundert abbrannte, wurde später die »Mariae-Entschlafens-Kirche« errichtet.

Die große Synagoge im jüdischen Viertel wurde während des Zweiten Weltkriegs zerstört. Heute ist hier ein Gedenkort.

Gemeinsam leben

Zwar spielte der kleine Fluss Poltva als Transportweg keine große Rolle, doch führten viele Handelswege durch Galizien.
10 So gelangten z. B. Waren aus dem Osten über Lemberg in die deutschen Länder.

Damit Kaufleute nicht überfallen wurden und sicher reisen konnten, nahmen Herrscher sie unter ihnen Schutz. So versprach
15 beispielsweise der polnische König Kasimir, der um 1350 über das Gebiet herrschte, Kaufleute aus Nürnberg zu schützen, der wichtigsten Handelsstadt im Süden von Deutschland. Kasimir schickte auch Anwer-
20 ber in deutsche Länder, um neue Einwohner für Lemberg zu gewinnen.

In Lemberg lebten zu dieser Zeit Menschen, die aus unterschiedlichen Teilen Europas und des Nahen Ostens[1] in die
25 Stadt gekommen waren – oder ihre Eltern oder Großeltern. Es wurden viele Sprachen gesprochen: Polnisch, Ukrainisch, Deutsch, Kiptschak (das ist eine türkische Sprache, die die Armenier sprachen), Jiddisch und
30 Arabisch. Es gab auch mehrere Gotteshäuser: Eine Synagoge und verschiedene christliche Kirchen – eine armenische, eine orthodoxe und eine katholische –, die in unterschiedlichen Stadtvierteln lagen.

Getrennt beraten

35 Lemberg hatte keinen gemeinsamen Rat, in dem alle ↦ Bürger über ihre Angelegenheiten berieten. Im »Stadtrat« von Lemberg waren vor allem katholische Bürger vertreten. Die jüdische und die armenische
40 Gemeinde hatten eigene Räte. Um in einen der drei Räte aufgenommen zu werden, musste man reich sein und die jeweilige Sprache beherrschen. So wurde im »Stadtrat« etwa 200 Jahre lang Deutsch und ab
45 dem 15. Jahrhundert Polnisch gesprochen.

M2 Neue Bürger in Lemberg

Der polnische Geschichtsschreiber Martin Kromer (1512–1589) berichtet über die Ansiedlung von Deutschen:

Als [im 14. Jahrhundert] Kasimir der Große sein Herrschaftsgebiet wegen der vorangegangenen Kriege und verheerenden Seuchen fast verödet und entvölkert sah,
5 verteilte er Ackerland an Deutsche, die man herbeirief oder die auch von selbst kamen. Es waren Leute, die eine recht raue Sprache sprechen. [...]

Kasimir war gegenüber ihnen und
10 den übrigen Stadt- und Landbewohnern recht freigiebig und nachsichtig. Er duldete nicht, dass sie durch zu harte Arbeit und Abgaben in Not gerieten oder dass ↦ Adlige sie schlecht behandelten. [...]
15 Auch erlaubte er den Deutschen, dass sie ihre [...] Gesetze beibehielten.

Zitiert nach: Urkunden und erzählende Quellen zur deutschen Ostsiedlung im Mittelalter. Gesammelt u. hrsgg. v. Herbert Helbig u. Lorenz Weinrich. Zweiter Teil: Schlesien, Polen, Böhmen Mähren, Österreich, Ungarn-Siebenbürgen. Darmstadt: WBG 1970, S. 349 bis 351 (sprachlich vereinfacht)

Tipp für den Vortrag

Schaut euch den Stadtplan (M1) an. Nehmt die Informationen über die verschiedenen Stadtviertel in eurem Steckbrief unter den Fragen auf:
– Wer lebte dort?
– Was ist das Besondere an der Stadt?

[1] **Naher Osten:** Länder am Mittelmeer, die zu Asien gehören

Speyer – vom Bischofssitz zur Reichsstadt

Noch im 10. Jahrhundert war die Stadt Speyer am Rhein eine eher unbedeutende Stadt – »eine Kühstadt«, wie ein Zeitgenosse spottete. Doch dieses »Kuhdorf«
5 wurde in kurzer Zeit so bedeutend, dass es Reisenden im Jahr 1125 wie die Hauptstadt Deutschlands erschien! Das lag daran, dass ↦ Kaiser Heinrich IV. hier einen bis heute weltbekannten Dom errichten ließ.
10 An diesem wichtigen Ort versammelten sich die mächtigen deutschen ↦ Fürsten immer wieder.

Umworben und geachtet

Die große Mehrheit der Menschen, die in Speyer lebten, waren Christen. Im Jahr
15 1084 hatte der damalige Stadtherr, Bischof Rüdiger, aber auch ↦ Juden angesiedelt. Dadurch wollte er Speyer als Handelsort stärken. Weil es im ↦ Mittelalter viele jüdische Gemeinden im Nahen Osten und
20 in Byzanz gab, konnten jüdische Kaufleute leicht Beziehungen zu Handelsnetzen am Mittelmeer aufbauen. Von einer jüdischen Gemeinde in seiner Stadt versprach sich der Stadtherr daher hohe Steuereinnahmen.
25 Um Speyer für Juden attraktiv zu machen, ließ er sie in der Nähe des Doms siedeln und räumte ihnen viele Rechte und Freiheiten ein, sogenannte ↦ Privilegien (M 2): Der jüdischen Gemeinde war es erlaubt,
30 sich selbst zu verwalten. Ihre Mitglieder durften in der ganzen Stadt Waren verkaufen und Bankgeschäfte betreiben. Juden übten in Speyer aber auch Handwerke aus, waren Glasbläser, Färber, Schneider,
35 Metzger und Winzer. Auch als Vieh- und Pferdehändler arbeiteten sie.

M 1 Die Lage des jüdischen Viertels in Speyer. Abbildung auf dem Fußboden des jüdischen Museums in Speyer.

Das Foto zeigt die Speyerer Mikwe, ein Tauchbad (i).

i ›‹ **Eine Mikwe** gehörte zur Synagoge. Sie verfügt über sieben Stufen, die ins Wasser führen. Das Wasser musste »lebendiges Wasser« sein, also Fluss- oder Grundwasser. Juden und Jüdinnen waschen darin alles im religiösen Sinne »Unreine« ab.

Obwohl Juden in Speyer ihren eigenen Wohnbezirk hatten und ihre Kinder zur jüdischen Schule schickten, lebten sie mit
40 der christlichen Bevölkerung der Stadt eng zusammen: Sie hatten das Recht, Grundstücke zu kaufen, und waren wie ihre christlichen Mitbürger verpflichtet, die Stadt zu verteidigen. Wegen ihrer Fernhandels-
45 beziehungen und weil viele Juden sehr gebildet waren, genoss die jüdische Gemeinde in Speyer hohes Ansehen. Auch deshalb war Speyer zu dieser Zeit für Juden in ganz Mitteleuropa ein bedeutender Ort.

An den Rand gedrängt

50 Im 13. Jahrhundert verschlechterte sich die Situation der jüdischen Gemeinde jedoch: Während die Stadtherren immer höhere Steuern verlangten, gingen christliche Einwohner zunehmend auf Distanz. Ein Grund
55 dafür war, dass die jüdische Gemeinde den Stadtherren häufig Geld gab – wenn auch nicht immer freiwillig. Viele christliche Speyerer wollten jedoch unabhängiger von den Stadtherren werden und deren
60 Macht einschränken. Deshalb nahmen sie Geschäfte mit den Stadtherren übel.

Im Jahr 1294 waren die Bürger der Unabhängigkeit einen großen Schritt nähergekommen: Der Kaiser erhob Speyer zur
65 Freien Reichsstadt. Das bedeutete, dass die Stadt nun unmittelbar ihm selbst unterstand. Er erlaubte den Speyerer Bürgern, ihre eigene Regierung, den Stadtrat, zu wählen. Auch durften sie durch eigene
70 Richter nach ihren Gesetzen Recht sprechen lassen.

Schon bald wurde in Speyer eine ↦ Zunftordnung erlassen, die nur noch Christen zuließ. Jüdische Handwerkerinnen und
75 Handwerker mussten den Verkauf ihrer Waren nun auf die jüdische Gemeinde

M 2 In Speyer entsteht eine jüdische Gemeinde

Nach einem Stadtbrand in Mainz im Jahr 1084 bot Bischof Rüdiger von Speyer jüdischen Familien die Ansiedlung in Speyer an. Später stellte er dar:
Als ich [...] Speyer zu einer Stadt gemacht habe, habe ich geglaubt, die Ehre unseres Ortes um ein Vielfaches zu vergrößern, wenn ich hier auch Juden ansammelte.
5   Ich siedelte sie außerhalb der Gemeinschaft und des Wohnbezirks der übrigen Bürger an. Damit sie nicht so leicht durch die Unverschämtheit des Pöbels beunruhigt würden, habe ich sie mit einer Mauer umgeben. Ihren Wohnort aber [...] habe ich ihnen
10 unter der Bedingung übergeben, dass sie jährlich dreieinhalb Pfund Speyerer Geldes zahlen. [...]
  Schließlich [habe ich verfügt], dass ihr Synagogenvorsteher über alle Klagen, die sie untereinander erheben oder die gegen sie erhoben werden,
15 entscheiden soll. [...]
  Kurz, ich habe ihnen ein Gesetz verliehen, das besser ist, als es das jüdische Volk in irgendeiner anderen Stadt des deutschen Reiches besitzt.
Zitiert nach: Julius H. Schoeps/Hiltrud Wallenborn (Hg.): Juden in Europa. Ihre Geschichte in Quellen, Band 1. Darmstadt: Primus Verlag 2001, S. 120 (bearbeitet)

beschränken. Mit Christen waren ihnen künftig nur noch Geldgeschäfte gestattet.

Als sich 1349 eine Seuche in Europa aus-
80 breitete und viele Menschen daran starben, machten Christen in Speyer – wie in vielen anderen europäischen und deutschen Städten auch – die jüdischen Einwohner dafür verantwortlich. Die Mitglieder der
85 jüdischen Gemeinde wurden verfolgt, ihre Kultstätten zerstört und ihre Häuser verbrannt. Zwar konnten einige Jahre später Jüdinnen und Juden nach Speyer zurückkehren, ihre frühere Bedeutung erreichte
90 die jüdische Gemeinde jedoch nicht wieder.

Tipp für den Vortrag

In M 2 erfahrt ihr, warum der Stadtherr Rüdiger die jüdischen Familien nach Speyer holte, ihnen besondere Rechte zusicherte und ihr Viertel mit einer Mauer umschloss. Arbeitet für euren Vortrag aus dem Darstellungstext heraus, welche Entwicklungen dazu führten, dass die jüdische Gemeinde diese besonderen Rechte später verlor.

Kreuzzüge: kriegerische Pilgerreisen?

> *Tretet den Weg zum Heiligen Grab in Jerusalem an, macht euch das Land untertan! ... Die Bibel sagt, dass dort Milch und Honig fließen. ... Schlagt also diesen Weg ein zur Vergebung eurer Sünden; nie verwelkender Ruhm ist euch im Himmelreich gewiss.*

M1 Diesen Aufruf richtete ↪Papst Urban II. bei einer Kirchenversammlung im Jahr 1095 an die christliche Welt.
(Textquelle: S. 330)

1. a) Erkläre, was das Besondere an Jerusalem war.
   b) Stelle Vermutungen darüber an,
   – was der Papst mit »Tretet den Weg an ...!« meinte und
   – was er denen, die dem Aufruf folgen wollten, in Aussicht stellte.

Viele Kriegsgründe?

1095 hatte Papst Urban von dem oströmischen ↪Kaiser Alexios I. einen Brief erhalten. Darin bat Alexios um Beistand gegen die muslimischen Seldschuken. Dieses
5 Nomadenvolk hatte einige Jahre zuvor Kleinasien sowie das damalige Palästina und damit auch Jerusalem erobert. Nun verbreitete sich das Gerücht, dass die Seldschuken Christen den Zutritt nach Jerusa-
10 lem verweigerten.

Der oströmische Kaiser verfolgte mit dem Brief eigene Interessen:

M2 Ein Ritter vor dem Aufbruch in den Kreuzzug. Buchmalerei

Mithilfe westeuropäischer Ritter wollte er seine frühere Machtstellung zurückgewin-
15 nen. Er wandte sich an den Papst, weil nur dieser einen Krieg zur Befreiung der heiligen Stätten ausrufen konnte. Der Papst wiederum sah die Chance, als Anführer eines solchen Krieges sein Ansehen in der
20 Christenheit vergrößern zu können. Außerdem hoffte er, die vielen Fehden der Ritter untereinander durch einen »heiligen Krieg« gegen die Muslime beenden zu können.

Dem Aufruf des Papstes soll viele Zuhö-
25 rer so begeistert haben, dass sie sich mit dem Ruf »Gott will es!« ein Kreuz auf den Mantel hefteten und gelobten, in den Krieg zu ziehen. Später wurde der Krieg, der nun ausbrach, als **Kreuzzug** bezeichnet, die Rit-
30 ter als **Kreuzfahrer**.

Tatsächlich gab es für viele Menschen Gründe, sich zu beteiligen: Da waren z. B. die Ritter, die wegen ihrer Fehden mit kirchlichen Strafen belegt waren. Sie vertrauten
35 darauf, dass ihnen ihre Sündenstrafen erlassen werden würden. Und es gab Bauern, die unter ihren ↪Grundherrn, Fehden und schlechten Ernten litten. Sie hofften auf ein besseres Leben in der Fremde.

Der »Kreuzzug der Armen«

40 Der Papst hatte seinen Aufruf vor allem an die Ritter gerichtet. Doch zunächst gingen viele Leute aus dem einfachen Volk auf die kriegerische Pilgerreise. Sie besaßen wenig Geld, und um sich unterwegs zu
45 versorgen, waren sie auf Spenden aus der Bevölkerung angewiesen. Blieben diese aus, waren ihre zumeist ↪adligen Anführer auch bereit, sich mit Erpressungen oder Gewalt Lebensmittel zu verschaffen.

50 Besonders ↪Juden hatten darunter zu leiden: Die Kreuzfahrer waren ihnen gegenüber feindselig eingestellt; sie sahen die Juden als

M3 Die Kreuzzüge. Fast 200 Jahre lang – bis zum 13. Jahrhundert – zogen Heere aus Europa in den Nahen Osten.

Legende:
- 1. Kreuzzug 1096 – 99
- 2. Kreuzzug 1147 – 49
- Wendenkreuzzug
- 3. Kreuzzug 1189 – 92
- 4. Kreuzzug 1202 – 04
- 5. Kreuzzug 1228/29
- 6. Kreuzzug 1248 – 54
- 7. Kreuzzug 1270

Kreuzfahrerstaaten
Tripolis Namen der Kreuzfahrerstaaten
0 500 1000 km

Mörder Christi. Unter dem Vorwand, Rache zu nehmen, töteten sie ganze Gemeinden –
55 Männer, Frauen und Kinder. Die bischöflichen Stadtherren von Mainz, Worms, Köln oder Trier versuchten, die Juden zu schützen, was aber nur selten gelang. Dieser »Kreuzzug der Armen« gelangte
60 unter großen Verlusten nach Kleinasien, wo das Heer im Kampf vernichtet wurde.

Ritterheere erobern Jerusalem

Im August 1095 brachen Ritterheere in vier getrennten Zügen nach Kleinasien auf, wo sie sich im Mai 1096 zu einem großen
65 Heer zusammenschlossen. Sie waren gut bewaffnet und verfügten über Geld. Auch eine große Zahl von Geistlichen und Frauen zog mit. In der Hitze des Frühsommers 1099 erreichte das Heer Palästina. Nach einer
70 längeren Belagerung drangen die Kreuzfahrer am 15. Juli 1099 nach Jerusalem ein. Die christlichen Ritter ermordeten bei der Einnahme der Stadt viele muslimische und jüdische Einwohnerinnen und Einwohner.

Christen in Palästina

75 In Palästina waren die Kreuzfahrer der muslimischen Bevölkerung zahlenmäßig weit unterlegen. Um ihre Herrschaft zu sichern, gründeten christliche Heerführer schließlich sogenannte Kreuzfahrerstaaten.
80 Dies waren anfangs nur einzelne Städte oder Burgen, in denen sich Kreuzfahrer ansiedelten. Erst allmählich gelang es, die Herrschaftsbereiche weiter auszudehnen. Überliefert ist aber, dass viele der Europäer
85 unter dem feuchtheißen Klima in Palästina litten und nicht lange überlebten.

Ein Miteinander der christlichen und der muslimischen Bevölkerung entwickelte sich in den Kreuzfahrerstaaten kaum, obwohl
90 beide Seiten wirtschaftlich aufeinander angewiesen waren. Es kam zur Rückeroberung durch muslimische Heere und zu neuen Eroberungsversuchen von christlichen Rittern. Auf den Kreuzzug der Jahre
95 1096–1099 folgten sechs weitere, bis im Jahr 1291 die Muslime schließlich die letzte christliche Festung, Akkon, endgültig zurückerobern konnten.

2. Werte die Informationen des Textes und der Karte M3 aus, indem du folgende Fragen beantwortest:
   – Wann fand der erste Kreuzzug statt?
   – Wo fand er statt?
   – Wer war beteiligt?
   – Warum fand er statt?
   – Wie verlief er?
   – Welche Folgen hatte der Kreuzzug für Juden, Muslime und Christen?
   → **Tipp:** S. 335

M4 Die Eroberung Jerusalems im Jahr 1099

a) Der arabische Geschichtsschreiber Ibn al-Atir berichtete etwa 100 Jahre später:

Die Franken[1] nahmen die Stadt Jerusalem tatsächlich von der Nordseite ein, morgens am Freitag, dem 22. Sa'ban [15. Juli 1099]. Die Einwohner wurden ans Schwert geliefert, und die Franken blieben eine Woche in der Stadt, während der sie die Einwohner mordeten. Eine Gruppe von diesen suchte Schutz in Davids Bethaus, verschanzte sich dort und leistete einige Tage Widerstand. Nachdem die Franken ihnen das Leben zugesichert hatten, ergaben sie sich. Die Franken hielten den Vertrag, und sie zogen des Nachts in Richtung Askalon und setzten sich dort fest.

Im Masgid al-Aqsa dagegen töteten die Franken mehr als siebzigtausend Muslime, unter ihnen viele Religionsgelehrte, Fromme und Asketen, die ihr Land verlassen hatten, um in Zurückgezogenheit an diesem heiligen Ort zu leben. Aus dem Felsendom raubten die Franken mehr als vierzig Silberleuchter, [...] und andere unermessliche Beute.

Zitiert nach: Francesco Gabrieli: Die Kreuzzüge aus arabischer Sicht. Übersetzt v. Barbara von Kaltenborn-Stachau. München: Artemis 1973, S. 48 (bearbeitet)

b) Ein Teilnehmer am Ersten Kreuzzug, dessen Name nicht überliefert wurde, berichtete:

[Nachdem sie] in die Stadt eingedrungen waren, verfolgten unsere Pilger die Sarazenen[2] bis zum Tempel des Salomo, wo diese während des ganzen Tages den Unsrigen den wütendsten Kampf lieferten, sodass der ganze Tempel von ihrem Blut überrieselt war.

Nachdem die Unsrigen die Sarazenen endlich zu Boden geschlagen hatten, ergriffen sie im Tempel eine große Zahl Männer und Frauen, töteten sie oder ließen sie leben, wie es ihnen gefiel.

Bald durcheilten die Kreuzfahrer die ganze Stadt und rafften Gold, Silber, Pferde und Maulesel an sich. Sie plünderten die Häuser, die mit Reichtümern überfüllt waren. Dann, glücklich und vor Freude weinend, gingen die Unsrigen hin, um das Grab unseres Erlösers zu verehren.

Zitiert nach: Peter Thorau: Die Kreuzzüge. München: C. H. Beck 2004, S. 9f. (bearbeitet)

1 Franken: Die Kreuzfahrer wurden von vielen arabischen Geschichtsschreibern verallgemeinernd als Franken bezeichnet.

2 Sarazenen: So nannten die europäischen Ritter die in Palästina lebenden Muslime.

	M 4 a)	M 4 b)
Wer berichtet?	Ibn al-Atir, arabischer Geschichtsschreiber	
zeitlicher Abstand zum Ereignis?	100 Jahre nach dem Ereignis	
Vorgehen bei der Eroberung?	...	
Umgang mit Einwohnern Jerusalems?	...	
Ziel des Kreuzzuges?	...	
aus welcher Sicht geschrieben?	arabisch	
Sichtweise zeigt sich an diesen Textstellen:	»Einwohner wurden ans Schwert geliefert« → Brutalität der Kreuzritter wird herausgestellt ...	WES-117726-067

M5 Muster: Tabelle zu Aufgabe 3

3. Vergleiche die Schilderungen zur Eroberung Jerusalems in M 4 a) und b) miteinander. Nenne dabei auch Textstellen, an denen deutlich wird, für wen der jeweilige Autor Partei ergreift. Übertrage die Tabelle M 5 in dein Heft oder lade unter dem Webcode eine Vorlage herunter. Ergänze sie.

4. a) Bearbeite die Buchmalerei M 6 mithilfe des Methodentrainings.
b) Welche der beiden Sichtweisen der ↪ Quellen in M 4 gibt die Buchmalerei wieder? Begründe!

5. Beurteile, ob die Kreuzzüge kriegerische Pilgerreise waren.

M6 Die Abbildung zeigt, wie sich ein französischer Buchmaler später die Eroberung einer Stadt in Palästina, dem »heiligen Land«, vorstellte: Die Darstellung stammt aus dem 15. Jahrhundert.

schwarz gekleidet: die Kreuzritter

Die Zelte der Kreuzritter. An den Wappen und Verzierungen auf dem Zeltstoff erkannte man, welchem Ritter welches Zelt gehörte.

🔍 Ein Bild beschreiben und seine Botschaft erkennen

Manche Bilder erzählen ganze Geschichten. Entschlüssele sie in diesen Schritten:

1. Schau dir das Bild genau an. Achte darauf, wohin du zuerst geschaut hast. Woran ist dein Blick hängen geblieben?

2. Beschreibe nun das Bild. Versuche, genau zu sein, sodass sich jemand, der das Bild nicht sieht, eine Vorstellung davon machen könnte. Achte auf Folgendes:
   – Was befindet sich im Vorder-, was im Hintergrund des Bildes?
   – Was für Personen und Gruppen sind dargestellt? Was tun sie?
   – Kannst du einen Handlungsablauf erkennen? Benenne ihn.
   – Wirst du in das Bildgeschehen einbezogen? Wenn ja, wodurch wird das erreicht?

3. Stelle am Schluss heraus, für welche Seite der Maler Partei ergreift. Begründe deine Auffassung.

Wenn du die vorangegangenen Seiten bearbeitet hast, solltest du die folgenden Aufgaben lösen können. Schreibe die Lösungen in dein Heft. Ob du richtigliegst, erfährst du auf den Seiten 338/339.

M1 Die Abbildung zeigt einen christlichen und einen muslimischen Ritter. Sie stammt aus einem Buch des spanischen Herrschers Alfons X., genannt »der Weise«. Er wurde 1223 in Toledo geboren.

1. a) In diesem Kapitel hast du Städte kennengelernt, in denen die Einwohner verschiedene Sprachen gesprochen haben. Nenne drei dieser Städte und ihre Sprachen.
b) Erkläre, was es heißt, dass nicht nur Handelswaren, sondern auch Ideen reisten.

2. a) Muslimische oder jüdische Kultur? Ordne die folgenden Begriffe zu:
koschere Speisen – Bagdad – Ibn Sina – Synagoge – Diaspora – Mohammed.

b) Erkläre die einzelnen Wörter im Zusammenhang mit der jeweiligen Religion.

3. a) Beschreibe die Abbildung M1. Gehe vor allem darauf ein, was für Personen hier dargestellt sind und wie sie sich verhalten.
b) Ordne M1 mithilfe der Bildunterschrift in den historischen Zusammenhang ein, in dem es entstand.
c) Erkläre anschließend, mit welcher Absicht es wohl in Auftrag gegeben wurde.

Kulturen treffen aufeinander

Die Welt im ↦ Mittelalter war auf vielfache Weise verbunden. So führten Handelswege von China nach Europa und Pilgerwege aus Europa und dem Vorderen Orient nach Jerusalem. Es gab einen **Austausch von Waren** – also von Lebensmitteln, Kleidung,
5 Schmuck, Waffen und vielem mehr. Und es gab einen **Austausch von Ideen und Wissen**. So gelangte beispielsweise das Wissen über die Herstellung von Seide über die »Seidenstraße« von Asien nach Europa.

Aber auch Städte waren **Orte des Wissens**. Toledo im heutigen
10 Spanien beispielsweise war als Gelehrtenzentrum in ganz Europa bekannt. Dort übersetzten Menschen das Wissen der arabischen Welt ins Lateinische oder Spanische. Auch Schriften antiker Gelehrter, die in Europa inzwischen in Vergessenheit geraten waren, sich aber in arabischen Übersetzungen erhalten hatten, wurden
15 dadurch in Europa wieder bekannt. Jerusalem war als religiöses Zentrum von Bedeutung, denn dort befanden und befinden sich zentrale Heiligtümer des ↦ Judentums, des Christentums und des ↦ Islam, die zahlreiche Pilger anzogen.

In den Städten gab es häufig Viertel, in denen sich Menschen
20 mit derselben **Sprache und** ↦ **Kultur** ansiedelten. Für die verschiedenen Gruppen galten oft unterschiedliche Rechte. Das Zusammenleben war also in mancher Hinsicht eher ein Nebeneinanderleben. Gleichzeitig gab es Menschen, die mehrere Sprachen beherrschten und an verschiedenen Kulturen teilnehmen
25 konnten. Es kam allerdings auch zu gewaltvollen **Konflikten** und Vertreibungen. Oft geschah dies, wenn Angehörige verschiedener Gruppen wenig Kontakt miteinander hatten und eine Gruppe die andere nicht als gleichwertig betrachtete.

M1 Eine Karawane von Händlern auf der Seidenstraße, Ausschnitt aus dem »Atlas catalan«, 1375

Entdeckungen und Eroberungen

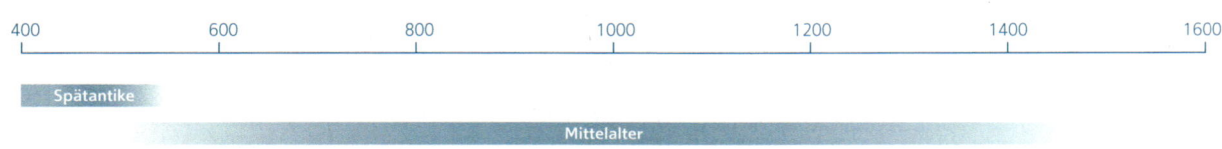

Dieses Bild ist ein Ausschnitt aus einem Wandbild im Nationalpalast in Mexiko-City, das der Künstler Diego Rivera 1945 schuf. Er stellte darauf das Leben in der aztekischen Hauptstadt vor der Eroberung und Zerstörung durch Europäer dar.

Blick auf die Kolumbussäule und die nachgebaute »Santa Maria« im Hafen von Barcelona. Mit der »Santa Maria« und zwei weiteren Schiffen war Christoph Kolumbus im Jahr 1492 von Spanien aus aufgebrochen, um einen Seeweg nach Indien zu finden.

Auf den folgenden Seiten erfährst du,

– dass der Seeweg nach Indien in zwei Richtungen gesucht wurde: Die Portugiesen erkundeten den Weg um Afrika herum, die Spanier suchten ihn im Westen.
– wie die Azteken ihr Reich organisierten und was das Aztekenreich zu einer ⊢ Hochkultur machte.
– welche Folgen die Eroberungen für die Europäer und für die Bevölkerung Amerikas hatten.
– wie schwierig es ist, an das Jahr 1492 angemessen zu erinnern.

Außerdem übst du,

– Karten zu erläutern.
– die Sichtweise eines Künstlers zu erkennen.
– eine Mindmap zu entwickeln.
– wie man einen Darstellungstext auf der Grundlage von ⊢ Quellen überprüft und beurteilt.

Wege durch die Wasserwüste

M 1 Darstellung aus »Conrad Gesners Thierbuch«, um 1555. Der Naturforscher wollte das Wissen seiner Zeit darin zusammenfassend darstellen.

1. a) Beschreibe M 1.
b) Erläutere, wovor die Darstellung Seefahrer warnen möchte. Kennst du weitere mögliche Gefahren für Seefahrer?

Wie weit kann man sich aufs offene Meer hinauswagen? Was, wenn man in Not gerät und kein Land mehr in Sicht ist? Den Menschen früherer Jahrhunderte war das Meer
5 ein noch unheimlicherer Ort als uns heute. Die Nord- und die Ostsee sowie das Mittelmeer befuhren sie zwar, auf den Atlantik aber wagten sie sich kaum hinaus. Verstärkt wurde ihr Unbehagen von Zeichnungen, die
10 riesige, Schiffe verschlingende Meeresungeheuer zeigten. Und wie sollte man es überhaupt schaffen, auf See nicht verloren zu gehen, wie feststellen, wo man sich gerade befindet?

Heinrich der Seefahrer

15 Solche Fragen beschäftigten auch den Prinzen Heinrich von Portugal, der 1394 geboren worden war. Im Alter von 21 Jahren unternahm er seine einzige größere Schiffsfahrt. Dennoch ging er als »Heinrich
20 der Seefahrer« in die Geschichte ein und gilt als eine der wichtigsten Personen in der europäischen Seefahrt. Ja, sein Ruhm war so groß, dass man lange dachte, er habe eine Seefahrerschule gegründet. Daran
25 bestehen heute Zweifel. Doch was hat ihn so bedeutsam gemacht?

Als Gouverneur – eine Art Verwalter – lebte Heinrich an der Algarve, einer Gegend im Süden Portugals. Dort ließ er sich einen
30 Palast errichten, die »Villa do Infante«, »Prinzenvilla«. Sowohl für Seefahrer aus dem Mittelmeer als auch für solche, die den Atlantik befuhren, war sie gut zu erreichen. Seeleute waren hier immer willkom-
35 men, wurden mit Proviant ausgerüstet und Heinrich unterhielt sich mit ihnen über ihre Erfahrungen.

Zusammen mit Kartografen, also Kartenzeichnern, und Technikern wertete er die
40 Informationen aus, die die Seeleute ihm gaben. Sein Ziel war es, die Seeleute zu befähigen, an der Küste Afrikas weiter nach Süden vorzudringen. Denn er war überzeugt, dass man ferne Länder, die bisher
45 unter großen Gefahren auf dem Landweg bereist wurden, auch auf dem Seeweg erreichen konnte. Für europäische Fernhändler, die mit Waren aus Asien handelten, könnte der Seeweg nach Indien weit-
50 aus sicherer, günstiger und komfortabler als der Landweg sein, meinte der Prinz.

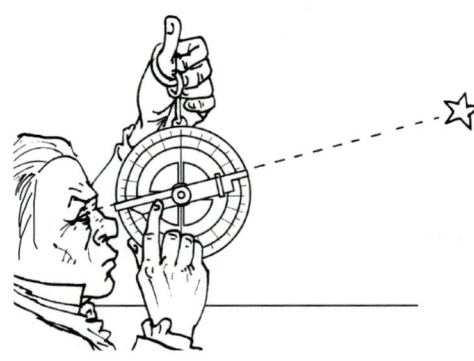

M2 Mit einem Astrolabium wurde der Polarstern angepeilt. An der Gradeinteilung konnte man den Winkel zwischen Polarstern und Horizont ablesen und so die Höhe des Sterns ermitteln. Sie entsprach dem Breitengrad, auf dem man sich befand.

Um von Portugal über das Meer nach Indien zu gelangen, musste man aber zuerst das »Kap Bojador«, das »Kap ohne
55 Wiederkehr«, überwinden und auf die offene See hinausfahren. Dafür fehlte bislang nicht nur Mut. Auch Hilfsmittel, mit denen man sich in der Wasserwüste orientieren konnte, gab es nicht.

Herausforderungen und Lösungen

60 Heinrich und seine Mitarbeiter machten das **Astrolabium** (M2) bekannt. Damit ließ sich bestimmen, auf welchem Breitengrad man sich befindet. Zugleich wurde die **Karavelle** entwickelt, ein neuer Schiffstyp. Man über-
65 nahm dabei Kenntnisse der Mauren[1]. Deren Schiffe, die Daus, hatten dreieckige Segel. Damit war es leichter möglich, gegen den Wind zu kreuzen und Ladung mitzunehmen.

70 Mit Karavellen konnten die schwierigen Strömungs- und Windverhältnisse südlich vom Kap Bojador gemeistert werden. Und es war möglich, lange auf See zu bleiben, ohne einen Hafen anlaufen zu müssen.
75 Schließlich lernte man sogar, weit aufs offene Meer hinauszufahren, um in eine sichere Strömung zu gelangen, die eine schnellere Fahrt erlaubte.

Noch zu Lebzeiten Prinz Heinrichs stießen
80 portugiesische Seefahrer bis zum Senegal-Fluss vor, aber auch zu den Azoren, den Kanarischen und den Kapverdischen Inseln. Die Südspitze Afrikas mit dem »Kap der Guten Hoffnung« zu umfahren und damit
85 den Seeweg nach Indien zu entdecken, gelang allerdings erst Jahre nach dem Tod Heinrichs, der 1460 starb.

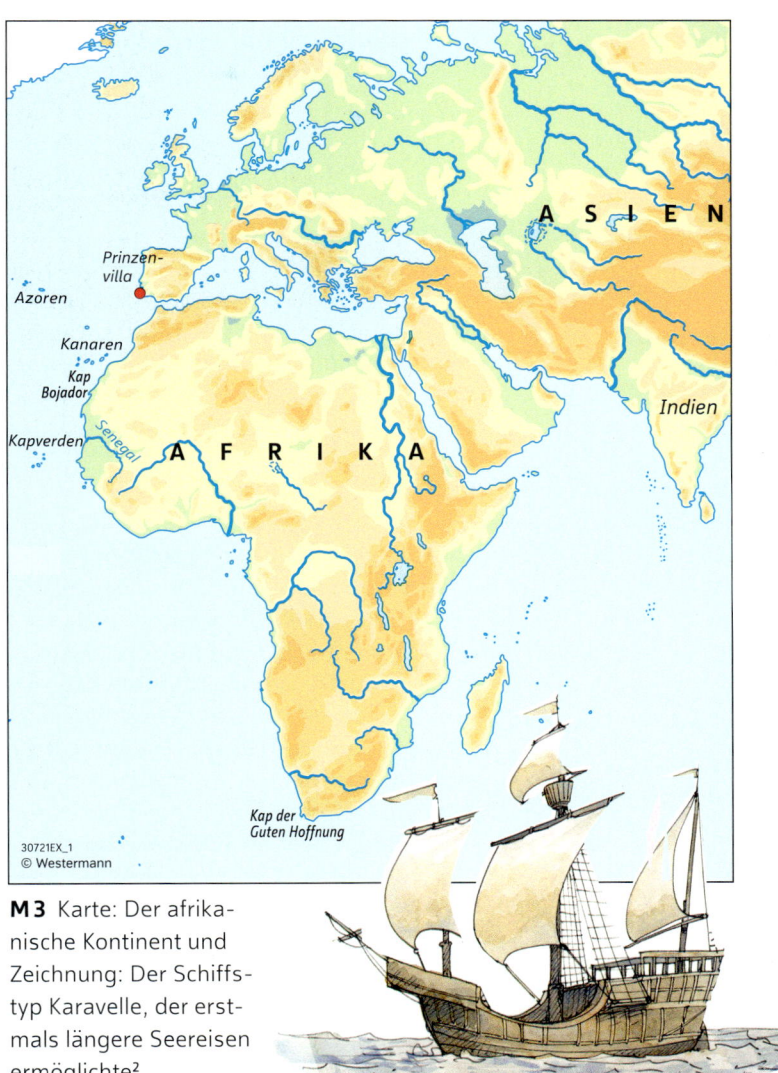

M3 Karte: Der afrikanische Kontinent und Zeichnung: Der Schiffstyp Karavelle, der erstmals längere Seereisen ermöglichte[2]

2. Erkläre mithilfe von M3, warum das Kap der Guten Hoffnung umfahren werden musste, wenn man auf dem Seeweg nach Indien gelangen wollte.

3. Begründe, mit Bezug auch auf M2, warum die Bestimmung der Breitengrade bei diesen Fahrten wichtig war.
→ **Tipp:** S. 335

1 **Mauren:** muslimisches Volk aus dem Gebiet des heutigen Marokko

2 Zum Aufbau einer Karavelle:

WES-117718-068

Nach Westen fahren – im Osten ankommen?

Am 3. August 1492 stach eine kleine Flotte in See, um zu einer der bekanntesten Seereisen der Geschichte aufzubrechen. Kommandant war Christoph Kolumbus, ein Italiener aus Genua. Es war ein waghalsiges Unternehmen: Indien sollte auf dem Seeweg erreicht werden. Doch anders als die von den Portugiesen erkundete Route (S. 275) sollte diesmal der Weg nicht um Afrika herumführen. Kolumbus setzte darauf, dass das im Osten liegende Indien am besten über den Weg nach Westen erreicht werden könne.

M 1 Christoph Kolumbus (1451–1506). Porträt des Malers Sebastiano del Piombo, 1519

Große Erwartungen

Außer Kolumbus glaubten wohl nur wenige
15 an einen Erfolg der Fahrt. Der Kommandant verließ sich aber auf die wissenschaftlichen Erkenntnisse seiner Zeit. Am wichtigsten war die von der Kugelgestalt der Erde. So wurde sie inzwischen auch mit
20 einem Globus dargestellt. Zudem gab es technische Geräte – z. B. den Kompass und das Astrolabium (S. 275) –, die eine Orientierung auf hoher See ermöglichten. Doch nur mit Mühe und Geduld war es Kolumbus
25 gelungen, Geldgeber für seine Expedition zu gewinnen: das spanische Königspaar.

1 Osmanen: Gemeint sind die Herrscher des Osmanischen Reiches, das seit 1299 bestand. In Europa wurde das Land meist Türkei genannt.

Das Königspaar hatte Kolumbus den Auftrag erteilt, in Indien Handelspartner zu finden. Als »Indien« bezeichnete man da-
30 mals die Länder Asiens, aus denen Fernhändler Luxuswaren nach Europa brachten. An Fürstenhöfen und bei reichen Stadtbürgern waren sie begehrt. Doch seit einigen Jahren kontrollierten Araber und Osma-
35 nen[1] die Landwege nach Asien und erhoben hohe Zölle, sodass die Waren immer teurer wurden. Der Seeweg würde nicht nur Zollschranken umgehen, sondern auch sicherer sein als der Landweg, wo man sich
40 vor Überfällen kaum schützen konnte.

Von Kolumbus wurde aber noch mehr erwartet: Auf seiner Route sollte er für das spanische Königshaus neue Gebiete in Besitz nehmen und dadurch den Herr-
45 schaftsbereich des Königspaares erweitern. Zudem sollten Geistliche mit ihm reisen, um den christlichen Glauben zu verbreiten.

Die Überfahrt

Die Seereise, die Kolumbus anführte, war
50 anstrengend und nervenzerreißend. Weil in Europa viele Erzählungen vom Reich-

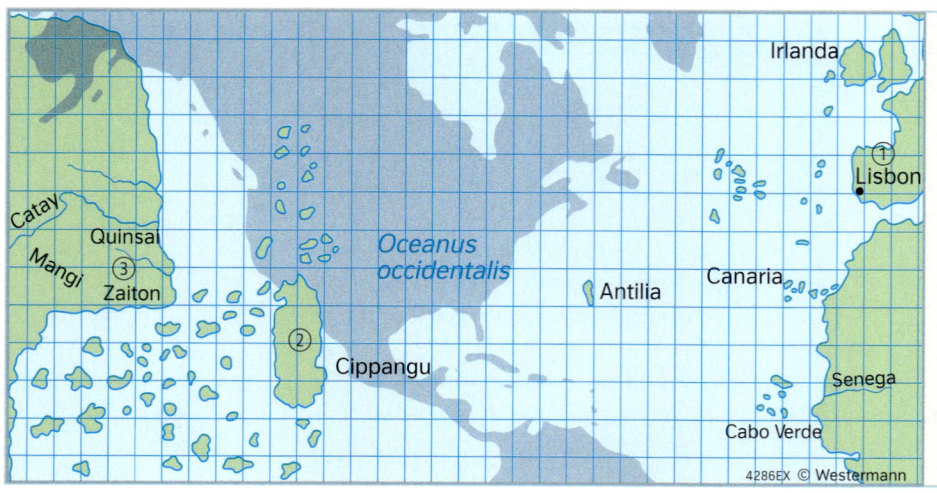

M 2 An einer solchen Karte orientierte sich Kolumbus auf seiner Seereise. Der Geograf Giovanni Toscanelli hatte sie 1457 erstellt. Damals bekannte Länder sind grün eingefärbt, darunter:
① Spanien,
② Japan,
③ China.

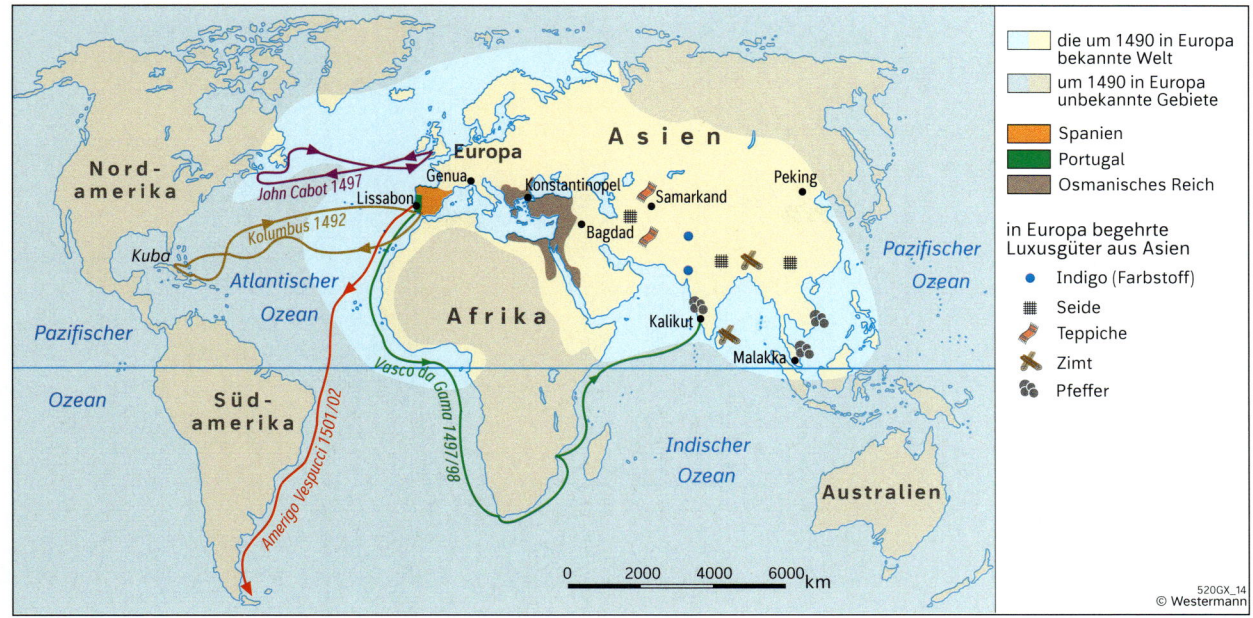

die um 1490 in Europa bekannte Welt

um 1490 in Europa unbekannte Gebiete

Spanien

Portugal

Osmanisches Reich

in Europa begehrte Luxusgüter aus Asien

● Indigo (Farbstoff)

▦ Seide

🧦 Teppiche

✕ Zimt

🫘 Pfeffer

520GX_14
© Westermann

M 3 Die Welt um 1500 mit einigen Routen von Erkundungsfahrten

tum Indiens im Umlauf waren, hatte so manchen die Abenteuerlust gepackt. In der Hoffnung, Gold und Silber zu fin-
55 den und reich zurückzukehren, nahmen viele Expeditionsteilnehmer in Kauf, ins Ungewisse zu reisen. Doch nicht wenige Seeleute bekamen fern der Küsten Angst. Die Mannschaft war häufig kurz vor der
60 Meuterei. Es gab Sabotage, also den Versuch, die Schiffe zu beschädigen, damit die Fahrt abgebrochen werden musste. Zudem schwächten Krankheiten die Seeleute.

Doch dann wurden Vögel gesichtet, und
65 im Meer trieben bearbeitete Äste. Das Festland konnte nicht mehr weit sein! Am 12. Oktober 1492 war es so weit: Land in Sicht! Kolumbus verließ mit seinen Leuten das Schiff und begegnete ersten Einwoh-
70 nern der Insel Guanahani vor Kuba in Mittelamerika. Kolumbus war sich sicher, in Indien gelandet und auf »Indianer« getroffen zu sein. Den Wettlauf gegen die Portugiesen hätte er gewonnen, meinte er. Bei diesem
75 Irrtum blieb er bis an sein Lebensende.

Weitere Expeditionen

Wenige Jahre später waren die Portugiesen mit ihrem Vorhaben erfolgreich: Der Seefahrer Vasco da Gama erreichte Indien 1498 auf dem Weg um Afrika. Auch andere
80 seefahrende Nationen schickten Expeditionen in die Welt: 1497 reiste der Venezianer Giovanni Caboto als John Cabot im Auftrag des englischen Königshauses. Er gelangte nach Nordamerika. Und ab 1501
85 erkundete eine spanische Expedition, an der Amerigo Vespucci beteiligt war, die Küste Südamerikas. Nach ihm wurde der neue Kontinent benannt: »Amerika«.[2]

---

1. Arbeite aus dem Text und M 2 heraus, welche technischen und wissenschaftlichen Voraussetzungen die Fahrt des Kolumbus hatte. Beziehe dich auch auf die Materialien auf Seite 275.

2. Kolumbus möchte das Königspaar 1492 davon überzeugen, sein Vorhaben zu finanzieren: Indien soll über das Meer auf dem Weg nach Westen erreicht werden! Sammelt gemeinsam Argumente, die er genannt haben könnte.

3. a) Beschreibe die Karte M 3 mithilfe des Methodentrainings auf Seite 341. Gehe vor allem darauf ein, welche Gebiete um 1500 bekannt und welche noch unbekannt waren.
   b) Erläutere M 3 mithilfe des Darstellungstextes und M 2.

2 Das Video unter diesem Webcode verrät dir mehr über den Namen »Amerika«.

WES-117726-069

M4 Etwas mehr als hundert Jahre nach Kolumbus' Reise bebilderte der niederländische Drucker Theodor de Bry ein Buch, das den Menschen in Europa das Handeln der Spanier in den neu entdeckten Gebieten bekannt machen sollte. Eines seiner Motive war die Ankunft von Kolumbus und seiner Mannschaft auf Guanahani.

WES-117726-070

Hier findest du ein Puzzle. Es hilft dir, Details des Bildes zu erkennen.

Die Sichtweise eines Künstlers erkennen

Bilder, die ein Ereignis zeigen, entstehen oft erst lange Zeit danach. Meist sollen sie das Dargestellte in einem bestimmten Licht erscheinen lassen. Wie sah der Künstler Theodor de Bry wohl auf die Ankunft des Kolumbus und seiner Mannschaft auf der Insel Guanahani?

1. Das Bild erfassen
— *Benenne das Thema des Bildes.*
— *Was ist über den Künstler bekannt?*
— *Wann ist das Bild entstanden — zeitnah zum dargestellten Ereignis oder erst viel später?*
— *Für wen/welche Gruppe war das Bild bestimmt?*

2. Das Bild beschreiben
— *Wo sind die Hauptfiguren (Kolumbus/seine Begleiter/die Bewohner von Guanahani)?*
— *Welche Körperhaltungen nehmen die Personen ein? Wie wirken sie dadurch?*
— *Was passiert im Vordergrund /… im Hintergrund?*
— *Welche wichtigen Gegenstände erkennst du?*

3. Das Bild deuten
Formuliere zum Schluss eine treffende Aussage über die Wirkung des Bildes. Welche Sichtweise auf das dargestellte Ereignis bringt das Bild zum Ausdruck? Begründe deine Auffassung.

M5 Aus Kolumbus' Bordtagebuch

a) Freitag, 12. Oktober
An Bord der »Pinta« [eines unserer Schiffe] entdeckte man zuerst das Land und gab Signale. [...] Wir warteten bis zum Tagesanbruch, an welchem wir zu einer Insel
5 gelangten, die in der Sprache der Indios »Guanahani« hieß. Dort erblickten wir sogleich nackte Eingeborene. Ich begab mich, begleitet von zwei Leuten, an Bord eines mit Waffen versehenen Bootes an Land.
10 Dort entfaltete ich die königliche Flagge. Sofort sammelten sich an jener Stelle zahlreiche Inselbewohner an.

In der Erkenntnis, dass es sich um Leute handle, die man [...] zu unserem Glauben
15 bekehren könne, gedachte ich, sie mir zu Freunden zu machen, und schenkte also einigen unter ihnen rote Kappen und Halsketten aus Glas und noch andere Kleinigkeiten von geringem Wert, worüber sie sich
20 ungemein erfreut zeigten.

b) Samstag, 13. Oktober
Ich beachtete alles mit größter Aufmerksamkeit, um herauszubekommen, ob in dieser Gegend Gold vorkomme. Dabei bemerkte ich, dass einige von diesen Män-
25 nern die Nase durchlöchert und durch die Öffnung ein Stück Gold geschoben hatten. Mithilfe der Zeichensprache erfuhr ich, dass man gegen Süden fahren müsse, um zu einem König zu gelangen, der große gol-
30 dene Gefäße und viele Goldstücke besaß.

Zitiert nach: Friedemann Berger (Hrsg.): Christoph Columbus. Dokumente seines Lebens und seiner Reisen, Bd. 1: 1451–1493. Übersetzt von Ernst-Gerhard Jacob. Leipzig: Sammlung Dieterich 1991, S. 121 (bearbeitet)

M6 Aus einem Brief an Kolumbus

Der Geograf Paolo Toscanelli (M2, S. 276) schrieb in einem Brief an Kolumbus:
Ohne Zweifel ist die Fahrt ehrenvoll, und sie wird unberechenbaren Gewinn und höchsten Ruhm bringen. [...]

Eine solche Reise führt zu mächtigen
5 Königreichen, berühmten Städten und Provinzen, die alles im Überfluss besitzen, was wir benötigen, und alle Arten von Gewürzen in reicher Menge wie auch Edelsteine in großer Fülle aufweisen. Die ↦ Fürsten
10 und Könige, zu denen man kommt, dürften über Deine Ankunft erfreut sein, aufgrund des hohen Ruhms, den unsere Staaten und Regierungen dort genießen.

Zitiert nach: ebd., S. 51 f. (bearbeitet)

> ℹ ›‹ **»Indios«/»Eingeborene«:** Kolumbus nannte die auf Guanahani lebenden Menschen »Indios«, weil er dachte, er sei in Indien. In der Folge bezeichneten Europäer die Menschen, die vor der Ankunft des Kolumbus auf dem amerikanischen Kontinent lebten, verallgemeinernd als »Indianer«, obwohl sie verschiedenen Kulturen angehörten. Heute wird der Begriff »Indianer« von vielen abwertend empfunden. Das trifft auch auf den Begriff »Eingeborene« zu, da er lange von Europäern für unterworfene Menschen verwendet wurde.
>
> Stattdessen sprechen wir z. B. von **»Maya«, »Inka«** oder **»Azteken«** – je nachdem, welchem Volk die Menschen angehörten. Oder wir benutzen Begriffe, die heute nicht abwertend verstanden werden, z. B. **»Einheimische«** oder – fachsprachlich – **»Indigene«.**

---

4. Bildet Gruppen und stellt M4 in einem Standbild nach. Beachtet die Hinweise zur Methode auf Seite 342.

5. a) Bearbeite M4 mithilfe des Methodentrainings.
b) Vergleiche deine Ergebnisse mit den Informationen aus M5 a).

6. Setzt euch zu zweit mit den Erwartungen der Europäer auseinander:
a) A liest M5 b) und schreibt heraus, was Kolumbus und seine Mannschaft auf Guanahani vorfanden. – B liest M6 und schreibt Begriffe heraus, die zeigen, was die Europäer in Indien erwarteten.
b) Vergleicht beide Seiten und besprecht, ob sich die Fahrt im Hinblick auf die Erwartungen gelohnt hat.

+ Recherchiere zum Begriff »Indianer« unter dem Webcode WES-117726-071. Begründe, warum es schwierig ist, hier einen geeigneten Begriff zu finden.

WES-117726-071

Das Reich der Azteken in Mittelamerika

M1 Karte: Große Reiche in Mittel- und Südamerika vor der Ankunft der Europäer

M2 Gemälde: Tenochtitlan, die Hauptstadt des Aztekenreichs. Tenochtitlan lag in einem See.

1. Beschreibe M 2. Überlege: Wie lebten die Menschen wohl in dieser Stadt?

Als die Spanier den amerikanischen Kontinent erreichten, lebten dort Menschen in Stadtstaaten und großen Reichen. Das bedeutendste war das Reich
5 der **Inka**. Es umfasste die Hochebenen und fruchtbaren Flusstäler der Anden, der längsten Gebirgskette der Welt. Das Inkareich wurde von einem mächtigen Herrscher regiert, der ebenfalls Inka
10 genannt wurde. Etwas weiter nördlich lebten die **Maya**, die in verstreut liegenden Städten siedelten. Nördlich von ihnen – und damit in der Nähe des von Kolumbus erreichten Gebietes – lag das **Aztekenreich**,
15 dort, wo heute Mexiko ist.

Die Hauptstadt des Aztekenreiches war Tenochtitlan. 1492, Als Kolumbus und seine Mannschaft die Insel Guanahani erreichten, hatte Tenochtitlan etwa 150 000 Einwoh-
20 ner. Das ist eine Anzahl, die für damalige europäische Verhältnisse gigantisch war. Zum Vergleich: Venedig, damals eine der bedeutendsten Städte Europas, hatte etwa 100 000 Einwohner.

25 Wie lebten die Menschen im Aztekenreich und wodurch zeichnete sich ihre ↦ Kultur aus? Originale aztekische Quellen aus präkolumbianischer Zeit, also aus der Zeit vor der Ankunft des Kolumbus, sind nicht erhal-
30 ten. Daher nutzen Forschende vor allem Grabungsfunde und später entstandene bebilderte Schriften, um Vorstellungen über die aztekische Kultur zu gewinnen.

IN DER GRUPPE

⌕ eine Mindmap entwickeln

1. Bildet Fünfergruppen und informiert euch zunächst einzeln über je einen der folgenden Aspekte der aztekischen Kultur: Stadt und Bauwerke – ↦ Gesellschaft – Religion – Kampf und Krieg – Erziehung.

2. Erstellt gemeinsam eine Mindmap zu den Merkmalen der aztekischen Kultur.

Stadt und Bauwerke
Gesellschaft
Die Kultur der Azteken
Erziehung
Religion
Kampf und Krieg

Tipp: Für eure Mindmap könnt ihr auch ein digitales Tool nutzen, z. B. »TeamMapper« auf kits.blog. Abrufbar ist es unter folgendem Webcode:

WES-117726-072

3. Betrachtet nun eure Mindmap und begründet, warum die aztekische Kultur eine ↦ **Hochkultur** ist.
↦ **Tipp:** S. 335

THEMA 1: **Stadt und Bauwerke**

Dort, wo das heutige Mexiko City liegt, war früher ein flacher See. Auf Inseln in diesem See entstanden die ersten Unterkünfte der Azteken. Im Lauf der Zeit wurden die Inseln vergrößert. Nach und nach entwickelte sich die Stadt Tenochtitlan. Die ersten Europäer,
5 die sie sahen, waren verblüfft von ihrer Größe, ihrer Anlage und ihren prächtigen Bauwerken. Hohes technisches Können war nötig gewesen, um diese gewaltige Stadt im See zu errichten! Im Zentrum lagen die großen öffentlichen Bauten: riesige Tempelanlagen in Form einer Doppelpyramide, Herrscherpaläste, Gebäude für die
10 hochrangigen ↦ adligen Krieger und große Ballspielplätze.

Um das Zentrum herum ordneten sich vier Viertel an, die kleinere Stadtteile umfassten. Dort gab es mehrstöckige gemauerte Wohnhäuser. Auf großen Märkten boten Kaufleute den dort lebenden Menschen ihre Waren an.

15 Die ganze Stadt war von Kanälen durchzogen. Es gab eine zentrale Trinkwasserversorgung sowie ein Toilettensystem mit Kanalisation. Straßen auf Dämmen bildeten Verbindungswege innerhalb der einzelnen Stadtteile und zum Seeufer. Beeindruckend müssen für die Europäer aber auch die »Chinampas« gewesen sein: künstlich
20 geschaffene, zehn Meter breite und recht lange Gärten, die hinter den Häusern angelegt waren. Auf ihnen bauten die Bauernfamilien ihre Lebensmittel an. An ihrer Seite liefen Kanäle zur Bewässerung. Die Ernteerträge waren dadurch enorm hoch.

① »Chinampas«, schwimmende Gärten, werden gebaut.

THEMA 2: Die Gesellschaft

Die Azteken lebten in Stadtstaaten, an deren Spitze jeweils ein König stand. Er kam immer aus einer der wenigen Herrscherfamilien und wurde durch ↪adlige
5 Mitarbeiter unterstützt. Sie organisierten die Verwaltung und das Militär und übten die Rechtsprechung aus. Die Adelsfamilien waren aber nicht alle gleichgestellt. Sie unterschieden sich deutlich im Ansehen.

10 Nur der Adel verfügte über Grundbesitz. Auf seinem Land lebten und arbeiteten die Bauern. Anders als Bauern in Mitteleuropa, die einzeln ihren ↪Grundherren verpflichtet waren, mussten die Azteken
15 gemeinsam, also als Dorfgemeinschaft, Abgaben entrichten und Dienste leisten.

Eine Sonderstellung in der Gesellschaft hatten die Handwerker und Kaufleute. Sie lebten in eigenen Vierteln in den Städten.
20 Manche von ihnen waren sehr reich. Dienste für Adlige mussten sie nicht leisten. Allerdings gaben sie einen Teil ihrer Erzeugnisse und Waren an den Herrscher ab.

Am Rand der aztekischen Gesellschaft
25 stand eine Gruppe Unfreier. Sie musste ihre Arbeitskraft auf Zeit vollkommen in den Dienst anderer stellen. Der Grund für Unfreiheit konnten Schulden sein, aber auch eine Strafe für ein begangenes Ver-
30 brechen. War die Schuld eines Unfreien abgetragen, so war er wieder frei. Auch Kinder von Unfreien waren Freie.

THEMA 3: Die Religion

Die Religion der Azteken war darauf ausgerichtet, das Leben und die Welt zu erhalten. Die Azteken glaubten, dass die Welt einst von Göttern erschaffen worden war, indem
5 sie sich selbst geopfert hatten. Den Fortbestand der Welt mussten nun die Menschen dadurch sichern, dass sie den Gottheiten Menschenopfer brachten und dadurch günstig stimmten. Riesige Tempelanlagen,
10 in denen Priester Opferhandlungen anordneten und durchführten, dienten diesem Kult[1]. Neben ihrem höchsten Schöpfungsgott Huitzilopochtli, dem Gott der Sonne und des Krieges, verehrten die Azteken
15 viele weitere Gottheiten, z. B. Regen- und Fruchtbarkeitsgottheiten. Deren Gunst war schon durch weniger grausame Opfer zu erlangen, für sie genügten z. B. Feldfrüchte als Gaben.

20 Auch ein Ballspiel war für die Azteken Teil der Religion: Tlachtli. In ihm spielten sich zwei Mannschaften einen schweren Gummiball zu, der nicht den Boden berühren durfte. Es heißt, der Flug des Balls symbo-
25 lisierte den Lauf der Sonne am Himmel. Der Sonne wurde sozusagen vorgespielt, wie sie die Welt erhalten kann. So wie sie nicht untergehen durfte, so durfte der Ball nicht seinen Flug beenden. Die hohe Zahl der
30 Ballspielplätze, die Forschende in Mittelamerika fanden, zeigt, dass das rituelle Ballspiel hoch angesehen war. Vermutet wird, dass es auch nach den Tlachtli-Spielen Menschenopfer gab.

1 Kult: religiöse Handlung, die immer wieder ausgeführt wird

2 Steuern: Abgaben der Bevölkerung an die ↪Verwaltung. In der Regel handelt es sich um Geldzahlungen.

② Eine Marktszene

③ Ein Mensch wird den Gottheiten geopfert.

THEMA 4: Kampf und Krieg

Eine wichtige Rolle spielte für die Azteken die Sage von der Geburt ihres Kriegs- und Sonnengottes: Huitzilopochtli. Schon vor seiner Geburt habe dieser mächtige Feinde
5 gehabt: Seine älteste Schwester hetzte seine Brüder gegen ihn auf, um ihn zu töten. Doch Huitzilopochtli sei gleich als Erwachsener und in voller Rüstung geboren worden. Seine erste Tat habe darin
10 bestanden, die Schwester zu töten und ihre Gliedmaßen weithin zu verstreuen, bevor er dann seine Brüder umgebracht habe.

Mit dieser Sage erzählten sich die Azteken die Geschichte ihres Aufstieges: Sie
15 setzten sich als Volk mit ihrem Kriegsgott gleich. Denn zusammen mit vielen anderen Volksgruppen siedelten die Azteken in der Hochebene von Mexiko. In vielen Kriegen besiegten sie nach und nach alle anderen
20 Volksgruppen. So schufen sie über die Jahrhunderte ein riesiges Reich, in dem immer mehr unterworfene Stämme lebten. Diese hatten den Azteken Steuern[2] zu entrichten und ihre Städte zu versorgen.

25 Die aztekischen Krieger, die die Eroberungen durchgeführt hatten und sichern mussten, erhielten keinen Sold, also keine Bezahlung. Entlohnt wurden sie durch die eroberte Beute. Auch um das Heer zu ver-
30 sorgen, brauchte man daher immer wieder neue Kriegsziele. Wichtig war aber ebenfalls die Gefangennahme von Menschen, die den Göttern geopfert werden sollten.

THEMA 5: Die Erziehung

Bis zum Alter von vier Jahren wurden die aztekischen Kinder von ihren Müttern gestillt und verwöhnt. Danach begannen getrennte Erziehungsprogramme, die
5 Jungen und Mädchen auf ihre künftigen Aufgaben in der Gesellschaft vorbereiten sollten. Für alle Kinder galt Schulpflicht. Mädchen lernten vor allem, einen Haushalt zu führen und Kinder zu erziehen.
10 Im Alter von 16 bis 18 Jahren wurden sie verheiratet.

Jungen zogen mit etwa 15 Jahren in sogenannte Jünglingshäuser, wo sie getrennt von ihren Familien lebten und vor allem
15 eine militärische Ausbildung erhielten, denn Krieg war für die Azteken ein natürlicher Bestandteil des menschlichen Lebens. Nach aztekischer Vorstellung entsprach der Kampf zwischen zwei Gegnern der Weltordnung. Diese wurde so verstanden, dass sie von großen Gegensätzen geprägt war – wie Tag und Nacht, Sonne und Erde. Doch nicht nur militärisch wurden die Jungen geschult; sie mussten auch
25 Aufgaben für die Gemeinschaft übernehmen. Erst wenn sie heirateten, verließen sie die Jünglingshäuser wieder.

In besonderen Schulen, die zu Tempeln gehörten, erhielten junge ↦Adlige sowie
30 besonders begabte Jugendliche aus niedrigeren Schichten auch Unterricht in Religion, ↦Verwaltung sowie in Dicht- und Redekunst.

④ Krieger nutzten Pfeilspitzen aus Stein.

⑤ Väter bringen ihre Söhne zur Schule.

Die Eroberung des Aztekenreichs

M 1 Der spanische Eroberer Hernán Cortés in einer Darstellung aus dem Jahr 1550. Links ein aztekischer Goldanhänger.

---

1. a) Beschreibe M 1 und stelle Vermutungen über die Art der Begegnung an.
b) Überprüfe deine Vermutung mithilfe des Textes.

Hatte Kolumbus ein Land voller Gold entdeckt? Erzählungen von der »Neuen Welt« weckten bei vielen die Gier, dort reich werden zu wollen. ↦ Adlige und Abenteurer –
5 vor allem aus Spanien – machten sich auf, um die »Neue Welt« zu **erobern**. Der spanische König legte ihnen keine Hindernisse in den Weg. So trafen in den Jahrzehnten nach der »Entdeckung« viele sogenannte
10 Glücksritter in Amerika ein. Zu ihnen gehört auch Hernán Cortés. Er war bereits der dritte Kommandant, der das Festland erobern wollte. Mit ihm machten sich gut 500 Bewaffnete mit 16 Pferden auf die Reise.

Auf dem Weg nach Tenochtitlan

15 Tatsächlich verlief diese Expedition für die Spanier erfolgreicher als die vorherigen. Schon bald nach seiner Ankunft hatte Cortés Dolmetscher gefunden. Es waren Spanier, die bei vorhergehenden Expeditionen
20 in Gefangenschaft geraten waren. Mit ihrer Hilfe war er in der Lage, mit der indigenen Bevölkerung zu sprechen. Schnell merkte er, dass die Einheimischen Pferde und Kanonen nicht kannten. Beides rief Angst
25 hervor und verschaffte Cortés Respekt.

Vor allem aber erkannte Cortés recht bald, dass viele der Volksgruppen mit Moctezuma, dem Herrscher des Aztekenreiches, unzufrieden waren. Es gelang Cortés, sie
30 als Verbündete zu gewinnen. Er machte ihnen deutlich, dass er den Staat der Azteken erobern und deren Religion zerstören wollte. Stattdessen sollten die Menschen im Aztekenreich zu Christen werden.

35 Daran hatte auch der ↦ Papst als Oberhaupt der christlichen Kirche Interesse. In seinem Namen wurden **Missionare** – also Männer, die die christliche Religion verbreiten sollten – in die neu eroberten Gebiete
40 geschickt und christliche Kirchen gebaut.

Cortés bei Moctezuma

Moctezuma versuchte zunächst, durch Gesandte den Zug der Spanier aufzuhalten und Erkundungen über ihre Absichten einzuholen, doch am 8. November 1519
45 stand Cortés mit seinen Truppen vor der Hauptstadt. Moctezuma kam ihnen selbst entgegen, begrüßte Cortés und lud die Spanier in die Stadt ein. Diese folgten ihm in seinen Palast – mit ungute Gefühlen,
50 da sie nicht wussten, was sie erwartete.

Cortés und seine Männer waren überwältigt von den Schätzen, die Moctezuma ihnen

M2 Eine Dolmetscherin vermittelt zwischen Spaniern und einem von den Azteken unterworfenen Volk. Nachzeichnung einer historischen Darstellung

zeigte, zugleich aber abgestoßen von der aztekischen Religion mit ihren Blutopfern.
55 Schnell kam es zu Konflikten; die Stimmung schlug um. In dieser angespannten Situation nahmen die Spanier Moctezuma gefangen.

Nun konnte Cortés seine Männer nach Gold
60 suchen lassen. Doch als sie versuchten, die Azteken zum christlichen Glauben zu bekehren, machten sie sich die mächtigen aztekischen Priester endgültig zu Feinden. Es kam zu Kämpfen. Sie endeten mit
65 einer Niederlage der Spanier. Cortés selbst konnte sich mit anderen Überlebenden nur knapp zu den verbündeten Indigenen retten.

Die Eroberung

Neun Monate warteten die Spanier und
70 ihre Verbündeten, dann zogen sie wieder gegen Tenochtitlan und belagerten die Stadt erneut. Es begann ein zäher Kampf mit Verlusten auf beiden Seiten. Am 13. August 1521 siegten die Spanier
75 und rückten in das zerstörte Tenochtitlan ein. In der aztekischen Hauptstadt starben Zehntausende Menschen. Das Reich der Azteken war damit zerstört. Jetzt übernahmen die Spanier die Herrschaft. Sie
80 nannten das Land »Neuspanien« und Tenochtitlan wurde zu »Mexiko«.

---

2. Arbeite aus dem Darstellungstext und M2 heraus, warum es Cortés gelingen konnte, das Aztekenreich zu erobern. Gehe dabei auf die Bewaffnung und die Rolle der Verbündeten ein.

3. Erläutere die Haltung der christlichen Kirche zur Eroberung des Aztekenreiches.

M 3 Die erste Begegnung zwischen Hernán Cortés und dem aztekischen Herrscher Moctezuma. Abbildung aus dem Codex Durán, 1579–1581. Ein Codex ist ein gebundenes handgeschriebenes Buch. Der Codex Durán erzählt die Geschichte der Azteken. Er wurde nach der Eroberung des Aztekenreiches angefertigt.

M 4 Ein fürstlicher Empfang

In drei langen Berichten an Kaiser Karl V. stellte Cortés die Ereignisse in Tenochtitlan dar und rechtfertigte sein Verhalten. Diesen Bericht von seiner ersten Begegnung mit dem Aztekenherrscher sendete er im Oktober 1520 nach Spanien:

Moctezuma [kam mir] entgegen mit einem Gefolge von ungefähr zweihundert vornehmen Herren, alle barfuß und in einer sehr reichen, bei ihnen üblichen Tracht, durch
5 die sie sich von allen anderen unterschieden. Sie näherten sich langsamen Schritts und in feierlichem Zuge zu beiden Seiten der Straße, die sehr breit, sehr schön und so gerade ist, dass man bis an ihr Ende
10 sehen kann, wie sie mit ihren großen Häusern und Tempeln daliegt.

Moctezuma schritt mitten in der Straße einher, begleitet von zwei Vornehmen, einer zur Rechten, der andere zur Linken. [...] Alle
15 drei waren in gleicher Weise gekleidet, nur dass der Kaiser eine Art Pantoffeln trug, während die anderen barfuß gingen. Beide stützten ihn mit den Armen. Als wir einander begegnet waren, stieg ich vom Pferde,
20 um ihn zu umarmen; allein die beiden Herren kamen dazwischen und hinderten mich daran, ihn zu berühren. [...]

Nachdem er einige Worte an mich gerichtet hatte, sprachen nacheinander
25 alle Herren, die den Zug bildeten, zu mir, um dann wieder, gemäß ihrem Range, ihren Platz einzunehmen.

Während ich den ⟶ Fürsten anredete, nahm ich mir ein Halsband von Perlen und
30 Glasdiamanten ab und legte es ihm um den Hals, woraufhin einer seiner Diener sich mir mit zwei in Stoff eingewickelten Hummerhalsbändern aus roten, überaus wertvollen Muschelschalen näherte. An jedem Hals-
35 band hingen etwa acht vollendet schöne und nussgroße Goldperlen, und als der Diener sie brachte, wandte sich der Fürst zu mir und legte sie mir um den Hals. Dann schritt er in der gleichen Haltung wie vorher
40 weiter, und wir folgten ihm bis zu einem großen und schönen Palast, den er zu unserm Empfange hatte herrichten lassen.

Hernán Cortés: Die Eroberung Mexikos. Hrsgg. v. Claus Litterscheid, übersetzt v. Mario Spiro. Frankfurt am Main: Insel Verlag 1980, S. 56 ff. (bearbeitet)

M5 Erinnerungen an das eroberte Tenochtitlan

Diaz del Castillo war als Offizier für Hernán Cortés tätig. Als 75-Jähriger schrieb er seine Erinnerungen an die Eroberungen auf, also lange nach den Ereignissen. Nachdem sie Tenochtitlan erobert hatten, fanden die Spanier dort Tausende von Leichen vor. Diaz del Castillo berichtete:

Die Luft in der Stadt war so verpestet, dass der König der Azteken darum bat, den Abzug sämtlicher Einwohner und sämtlicher auswärtiger Krieger zu gestatten.

5 Drei Tage und drei Nächte waren die Ausfallstraßen und die Dämme mit langen Zügen von erbärmlichen Gestalten bedeckt. Männer, Weiber und Kinder schleppten ihre entkräfteten Körper aus 10 der Stadt, ein jammervoller Zug, der einen unglaublichen Gestank verbreitete.

Nach ihrem Abzug ließ Cortés die Stadt durchsuchen. Zwischen unzählbaren Leichen fand man noch einige arme Leute, 15 die zu schwach waren, sich zu bewegen.

Die Stadt sah wie ein frisch gepflügter Acker aus; denn die Einwohner hatten jede Wurzel gesucht, herausgerissen und verzehrt. Die Bäume hatten keine Rinde mehr. 20 Es gab kein süßes Wasser, nur Salzwasser. [...] Es hat wohl kaum ein Volk gegeben, das so viel Hunger, Durst und Kriegsnot ausstehen musste.

Bernal Diaz del Castillo: Denkwürdigkeiten des Hauptmanns Bernal Diaz del Castillo, hrsgg. v. Georg A. Narciß. Stuttgart: Steingrüben 1971 (3. Auflage), S. 521 f.

🔍 Einen Darstellungstext überprüfen

Wer Geschichte darstellt, muss aus einer Fülle von Informationen auswählen. Daraus entsteht ein bestimmtes Bild von vergangenen Ereignissen. Berücksichtigt man Informationen aus einer anderen ↦ Quelle, so verändert sich auch das Bild vom Geschehen. Bei der folgenden Vorgehensweise soll es darum gehen, zu erkennen, welche Veränderungen einer Darstellung möglich wären.

1. *Lege eine Tabelle mit zwei Spalten an und schreibe heraus,*
   a) welche Informationen du durch die vorliegende Quelle erhältst und
   b) welche Informationen zum Thema der Quelle dir bereits bereits aus dem zu überprüfenden Darstellungstext bekannt sind.

2. *Lege darunter eine weitere Zeile an, in der du formulierst, welchen Eindruck die Texte auf dich machen.*

Quellentext	Darstellungstext
Informationen: …	Informationen: …
mein Eindruck: …	mein Eindruck: …

3. *Vergleiche dann beide Seiten und entscheide, ob in der Quelle so wichtige Informationen enthalten sind, dass sie in den Darstellungstext aufgenommen werden sollten.*

4. Vergleiche das Bild M3 und den Bericht M4 über die Begegnung zwischen Cortés und Moctezuma. Gehe auf folgende Aspekte ein:
   – das Aussehen Moctezumas,
   – Moctezumas Gefolge,
   – sein Verhalten sowie
   – das Verhalten von Cortés.
   Benenne die Unterschiede.

5. Beurteile die Glaubwürdigkeit beider Quellen. Beachte die Hinweise zum Operator »beurteilen« auf der Ausklappseite hinten im Buch.

+ Überprüfe den Darstellungstext »Die Eroberung« (S. 285, Z. 69–81) mithilfe von M5. Beachte dazu die methodischen Hinweise.

Von der Eroberung zur Kolonialherrschaft

M1 Spanien und sein Kolonialreich in Mittelamerika, um 1550

Ähnlich wie Hernán Cortés das Aztekenreich eroberte, unterwarf Francisco Pizarro
1531 ein zweites großes Reich für Spanien:
das Inkareich. Immer mehr Spanier waren
5 in die »Neue Welt« gekommen – Priester
und Abenteurer, vor allem aber Unternehmer und Händler. Im Auftrag des
spanischen Königs errichteten sie Han-
delsstützpunkte und begannen mit der
10 Ausbeutung der eroberten Gebiete. Der
spanische König betrachtete sie als seine
Kolonien, also als abhängige Gebiete. Seit
1521 wurden sie als Kolonialreich[1] »Neuspanien« genannt.

1 Kolonialreich:
die Gesamtzahl
der Kolonien
eines Staates

Zwang und Misshandlungen

15 Spanische Unternehmer ließen die Indigenen in den Bergwerken nach Silber und
Gold graben, das in ungeheuren Mengen nach Europa verschifft wurde. Auch
mit Zuckerrohr, Kakao, Kaffee und Tabak
20 wurden große Gewinne erzielt. Kartoffeln,
Mais und Tomaten wurden nun in Europa
heimisch.

Der spanische König hatte angeordnet,
dass die Einheimischen von Zeit zu Zeit zur
25 Arbeit für die Kolonialherren zu verpflichten seien. Die spanischen Siedler sollten
die indigene Bevölkerung zudem friedlich
missionieren, also zum christlichen Glauben bekehren. Doch die Anordnungen
30 wurden missachtet: Die Siedler beuteten
die Indigenen als billige Arbeitskräfte aus.
Durch unmenschliche Arbeitsbedingungen, Unterernährung und von den Europäern eingeschleppte Krankheiten wie
35 Pocken und Masern verloren Unzählige
ihr Leben. Darüber hinaus verlief die Missionierung in der Regel gewaltsam. Alte
Tempel und Opferstätten wurden zerstört.

Kritik durch Geistliche

Einige Geistliche beklagten diese Zustände.
40 Der aus Spanien stammende Bischof von
Chiapas in Mittelamerika, Bartholomé de
las Casas, verfasste Beschwerdebriefe,
bis der spanische König die Versklavung
der Einheimischen verbot. Deswegen und
45 weil so viele Indigene starben, begannen
Menschenhändler, Menschen aus Afrika
nach Amerika zu verschleppen. Sie glaubten, dass diese für die harte Arbeit in den
Kolonien am besten geeignet seien. Afri-
50 kanische Versklavte wurden zur Ware. Im
Zuge ihrer kolonialen Herrschaft ordneten
die Europäer also den weltweiten Handel
nach ihren Bedürfnissen.

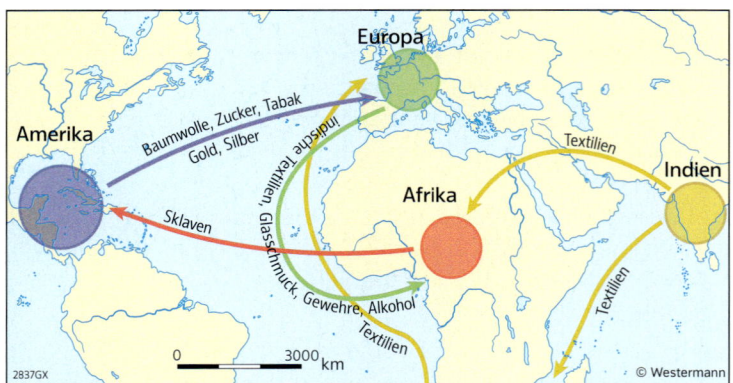

M2 Um das Jahr 1700 bestand ein weltweites Handelsnetz.

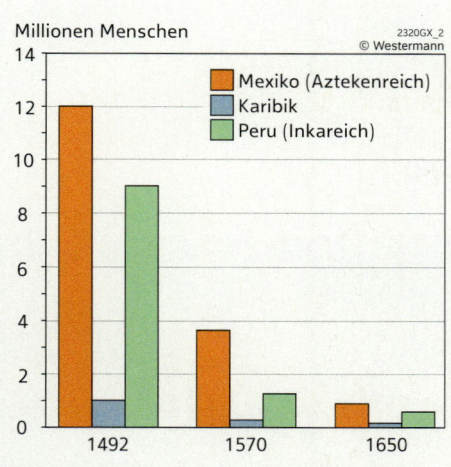

M3 Der Bevölkerungsrückgang in den von Spanien eroberten Gebieten in Mittel- und Südamerika

M4 Mit seinem Druck zeigte Theodor de Bry 1595 (S. 278), dass die Spanier afrikanische Sklaven für die Arbeit in den Kolonien einsetzten.

M5 Abscheulichkeiten

Der spanische Bischof von Chiapas, Barto-lomé de Las Casas, schrieb um 1540 über das Verhalten des Spaniers Francisco de Garay und einiger anderer hoher Beamter: Von Panuco wurde De Garay versetzt, damit er, neben anderen gewalttätigen Herrschern, die Stadt Mexiko und ganz Neuspanien regieren sollte. [...]

5 Zusammen begingen sie Missetaten, Verbrechen, Grausamkeiten, Räubereien und andere Abscheulichkeiten, die allen Glauben übersteigen. Dadurch wurde das ganze Land [...] entvölkert, sodass sie nach

10 zwei Jahren ganz Neuspanien vernichtet hätten, wenn es ihnen Gott nicht durch den Widerstand der Geistlichen verwehrt und ein neuer Königlicher Rat ihnen nicht Ein-halt geboten hätte. [...]

15 Einer, der zu der erwähnten Gesellschaft gehörte, kam einst auf den Einfall, einen ihm zugehörigen großen Garten mit einer Mauer einfassen zu lassen. Er zwang acht-tausend Einheimische, diese Arbeit zu über-

20 nehmen, bezahlte sie aber nicht und gab ihnen nicht einmal das Mindeste zu essen. Schnell raffte der Hunger einen nach dem andern hin – es rührte den Spanier nicht.

Bartolomé de Las Casas: Kurzgefasster Bericht von der Verwüstung der Westindischen Länder. Hrsgg. u. bearbeitet v. Hans Magnus Enzensberger. Frankfurt am Main: Insel Verlag 1984, S. 57 f.

1. a) Beschreibe die Entwicklung, die in M3 deutlich wird.
↦ **Tipp:** S. 335
b) Erkläre das Ergebnis anhand des Darstellungstextes, M4 und M5.

2. »Für mich sind die Ereignisse von 1492 am ehesten
... eine Entdeckung.«
... eine Eroberung.«
... eine ↦kulturelle Zerstörung.«
... ein kultureller Austausch.«
a) Entscheide dich für eine Aussage mithilfe der »Vier-Ecken-Methode«.
b) Diskutiert in der Klasse, was für die jeweiligen Begriffe spricht.

 Die Vier-Ecken-Methode

Jede der vier Ecken im Klassenzimmer steht für eine Meinung bzw. eine Aussage.

– Mach dich zunächst mit den Aussagen in den vier Ecken vertraut.
– Entscheide dich für die Aussage, der du am ehesten zustimmst, und begib dich in die entsprechende Ecke.
– Tauscht euch in der Ecke kurz über die Aussage aus und begründet eure Wahl.

Erinnern an 1492 – aber wie?

Am 12. Oktober 1492 erreichte Christoph Kolumbus Guanahani. Überall in Amerika erinnern Kolumbusstatuen daran, ebenso wie ein Feiertag: der »Kolumbustag«. Die hier gezeigten Fotos nehmen darauf Bezug.

M1/M2 28. Juni 2021: In der kolumbianischen Stadt Baranquilla wird das Denkmal für Christoph Kolumbus gestürzt.

1. a) Beschreibe M1 und M2. Was wird hier zum Ausdruck gebracht?
b) Überlege: Was könnten die Gründe für den Sturz des Denkmals sein? Tauscht euch in der Klasse aus.

Sichtweisen auf ein Unternehmen

In Spanien ist die Ankunft von Christoph Kolumbus in Amerika am 12. Oktober 1492 jährlich ein Grund zu feiern: An diesem Tag, dem spanischen Nationalfeiertag, soll die
5 Einheit der spanischsprachigen Welt im Mittelpunkt stehen.

In Amerika dagegen nutzen Nachfahren der indigenen Bevölkerung den 12. Oktober immer wieder für **Proteste**. Seit Jahren
10 machen sie vor allem an diesem Feiertag auf die bis heute verheerenden Folgen der sogenannten Entdeckung Amerikas durch Kolumbus aufmerksam. Denn nach den »Entdeckern« kamen die Eroberer:
15 – Der größte Teil der indigenen Bevölkerung der »entdeckten« Länder starb infolge von Krankheiten, Ausbeutung und Gewalt.
– Schiffeweise wurden Schätze aus der
20 »Neuen Welt« nach Europa transportiert.
– Die ↦ Kultur der Einheimischen wurde zerstört: Die Menschen wurden gezwungen, den christlichen Glauben anzunehmen, ihre Tempel und Schriften vernichtet, ihre Feiertage verboten.
25 Noch heute gehören die Nachfahren der indigenen Bevölkerung zu den Ärmsten des amerikanischen Kontinents.

Auch in den USA sind in den letzten Jahren Kolumbusstatuen vom Sockel gestürzt
30 worden. Denn für viele hier steht Kolumbus vor allem für den Beginn des Sklavenhandels und der Unterdrückung der afroamerikanischen Bevölkerung in den USA.

Speech bubbles (M4):

Schafft den »Kolumbustag« ab!

Lasst uns den »Tag der Begegnung zweier Welten« feiern!

... oder den »Tag des Widerstandes der indigenen Bevölkerung«!

... oder den »Tag des Respekts vor der kulturellen Vielfalt«!

M3 10. Oktober 2021, »Kolumbustag«: Eine Parade für die Rechte indigener Völker in Santiago de Chile

M4 Aussagen zum Kolumbustag

Anders erinnern!

35 Mittlerweile ist der Kolumbustag in vielen Ländern als Feiertag gestrichen oder umbenannt worden. Vor allem in Ländern Mittel- und Südamerikas setzten sich Menschen dafür ein, neue Bezeichnungen für
40 diesen Tag zu finden. M4 gibt einige davon wieder.

Doch nicht nur in Amerika, sondern auch in Europa werden die ↦ Kolonialherrschaft und ihre Folgen für die indigenen Völker
45 inzwischen anders betrachtet. Diskutiert wird beispielsweise über Fragen wie diese:
– Sollten die Nachfahren der Opfer eine finanzielle Entschädigung erhalten? Oder würde eine offizielle Entschuldigung für
50 das begangene Unrecht ausreichen?
– Welche Verantwortung tragen die Europäer für gegenwärtige Probleme in Amerika, z. B. für die Armut vieler indigener Menschen?

2. Überprüfe deine Ergebnisse aus Aufgabe 1. b) mithilfe des Darstellungstextes und M3. Gehe dabei vor allem auf die negativen Folgen der Kolonialherrschaft für die indigene Bevölkerung ein.

3. a) Erläutere die Aussagen in M4.
b) Diskutiert: Soll der Kolumbustag abgeschafft oder umbenannt werden?

+ Stell dir vor, als Künstlerin bzw. Künstler erhältst du den Auftrag, ein Denkmal zum Jahr 1492 zu gestalten. Überlege, was du auf welche Weise darstellen möchtest. Erstelle hierzu Notizen oder Skizzen.

Wenn du die vorangegangenen Seiten bearbeitet hast, solltest du die folgenden Aufgaben lösen können. Schreibe die Lösungen in dein Heft. Ob du richtigliegst, erfährst du auf Seite 339.

1. Ordne Begriffe, die eine Verbindung haben, einander zu. Begründe deine Entscheidung jeweils in einem erklärenden Satz.

Sklaven aus Afrika   *Azteken*

Moctezuma   *Kolumbus*   *Cortés*

Menschenopfer   *Amerika*

Vernichtung der einheimischen Bevölkerung

2. a) Arbeite aus M 1 heraus, wie Kolumbus die indigene Bevölkerung beschreibt.
b) Überprüfe, ob diese Beschreibung auf die Azteken zutrifft.
c) Finde Gründe, die an der Glaubwürdigkeit der Aussagen von Kolumbus zweifeln lassen.

M 1 Aus dem Bordtagebuch von Christoph Kolumbus

Über die Einwohner der Insel Guanahani schrieb Kolumbus im Oktober 1492:

Sie nahmen einfach alles und gaben bereitwillig von allem, was sie besaßen.

Aber mir schien es, als seien sie in jeder Hinsicht außerordentlich arme Leute.
5 Sie gehen allesamt nackt herum, wie sie ihre Mutter zur Welt gebracht hat, auch die Frauen. [...] Sie waren sehr gut gebaut, von sehr schöner Gestalt und sehr angenehmen Gesichtszügen [...].

10 Sie tragen keine Waffen und kennen sie auch nicht, denn ich zeigte ihnen Schwerter, und sie fassten sie an der Schneide und schnitten sich aus Unwissenheit [...].

15 Sie sind sicher hervorragende Arbeitskräfte; sie haben einen aufgeweckten Verstand, denn ich sehe, dass sie sehr schnell alles nachsagen können, was man ihnen vorspricht.

20 Außerdem glaube ich, dass man sie leicht zum Christentum bekehren könnte, denn es scheint mir, dass sie noch keine Religion haben [...].

Übersetzt zitiert nach: Dokumente zur Geschichte der europäischen Expansion, Bd. 2: Die großen Entdeckungen. Hrsgg. v. Matthias Meyn u. a. München: C. H. Beck 1984, S. 113 f.

Entdeckungen und Eroberungen

Bereits seit dem 14. Jahrhundert drangen Fernhändler nach Asien vor – auf dem Landweg, der wegen drohender Überfälle gefährlich und wegen hoher Zölle teuer war. In Europa gab es nun vermehrt Forschende, die danach fragten, ob Asien nicht auch auf dem See-
5 weg zu erreichen sein könnte. Die Erfindung des Globus z.B. hatte anschaulich gemacht, dass es sogar möglich sein könnte, nach Indien zu gelangen, wenn man in Richtung Westen fahren würde. **Technische Erfindungen**, die die Fahrt auf hoher See begünstigten, kamen hinzu, darunter der Kompass oder das Astrolabium.

10 1492 unternahm Christoph Kolumbus mit drei Schiffen eine Expedition, die ihn über den Seeweg in Richtung Westen nach Indien bringen sollte. Er erreichte schließlich Inseln in der Karibik, die er für Indien hielt. Die Bewohner wurden deshalb von den Europäern »Indianer« oder »Indios« genannt. Von den Inseln aus starteten
15 Spanier später Expeditionen auf das Festland. Dort stießen sie auf große Staaten, wie den Staat der **Azteken** auf dem Gebiet des heutigen Mexiko oder den Staat der Inka in Peru. Die ↦Kulturen, die die Europäer vorfanden, bezeichnen wir heute als altamerikanische ↦**Hochkulturen**.

20 Die Europäer verfügten über Waffen, die denen der einheimischen Bevölkerung überlegen waren. Auch schafften sie es, Spannungen zwischen verschiedenen Volksgruppen der »entdeckten« Gebiete auszunutzen. So waren sie in der Lage, diese riesigen Staaten zu erobern. Sie unterwarfen sie im Namen des spanischen Königs
25 und errichteten ein **Kolonialreich**. Dabei beuteten sie Land und Menschen rücksichtslos aus. Die altamerikanischen Hochkulturen wurden zerstört.

Sehr viele Indigene verloren im Zuge der Eroberung und wirtschaftlichen Ausbeutung ihr Leben. Die meisten starben an **Krankheiten**,
30 die von den Europäern eingeschleppt worden waren und mit denen ihr Immunsystem nicht zurechtkam. Um ihre Arbeitskraft zu ersetzen, wurden Menschen aus Afrika als **Sklavinnen und Sklaven** ins Land gebracht und gezwungen, für die Kolonialherren zu arbeiten.

In dieser Zeit entstand ein **weltumspannender Handel**:
35 Güter vom amerikanischen Kontinent – wie Zucker, Tabak, Silber und Gold – wurden nach Europa verschifft. Die Europäer wiederum verkauften vornehmlich Metalle, Waffen und Textilien an afrikanische Abnehmer. Dort kauften sie Men-
40 schen, die sie in die amerikanischen Kolonien verschleppten.

> **seit etwa 1420**
> Heinrich »der Seefahrer«, Sohn des portugiesischen Königs, entwickelt zusammen mit Wissenschaftlern und Seeleuten technische Geräte zur Navigation auf dem offenen Meer sowie die Karavelle. Dieses schnelle Segelschiff ermöglicht längere Seereisen.

> **12. Oktober 1492**
> Christoph Kolumbus und seine Mannschaft erreichen auf dem Seeweg die Insel Guanahani, die Kolumbus »San Salvador« (spanisch: »Heiliger Retter«) nennt.

> **1519 – 1522**
> Das Reich der Azteken (heute Mexiko) wird unter der Führung von Hernán Cortés erobert und zerstört.

> **1531 – 1533**
> Francisco Pizarro unterwirft das Inkareich für Spanien.

> **1552**
> Der Geistliche Bartolomé de las Casas beklagt in einer Schrift den Umgang mit der mittelamerikanischen Bevölkerung.

M1 Im 16. Jahrhundert geprägte spanische Münze aus amerikanischem Silber. Es kam aus den Kolonien, wo Menschen zu harter Bergwerksarbeit gezwungen wurden.

Ein neues Menschenbild – ein neuer Glaube

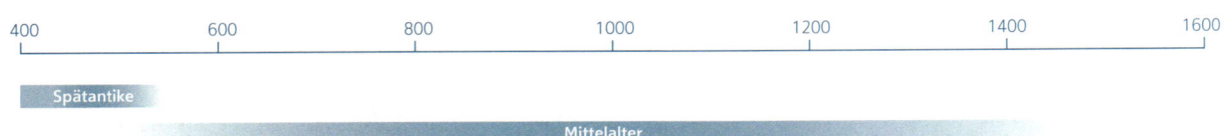

400   600   800   1000   1200   1400   1600

Spätantike

Mittelalter

Frühe Neuzeit

Das Bild, von dem hier ein Ausschnitt gezeigt ist, ist mehr als 500 Jahre alt: die »Mona Lisa«. Noch heute ist sie angesagt, z. B. in der Mode.

Der Italiener Leonardo da Vinci (1452 bis 1519) malte die Frau zu einer Zeit, in der Kunstschaffende neue Arten der Darstellung entdeckten. »Neues Menschenbild« meint in der Überschrift aber noch etwas anderes: eine neue Auffassung darüber, was ein Mensch ist und was er kann.

Auf den folgenden Seiten erfährst du,

– wie Gelehrte und Künstler um 1500 begannen, den Menschen und die Welt neu zu sehen.
– welche Rolle Gelehrte und die Erfindung des Buchdrucks für die Bildung spielten.
– dass Kaufleute über immer größere Entfernungen handelten und wie sie den Handel veränderten.
– dass die ↦ Reformation zur Abspaltung der evangelischen von der katholischen Kirche führte.

Außerdem übst du,

– Quellentexte und Karten zu erschließen.
– in Expertengruppen zu arbeiten und ein Infoplakat zu gestalten.
– Informationen zu vergleichen.
– ein Spottbild zu analysieren.

Leonardo und der Traum vom Fliegen

M1 Zwei, die mit dem Gleitschirm die Welt von oben sehen. Foto, 2016

1. Sich wie ein Vogel in die Lüfte erheben zu können – dieser Traum faszinierte Menschen wohl schon immer. Warum eigentlich? Sammelt gemeinsam Gründe dafür.

Auch Leonardo da Vinci scheint der Traum vom Fliegen nicht losgelassen zu haben. Er war nicht nur Schöpfer der »Mona Lisa« und anderer berühmter Gemälde, sondern
5 versuchte, die Welt auf vielen Gebieten zu ergründen und zu gestalten. Dabei machte er zahlreiche Erfindungen, z. B. einen »selbstfahrenden Wagen«, schuhähnliche Bretter, die es ermöglichen sollten, über
10 Wasser zu laufen – und einige Fluggeräte[1].

Forschen – aber wie?

Viele der Entdeckungen Leonardos begannen mit der genauen Beobachtung der Natur – wie z. B. dem Flugverhalten von Vögeln. Es heißt, er habe immer ein
15 Skizzenbuch bei sich gehabt, um Beobachtungen und Ideen festzuhalten. Oft nahm er seine Skizzen später zum Anlass, Experimente durchzuführen oder intensiv an einem beobachteten Phänomen weiter-
20 zuforschen.

Um Menschen naturgetreuer malen zu können, wollte er z. B. wissen, wie Muskeln im Körper zusammenwirken. Daher begann er, Leichen zu sezieren[2], wie einige andere
25 Kunstschaffende seiner Zeit auch. Die Kirche erlaubte das Sezieren menschlicher Körper jedoch nicht, weswegen es heimlich geschah. Um Kenntnisse zu erhalten, überschritt Leonardo also auch Grenzen
30 der damaligen Moral.

Leonardo forschte aber nicht nur, er setzte sich auch mit Erkenntnissen anderer auseinander. Denn auch von bereits vorhandenem Wissen wollte er sich inspirieren
35 lassen und es weiterentwickeln.

Heute gilt Leonardo als Maler, Bildhauer, Architekt, Naturforscher und Ingenieur. Er war ein »uomo universale«, wie man zu seiner Zeit sagte. Das bedeutet »vielsei-
40 tiger Mensch«. Er selbst unterzeichnete manchen Entwurf mit »Leonardo – Schüler des Experiments«.

[1] Mehr über Leonardos Erfindungen erfährst du hier:

WES-117726-073

[2] **eine Leiche sezieren:** eine Leiche öffnen, um das Innere des Körpers untersuchen zu können

2. Erläutere auf der Grundlage des Textes, inwiefern Leonardo ein »Schüler des Experiments« (Z. 41 f.) war.

3. a) Liste mithilfe von M 2–M 4 die Erkenntnisse auf, die Leonardo über das Fliegen gewonnen hatte.

b) Diskutiert: Waren Leonardos Experimente wegweisend für uns heute?

+ Kennst du Forschungsgebiete, bei denen die Wissenschaft heute Grenzen überschreitet?

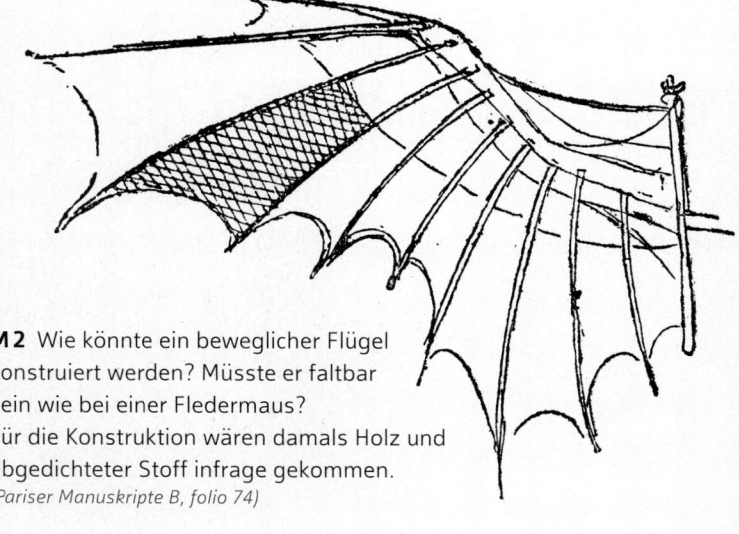

Überlegungen zum Fliegen

Auch wenn Leonardo keine Leichtbau-
materialien zur Verfügung standen, mit
denen er seine Entwürfe umsetzen konnte,
ließ ihn das Thema Fliegen nicht los. Viele
seiner Zeichnungen zeigen, worüber er sich
Gedanken machte. Hier sind drei Beispiele
zu sehen:

M2 Wie könnte ein beweglicher Flügel
konstruiert werden? Müsste er faltbar
sein wie bei einer Fledermaus?
Für die Konstruktion wären damals Holz und
abgedichteter Stoff infrage gekommen.
(Pariser Manuskripte B, folio 74)

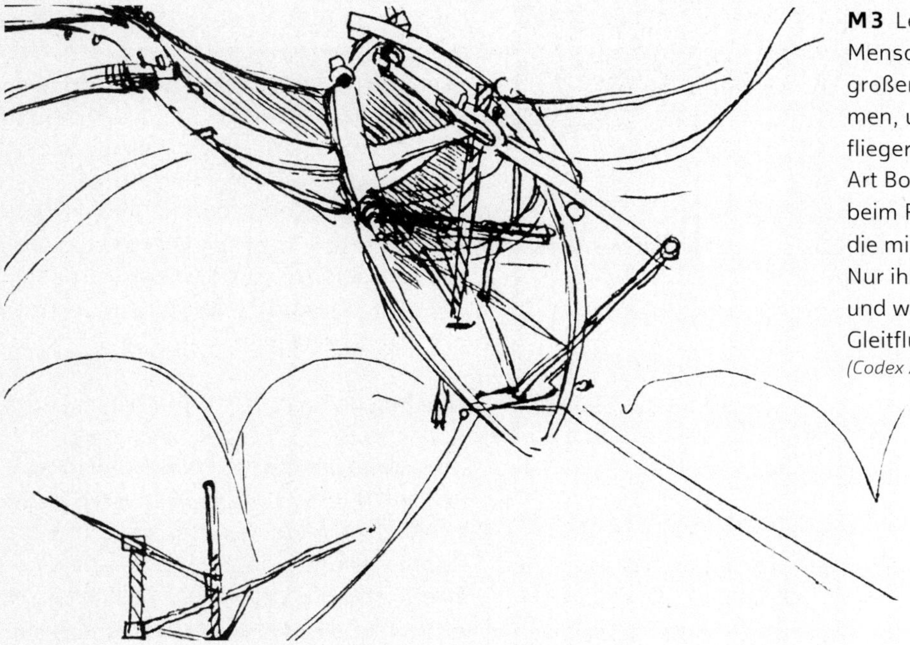

M3 Leonardo erkannte, dass kein
Mensch stark genug wäre, um mit
großen Flügeln Auftrieb zu bekommen, und entwarf einen Segel-
flieger. Der Mensch sollte in einer
Art Boot sitzen und ähnlich wie
beim Rudern die Flügel bewegen,
die miteinander verbunden sind.
Nur ihre Enden wären beweglich
und würden für einen gelingenden
Gleitflug sorgen.
(Codex Atlanticus, Blatt 860)

M4 Wer fliegt, braucht im Notfall einen Fallschirm! Forschende,
die Leonardos Entwurf nachbauten und erprobten, haben
herausgefunden, dass die Konstruktion funktioniert. Nur waren
um 1500 die Materialien zu schwer: Das Gerät hätte etwa 100 kg
gewogen. Die Landung wäre gefährlich geworden!

»*Wenn ein Mensch ein Zeltdach aus abgedichtetem Leinen, das
sechs Meter breit und hoch sein soll, über sich hat, so wird er
sich aus jeder noch so großen Höhe herabstürzen können, ohne
Schaden zu nehmen.*«
(Leonardo da Vinci, Codex Atlanticus, Blatt 1058)

Bildung, der »Schlüssel zur Welt«

M 1 Dieses nachdenkliche Skelett wurde um 1540 von Jan van Calcar für ein Anatomiebuch gezeichnet. Der lateinische Text bedeutet: »Man lebt durch den Geist, alles andere ist sterblich.«

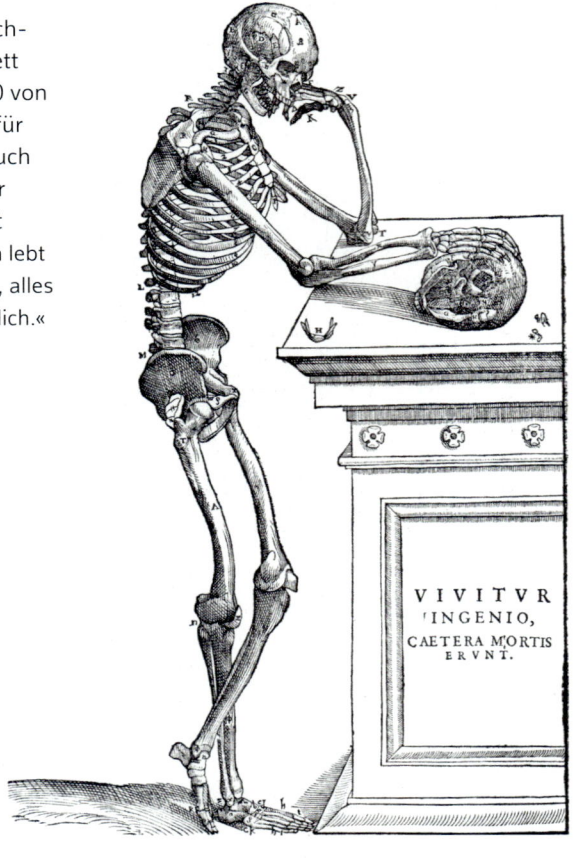

---

1. Beschreibe M 1 und erläutere den »Witz« der Darstellung.

Forschen und Lernen

Mit dem Buch, in dem das nachdenkliche Skelett (M 1) abgedruckt wurde, veröffentlichte der junge Arzt Andreas Vesalius 1542 neueste wissenschaftliche Erkennt-
5 nisse über den Aufbau des menschlichen Körpers. Als Lehrer an einer Universität in Italien war es ihm erlaubt worden, Leichen zu sezieren[1]. Fünf Jahre lang hatte er geforscht – mit dem Ziel, Theorien, die aus
10 der Antike überliefert waren, zu überprüfen und, wo nötig, zu erweitern.

[1] eine Leiche sezieren: S. 296

Das Anliegen war typisch für Gelehrte dieser Zeit. Immer mehr gebildete Menschen setzten sich mit Schriften aus der
15 Antike auseinander. Vor allem neue Übersetzungen hatten dies möglich gemacht. Aber auch alte Bauwerke und Skulpturen wurden nun erforscht. Noch im 13. Jahrhundert waren viele Ruinen aus römischer
20 Zeit vernichtet worden. Ihre Steine hatte man für Neubauten verwendet, das frühere Forum Romanum als Kuhweide genutzt. Doch nun begann man, die Überreste der römischen Baukunst zu bewahren und
25 auch nach anderen Überresten wie Statuen gezielt zu suchen. Von den antiken Wissenschaftlern, Baumeistern und Künstlern wollte man lernen.

Diese Zeit der Neuentdeckung von Wissen
30 und Kunst aus der Antike bezeichnet man mit dem Begriff ↦ **Renaissance**, französisch für »Wiedergeburt«.

Der Mensch im Mittelpunkt

Über die Ideen antiker Philosophen wurde neu nachgedacht. Der Mensch sei das
35 »Maß aller Dinge«, hatten sie formuliert. Daran wollten Gelehrte der Renaissance anknüpfen: Sie stellten den Menschen ins Zentrum ihrer Wissenschaften und nannten sich ↦ **Humanisten**, von »humanitas«:
40 Menschlichkeit.

Diese Haltung veränderte allmählich die Sicht auf den Menschen. Im ↦ Mittelalter hatten die meisten ihre Lebensbedingungen als gegeben hingenommen. Sie waren
45 davon überzeugt, dass ihr Platz in der ↦ Gesellschaft gottgegeben sei und jeder in einen ↦ Stand hineingeboren wurde. Nach und nach aber wuchs das Vertrauen darauf, dass jeder einzelne Mensch in der
50 Lage sei, sein Wissen enorm zu steigern und die Welt durch sein Handeln zu gestalten.

Bildung verbreiten

Um anderen ihre Geisteshaltung nahe-
zubringen, setzten sich die Humanisten
55 dafür ein, die Schulbildung auszubauen.
War nicht Bildung der Schlüssel, mit dem
es dem Menschen gelingen werde, seine
Fähigkeiten und Begabungen optimal zu
entfalten? Vor allem Latein und Griechisch
60 sollten gelernt werden, damit antike Texte
von möglichst vielen gelesen werden konnten. Bildung galt als Eintrittskarte in die
weite Welt. Doch nicht nur gelehrt sollte
man sein: Von einem gebildeten Menschen
65 erwartete man auch, dass er fechten und
tanzen konnte und ein angenehmer Gesell-
schafter war.

Die Zeit, in der sie lebten, wurde von vielen
Gelehrten als eine Periode des Fortschritts
70 wahrgenommen. Dennoch: Die Mehrheit
der Menschen erhielt noch keinen Zugang
zur Bildung und konnte weder schreiben
noch lesen. Unterricht fand überwiegend
in Klöstern und an Stadtschulen sowie an
75 Universitäten statt. Seit etwa 1600 konnten
zwar auch Mädchen die Schule besuchen.
Dies blieb aber weiterhin die große Aus-
nahme.

---

2. Gestalte eine Mindmap zu den im
Darstellungstext genannten Neuerungen. Gehe auf folgende Aspekte
ein: *Forschen und Lernen – Sicht auf den
Menschen – Bildung*

3. a) Beschreibe M 2 und erläutere, wie
damals der ideale Unterricht aussah.
b) Vergleiche den Unterricht in M 2 mit
dem an deiner Schule.

4. In M 3 wird deutlich, dass Schreiben
und Rechnen allein nicht zur Bildung
reichen. Was zählte dem Darstellungstext zufolge damals noch dazu?

+ Was ist deines Erachtens heute
wichtig, um jemanden als gebildet zu
bezeichnen? Begründe.

M 2 Der Druck aus dem Jahr 1496 zeigt, wie Schulbildung
nach Ansicht der Humanisten umgesetzt werden sollte.

M 3 Über Bildung

**Dies schrieb der italienische Architekt Leon Battista
Alberti um 1470:**
Wer wüsste nicht, dass das Erste, was nötig ist, die Geis-
tesbildung ist; so sehr das Erste, dass selbst ein gebo-
rener Edelmann ohne Bildung nur als Tölpel gilt!
    Ich selbst wünschte die jungen Adligen öfter mit einem
5 Buch in der Hand als mit dem Falken auf der Faust [bei
der Falkenjagd] zu sehen. Keineswegs gefällt mir die Meinung mancher, die da sagen: Es reicht, wenn du deinen
Namen schreiben und zusammenrechnen kannst, was
man dir schuldig ist!
*Leon Battista Alberti: Über das Hauswesen, 1. Buch. Übersetzt v. Walter
Kraus. Zürich: Artemis Verlag 1962, S. 85 (bearbeitet)*

Ein neues Medium: das gedruckte Buch

Zwei Jahre dauerte es, die Bibel handschriftlich zu kopieren. Das war die Erfahrung von Verlagsschreibern wie dem Mainzer Johannes Gensfleisch (1400–1468), der sich auch **Gutenberg** nannte. Dabei stieg die Nachfrage nach Büchern enorm, seit in den Städten immer neue Schulen und Universitäten gegründet wurden. Gutenberg begann, darüber nachzudenken, wie man die Buchherstellung beschleunigen könnte.

Ein neues Verfahren

Er kannte das Verfahren, ganze Schriftseiten in eine Holztafel zu schnitzen und abzudrucken. Doch Gutenberg verfolgte eine andere Idee. Er experimentierte mit Einzelbuchstaben, sogenannten »Lettern«. In China und Korea war der Buchdruck mit Lettern schon bekannt. Gutenberg schaffte es nun, ein besonders widerstandsfähiges Material zu entwickeln, mit dem sich sehr haltbare Lettern herstellen ließen. Mit ihnen konnten Texte in immer wieder neuen Kombinationen zusammengesetzt werden.

M1 Die Lettern werden zu Zeilen und die Zeilen zu einer Druckplatte zusammengesetzt. Diese Platte heißt »Druckstock«. Er wird eingefärbt und dann mithilfe einer Presse gedruckt.

1447 druckte Gutenberg den ersten Kalender mit seiner neuen Technik, dann eine lateinische Schulgrammatik. Später kamen Schriften von Gelehrten, Wörterbücher, Gesetzestexte und die Bibel hinzu. In ganz Europa entstanden nun Druckereien, und in den ersten fünfzig Jahren nach Gutenbergs Erfindung kamen ungefähr so viele Bücher in Umlauf wie in den gesamten tausend Jahren zuvor.

Der Buchdruck, eine Medienrevolution

Mit der Verbreitung des Buchdrucks veränderten sich der Umgang mit Informationen und die Kommunikation zwischen den Menschen grundlegend: In Büchern gespeichertes Wissen wurde nun verfügbar gemacht.

In den folgenden Jahrzehnten richteten sich ↦ Adlige und gebildete ↦ Bürger eigene Bibliotheken ein: Das Buch entwickelte sich zu einem Gebrauchsgegenstand, und Lesen wurde zu einem Erlebnis. Immer mehr Menschen wollten daran teilhaben und lernten es. So nahm mit dem Buchdruck auch die Alphabetisierung der Menschen zu. Dies wiederum führte dazu, dass die Nachfrage an Büchern stieg. Bildung konnte sich dadurch immer weiter verbreiten.

Auch Neuigkeiten ließen sich dank des Buchdrucks leichter verbreiten. Von Nachrichtenhändlern wurden sie gesammelt und aufgeschrieben. Nun war es möglich, sie durch Flugblätter bekannt zu machen. Vorteile hatten davon z. B. die Kaufleute. Sie konnten sich schneller darüber informieren, wo Kriege drohten oder neue Zölle erhoben wurden. Indem die Menschen leichter an Informationen gelangten, rückte Europa nach und nach enger zusammen.

M2 Rekonstruktion der Werkstatt Johannes Gutenbergs mit Druckerpresse, einem gedruckten Buch und den für den Druck notwendigen Materialien und Werkzeugen.

M3 Der Nutzen des Buchdrucks

Der deutsche Sprachlehrer Valentin Ickelsamer urteilte 1534:

Freuden und Nutzen der Kunst des Buchdrucks sind so groß, dass es erstaunt, wie wenige Leute sie erlernen und beherrschen. Denn was will man mit einer solchen Kunst
5 vergleichen, durch welche man alles in der Welt erfahren, wissen und auf Dauer merken und behalten kann? Und auch anderen, wie weit entfernt sie von uns auch sind, kann man etwas vermitteln ohne persön-
10 liche Anwesenheit und mündliche Ausführung.

Zitiert nach: Michael Giesecke: Der Buchdruck in der frühen Neuzeit. Frankfurt/Main: Suhrkamp 1998, S. 65 (sprachlich vereinfacht)

M4 Nur mit Erlaubnis drucken

Aus einem Erlass des Erzbischofs von Mainz, 1485:

Uns ist daran gelegen, dass die unbefleckte Reinheit der göttlichen Schriften erhalten werde. Daher befehlen wir:
Man darf keine Werke, welcher Art sie
5 auch seien, welche Wissenschaft, Kunst oder Erkenntnis sie auch immer betreffen, aus der griechischen, lateinischen oder einer anderen Sprache in die deutsche Volkssprache übersetzen oder übersetzte
10 Werke verbreiten oder erwerben, sofern nicht die zu druckenden Werke jeweils vor dem Druck durch eigens dazu bestellte Doktoren und Magister der Universität durchgesehen und mit einem Sichtvermerk
15 zum Druck oder Verkauf freigegeben worden sind.

Hans Widmann: Vom Nutzen und Nachteil der Erfindung des Buchdrucks aus der Sicht der Zeitgenossen des Erfinders. Mainz: Gutenberg-Gesellschaft 1973, S. 44 f. (bearbeitet)

A Dies ist die Druckpresse.
B Dies ist ein Druckstock.
C Mit diesem lederbezogenen Werkzeug wird die Farbe auf den Druckstock aufgetragen.
D Hier wird Gedrucktes zum Trocknen aufgehängt.
E Hier im Setzkasten liegen die Lettern, mit denen die Buchseiten Zeile für Zeile zusammengesetzt werden.

---

1. Ordne die Erläuterungen zu M2 den passenden Ziffern zu.

2. Beschreibe mithilfe des Textes und der Abbildungen M1 und M2 das Verfahren des Buchdrucks.

3. Arbeite die Vor- und Nachteile des Buchdrucks heraus, die von den beiden Autoren in M3 und M4 genannt werden. Beurteile ihre Äußerungen.

4. a) Zeige auf, welche heutigen Medien die frühere Rolle des Buches ausfüllen.
↦ **Tipp:** S. 335
b) Diskutiert, ob das Buch seine Bedeutung inzwischen verloren hat.
↦ **Tipp:** S. 335

Ein neues Bild der Welt

Im Osten geht die Sonne auf,
im Süden nimmt sie ihren Lauf,
im Westen will sie untergeh'n,
im Norden ist sie nie zu seh'n.

5 Mit diesem Spruch lernen Kinder die Himmelsrichtungen. In ihm wird der Lauf der Sonne über den Himmel beschrieben. Das entspricht unserer Wahrnehmung: Die Sonne bewegt sich scheinbar von Ost
10 nach West, die Erde scheint unbeweglich zu sein. Diese Erfahrung stellte der Forscher Nikolaus Kopernikus im 16. Jahrhundert infrage. Fast sein Leben lang hatte er sich mit Astronomie, der Lehre vom Weltall,
15 beschäftigt. Lange Beobachtungen, Versuche und mathematische Berechnungen brachten ihn schließlich zu der Überzeugung: Die Erde bewegt sich um die Sonne, nicht umgekehrt.

Ein neues Bild der Welt

20 Die Entdeckung machte klar: Nicht die Erde (lateinisch: geo) steht im Zentrum, wie man bisher gedacht hatte, sondern die Sonne (helios). Nach Kopernikus war also das alte geozentrische Weltbild falsch und ein
25 **heliozentrisches Weltbild** das richtige.

Das war eine Sicht, die zunächst nur wenige akzeptieren konnten. Wenn sich die Erde um die Sonne bewege, dann müsse man doch den »Fahrtwind« spüren, war z. B.
30 ein Einwand. Oder es wurde mit der Bibel argumentiert: Der Prophet Josua habe der Sonne befohlen, einen Tag stillzustehen, und nicht der Erde. Kritiker waren sich einig: Das konnte doch nur dummes Zeug sein!

35 Auch Kopernikus zögerte. Er hatte sich zwar auf Forschungen von anderen Gelehrten bezogen, aber er wusste: Seine Berechnungen stimmten noch nicht ganz. In seinen Überlegungen konnten also Fehler stecken. Doch Freunde, denen er von
40 ler stecken. Doch Freunde, denen er von

M1 Der Gelehrte Nikolaus Kopernikus (1473–1543) mit einem Modell seiner Entdeckung. Druck nach einer Darstellung aus der Zeit des Kopernikus

seiner Entdeckung erzählt hatte, bestärkten ihn, sie zu veröffentlichen. Kopernikus entschloss sich erst im Alter von 69 Jahren dazu, es zu wagen. Er soll das gedruckte
45 Buch noch in Händen gehabt haben, verstarb aber wenige Monate später.

Empörung und Bestätigung

Die Empörung der Kirche über seine Entdeckung und den folgenden Streit der Gelehrten erlebte Kopernikus nicht
50 mehr. Immer mehr Forscher bestätigten aber seine Theorie, etwa Galileo Galilei oder Johannes Kepler, der schließlich den Berechnungsfehler entdeckte, den Kopernikus vergeblich gesucht hatte. Kepler
55 konnte zeigen, dass die Planeten nicht in kreisrunden Bahnen um die Sonne zogen, sondern in ovalen, elliptischen. Nun stimmten die Berechnungen. Für die Kirche war es aber nur schwer zu akzeptieren, dass
60 die »Krone der Schöpfung«, der Mensch, nicht mehr im Zentrum des Weltalls stehen sollte, sondern dass er im Universum nur eine Randstellung einnahm.

Entdeckungen und ihre Folgen

Zusammen mit anderen bahnbrechenden
65 Erfindungen wandelte sich nun das Weltbild so stark, dass sich Gelehrte aus dem Jahr 1600 kaum mit solchen aus dem Jahr 1400 hätten verständigen können:
– Der Globus war als angemessene Dar-
70 stellung der Erde entwickelt worden.
– Mithilfe von Uhren war man in der Lage, die Zeit genau zu messen.
– Entdeckungsfahrten hatten bisher unbekannte Kontinente in den Blick gerückt.
75 – Der Buchdruck hatte dafür gesorgt, dass Kenntnisse schnell und weit verbreitet werden konnten.
– Die Erde wurde nicht mehr als Zentrum des Weltalls gesehen.

M 2 Unbelehrbar?

Der Philosoph und Naturwissenschaftler Galileo Galilei schrieb 1610 an seinen Zeitgenossen Johannes Kepler:

Was sagen Sie zu den Philosophen [...], die niemals die Planeten, den Mond oder das Fernrohr zu sehen wünschten, obwohl ich es ihnen tausendmal angeboten habe, sie
5 ihnen zu zeigen? Wahrhaftig, einige schließen vor dem Licht der Wahrheit die Augen, andere die Ohren. [...]

Diese Art von Zeitgenossen hält nämlich die Philosophie für ein Buch wie die Odys-
10 see[1] und glaubt, man müsse die Wahrheit in der Welt oder in der Natur nicht suchen, sondern es genüge, [...] Texte zu vergleichen. Schade – ich möchte gerne mit Ihnen noch ein bisschen länger lachen!

Carola Baumgardt (Hrsg.): Johannes Kepler. Leben und Briefe. Wiesbaden: Limes Verlag 1953, S. 73 (bearbeitet)

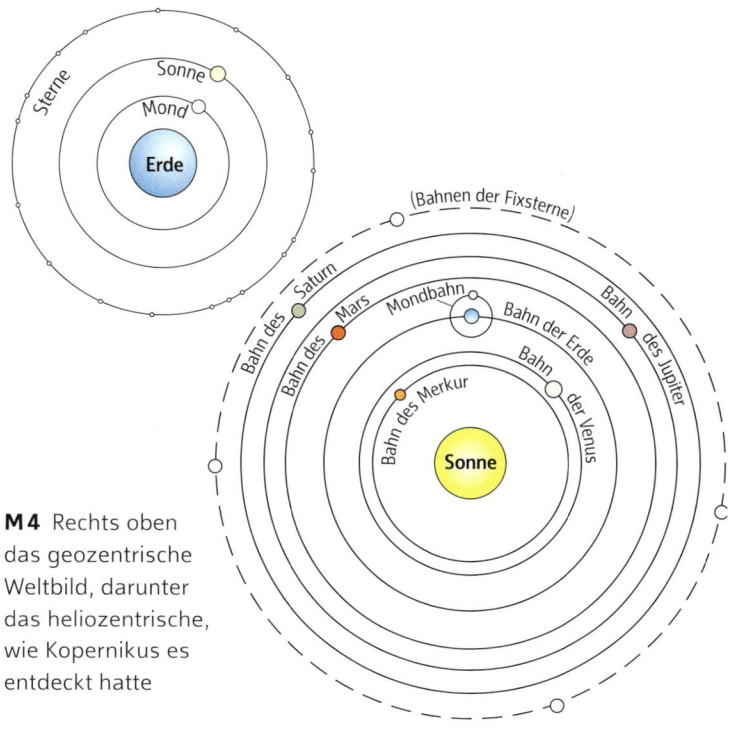

M 4 Rechts oben das geozentrische Weltbild, darunter das heliozentrische, wie Kopernikus es entdeckt hatte

M 3 Forschungsinstrumente des Galileo Galilei, darunter ein von ihm selbst konstruiertes Fernrohr, das er bei seinen Beobachtungen der Himmelskörper verwendete

---

1. Beschreibe die Unterschiede zwischen dem geozentrischen und dem heliozentrischen Weltbild auf der Grundlage von M 4.

2. Erkläre mithilfe von M 2 und M 3, wie Galilei seine Erkenntnisse gewann. Aufschluss gibt auch der Film, der unter diesem Webcode abrufbar ist:

WES-117726-074

3. Entwickelt zu zweit einen Dialog zwischen Galilei und einem Kritiker über die Entdeckung der Heliozentrik. Geht dabei darauf ein,
   – woher ihr eure Kenntnisse habt und
   – wie eure Kenntnisse zu Alltagserfahrungen passen.

1 Odyssee: eine antike Heldengeschichte, die von dem griechischen Dichter Homer überliefert wurde

Die Kaufleute, der Handel und die Banken

M1 Fahrkartenkauf. Foto, 2023

1 Kredit: (von lateinisch »creditum«: das Anvertraute): eine befristete Leihgabe von Geld. Der Empfänger verpflichtet sich zur Zurückzahlung.

1. a) Erläutere, wie das Bezahlen in M1 funktioniert.
b) Überlege: Was sind Vorteile dieser Art des Bezahlens? Siehst du darin auch Nachteile?

Bezahlen ohne Bargeld – ganz neu?

Ob beim Bäcker oder im Bus – fast überall kann man mit Karte oder Smartphone bezahlen. Doch auch wenn es Bezahl-Apps noch nicht so lange gibt – die Idee des bar-
5 geldlosen Einkaufens ist keine Erfindung unserer Zeit. Schon vor mehr als 500 Jahren verbreitete sie sich von Norditalien aus, von den damals wichtigsten Handelsorten Europas.

10 Neue Handelsrouten über Länder und Kontinente hinweg sowie vielfältige Kontakte unter Fernhändlern ermöglichten es den Kaufleuten um 1500, den Austausch von Waren über immer größere Strecken zu
15 organisieren. Doch Reisen blieb gefährlich: Nicht nur Wind und Wetter stellten eine Bedrohung auf langen Handelswegen dar. Immer bestand auch die Gefahr, ausgeraubt zu werden. Deshalb trugen Fern-
20 händler auf Reisen nur ungern Bargeld bei sich. Das war bald auch nicht mehr notwendig, denn ein ganz Europa umspannendes Netz von **Banken** entstand.

Wie funktionierte eine Bank?

Ein Fernhandelskaufmann hinterlegte bei
25 einem Bankhaus in seiner Heimat Geld und ließ es sich bei einem Partner dieses Bankhauses in der Fremde auszahlen, um Geschäfte zu tätigen. Das war auch deshalb viel praktischer für den Kaufmann, weil
30 viele Städte eigene Münzen prägten und die Umrechnung der Währungen nicht einfach war. Zudem konnte der Kaufmann Waren auf **Kredit**[1] kaufen. Dafür musste er schriftlich versprechen, eine vereinbarte Summe
35 später, etwa in einem Vierteljahr, zu bezahlen. Auch das Bankkonto entstand in dieser Zeit. Bankkunden gab es in allen ↦ gesellschaftlichen Schichten: Ein freier Bauer, der eine neue Olivenpresse brauchte, erhielt
40 ebenso Geld wie ein ↦ Fürst.

M2 Kunden und Angestellte in einer Bank. Druck, um 1490

Jakob »der Reiche«

Oft waren es reiche Kaufleute selbst, die Banken gründeten, und im 15. Jahrhundert gehörte es zur Kaufmannsausbildung, das Bankwesen zu erlernen. So schickten auch
45 Ulrich und Georg Fugger, die in Augsburg ein erfolgreiches Handels- und Bankhaus führten, ihren 14 Jahre alten Bruder Jakob zur Ausbildung ins Bankenzentrum Venedig. Jakob Fugger (1459–1525) stieg bald ins
50 Familienunternehmen ein, das in Europa mehrere Niederlassungen hatte.

Handelsgeschäfte drehten sich bei Jakob Fugger vor allem um Edelmetalle: Er erwarb Rechte zur Gewinnung von Erzen, also
55 Gestein, das Metalle enthielt. Aus diesen Rohstoffen ließ er in eigenen Werken das darin enthaltene Metall gewinnen: Silber und Kupfer. Silber wurde für Münzen und Luxusartikel gebraucht, Kupfer ging in die
60 Produktion kleinerer Münzen, aber auch in die Herstellung von Waffen. Wichtig waren beide Metalle aber vor allem als Zahlungsmittel für asiatische Gewürze wie Nelken, Pfeffer und Zimt. Jakob Fugger konnte sie
65 günstig einkaufen und an großen europäischen Handelsorten teuer weiterverkaufen. Der Asienhandel der Fugger lief über die Handelsstädte Antwerpen und Lissabon, wo sie Niederlassungen ihres Unterneh-
70 mens hatten. So lagen Rohstoffgewinnung, Verarbeitung und Handel in einer Hand.

Aber das war noch nicht alles: Jakob Fugger baute einen eigenen weltweiten Nachrichtendienst auf, wodurch ihn wichtige Infor-
75 mationen viel früher erreichten als andere Handelshäuser. Das war ein enormer Wettbewerbsvorteil. Bald galt Jakob Fugger als der vermögendste Mann Europas. Sogar auf die Politik konnte er großen Einfluss
80 nehmen, denn selbst ↦ Kaiser liehen sich bei ihm Geld – z.B. für Waffenkäufe vor Kriegszügen. Als »Jakob Fugger der Reiche« ging er in die Geschichte ein.

2. Beschreibe M 2 mithilfe des Darstellungstextes und erläutere die Vorteile von Banken zur damaligen Zeit.

3. Erstelle einen Steckbrief zu Jakob Fugger mithilfe des Textabschnittes »Jakob ›der Reiche‹«.

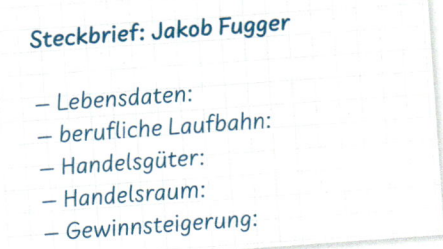

Steckbrief: Jakob Fugger

– Lebensdaten:
– berufliche Laufbahn:
– Handelsgüter:
– Handelsraum:
– Gewinnsteigerung:

4. Stell dir vor: Jakob Fugger gibt seinem Neffen, der sein Nachfolger werden soll, Tipps für die Unternehmensführung. Was muss er tun, um so erfolgreich zu werden wie Jakob Fugger? Schreibe fünf Tipps auf. Berücksichtige dafür auch M 3.

M 4 Albrecht Dürer: Jakob Fugger »der Reiche«. Gemälde, 1519

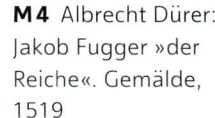

M 3 Die Nachfolger Jakob Fuggers erweiterten das Unternehmen noch: Die Karte zeigt ihre Handelswege gegen Ende des 16. Jahrhunderts.

Ängste, Aberglaube, Vorurteile

Der Tod zum Herzog. Der Tod zur Herzogin. Der Tod zum Grafen. Der Tod zum Abt. Der T

M1 Ein Ausschnitt aus dem »Basler Totentanz«. Das Motiv war ursprünglich auf eine Friedhofsmauer in der Stadt Basel gemalt worden und befindet sich heute im Museum.

i › Der sogenannte Totentanz ist ein Bildmotiv, das seit dem 14. Jahrhundert verbreitet wurde. Es zeigt Reihen von Menschen aller ↦ Stände – ob ↦ Papst, ↦ Kaiser oder Bauer, ob Mann oder Frau, ob Alt oder Jung – beim Tanz mit Skeletten. Man verbildlichte damit die Macht des Todes über das Leben der Menschen.

1. a) Beschreibe M1.
b) Lies den Informationstext und erläutere dann, was mit der Darstellung zum Ausdruck gebracht wird.
c) Überlege, wovor und wann du Angst hast.

2. Begründe mithilfe des Darstellungstextes, warum die Renaissance als eine »Zeit der Ängste« bezeichnet werden kann.

In der ↦ Renaissance wurden Natur und Mensch intensiv erforscht. Das **Weltbild** der Menschen begann sich grundlegend zu verändern. Damit wurden viele
5 Fortschritte eingeleitet, die auch unsere Gegenwart noch berühren. Und doch war diese Zeit auch eine Zeit der Ängste, des Aberglaubens und der Vorurteile. Teilweise waren es gerade Neuerungen, die die
10 Menschen verunsicherten. Viele Ängste waren aber auch im Denken des ↦ Mittelalters verwurzelt.

Ewiges Leben oder Verdammnis?

In der Zeit der Renaissance lebten die Menschen – wie auch in früheren Zeiten zuvor –
15 nicht so lange wie die Menschen unserer Zeit. Der Tod war ihr ständiger Begleiter.

Verglichen mit uns lebten die allermeisten Menschen zudem in sehr armen Verhältnissen. Ihre Lebensmittelversorgung war
20 unsicher, vor allem in Zeiten schlechter Ernten. Absicherung bot vor allem die gegenseitige Hilfe. Häufig gab es aber auch Kriege, die die Not der Menschen noch vergrößerten. Und wenn alle zu
25 wenig haben, können sie einander auch nicht mehr unterstützen.

Trost fanden die Menschen in der Vorstellung, dass es ein Weiterleben nach dem Tod gibt. Doch zu damaliger Zeit glaub-
30 ten Christen auch an die Hölle und daran, dass nur diejenigen nach dem Tod in den Himmel kommen, die ganz ohne Sünden¹ leben. Die Seelen aller Sünder dagegen kämen ins Fegefeuer, eine Art Zwischen-
35 welt. Eines Tages werde Jesus wiederkehren und in einem »Jüngsten Gericht« entscheiden, ob sie ins Paradies aufsteigen dürften oder für immer in die Hölle verbannt werden sollten.

Verfolgungen und Gewalttaten

40 Viele Menschen dieser Zeit suchten nach Ursachen für Gefahren und Bedrohungen und landeten im Aberglauben oder ließen sich von Vorurteilen leiten. Das wäre nicht so schlimm gewesen, wenn dies nicht zu
45 Verfolgungen bestimmter Gruppen oder Einzelner in ihrer ↦ Gesellschaft geführt hätte. So kam es häufig zu Gewalttaten gegen Minderheiten wie beispielsweise Menschen jüdischen Glaubens oder gegen
50 vermeintliche »Hexen« – mit furchtbaren Folgen für die Betroffenen.

IN DER GRUPPE
ein Plakat gestalten

Auf den folgenden Seiten geht es um verschiedene Erscheinungen von Ängsten, Aberglauben und Vorurteilen. Wählt ein Thema aus und bildet Gruppen, in denen ihr euch mit dem Thema auseinandersetzt.

1. a) Lest einzeln den Text zu eurem Thema und seht euch die Bilder an.
   b) Bearbeitet die Aufgaben gemeinsam.

2. Haltet eure Ergebnisse zu Aufgabe 2 auf einem Plakat fest. Beachtet die Hinweise zur Plakatgestaltung auf Seite 343.

3. Betrachtet die Plakate bei einem Galeriegang, auf Papier oder am Tablet.

4. Diskutiert in der Klasse,
   a) wo Gemeinsamkeiten bestehen und welche Unterschiede sich in Bezug auf die untersuchten Ängste erkennen lassen.
   b) welche Gemeinsamkeiten und Unterschiede zwischen den Ängsten von Menschen damals und heute ihr feststellen könnt.

1 Sünde: Wer religiös ist, glaubt daran, dass es göttliche Gebote gibt. Diese zu missachten wird »sündigen« genannt.

WES-117726-075

Unter diesem Webcode findet ihr Abbildungen zu den folgenden Themen.

Angst vor dem »Schwarzen Tod«

M 1 Während der Corona-Pandemie. Foto, 2020

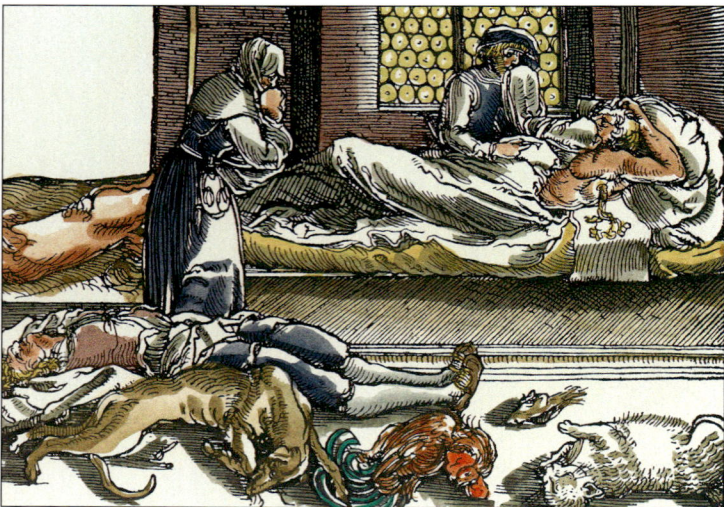

M 2 »Vom Sterben oder von der Pestilenz, die sehr weit tobt und dauert« lautet der Titel dieses Holzschnittes aus dem 16. Jahrhundert.

Als im Jahr 2020 die Corona-Pandemie ausbrach, waren die Menschen in der ganzen Welt verunsichert. Sie fragten sich z. B.:
– Wie tödlich ist diese neuartige Krankheit?
5 – Kann ich mich vor einer Infektion schützen?
– Kann ich Freunde und Verwandte treffen?
– Wann muss ich mich in Quarantäne begeben?

1348: Die Pest in Europa

10 Wie mag es den Menschen in Europa, Asien und Afrika ergangen sein, als eine gewaltige Seuche im 14. Jahrhundert etwa ein Viertel der Menschen dahinraffte? Die Seuche wurde »Pest« oder »Schwarzer
15 Tod« genannt. Viele sahen darin ein Zeichen dafür, dass das Ende der Welt naht.

Überliefert sind ganz unterschiedliche Reaktionen der Menschen auf den drohenden Tod: Manche, so heißt es, hätten
20 versucht, möglichst viel mit anderen zusammen zu sein und sich ihre wenige verbleibende Lebenszeit so angenehm wie möglich zu machen. Andere dagegen hätten sich ganz zurückgezogen und viel
25 gebetet, um der Ansteckung zu entgehen. Wieder andere hielten die Pest für eine Bestrafung menschlicher Sünden und erhofften sich Schutz durch neue religiöse Gemeinschaften wie z. B. »Geißler« (M 5).

30 Damals kannten die Menschen den Erreger, der die Beulenpest auslöst, noch nicht. Deshalb konnten sie sich auch nicht angemessen schützen. Heute weiß man, wie die Übertragung erfolgt, nämlich über
35 den Stich des Rattenflohs und später auch von Mensch zu Mensch durch Tröpfchen. Allerdings ist man sich nicht mehr ganz sicher, ob wirklich die Beulenpest in Europa umging oder ob es doch ein anderes
40 Virus war.

In den dicht bebauten Städten breitete sich die Seuche schneller aus als auf dem Land. Ganze Gebiete wurden entvölkert, andere blieben einigermaßen verschont. Als die
45 Pest nach drei Jahren abebbte, lagen viele Äcker brach und es fehlte in den Städten an Handwerkern.

M3 Ein Rezept gegen die Pest

Man nehme Goldwurzelkraut, Weihrauch, von jedem eine Hand voll, siedet das mit einem Viertel guten Weins zunächst halb bedeckt. Danach durch ein Tuch wringen,
5 dann in ein Glas geben. In die Sonne zum Destillieren setzen.

Wenn einen dann die Krankheit befällt, soll man eine haselnussgroße Portion einnehmen. Dieser Trank hält sich ein Jahr.

Wiedergegeben nach: Kay Peter Jankrift: Krankheit und Heilkunde im Mittelalter. Darmstadt: WBG 2003, S. 83 (bearbeitet)

M5 Ein Geißlerzug. Buchmalerei, entstanden um 1400

M4 Wie reagieren? Beispiel 1

Der Dichter Giovanni Boccaccio verfasste um 1350 Geschichten über Florenz während der Pest. In der Einleitung schrieb er:
[Es] entstand ein allgemeiner Schrecken, und mancherlei Vorkehrungen wurden von denen getroffen, die noch am Leben waren. Fast alle versuchten, die Kran-
5 ken zu meiden und aufs Land zu fliehen, in der Hoffnung, sich auf solche Weise selbst zu retten. Viele hatten alles, was ihnen gehörte, aufgegeben. Dadurch waren in Florenz die meisten Häuser her-
10 renlos geworden, und Fremde bedienten sich ihrer, als wären es ihre eigenen.
[...] In solchem Jammer und in solcher Betrübnis war auch das Ansehen der [...] Gesetze fast ganz gesunken und zer-
15 stört. Denn ihre Vollstrecker waren wie die übrigen Einwohner alle krank oder tot [...], sodass sie keine Amtshandlungen mehr vornehmen konnten. Darum konnte sich jeder erlauben, was er immer wollte.

Giovanni Boccaccio: Das Dekameron. Übersetzt v. Karl Witte, durchgesehen v. Helmut Bode. München: Winkler 1964, S. 15 f. (bearbeitet)

M6 Wie reagieren? Beispiel 2

Der Geistliche Jakob Twinger berichtete um 1400 über eine Reaktion auf die Pest:
Im Juli 1349 kamen an die 200 Geißler nach Straßburg. [...] Zwei von ihnen sangen Lieder vor, die die anderen nachsangen. [...]

Wenn sie büßen wollten, wie sie ihr Gei-
5 ßeln nannten, was zweimal am Tag geschah, gingen sie ins Freie, entkleideten sich bis auf ihre Leinenhose und legten sich im Kreis auf den Boden. Ihr Anführer schritt über sie. Über wen er hinweggeschritten war, der
10 erhob sich und geißelte sich. Dabei sangen sie viele Lieder. Und überall, wo sie in die Städte kamen, schlossen sich viele ihrer Bruderschaft an und wurden auch Geißler.

Zitiert nach: Die Chroniken der deutschen Städte. Straßburg, Bd. 2. Göttingen: Vandenhoeck & Ruprecht 1961, S. 759 ff. (bearbeitet)

---

1. Vergleicht die heutigen Kenntnisse über die Übertragung der Pest mit dem Rezept M3 aus dem Mittelalter und beurteilt seinen Nutzen.

2. Beantwortet folgende Fragen:
– Was fürchteten die Menschen?
– Warum hatten sie Angst?

– Wie reagierten sie?
– Was waren Folgen der Ängste?
Legt dafür am besten eine Tabelle an und füllt sie schrittweise aus.

Fragen	Antworten
...	

Vorurteile und Gewalt gegen Juden

Mitte des 14. Jahrhunderts starben in Europa Millionen Menschen an einer Seuche, der Pest. Der Chronist[1] Jakob Twinger von Königshofen schilderte, was damals in der Stadt Straßburg geschah – noch bevor die Seuche die Stadt erreicht hatte.

M 1 Die Beerdigung von Pestopfern als Motiv einer Buchmalerei von 1352

Ein Gerücht und seine Folgen

Ein Gerücht war nach Straßburg gedrungen, berichtete Twinger. Es besagte, die
10 ↦Juden seien schuld an der Pest. In anderen Städten hätten sie Brunnen vergiftet, sodass alle Einwohner zum Opfer der Krankheit werden konnten. Die Straße, in der die Straßburger Juden lebten, wurde
15 daraufhin abgesperrt.

Vor allem viele Mitglieder der Zünfte, die Christen waren, verlangten, dass man gegen die Straßburger Juden vorgehen sollte. Die Bürgermeister widersetzten
20 sich dieser Forderung jedoch. Sie wiesen darauf hin, dass jüdische Einwohnerinnen und Einwohner unter besonderem Schutz stünden. Dieser sei vom Stadtherrn garantiert; dafür würde er schließlich beträcht-
25 liche Steuern verlangen. Zudem würden diejenigen Juden, die Banken führten, auch die Geschäfte vieler ↦Zunftmitglieder durch Kredite[2] unterstützen.

Nun kam es zu Auseinandersetzungen
30 um die Stadtherrschaft: Die Bürgermeister und der Stadtrat wurden abgesetzt. Schon einen Tag später nahm man die Straßburger Juden gefangen – Hunderte von ihnen wurden auf Scheiterhaufen verbrannt. Nur
35 wer sich taufen ließ, konnte dem Tod entgehen. Danach wurden alle Schulden, die Straßburger ↦Bürger bei Juden hatten, als erledigt angesehen. Zudem zog der neue Stadtrat das Bargeld der jüdischen Einwoh-
40 ner ein und verteilte es an die Zünfte.

1 Chronist: Verfasser einer Geschichtsdarstellung. Solche Darstellungen nennt man Chroniken.

2 Kredit: S. 304

Verfolgungen – warum?

Das Verhalten der christlichen Stadtbewohner war vor allem eine Folge von Vorurteilen. So lässt sich in der Geschichte häufiger beobachten, dass gerade Gruppierungen,
45 die der Mehrheit fremd erscheinen, Opfer von Gewalt werden. Das war bei den Juden der Fall, weil sie einer anderen Religion als dem Christentum anhingen. Zahlreiche christliche Prediger verbreiteten den Vor-
50 wurf, die Juden hätten Schuld am Tod von Jesus Christus. Damit leugneten sie die Überlieferung der Bibel, nach der Jesus von einem Gericht der römischen Besatzungsmacht in der Provinz Judäa zum Tod
55 verurteilt worden war. Gezielt hetzten sie Christen gegen Juden auf.

Hinzu kam aber auch, dass Juden nicht dieselben Rechte wie Christen hatten. In den Städten erhielten sie nicht das Bür-
60 gerrecht und wurden zudem aus bestimmten Berufen immer weiter herausgedrängt, z. B. aus Handwerksberufen. Im Alltag gingen die Kontakte zwischen den verschiedenen Gruppen dadurch weiter zurück.

Verfolgungen – und danach?

65 Wenn Jüdinnen und Juden an einem Ort von Verfolgungen oder Vertreibungen betroffen waren, versuchten sie meist, in einer anderen Stadt Schutz zu finden. Die jüdischen Gemeinden in den deutschen
70 Städten blieben aber verhältnismäßig klein. Denn Jüdinnen und Juden waren auch in der Folgezeit immer wieder Diskriminierungen und Vertreibungen ausgesetzt. Viele entschieden sich deshalb
75 dazu, nach Polen und ins östliche Europa auszuwandern, wo dann neue jüdische Zentren entstanden. Insgesamt lässt sich festhalten: Ihr Schicksal war stark von der Gunst des jeweiligen Herrschers, z. B.
80 eines Stadtherrn, abhängig.

M2 Jüdinnen und Juden fliehen aus einer deutschen Stadt. Bebilderung eines Textes zur Geschichte des Volkes Israel in einem jüdischen Buch aus der ersten Hälfte des 15. Jahrhunderts. Das Buch enthält Gebete und Texte, die zu Pessach, einem der wichtigsten jüdischen Feste, gelesen wurden. Es wird heute in der Staats- und Universitätsbibliothek in Hamburg aufbewahrt.

M3 Die Pest und die Juden

Der Gelehrte Konrad von Megenberg berichtete 1350 über die Beschuldigung der Brunnenvergiftung, die den Juden gegenüber erhoben wurde:

Man fand in zahlreichen Brunnen mit Gift gefüllte Säckchen; deshalb wurde eine nicht festzustellende Zahl von Juden im Rheinland, in Franken und in allen deutschen Ländern ermordet. Dabei weiß ich wahrhaftig nicht, ob dies einige Juden überhaupt getan
5 haben. Wäre dies so gewesen, so hätte dies gewiss das Unheil verschlimmert. Andererseits weiß ich aber sehr wohl, dass keine andere Stadt mehr Juden zählte als Wien; dort waren aber unter den Juden die Opfer, die der Seuche erlagen, so zahlreich, dass sie ihren Friedhof in großem Umfang erweitern und zwei Grundstücke
10 kaufen mussten. Sie wären also recht dumm gewesen, sich selbst zu vergiften.

Zitiert nach: Léon Poliakov: Geschichte des Antisemitismus, Bd. 2. Frankfurt am Main: Athenäum Jüdischer Verlag 1978, S. 14 (bearbeitet)

1. Beschreibt die Situation, in der sich die Juden befanden, nachdem sich die Pest ausgebreitet hatte. Nutzt den Darstellungstext, M1 und M3.

2. Beantwortet folgende Fragen:
   – Was fürchtete die christliche Stadtbevölkerung?
   – Wie reagierte sie?
   – Was waren Folgen ihrer Ängste bzw. Vorurteile?
   Legt dafür am besten eine Tabelle an, die ihr schrittweise ergänzt.

Fragen	Antworten
...	

Angst vor »Hexen«

Für Menschen, die in Armut leben, ist es eine Katastrophe, wenn sie plötzlichen Schicksalsschlägen ausgesetzt sind: Ein Hagelsturm zerstört die ohnehin geringe
5 Ernte. Krankheiten verhindern, dass gearbeitet werden kann. So ist die Versorgung der Familie bedroht. In früheren Jahrhunderten konnten bei Krankheiten manchmal »weise Frauen« helfen, die sich auf die
10 Anwendung von Kräutern verstanden. Auch manche Männer besaßen diese Kenntnisse.

Unerklärliche Fähigkeiten

Kranke und ihre Angehörigen waren dankbar, wenn geholfen werden konnte. Zugleich aber erschien es ihnen übernatürlich, dass
15 eine solche Hilfe möglich ist. Und dann der Verdacht: Wer helfen kann, der kann auch schaden. Es könnte ja auch dieses Bündnis mit den übernatürlichen Kräften sein, das den Hagel beschworen oder
20 die Krankheit verursacht hat. Der Aberglaube an »Hexen« – Frauen und auch Männer mit übernatürlichen Fähigkeiten – blühte auf. In Märchen haben wir noch einen Widerhall davon.

25 Woher aber könnten Hexen übernatürliche Kräfte haben? Nach und nach verbreitete sich die Überzeugung, dass der Teufel seine Finger im Spiel haben müsse. »Hexen« wurde unterstellt, den Teufel anzubeten
30 und teuflische Werke auszuführen. Vermehrt kam es zu Gewalttätigkeiten gegenüber Menschen, die der Hexerei verdächtigt wurden.

Die Kirche schreitet ein

Kirchenvertreter gaben bald Schriften her-
35 aus, die helfen sollten, Hexen zu erkennen. So wollten sie spontane Gewalttaten gegen Mitmenschen verhindern. Ab jetzt wurden Hexenprozesse unter Aufsicht hoher Geistlicher durchgeführt. Dabei wurden angeb-
40 liche Hexen nicht nur verhört, sondern auch gefoltert. Die meisten Hexenprozesse fanden zwischen 1560 und 1660 statt. In Europa kosteten sie nach heutigen Schätzungen bis zu 60 000 Menschen das Leben.

45 Im Heiligen Römischen Reich[1] wurde nach heutiger Kenntnis 1756 zum letzten Mal eine Frau als »Hexe« hingerichtet. Bald darauf wurde das Verbrechen der Hexerei auch aus dem Strafrecht entfernt. Dazu
50 beigetragen hatten Kritiker wie der Geistliche Friedrich von Spee. Hartnäckig forderte er die Abschaffung der Folter.

1 Heiliges Römisches Reich: Name des Herrschaftsgebietes der deutsch-römischen Kaiser seit Otto I. (S. 175)

M 1 Eine sogenannte »Wasserprobe«. Der kolorierte Holzschnitt wurde um 1600 verbreitet.

i ›‹ **Die »Wasserprobe«** ist eine Foltermethode. Die Angeklagte wurde gefesselt ins Wasser befördert. Wenn sie den Kopf über Wasser halten konnte, ging man davon aus, dass sie schuldig ist. Wenn sie unterging und zu ertrinken drohte, hielt man sie aber nicht unbedingt für unschuldig.

NACHERZÄHLT ››
Der Prozess gegen Teleke von Lingen

Der Lübecker ↦ Bürger Johann von Lingen klagte im Jahr 1586 gegen die Stadt Osnabrück, weil seine Mutter Teleke von Lingen dort ein Jahr zuvor als Hexe hingerichtet worden war. Hier ist ein Auszug aus der von ihm vorgelegten Klageschrift wiedergegeben:

Es ist wahr, dass Teleke von Lingen von ihrem Nachbarn, der fast dreißig Jahre neben ihr gewohnt hat, und von allen anderen Bürgern der Stadt als ehrliche und fromme Frau gerühmt wurde. Es kamen aber Gerüchte auf, dass eine Frau,
5 die als Hexe angeklagt war, Teleke und auch andere Frauen aus Osnabrück der Hexerei beschuldigt hätte. Daraufhin ist Teleke am 13. Juli gefangen genommen worden.

Es ist auch wahr, dass Teleke gleich danach gefesselt und in die Nähe des Wassers gebracht wurde. Im Beisein der ganzen
10 Stadt Osnabrück wurde sie gezwungen, auf ehrlose Weise ihre Kleider abzulegen. Dann wurde sie einer »Wasserprobe« unterzogen.

Es ist auch wahr, dass ihr noch am selben Tag ihre gesamten Haare abgeschnitten wurden. Dann verband man ihre Augen
15 und folterte sie weiter wegen Zauberei.

Und auch wenn sie aufgrund der Schmerzen der Folter die ihr gestellte Frage »Bist du eine Hexe?« bejaht hat, ist es doch wahr, dass sie, sobald die Folter aufhörte, diese Frage verneint hat.

20 Es ist auch wahr, dass Teleke am 21. August als eine Hexe oder Zauberin im Beisein vieler Tausend Menschen öffentlich verbrannt wurde. ‹‹‹

Nacherzählt nach: Nicolas Rügge: Die Hexenverfolgung in der Stadt Osnabrück. Überblick, Deutungen, Quellen. Osnabrück: Verein für Geschichte und Landeskunde 2015, S. 128 ff.

M 2 Kritik an der Folter

Der Geistliche Friedrich von Spee kritisierte 1631 die Folter. Seine Schrift veröffentlichte er aber vorsichtshalber anonym. Es heißt darin:

Was suchen wir so mühsam nach Zauberern? Hört auf mich, ihr Richter, ich will euch gleich zeigen, wo sie stecken. Greift alle Ordenspersonen auf und foltert sie,
5 sie werden gestehen. Leugnen welche, so foltert sie drei-, viermal, sie werden schon bekennen. Wollt ihr immer noch mehr, dann will ich euch selbst foltern lassen und ihr dann mich. So sind wir schließlich alle Zau-
10 berer.

Friedrich von Spee: Cautio Criminalis oder Rechtliches Bedenken wegen der Hexenprozesse. Hrsgg. v. Joachim-Friedrich Ritter. München: dtv 2000, S. 96

---

1. Arbeitet aus der Nacherzählung (links) heraus:
   – Weshalb klagt Johann von Lingen?
   – Was wurde Teleke vorgeworfen?
   – In welchen Schritten verlief der Hexenprozess?

2. Beantwortet folgende Fragen:
   – Was fürchteten die Menschen?
   – Warum hatten sie Angst?
   – Wie reagierten sie?
   – Was waren Folgen der Ängste?
   Legt dafür am besten eine Tabelle an, die ihr schrittweise ergänzt.

Fragen	Antworten
...	

»Türkenfurcht«

M1 Das Osmanische Reich mit abhängigen Fürstentümern bis 1683

Menschen haben Angst vor dem Krieg. Er bedroht ihr Leben, bringt Hunger, Not und Zerstörungen. Doch in früheren Jahrhunderten gehörte Krieg zur Lebenserfahrung
5 der allermeisten – Friedenszeiten waren selten.

Das Osmanische Reich wird größer

Im Mittelmeerraum und im Südosten Europas dehnte sich das Osmanische Reich (M 1), in dem vor allem Türken lebten,
10 immer weiter aus. Es ist der Vorgänger der heutigen Türkei und war ein muslimischer Staat. Der erste große Schock für das Heilige Römische Reich erfolgte, als Osmanen 1453 Konstantinopel eroberten – ein
15 Zentrum der Christenheit. Sie machten die Stadt sogar zur Hauptstadt ihres Reiches und benannten sie in »Istanbul« um. Damit hatte kaum jemand in Europa gerechnet. Die Osmanen kontrollierten nun auch die
20 Handelsrouten in dem Gebiet und konnten hohe Zölle erheben. Dies erschwerte den Handel in den Osten. Es wurde notwendig, neue Wege nach Asien zu suchen.

Mit ihrer starken Flotte nahmen die Osmanen
25 bald auch Inseln im Mittelmeer ein und bedrohten Handelsstädte wie Venedig und Genua. Auf dem Festland hatten ihre Truppen den gesamten Balkan erobert. Als sie Mitte des 16. Jahrhunderts an der Grenze
30 des Heiligen Römischen Reiches angekommen waren, wurden sie für die Menschen dort zum Schreckbild. Doch 1683 konnte ein Heer aus mehreren europäischen Staaten verhindern, dass »die Türken«, wie man
35 sie nannte, auch Wien einnahmen. Damit endete die Ausdehnung des Osmanischen Reiches.

Hetze gegen Osmanen

Die Menschen in Mitteleuropa hatten vor allem Angst vor Plünderungen und vor
40 Versklavung. Viele Wissenschaftler sind sich heute aber darüber einig, dass solche Ängste auch gezielt geschürt wurden – zum einen von ↦Fürsten, die ihre Herrschaftsgebiete und ihre Macht bedroht
45 sahen. Zum anderen hatten Kirchenvertreter ein starkes Interesse daran, das christliche Europa gegen den ↦Islam zu verteidigen. Deshalb stellten sie die Osmanen als Dämonen dar, die Unheil über die
50 Welt bringen. In Zeichnungen und Texten wurde die Vorstellung einer osmanischen Herrschaft verbreitet, die von Gewalt und Unterdrückung geprägt ist und nicht davor zurückschreckt, Kriegsgefangene zu ver-
55 sklaven. Das zeigte Wirkung in der christlichen Bevölkerung.

Dennoch gab es Bauern, die zu jener Zeit freiwillig in osmanisches Gebiet zogen, weil sie in dem reichen Land zunächst
60 bessere Lebensbedingungen vorfanden. Das änderte sich erst mit dem Niedergang des Osmanischen Reiches seit dem 18. Jahrhundert. Dann nahm auch hier die Ausbeutung zu und die Lebensverhältnisse
65 für die »kleinen Leute« wurden schlechter.

M2 Vor »grausamen Wütereien der blutdurstigen Türken« warnte der deutsche Grafiker Erhard Schön um 1532. Seine Drucke schürten die Angst vor der Ausdehnung des Osmanischen Reiches.

M3 Ein Gelehrter warnt

Erasmus von Rotterdam (um 1466–1536) schrieb über die Bedrohung des christlichen Heiligen Römischen Reiches durch die Türken:
Wie viele Massaker haben die Türken nicht schon unterm Christenvolk angerichtet? Wie viele Städte, wie viele Inseln, wie viele Provinzen haben sie nicht schon dem christlichen Machtbereich entrissen? [...] Und schon scheint die Lage sich so verändert zu
5 haben, dass es, falls Gott uns nicht schützt, zur raschen Besetzung der restlichen christlichen Welt kommt. [...]
Wir müssen diese Unglücksfälle aufgrund unserer gemeinsamen Religion als uns alle betreffend ansehen. Außerdem ist zu fürchten, dass sie tatsächlich unser aller Schicksal werden. Wenn das
10 Nachbarhaus brennt, sind eure Güter ebenfalls in Gefahr, aber mehr noch ist die ganze Stadt in Gefahr, wenn irgendein Haus in ihr in Flammen steht. Man muss also die Hilfe beschleunigen.
Zitiert nach: Jean Delumeau: Angst im Abendland. Die Geschichte kollektiver Ängste in Europa. Übersetzt v. Monika Hübner. Reinbek: Rowohlt 1989, S. 408 (bearbeitet)

1. Erarbeitet, welches Bild von »den Türken« verbreitet wurde. Bezieht euch auf M2 und M3.

2. Beantwortet folgende Fragen:
 – Was fürchteten die Menschen?
 – Warum hatten sie Angst?
 – Wie reagierten sie?
 – Was waren Folgen der Ängste?
 Legt dafür am besten eine Tabelle an und füllt sie schrittweise aus.

Fragen	Antworten
...	

Der christliche Glaube und das Seelenheil

M1 Ein Gewitter-Erlebnis

Der Journalist Gregor Delvaux de Fenffe erzählt von einer angstvollen Erfahrung:

Stotternheim, 2. Juli 1505: Tiefe Nacht herrscht über der Gemeinde bei Erfurt. Ein Mann ist unterwegs, allein. Plötzlich ziehen sich Wolken zusammen, ein Gewitter kommt auf. Regen setzt ein, Blitze erhellen die Nacht. Der Wanderer
5 beginnt sich zu fürchten.

Plötzlich schlägt ein Blitz unmittelbar neben ihm ein. Der Mann bekommt Todesangst, fürchtet, vom Blitz erschlagen zu werden. Er fällt hin und schreit: »Heilige Anna, hilf! Lässt Du mich leben, so will ich ein Mönch werden.«
10 Der Mann überlebt unverletzt, das Gewitter zieht vorüber.

Gregor Delvaux de Fenffe: Martin Luther. Westdeutscher Rundfunk, Köln (Stand: 31.03.2020)

---

1. Stelle Vermutungen an, wie der Mann sich nach dem »Gewitter-Erlebnis« (M1) verhalten haben könnte.

Angst vor Sündenstrafen

Der Mann, von dem diese Geschichte erzählt, hieß Martin Luther. Er war Student des Rechts, als er das heftige Gewitter erlebte. Tatsächlich trat er anschließend in
5 ein ↦ Kloster ein, statt sein Studium fortzusetzen. Um sein Handeln zu verstehen, muss man vor Augen halten, wie Christen sich zu jener Zeit das Leben nach dem Tod vorstellten. Sie glaubten, dass dem
10 Leben auf der Erde das Fegefeuer folgen würde, aus dem – wie in M1 – die Seelen der guten Christen im »Jüngsten Gericht« gerettet würden, die der Sünder aber nicht: Sie würden in die Hölle kommen.

15 Für Luther war das Gewitter der Auslöser, sich zu fragen: Was kann ich im Leben tun, damit meine Seele nach dem Tod von Gott erlöst wird? Diese Frage bewegte viele Menschen seiner Zeit. In ihrem Bestreben,
20 ins Paradies zu kommen, nahmen manche beschwerliche Pilgerreisen auf sich. Vor allem Wohlhabende stifteten Altäre. Andere beichteten und kauften ↦ Ablassbriefe. Das waren Schriftstücke, die im
25 Namen des ↦ Papstes angeboten wurden. Sie versprachen: Wer sündigt und danach einen Ablassbrief kauft, wird nach dem Tod für diese Sünde nicht bestraft.

»Thesen« zum Ablasshandel

Zu Anfang konnte Martin Luther auch im
30 Kloster die Angst vor der Verdammnis nicht überwinden. Dann aber machte er in der Bibel eine Entdeckung, die ihn stark beeindruckte: In einem Brief des Apostels Paulus las er, dass derjenige zum ewigen Leben
35 gelangt, der »aus dem Glauben lebt«. Hieß das nicht, dass allein der Glaube zum Seelenheil führen würde?

Er kam zu der Überzeugung: Nur wer fest glaubt und seine Sünden ehrlich bereut,
40 darf auf Erlösung hoffen – und nicht, wer Ablassbriefe kauft. 1517 fasste Luther seine Gedanken in Worte: Am 31. Oktober hängte er 95 Aussagen – »Thesen« – zum **Ablasshandel** an die Tür der Schlosskirche in Wit-
45 tenberg. So wollte er eine Diskussion über den Ablasshandel auslösen. Doch erst als er seine Thesen auf Flugblätter drucken ließ und sie sich über Wittenberg hinaus verbreiteten, sahen sich hohe Geistliche
50 gezwungen, sich damit zu befassen.

Papst und Kaiser greifen ein

Der Papst forderte Luther in einem Brief auf, seine Kritik zurückzunehmen. Doch Luther tat dies nicht. Den Brief des Papstes verbrannte er öffentlich – und wurde daraufhin
55 aus der Kirche ausgestoßen.

1 Reichstag: Versammlung von ↦ Fürsten aus allen Gebieten des Heiligen Römischen Reiches. Sie diente dazu, den Kaiser zu beraten.

2 Reichsacht: eine vom Kaiser angeordnete Ächtung. Der Geächtete hatte im Reichsgebiet weder Rechte noch Schutz. Wer ihn tötete, kam straffrei davon.

M 2 Diese Darstellung des »Jüngsten Gerichts« war zu Lebzeiten Luthers verbreitet.

Auch ↦ Kaiser Karl V. ging bald gegen Luther vor: Karl V. war nicht nur Herrscher über das Heilige Römische Reich, sondern auch König von Spanien und der Kolonial-
60 gebiete im neu entdeckten Amerika. Der christliche Glaube, meinte er, vereine alle Völker, über die er herrschte. Er fürchtete, die Kritik Luthers an der Kirche könne die Christen spalten. Daher war er entschlos-
65 sen, Luthers »Irrlehre« zu bekämpfen.

1521 kamen der Kaiser und die Reichsfürsten in Worms zu einem Reichstag[1] zusammen. Luther war zur Stellungnahme vorgeladen. Aber auch jetzt war er nicht bereit,
70 seine Kritik zurückzunehmen. Wenige Wochen später erhielt er die Strafe: Karl V. verhängte die **Reichsacht**[2] über Luther: Ab jetzt konnte er von jedermann straflos getötet werden!

Die Bibel in neuer Sprache

75 In dem sächsischen ↦ Fürsten Friedrich dem Weisen hatte Luther allerdings einen Beschützer. Auf dem Rückweg von Worms entführten dessen Leute ihn zum Schein. Sie brachten Luther auf die Wartburg in
80 Thüringen, wo er ein Jahr lang lebte. Während dieser Zeit übersetzte er das »Neue Testament« ins Deutsche – gemeinsam mit Gelehrten seiner Zeit, z. B. mit dem Griechisch-Spezialisten Philipp Melanchthon.
85 Sie entwickelten eine Übersetzung, die trotz verschiedener Dialekte im deutschsprachigen Raum verstanden werden konnte. So könnten auch weniger gebildete Christen die Bibel verstehen und deuten, meinten
90 sie. Diese Sprache wurde zur Basis unseres heutigen Hochdeutschs.

1522 wurde die Übersetzung des Neuen Testaments veröffentlicht. Bis zu Luthers Tod 1546 wurde sie mehr als vierhundert
95 Mal nachgedruckt und damit zum ersten Bestseller der Buchgeschichte.

2. a) Beschreibe und erläutere M 2 mithilfe des Darstellungstextes oder des unter dem Webcode abrufbaren Films.
b) Überlege, wie das Bild auf damalige Menschen gewirkt haben könnte.

3. Verfasse aus der Sicht eines damaligen Stadtbewohners oder einer Stadtbewohnerin eine Erklärung dazu, warum dich die Kritik Luthers überzeugt.
↦ **Tipp:** S. 335

WES-117718-076

M3 Aus Luthers Thesen gegen den Ablasshandel

- Menschenlehre predigen die, die sagen: Wenn die Münze im Kasten klingelt, fliegt die Seele aus dem Fegefeuer.
- In Ewigkeit werden diejenigen mit ihren Lehrmeistern verdammt werden, die glauben, dass ihnen aufgrund der Ablassbriefe ihre Seligkeit sicher ist.
5 - Jeder Christ, der wahre Reue empfindet, hat vollkommenen Nachlass von Strafe und Schuld, auch ohne Ablassbriefe.
- Man muss die Christen lehren: Dem Armen zu geben oder dem Bedürftigen zu leihen ist besser, als Ablass zu kaufen.
- Der wahre Schatz der Kirche ist das hochheilige Evangelium[3] von der Herr-
10 lichkeit und Gnade Gottes.
- Wir behaupten, dass der päpstliche Ablass nicht die geringste lässliche Sünde wegnehmen kann, was deren Schuld betrifft.

Martin Luther. Ausgewählte Schriften Bd. 1 Hrsgg. v. Karin Bornkamm u. Gerhard Ebeling. Berlin: Insel Verlag 2016, S. 28–33 (bearbeitet)

3 Evangelium: aus dem Griechischen: »frohe Botschaft«. Martin Luther meinte hier das Neue Testament der Bibel.

① Mein Gewissen ist bestimmt durch die Worte Gottes in der Bibel. Ich kann und will nichts widerrufen.

② In der Bibel steht: „Die Errettung durch Gott kommt durch den Glauben an Jesus Christus" (Römer 3,22). Wenn wir also aus dem Glauben leben sollen, so wird die Rettung nicht unser Verdienst sein, sondern die Barmherzigkeit Gottes. Kein frommes Werk, sondern allein Christus kann den Sünder retten.

③ Unsere Vorfahren waren schon der römischen Kirche gehorsam, die nun Doktor Martinus bekämpft. Wir können nicht vom Vorbild unserer Vorfahren abfallen, den alten Glauben zu schützen und dem Papst zu helfen.

④ Niemand wage es, auf seine eigene Einsicht gestützt, die Heilige Schrift zu deuten in Widerspruch mit dem Sinne, den die Heilige Mutter Kirche festgehalten hat und festhält. Bei ihr steht das Urteil über den wahren Sinn und die Erklärung der Heiligen Schrift.

⑤ Ich kann nur durch die Bibel oder einen klaren Grund widerlegt werden. Denn allein dem Papst oder hohen Kirchenvertretern glaube ich nicht. Es steht fest, dass sie häufiger geirrt und sich auch selbst widersprochen haben.

M4 Überlieferte Aussagen vom Reichstag in Worms sowie ein Druck aus dem Jahr 1521, der Martin Luther (rechts) vor dem Kaiser und Reichsfürsten (links) darstellt.
(Textquellen: S. 330)

🔍 Ein Spottbild analysieren

Die meisten Menschen, die um 1500 lebten, konnten nicht lesen. Deshalb kämpften im Glaubensstreit beide Seiten auch mit »Spottbildern« gegeneinander – heute sagen wir »Karikaturen« dazu. Sie wurden auf Flugblättern verbreitet. Spottbilder sollten einen Gegner herabsetzen, z. B. dadurch, dass man ihn mit dem Teufel, mit Ungeheuern oder Narren in Verbindung brachte. Folgende Schritte helfen, ein Spottbild zu entschlüsseln:

1. Beschreiben
– Was ist dargestellt (z. B. Personen, Tiere, Orte …)?
– Was für Handlungen sind erkennbar?
– Gibt es Auffälligkeiten (z. B. in der Art der Darstellung oder der Zusammenstellung der Motive)?

2. Erklären
– Was bedeuten einzelne Motive (z. B.: Narrenkappe, Widderhörner, Drachenklauen, die ganze Figur rechts)?
– Was bedeuten die dargestellten Handlungen (hier: das Ineinanderlegen der Hände durch die Figur in der Mitte)?

3. Deuten
– Auf welches Thema bezieht sich das Bild?
– Wie wird das Thema dargestellt?
– Welche Haltung vertritt der Zeichner?

M 5 Ein Spottbild aus dem Jahr 1522. Die Figur in der Mitte ist ein Priester, die Figur links im Bild trägt die Gesichtszüge von Luther. Und wer ist rechts zu sehen?

---

4. Lies M 3. Erläutere die Aussagen Luthers mithilfe des Darstellungstextes (S. 316, ab Z. 15).

5. Ordnet die Äußerungen in den Sprechblasen (M 4) zu.
– Was könnten Martin Luther und seine Befürworter sagen?
– Welche Äußerungen könnten von Kaiser Karl V., den Kirchenvertretern und ihren Befürwortern stammen?
Begründe deine Zuordnungen.

➕ a) Sammelt ausgehend von M 3 und M 4 Argumente, mit denen beide Seiten auf dem Reichstag in Worms ihre Haltungen zum Ausdruck gebracht haben könnten.
b) Entwickelt eine Spielszene zu Luthers Stellungnahme auf dem Reichstag.

6. Analysiere mithilfe des Methodentrainings das Spottbild M 5. Berücksichtige dabei vor allem, wie Martin Luther verspottet wird.

Die Fürsten und der religiöse Umbruch

M 1 Fürst Johann Friedrich I. von Sachsen mit hohen Beamten und den bedeutenden Reformatoren seiner Zeit: Links ist Martin Luther zu sehen, rechts (mit erhobenem Zeigefinger) Philipp Melanchthon.

Ausschnitt aus einem Gemälde von Lucas Cranach dem Jüngeren, um 1543. Das Gruppenporträt ist im Original etwa 70 cm hoch und 40 cm breit.

1. M 1 zeigt den sächsischen Fürsten, in dessen Herrschaftsgebiet die Wartburg lag. Betrachte die Abbildung und stell dir vor, wie der Fürst den Auftrag für das Gemälde erteilt haben könnte.
   a) Liste auf, was er zu dem Künstler gesagt haben könnte. Berücksichtige dabei vor allem:
   – die Auswahl der Personen und ihre Anordnung,
   – die Kleidung und Ausstattung des Fürsten.
   b) Formuliere in einem Fazit, wie der Fürst sich dargestellt sehen wollte und was die Botschaft des Gemäldes sein sollte.

Martin Luther wollte mit seiner Kritik die Kirche dazu auffordern, sich zu reformieren. Das bedeutet: Missstände beseitigen und sich eine neue Ordnung geben.
5 Unterstützt wurden er und seine Mitstreiter zunächst vom sächsischen Fürstenhof. Bereits der Vater des in M 1 abgebildeten ↦ Fürsten schützte Luther auf der Wartburg vor Verfolgern.

10 Schon bald förderten auch andere Fürsten die Verbreitung der neuen Lehre. Sie bezeichneten sich als ↦ Protestanten. In ihren Staaten gründeten sie neue Landeskirchen. Die Fürsten übernahmen deren
15 Leitung und eigneten sich damit große Teile des Eigentums der bisherigen Kirche an. So gewannen sie nicht nur Macht, sondern auch Steuereinnahmen. Deswegen war es attraktiv für sie, sich zum neuen Glauben
20 zu bekennnen.

Der Weg zur Glaubensspaltung

↦ Kaiser Karl V. und den hohen Vertretern der vom ↦ Papst geführten Kirche gelang es nicht, die Entwicklung aufzuhalten. Nach vielen Auseinandersetzungen zwi-
25 schen Gegnern und Befürwortern der Lehre Luthers wurde der neue Glaube 1555 im »Augsburger Religionsfrieden« schließlich anerkannt. Damit hatte der von Luther entfachte Glaubensstreit zu einer Spaltung der
30 christlichen Kirche geführt. Aus ihr gingen zwei ↦ **Konfessionen** – Glaubensrichtungen – hervor: die **evangelische** der Protestanten und die **katholische**, an deren Spitze der Papst steht.

35 In großen Städten, die direkt dem Kaiser unterstellt waren, den sogenannten Reichsstädten, gab es künftig sowohl evangelische als auch katholische Gemeinden. Überall dort aber, wo Fürsten regierten,
40 hatten diese nun das Recht, die Konfession ihrer Untertanen zu bestimmen. Aller-

M 2 Mit dieser Urkunde wurde 1555 der Augsburger Religionsfriede besiegelt. Das größte Siegel ist das kaiserliche.

dings machten nicht alle von diesem Recht Gebrauch. Denn wer die Glaubensrichtung seines Fürsten nicht annehmen wollte,
45 durfte auswandern. Daher riskierten die Fürsten, Untertanen und Steuereinnahmen zu verlieren, wenn sie den Menschen ihren Glauben aufzwangen.

Auch in anderen europäischen Ländern
50 kam es zu Glaubensspaltungen: So verbreitete sich in Frankreich, den Niederlanden, England und Schottland die Lehre des Schweizer ↦ Reformators Johannes Calvin, der von den Gläubigen ein sün-
55 denfreies Leben in Frömmigkeit und Fleiß forderte.

---

2. Arbeite aus dem Textabschnitt »Der Weg zur Glaubensspaltung« Ergebnisse des Augsburger Religionsfriedens heraus.

3. Gab es Sieger und Verlierer im Glaubensstreit? Lies den Darstellungstext und nimm Stellung zu dieser Frage.

Die Gegenreformation

»Es sind friedhässige Meuchelmörder, Wölfe, Seelendiebe!« Der ↦ protestantische Superintendent[1] der Stadt Hildesheim mochte sich gar nicht beruhigen. Wer machte ihn nur so wütend? Katholische Mönche! 1592 hatten sie sich in der protestantischen Stadt angesiedelt. Sie gehörten zum Orden der Jesuiten, der 1534 von dem spanischen ↦ Adligen Ignatius von Loyola gegründet worden war. Er wollte den katholischen Glauben wieder festigen und verbreiten.

1 Superintendent: Abgesandter einer protestantischen Landeskirche, der Pfarrer und Gemeinden überprüft

2 Bistum: ein Gebiet unter kirchlicher ↦ Verwaltung. Es steht unter der Herrschaft eines hohen Geistlichen, des **Fürstbischofs**.

Reformen in der katholischen Kirche

Die Jesuiten gehörten zu der Gruppe in der katholischen Kirche, die durch Reformen die Ausbreitung des protestantischen Glaubens verhindern wollte.

M1 Ignatius von Loyola übergibt Papst Paul III. die Ordensregeln der Jesuiten. Gemälde in der Kirche Il Gesù in Rom

Auch ↦ Papst Paul III. hatte das Ziel, die an die ↦ Reformation verlorenen Gebiete und Gläubigen zurückzugewinnen. 1545 lud er deshalb hohe kirchliche Würdenträger zu einer Versammlung nach Trient ein, um über Maßnahmen zu beraten. 18 Jahre dauerten die Verhandlungen. 1563 wurden die neuen Grundsätze der katholischen Lehre veröffentlicht. Mit ihnen sollte die sogenannte **Gegenreformation** begründet werden. Das Verbot des ↦ Ablasshandels und der Priesterehe gehörten dazu. Geistliche sollten künftig an Priesterseminaren eine gute Ausbildung erhalten. Von den Gläubigen wurde aber auch erwartet, dass sie die katholische Lehre anerkennen.

Die Jesuiten bilden aus

Auf eine gute Bildung setzten auch die Jesuiten. Fleißig gründeten sie überall in Europa Schulen und »Jesuitenkollegien«. Diese waren auch für evangelische Familien offen. Durch ihren Eifer wurden die Jesuiten bald zu einer der wichtigsten Stützen der katholischen Kirche und katholischer ↦ Fürsten. An ihren Höfen ließen sie sich bevorzugt nieder. So auch im Bistum[2] Hildesheim, wo sich ein Großteil der Bevölkerung zum Protestantismus bekannte, während der Fürstbischof am katholischen Glauben festhielt. 1595 gründeten die Jesuiten in der Domschule ein Gymnasium, das Josephinum, das durch guten und kostenfreien Unterricht viele Schüler anzog, auch protestantische ↦ Bürgersöhne.

Anders als die ↦ mittelalterlichen Mönche, die sich vor allem im Kloster aufhielten, suchten die Jesuiten Kontakt zu den Menschen. Es gelang ihnen, ganze Gegenden im Bistum zur katholischen Glaubenslehre zurückzuführen. Dadurch riefen sie den Zorn der protestantischen Bevölkerung hervor, der sich gerade in den Städten häufig in Gewalttaten äußerte.

M2 Gute Erziehung

Aus einem Brief des Ignatius von Loyola, 1552:

Es ist mein Plan, in der Heiligen Stadt Rom eine deutsche Jesuitenschule zu gründen. Nur ausgewählte junge Männer deutscher Sprache von guter Anlage sollen hier auf-
5 genommen werden, damit sie eine gute Erziehung und eine umfassende wissenschaftliche Bildung erhalten. Alle, denen das Heil Deutschlands am Herzen liegt, sehen darin das einzige Mittel, um die
10 wankende Religion dort zu erneuern. [...] Durch Predigt und Erklärung des Wortes Gottes sollen sie ihre Landsleute für das Licht des katholischen und wahren Glaubens empfänglich machen.

Zitiert nach: Hugo Rahner (Hrsg.): Ignatius von Loyola. Trost und Weisung – Geistliche Briefe. Neu bearbeitet v. Paul Imhof. Zürich: Benzinger 1979, S. 129 (vereinfacht)

M3 Eine Bekanntmachung

Beschluss des Hildesheimischen Stadtrates vom 8. März 1615:

Wir, Bürgermeister, Rat und 24 Mann der Stadt Hildesheim, geben allen unsern Bürgern, Bürgerinnen, Bürgers Kindern und Schülern, Knechten und Dienstboten und
5 fremden Handwerksgesellen bekannt:

Uns wurde vorgebracht, dass katholische Personen, vor allem die Jesuiten, wenn sie über die Gassen gehen, als Schelme und Diebe und Bösewichte jämmerlich
10 gescholten, gelästert, ja auch geschlagen und beworfen werden.

Weil nun diese Unart gegen unsere Verordnungen und auch sonst strafbar ist, wollen wir solches in Zukunft keineswegs
15 dulden.

Wir gebieten daher [...], dass sich ein jeder, wer er auch sei, solchen Scheltens, Lästerns, Fluchens, Schlagens und Werfens, auch alles anderen Trotzes und
20 Mutwillens gänzlich enthalte. Ein jeder soll sich bürgerlicher Zucht und Ehrbarkeit befleißigen [...]. Danach hat sich ein jeder zu richten.

Zitiert nach: Wilhelm Hartmann (Hrsg.): Hildesheimer Quellen, Heft 5. Hildesheim: Olms 1928, S. 14 (bearbeitet)

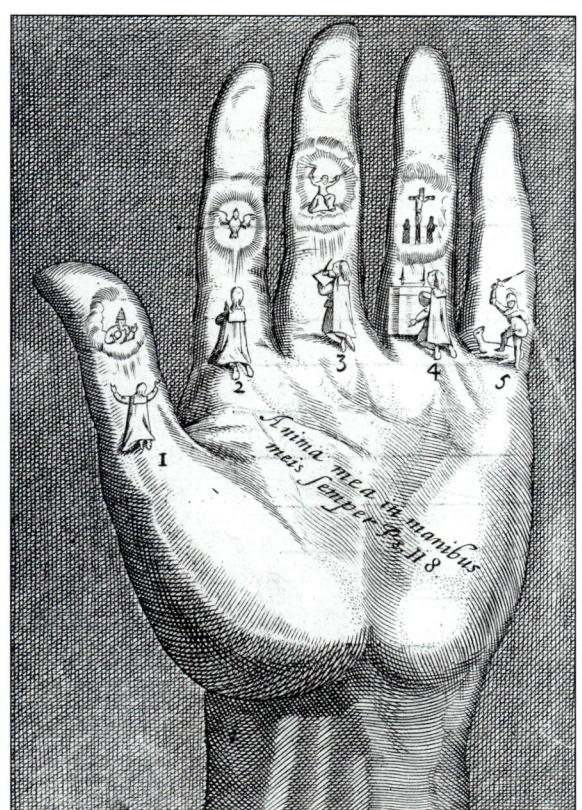

M4 Eine während der Gegenreformation verbreitete Hilfestellung für »geistliche Übungen«. Durch sie sollten die Gläubigen Gott näherkommen. Die Finger dienen als Erinnerungsstützen:
① »Sage Gott Dank.«
② »Bitte um Erleuchtung.«
③ »Prüfe dich selbst.«
④ »Bereue.«
⑤ »Fasse einen Vorsatz.«

---

1. a) Erkläre mithilfe des Textes und M2, wie Ignatius den Einfluss der katholischen Kirche wieder vergrößern will.
b) Erläutere vor diesem Hintergrund die Funktion von M4.

2. a) Gib M3 in eigenen Worten wieder.
b) Arbeite aus der Quelle heraus, wie die protestantische Bevölkerung auf das Vorgehen der Jesuiten reagierte.

✛ Verfasse für einen Jesuitenpater aus Hildesheim einen Bericht nach Rom. Stelle darin die Absichten der Jesuiten dar und berichte über die Ereignisse in Hildesheim.

Spätes Mittelalter oder Frühe Neuzeit?

1. Wann endete das ↦ Mittelalter? Lies die folgenden Zusammenfassungen zu historischen Entwicklungen, die den Übergang vom Mittelalter zum nächsten Zeitabschnitt der Geschichte, der sogenannten ↦ Neuzeit, kennzeichnen könnten.
a) Wähle eine der Entwicklungen aus, die du für besonders wichtig hältst.
b) Tausche dich mit einem Partner oder einer Partnerin über eure jeweilige Entscheidung aus und begründe sie.

Entdeckungen

Die »Entdeckung« Amerikas 1492 veränderte das Weltbild der Menschen grundlegend. Allerdings hatten im Jahr 1001, also lange vor Kolumbus, schon die Wikinger unter Leif Eriksson den Kontinent als erste Europäer »entdeckt« und dort eine Siedlung gegründet. Diese gaben sie aber später wieder auf. Und der Kaufmann Marco Polo war im 13. Jahrhundert nach eigenen Angaben bis nach China gereist.

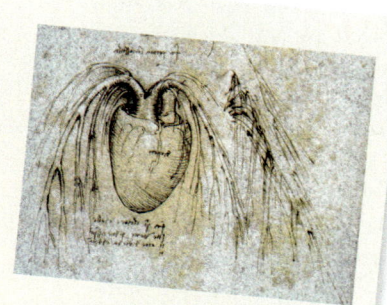

Forschung und Bildung

Um 1500 beobachteten Wissenschaftler wie Leonardo da Vinci die Natur und führten Experimente durch, um neue Erkenntnisse zu gewinnen. Man begann, Leichen zu sezieren, um die Beschaffenheit des menschlichen Körpers genauer kennenzulernen. Diese Studien wurden in exakten anatomischen Zeichnungen festgehalten. Man wollte die Welt und den Menschen umfassend ergründen. Bildung wurde als Schlüssel verstanden, wodurch der Mensch seine Fähigkeiten optimal entfalten und seinen Horizont erweitern kann. Gleichzeitig herrschten aber bei vielen Menschen Ängste und Aberglauben vor; neuen Dingen begegnete man oft mit Vorurteilen.

Der Buchdruck

Der aus Mainz stammende Johannes Gutenberg erfand Mitte des 15. Jahrhunderts den Buchdruck mit haltbaren beweglichen Lettern. Bis dahin wurden in Europa Bücher vor allem mit der Hand abgeschrieben. Durch das neue Verfahren verbilligte und beschleunigte sich der Buchdruck. Viel mehr Menschen als vorher konnten sich jetzt Bücher leisten und sie lesen. Die Möglichkeit, dass mehr Menschen Bildung erhielten, stieg. Der Buchdruck war in ähnlicher Form auch in China und Korea bekannt.

Handel und Banken

Eigentlich waren Besitz und Reichtum im Mittelalter an Landbesitz gebunden. Allerdings schafften es um 1300 Kaufleute in Nordeuropa und Italien, zu Reichtum zu gelangen, indem sie Handel trieben. Als Möglichkeiten erfunden wurden, Geschäfte ohne Bargeld abzuwickeln und damit den Handel sicherer zu machen, beschleunigte dies die Entwicklung: Die Kaufleute legten ihr Geld in größeren Unternehmen an, in denen Produkte hergestellt wurden, die sie dann verkauften. Einige gründeten eigene Banken.

Die Reformation

Die katholische Kirche beanspruchte, allein zu bestimmen, welcher Glaube der richtige ist. Dieser Anspruch wurde aber immer wieder bestritten. Im 13. Jahrhundert gründete der italienische ↦ Adlige Franziskus von Assisi mit seiner Schwester einen Bettelorden, die Franziskaner. Damit protestierten sie gegen weltlichen Luxus, auch in der Kirche. Der Orden wurde 1223 von der Kirche anerkannt. Der tschechische ↦ Reformator Jan Hus dagegen wurde 1415 hingerichtet. Martin Luther gelang schließlich eine Reformation, die 1555 im Augsburger Religionsfrieden anerkannt wurde.

Zeit deuten

Wenn in der Vergangenheit neue Entwicklungen angestoßen wurden, wenn neue Erkenntnisse das Bild von der Welt veränderten, dann sprechen Historikerinnen
5 und Historiker von einem neuen Abschnitt in der Geschichte. Dafür gibt es Begriffe wie **Zeitalter** oder (aus dem Griechischen für Zeitabschnitt) ↦ **Epoche**. Doch ist es sehr schwierig zu sagen, wann eine Epo-
10 che endet und eine neue beginnt. Es ist eine Frage der Deutung: Man muss entscheiden, welche Entwicklungen man für besonders wichtig hält.

Genauso schwer, wie das Ende des Mit-
15 telalters und den Beginn der Neuzeit zu bestimmen, ist es, den Beginn des Mittelalters festzulegen. Die Geschichtsforschung gibt sehr grob die Zeit nach dem Ende des Römischen Reiches, in der das Franken-
20 reich entstand, als Beginn des Mittelalters an. Der fränkische ↦ Kaiser Karl der Große empfand sein Reich um das Jahr 800 jedoch als Nachfolger des antiken Roms. Das Beispiel zeigt, wie schwer es für Zeitgenos-
25 sen ist, sich historisch einzuordnen. Und auch wenn man das Gefühl hat, an einem Epochenwandel beteiligt zu sein, muss das nicht mit dem übereinstimmen, was spätere Generationen festlegen.

30 Hinzu kommt: Nicht überall auf der Welt vollziehen sich zur gleichen Zeit ähnliche Entwicklungen. So werden beispielsweise in der Geschichte Chinas deutliche Veränderungen mit den jeweiligen Herrscher-
35 familien in Verbindung gebracht. Man spricht z. B. von der »Ming-Dynastie[1]«. Die für Europa geläufigen Epocheneinteilungen »Mittelalter« und »Neuzeit« lassen sich also nicht übertragen.

1 Dynastie: Herrscherfamilie, die über mehrere Generationen die Macht in einem Land ausübt

2. Diskutiert folgende Aussage: Im Jahr 1500 beginnt ein neues Zeitalter.

+ Der Historiker Volker Reinhard schrieb 2013 in »Spiegel Geschichte«: »Geschichtsepochen sind wie Pflöcke, die man einschlägt, um Geschichte überschaubar zu machen.« Erläutere diese Aussage.
↦ **Tipp:** S. 335

SELBSTÜBERPRÜFUNG

Wenn du die vorangegangenen Seiten bearbeitet hast, solltest du folgende Aufgaben lösen können. Schreibe die Lösungen in dein Heft. Ob du richtigliegst, erfährst du auf Seite 339.

M 1 Rembrandt van Rijn: Die Anatomievorlesung des Dr. Tulp, 1632. Ölfarben auf Leinwand, 169 × 216 cm

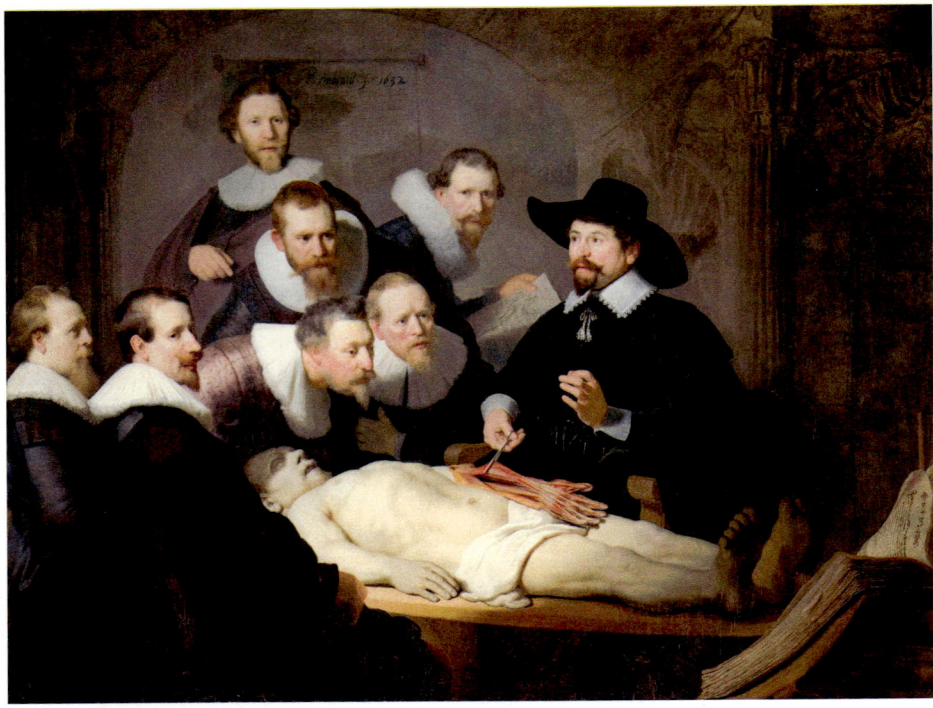

1. a) Beschreibe die Abbildung M 1.
   b) Erkläre: Was hat das Bild mit der neuen Denkweise zu tun, die um 1500 entwickelt wurde?

2. a) Arbeite aus M 2 Erfindungen der Renaissance heraus.
   b) Beurteile die Bedeutung von drei der in M 2 genannten Erfindungen.

3. Bringe die folgenden Begriffe in die richtige zeitliche Reihenfolge:
   Bibelübersetzung –
   Augsburger Religionsfrieden –
   Ablasshandel –
   Gegenreformation –
   Reichstag zu Worms –
   Veröffentlichung der 95 Thesen

M 2 Der Buchdruck – ein Meilenstein

Der Historiker Reinhard Osteroth beschrieb 2008 die Bedeutung des Buchdrucks:

Gutenbergs Drucke, so betonen die Forscher, beweisen durchweg hohe Qualität, es ging ihm um Geschwindigkeit und vorbildliches Schriftbild. Die neue Technik brachte Gutenberg schon nach kurzer Zeit gute Ein-
5 nahmen. [...]
   Das waren die Anfänge der Wissensgesellschaft. [...] Außer den religiösen Schriften mehrten sich auch prächtige Werke mit Land- und Seekarten, mit Beschreibungen von Tieren und Maschinen. Der Holzschnitt wurde abge-
10 löst vom Kupferstich mit seinen feinen Linien. Die Bücher enthielten nun Abbildungen mit atemberaubend genauen Darstellungen der menschlichen Anatomie. Nicht nur die Seefahrer entdeckten Neuland. Der Mensch war auf ganz neue Weise auf dem Weg in die Welt und zu sich
15 selbst. Johannes Gutenberg hatte das Werkzeug dazu erdacht und gebaut.
Reinhard Osteroth: Erfinderwelten. Eine kurze Geschichte der Technik. Berlin: Rowohlt Berlin 2008, S. 47, 50 (bearbeitet)

Ein neues Menschenbild – ein neuer Glaube

Im 15. Jahrhundert ging das ↦ **Mittelalter** allmählich in die ↦ **Neuzeit** über. Veränderungen in vielen Lebensbereichen kennzeichnen diese Zeit. Gelehrte kamen zu der Überzeugung, dass man die Welt nach menschlichem Maß gestalten könne (↦ **Humanismus**).
5 Das Bild der Europäer von der Welt änderte sich allmählich. Dabei orientierte man sich an den Ideen der Antike und ließ diese wieder aufleben (↦ **Renaissance**). Um ihre Geisteshaltung zu verbreiten, setzten sich die Humanisten dafür ein, die Schulbildung auszubauen.

10 Von großer Bedeutung wurde die **Erforschung der Natur**. Viele neue Erkenntnisse wurden gewonnen. So entdeckte Nikolaus Kopernikus, dass die Erde sich um die Sonne bewegt, nicht umgekehrt. Sein heliozentrisches Weltbild wurde aber lange abgelehnt, weil es dem geozentrischen Weltbild widersprach, das die Kirche
15 für gültig hielt.

Auch die Wirtschaft, insbesondere der **Handel**, erfuhr einen lebhaften Aufschwung. Kaufleute entwickelten neue Geschäftsmethoden, die heute noch Teil unseres Alltags sind. Sie erfanden zum Beispiel den bargeldlosen Geldverkehr.

20 Zugleich aber war die Zeit um 1500 eine Zeit der **Ängste**: Die meisten Menschen lebten unter ärmlichen Verhältnissen. Ihre Lebenserwartung war nicht hoch. Vor allem fürchteten sie sich davor, nach dem Tod nicht das ewige Leben zu erhalten. Die Angst führte in vielen Fällen zu Gewalt gegen Gruppierungen und Einzelne, die
25 von der ↦ **Gesellschaft** ausgeschlossen und verfolgt wurden, wie ↦ Juden oder sogenannte Hexen.

Die **Kirche** verlangte von den Gläubigen fromme Taten. Dazu zählte sie auch den Kauf von sogenannten ↦ **Ablassbriefen**. Es wurde behauptet, dass der Kauf eines solchen Briefes die Vergebung von
30 Sünden bewirkt. Der Mönch Martin Luther stellte das infrage und kritisierte 1517 den kirchlichen Ablasshandel. Damit wollte er die Kirche zu Reformen veranlassen. Doch Luther löste eine Bewegung aus, die zur Spaltung der Gläubigen in **Katholiken** und ↦ **Protestanten** führte (↦ **Reformation**). Die Protestanten wurden vom
35 ↦ **Kaiser** und den katholischen ↦ **Fürsten** bekämpft, sie konnten sich am Ende aber behaupten. Der **Augsburger Religionsfrieden** von 1555 bestätigte die Glaubensspaltung.

Die katholische Kirche begegnete dem Erfolg der Reformation mit eigenen Reformen, man spricht von der **Gegenreformation**. Dabei
40 wurde Luthers Kritik zum Teil aufgegriffen.

ZEITTAFEL

› 14.–16. Jahrhundert
Die Antike wird zum Vorbild für eine neue Sicht der Welt: Es ist die Zeit von Renaissance und ↦ Humanismus.

› 1348
In Europa verbreitet sich die Pest. Viele Christen nehmen die Seuche zum Anlass für Judenverfolgungen.

› um 1400
Kaufleute gründen Handelsgesellschaften und Banken.

› 1445
Johannes Gutenberg entwickelt den Buchdruck mit beweglichen Lettern.

› 1453
Osmanische Heere erobern Konstantinopel (Byzanz).

› 1492
Der amerikanische Kontinent wird »entdeckt«.

› 1517
Luther veröffentlicht 95 Thesen gegen den Ablasshandel des ↦ Papstes.

› 1543
Kopernikus veröffentlicht die Theorie über das heliozentrische Weltbild.

› 1555
Katholiken und Protestanten schließen den Augsburger Religionsfrieden.

› 1560–1660
In Europa werden »Hexen« verfolgt.

› 1563 Die katholische Kirche beschließt Reformen.

Songhai – ein großes Reich in Afrika

M1 Ein traditioneller goldener Hals-
schmuck aus dem Reich Songhai

Es war für die Zeitgenossen, als sei ein
Märchen aus 1001 Nacht wahr geworden:
Askia Mohammed, der Herrscher über
Songhai, reiste 1496 fast durch halb Afrika
5 nach Mekka. Als frommer Muslim hatte er
sich auf diese Pilgerreise begeben müssen.
Askia wurde von 500 Reitern und 1000 Fußsoldaten begleitet und führte einen Schatz
von 300 000 Goldstücken mit sich. Ein Drit-
10 tel davon verteilte er als Almosen. Zudem
kaufte er in Mekka Grundstücke für Pilger.
Sein Reichtum schien unerschöpflich. Was
hatte ihn so reich gemacht?

Der Herrscher Askia

Askias Reich Songhai war ein riesiger Staat
15 im Westen Afrikas. Heute gehört das Gebiet
zu den Staaten Mali, Senegal, Gambia
und Guinea. Songhai verband Wüste und
tropischen Regenwald, im Westen gab
es riesige Goldvorkommen, über die der
20 Herrscher verfügte. In der Hauptstadt Gao
hielt er prunkvoll und nach festgelegten
Ritualen, also feierlichen Handlungen, Hof.

Jeder, der sich Askia Mohammed näherte,
musste sich niederwerfen und mit Staub
25 bestreuen, so auch Leo Africanus, ein nord-
afrikanischer Diplomat, der am Hof Askias
zu tun hatte. Als Leo Africanus später nach
Europa kam, berichtete er dort von seinen
Kenntnissen über Songhai: Ähnlich wie
30 Herrscher in Europa zu dieser Zeit hätte
Askia eine Art Berufsheer geschaffen, das
den Schutz des riesigen Reiches übernehmen musste und für Eroberungen zur
Verfügung stand. Hohe Beamte lenkten
35 in Songhai verschiedene Regionen und
Arbeitsbereiche, z. B. als Steuereintreiber
oder Verwalter der Wälder.

Die Hauptstadt: Timbuktu

Die Stadt Timbuktu schilderte der Gelehrte
Leo Africanus als Zentrum der Wissen-
40 schaften. Er schrieb: »Es gibt in Timbuktu
zahlreiche Richter, Doktoren und Priester,
die alle vom König sehr gut besoldet werden. Er hält die Literatur sehr in Ehren.
Man verkauft auch viele handgeschriebene
45 Bücher, die aus dem Land der Berber [im
Norden Afrikas] kommen. Man zieht mehr
Gewinn aus diesem Verkauf als aus dem
anderer Waren.« An Universitäten wurde
das Wissen weitergegeben.

In einer Geschichtsdarstellung aus der zweiten Hälfte des 16. Jahrhunderts wird Timbuktu geradezu wie ein Ideal, ein musterhaftes Vorbild, beschrieben: »Zu jener Zeit hatte Timbuktu unter den Städten der Schwarzen nicht ihresgleichen«, heißt es darin. Hervorgehoben und gelobt wurde, dass

– die Menschen in Timbuktu viele Freiheiten hatten,
– sie in Sicherheit leben konnten,
– Arme und Fremde Unterstützungen erhielten und
– Studierende gefördert wurden.

Es war also naheliegend, dass sich fremde Herrscher bemühten, mit diesem Reich in Kontakt zu kommen. So schickte König Johann II. von Portugal, der bis 1495 herrschte, eine Gesandtschaft nach Songhai. In Askia Mohammed vermutete er einen Christen, der den Kampf gegen die Muslime unterstützen sollte. Hier täuschten sich die Portugiesen allerdings.

M 2 Nach Timbuktu führten wichtige Karawanenstraßen. Dieses Hinweisschild wurde in Marokko fotografiert.

Unter den Nachfolgern von Askia kam es zu Streitigkeiten. Als im 16. Jahrhundert Volksgruppen aus dem Norden in das Reich eindrangen, konnte ihnen deshalb nur schwacher Widerstand entgegengesetzt werden. Das Reich Songhai zerfiel.

ZUM NACHDENKEN

Hättest du ein solches Großreich in Afrika erwartet? Begründe, wie du zu deiner Annahme gekommen bist.

M 3 Die Djinger-ber-Moschee in Timbuktu (im heutigen Mali). Foto, 2006

i ›‹ Die Djinger-ber-Moschee wurde 1327 aus getrockneten Lehmziegeln errichtet. Die Holzbalken, die aus den Turmwänden ragen, stabilisieren die Konstruktion. Heute gilt die Moschee als »Weltkulturerbe«. Das bedeutet, dass sie als einzigartiges Bauwerk der Menschheit verstanden wird und erhalten werden soll.

QUELLENVERZEICHNISSE

Abbildungen:

|akg-images GmbH, Berlin: 9.1, 16.2, 40.1, 73.1, 73.2, 95.1, 107.1, 160.2, 174.1, 177.1, 180.1, 181.1, 181.2, 185.1, 186.1, 188.2, 189.1, 194.1, 197.1, 198.1, 201.1, 203.1, 205.1, 205.2, 210.1, 211.1, 211.3, 211.4, 219.1, 224.1, 230.1, 235.1, 237.1, 239.1, 239.3, 239.6, 240.1, 256.2, 269.1, 276.1, 278.1, 284.1, 285.1, 286.1, 297.3, 298.1, 302.1, 304.2, 306.1, 308.1, 309.1, 311.1, 312.1, 317.1, 318.1, 319.1, 320.1, 324.1, 324.2, 325.2, 328.2, 343.4; Album / Oronoz 251.1; Album / Prisma 104.1; Album / Prisma 149.3; Almasy, Paul 11.1; arkivi 10.2; Bible Land Pictures 160.1; Bildarchiv Monheim 252.1; Bildarchiv Steffens 24.3, 114.4, 247.1; British Library 187.1, 215.1, 225.1, 238.1, 238.5, 325.1; Champollion, Hervé 70.2; Connolly, Peter 93.1, 102.2, 121.1, 133.1, 145.1, 146.1; De Agostini / A. Dagli Orti 211.2; De Agostini Picture Lib. / C. Bevilacqua 208.1; De Agostini Picture Library 152.1; Degeorge, Gerard 115.2; euroluftbild.de / Riehm, Werner 207.1; Guénet, François 49.1, 60.2, 73.3 ; Held, André 61.2, 159.1, 159.3; Heritage Images / Fine Art Images 65.1, 65.3, 65.6, 65.7, 71.1, 315.1; Hios, John 105.3; historic-maps 229.1; Imagno / Austrian Archives 321.1; Jemolo, Andrea 52.1; jh-Lightbox_Ltd. / Hios, John 97.2; Lessing, Erich 15.3, 48.1, 58.1, 58.2, 58.3, 59.1, 62.1, 74.1, 86.1, 87.1, 92.1, 111.1, 149.4, 159.2, 238.3, 242.1, 243.2, 301.1, 303.1; Makonos Museum 80.1; Morris, James 72.4; MPortfolio / Electa 132.1; Museum Kalkriese 156.2, 156.3; Nimatallah 102.3, 102.4, 104.2, 110.1; North Wind Picture Archives 130.1; Nou, Jean-Louis 76.2; PATRICK GAILLARDIN / EURELIOS / LOOK AT SCIENCES / SCIENCE PHOTO LIBRARY 33.1; Rabatti & Domingie 65.2, 110.2; VISIOARS 310.1. |Alamy Stock Photo, Abingdon / Oxfordshire: Afonskaya, Irina 262.5; ART Collection 282.1; Chin, Robert K. 304.1; Delimont, Danita 213.1; GRANGER – Historical Picture Archive 183.1, 283.1; imageBROKER.com GmbH & Co. KG 264.2; Musil, Marsiella 254.2; Nackel, Ilari 232.1; Panther Media GmbH 262.2; Prisma by Dukas Presseagentur GmbH 273.1; public domain sourced / access rights from History and Art Collection 178.1; public domain sourced / access rights from The Picture Art Collection 176.2; Renckhoff, Dirk 171.2; Science History Images 266.1; The History Collection 217.1, 246.1; Tuul and Bruno Morandi 253.3, 254.1; Zelazowski, Konrad 262.6; ZUMA Press, Inc. 291.1. |Alamy Stock Photo (RMB), Abingdon / Oxfordshire: a-plus image bank 37.3; AC Images 4.1; Alex Segre 3.1; Artokoloro 50.1; Craig Lovell / Eagle Visions Photography 169.4; Cristiano, Alessandro 78.3; D Primrose 8.2; Delimont, Danita / © Banco de México Diego Rivera Frida Kahlo Museums Trust / VG Bild-Kunst, Bonn 2023 272.1, 280.1; dianajarvisphotography.co.uk 39.4; Eastland, Adam 128.1; frans lemmens 114.8; frantic 20.2; Glasshouse Images 61.3; GRANGER – Historical Picture Archive 17.1; Granger Historical Picture Archive 101.2; Hergenhan, Georg 37.1; imageBROKER 114.1, 329.1; incamerastock 136.1, 326.1; Jimlop collection 235.2; Karol Kozlowski Premium RM Collection 100.2, 100.4; Lanmas 114.6; LMA / AW 68.2; MET / BOT 68.1; Mike Goldwalter 77.1; Mil image 147.1; NSP-RF 31.7; Petr Svarc 148.1, 149.1; public domain sourced / access rights from Historic Illustrations 65.5; Radosavljevic, Sanja 32.2; robertharding 38.1, 51.1; Sahil ghosh 31.4; Shepherd , Mike P 46.1; Spano, Adriano 152.2; Stark, Friedrich 66.1; The Print Collector 31.3; Tsakalidis, Konstantinos 84.2; Van Zandbergen, Ariadne 66.2; WHPics 115.1; Wildpics pro-ductions 39.6; World History Archive 76.3, 76.4. |Artothek, Fürth: Christie's Images Ltd 202.1. |Askani, Bernhard Dr., Schwetzingen: 109.1, 143.2, 179.1, 179.2, 179.3, 179.4, 179.5, 179.6, 179.7, 179.8, 179.9, 179.10. |ASTERIX®-OBELIX®-IDEFIX® / LES EDITIONS ALBERT RENE / GOSCINNY-UDERZO / www.asterix.com, Vanves Cedex: ASTERIX®-OBELIX®-IDEFIX® / © 2023 LES EDITIONS ALBERT RENE / GOSCINNY-UDERZO 122.1. | Augusta Raurica, Augst: Ursi Schild 153.2. |Benoît, Clarys, Desaignes: 27.1. | Bibliothèque nationale de France – Département de la reproduction, Paris Cedex 13: 208.2. | Blumenstein, Matthias, Ahnatal Weimar: 199.1, 239.5. |bpk-Bildagentur, Berlin: 8.1, 14.2, 75.1, 146.2, 231.1, 236.1, 239.2, 259.1, 260.1, 297.1, 299.1; Ägyptisches Museum und Papyrussammlung, SMB / Steiß, Sandra 45.2; Antikensammlung / SMB / Liepe, Jürgen 86.3; Bayerische Staatsgemäldesammlungen / Braun, Lutz 239.4; BnF, Dist. RMN–GP 324.3; DeAgostini / New Picture Library / Dagli Orti. G. 245.1; Ethnologisches Museum, SMB / Obrocki, Claudia 284.2; Faillet, Félicien 82.1; Herbert Kraft 149.2; Kunstbibliothek, SMB, Photothek Willy Römer 11.2; Liepe, Jürgen 61.1; Museum für Vor- und Frühgeschichte, SMB / Liepe, Jürgen 37.4; Petersen, Knud 289.1; R. Ottria 148.2; RMN – Grand Palais 14.1, 246.2; RMN–Grand Palais / Berizzi, J.–G. 173.1; RMN / Raux, F. 45.3; RMN / Schormans, Jean 37.2; Scala 86.2, 124.1, 139.1, 195.1, 322.1; Scala–courtesy of the Ministero Beni e Att. Culturali / Fotografica Foglia 114.7; Scala / mit freundl. Genehmigung des Ministero Beni e Att. Culturali 167.1; SMB / Ägyptisches Museum und Papyrussammlung / Büsing, M. 65.4; SMB / Antikensammlung / Geske, Ingrid 87.2; SMB / Antikensammlung / Laurentius, Johannes 81.2, 91.1; SMB / Kunstbibliothek / Petersen, K. 72.3, 226.1, 226.2, 227.1, 227.2, 238.6; The Trustees of the British Museum / genehmigte Bearbeitung 123.1. |Bridgeman Images, Berlin: 294.1; Alinari 144.2, 192.1; Ashmolean Museum, University of Oxford 52.2, 70.1; Biblioteca Medicea / Laurenziana, Florence 283.2; British Library Board 237.2; Don Troiani 293.1; Fitzwilliam Museum, University of Cambridge 56.2; Granger 297.2; Lebrecht Authors 112.3; Louvre, Paris 60.1, 127.1; National Archaeological Museum, Athens, Greece / De Agostini Picture Library / Dagli Orti, G. 102.1; Peter Newark American Pictures 282.2; Pictures from History 170.1, 271.1; Privatsammlung 323.1; The Stapleton Collection 256.1; © Bibliotheque Nationale, Paris 214.1; © British Library Board. All Rights Reserved Titel, 218.1; © Fernando Aznar Cenamor. All Rights Reserved 2022 143.1; © NPL–DeA Picture Library 134.1, 144.1; © Photo Josse 188.1. |Ev.-luth. Kirchengemeinde St. Nicolai, Lüneburg: Lüdeking 222.1, 238.2. |Fotodesign Sierigk, Braunschweig: 234.1. |fotolia.com, New York: airmaria 190.2; Binder, Tina 155.1; Howey, Christopher 191.1; Liddy Hansdottir 13.9; Spencer 31.2, 76.1, 112.1, 168.1, 190.1, 328.1; stevanzz 114.3; suzbah 201.4; Vector 125.1. |Getty Images, München: Andia / Universal Images Group Editorial 17.2; Corbis / Villalobos, H. 55.1, 300.1; DEA / Dagli Orti, Gianni 281.1; Fine Art 53.1, 53.2, 53.3, 72.1; Heritage Images 31.8, 31.9; Mery Grandos Herrera 290.1, 290.2; Pictures from History 97.1; REDA & CO 252.2, 258.1; Visual China Group / 2016 VCG 113.1. |Getty Images (RF), München: Dorling Kindersley / Hewetson, Nick 94.1; Souders, Paul 31.6. |Grauert, Christiane, Milwaukee, WI: 83.1, 83.2, 83.3, 83.4, 83.5, 83.6, 126.1, 212.1, 262.4. |Gutenberg-Museum,

Mainz: Ssi-Mong Kim 300.2. |**Hansestadt Lüneburg – Ratsbücherei Lüneburg:** Sachsenspiegel, um 1440/Ms. Jurid. 1 222.3. |**HüttenWerke, Klaus Kühner, Hamburg:** 255.1. |**Imago Editorial, Berlin:** imagebroker 253.4; UIG 115.3. |**Interfoto, München:** Friedrich 31.1; Sammlung Rauch 9.4, 10.1, 227.3, 227.4, 227.5, 227.6; TV-Yesterday 15.2. |**iStockphoto.com, Calgary:** anyaivanova 100.3; buradaki 158.1, 158.2, 158.3; carrollphoto 5.1; Freeartist 125.2; gopixa 8.4; Kalvan, Dmitri 44.1; Kirill_Liv 193.2; Konnikov, Pavel 86.4, 340.2; Konoplytska 262.3; Lynx, Isabella 39.2; Nahlik, Krzysztof 253.1; oversnap 329.2. |**Juta, Jason, Chatham:** 120.1. |**Korporation Luzern, Luzern:** Diebold Schilling-Chronik 1513, Eigentum Korporation Luzern (Standort: ZHB Luzern, Sondersammlung), S 23 fol. p. 614 204.1. |**laif, Köln:** Ernsting, Thomas 157.1. |**Landesamt für Denkmalpflege im Regierungspräsidium Stuttgart, Esslingen (Neckar):** © Yvonne Mühleis, Archäologisches Landesmuseum Baden-Württemberg 152.3. |**Landesamt für Denkmalpflege und Archäologie Sachsen-Anhalt, Halle (Saale):** Juraj Lipták 16.1. |**Langner & Partner Werbeagentur GmbH, Hemmingen:** 200.1, 200.2, 227.7, 250.1. |**Lehnhof, Ingo, Braunschweig:** 25.1, 25.2, 41.1, 41.2, 41.3, 124.2, 124.3, 125.3, 275.1, 275.2. |**Limesmuseum, Aalen:** 114.2, 151.1. |**Lookphotos, München:** Terra-Vista 153.1. |**mauritius images GmbH, Mittenwald:** AGF/Mahaux Charles 78.2; Alamy 168.2, 169.2; Alamy Stock Photos/Brlek, Dalibor 15.1; Alamy Stock Photos/Hufton+Crow-VIEW 20.1; braeumer 169.3; Entertainment Pictures 79.2; imagebroker.net 171.1; keith morris 78.1; Mattes, Rene 63.1; Otto, Werner 56.1; STOCK4B 39.1; Weimann, Peter 39.3; Wrba, Ernst 256.3. |**mauritius images GmbH (RF), Mittenwald:** Alamy Stock Photos/Klamer, Jaco 295.1. |**Meyer, Kerstin, Braunschweig:** 13.2, 13.4, 125.4, 129.1, 204.2. |**Mithoff, Stephanie, Egestorf:** 158.4. |**Müller, Bodo, Bartensleben:** 84.1. |**Müller, Jörg, Hamburg:** Auf der Gasse und hinter dem Ofen. Eine Stadt im Spätmittelalter/ © VG Bild-Kunst, Bonn 2023 220.1, 238.4. |**Naumann, Andrea, Aachen:** 155.2. |**Niedersächsisches Landesamt für Denkmalpflege, Hannover:** 24.4; Cornelius, Klaus 24.1; Lipták, Juraj 24.5; Schöningen 13II-4 Wurfstock Grabung 1994 © P. Pfarr 24.6. |**Patschan, Philip, Hamburg:** 169.1. |**Pfannenschmidt, Dirk, Hannover:** 48.2, 63.2, 67.1, 68.3, 69.1, 85.1, 105.1, 105.2, 112.2, 112.4, 112.5, 116.1, 150.1, 184.1, 194.2, 203.2, 203.3, 203.4, 207.2, 207.3, 207.4, 207.5, 343.1. |**Picture-Alliance GmbH, Frankfurt a.M.:** akg-images 274.1, 305.1; akg-images/Museum Kalkriese 156.1; akg/Bildarchiv Steffens 176.1; Bildagentur-online/Beg 18.1; Bonniere Pascal 42.1; dpa/HOP 88.1; dpa/Kumm, Wolfgang 33.2; dpa/Ossinger, Horst 9.2; dpa/Rainer_Jensen 45.1, 72.2; dpa/Sambraus, Daniel 273.2; dpa/Schleep, Beate 101.1; dpa/Stratenschulte, Julian 23.3, 79.1; Förster, Peter 23.1; K M Asad 131.1; Kunsthistorisches Museum Wien 177.2; MAXPPP/© Costa/Leemage 140.1; Neumann, Kirsten 243.1; Neumeier, Andreas 78.4; Rolfes, W. 34.1; Stratenschulte, Julian 21.1, 22.1; TANG KE/CFOTO 193.1; Warmuth, Angelika 98.1; Wittek, Ronald 264.1; ZB/Schmidt, Hendrik 5.2. |**Rathke, Mirko–Atelier Lichterloh, Leipzig:** 96.1. |**Rheinisches Bildarchiv, Köln:** © Rheinisches Bildarchiv, rba_075324 162.1. |**Rodrigues, Filipe, Braunschweig:** 19.1, 19.2. |**Rogge, Stefan H.:** 108.1. |**Ruthe, Oda, Braunschweig:** 99.1. |**Schwarz, Thies, Hannover:** 249.1. |**Science Photo Library, München:** Jose Antonio Peñas 103.1; Kennis&Kennis/MSF 26.1, 28.1, 30.1; Psaila, Philippe 32.1. |**Serangeli, Dr. Jordi, Tübingen:** Dr. Flavio Altamura 24.2; © Universität Tübingen, Photograph Jordi Serangeli 23.2. |**Shutterstock.com, New York:** alek-sandr hunta 201.5; Lagui 117.1; metamorworks 55.2; roberaten 100.1; Warner Bros/Kobal/Bailey, Alex 81.1. |**Shutterstock.com (RM), New York:** Fox Films/Kobal 73.4. |**Spangenberg, Frithjof, Konstanz:** 34.2, 34.3, 34.4, 34.5, 34.6, 182.1, 223.1, 223.2, 223.3, 223.4. |**Staatliche Antikensammlungen und Glyptothek, München:** fotografiert von Renate Kühling 104.3. |**Stadt Wels, Wels:** Stadtmuseum Wels/Oberösterreich/Sauber, Wolfgang 36.1, 36.2. |**stock.adobe.com, Dublin:** agrarmotive 39.5; Arsgera 108.2; Boris 114.5; Fotokon 262.1; legon 255.2, 255.3, 255.4; Marco2811 73.5; Maszlen, Peter 308.2; Mateusz 13.1; Only Fabrizio 253.2; Popov, Andrey 9.3; Richardt, Dagmar 54.1; Rozhnovskaya, Tanya 296.1; Sabine 40.2; sergei_fish13 39.8; Shadrakhov, Yerbolat 39.7; stveak 154.1; ©Pixi 64.2. |**Tonn, Dieter, Bovenden-Lenglern:** 228.1, 228.2, 228.3, 228.4, 228.5, 228.6, 228.7, 228.8, 228.9, 343.2, 343.3. |**Ubisoft Entertainment S.A., Saint-Mandé:** ©2017 Ubisoft Entertainment. All rights reserved. Assassin's Creed, Ubisoft and the Ubisoft logo are registered or unregistered trademarks of Ubisoft Entertainment in the U.S. and/or other countries. 73.6. |**ullstein bild, Berlin:** AISA 64.1; Archiv Gerstenberg 233.1; Granger Collection 270.1; imageBROKER 31.5; KPA/Mediacolors 8.3; Sawatzki 55.3. |**Zaddach, Bernd Dr., Lehre:** 13.3, 13.5, 13.6, 13.7, 13.8.

Texte:

Im Folgenden sind ausschließlich Quellen der sehr kurzen Texte aufgeführt, die in den Kapiteln meist in Sprechblasen platziert sind. Alle anderen Quellen werden unter den zitierten Passagen genannt.

| **S. 112:** Helena Motoh (Hg.): The Master Said: Confucius as a Quote, in: Asian Studies 8.23,2, 2019, S. 291. Association for Asian Studies Inc./Ann Arbor (USA) | **S. 123, M2:** Wolfgang Lautemann/ Manfred Schlenke (Hrsg.): Geschichte in Quellen, Bd. 1: Altertum. Bearb. v. Walter Arend. München: Bayerischer Schulbuchverlag 1975, S. 456: Diodor: Historische Bibliothek 32, 4 (übers. v. Walter Arend) | **S. 123, M3:** Sallust Historiae – Zeitgeschichte. Hrsgg. u. übers. v. Otto Leggewie, Stuttgart: Reclam 1992 (VI, 5) | **S. 233, M2:** Zit. n.: Friedrich Keutgen: Urkunden zur städtischen Verfassungsgeschichte. Berlin: Felber Verlag 1899, Nr. 334 sowie J. Frhr. Grote: Das Hannoversche Stadtrecht. Hannover: Jänecke 1846, S. 414 | **S. 248, M1:** Nach: Sigrid Hunke: Allahs Sonne über dem Abendland. Stuttgart: DVA 1960, S. 338 (veränd.) | **S. 251, M3:** Michael Brenner: Kleine jüdische Geschichte. Bonn: BpB 2008, S. 114 | **S. 251, M4:** Michael Borgolte: Wie Europa seine Vielfalt fand. In: Hans Joas/Klaus Wiegandt: Die kulturellen Werte Europas. Frankfurt am Main: Fischer 2005, S. 158 | **S. 266, M1:** Zit. n.: Kai Brodersen: Große Reden der Weltgeschichte. Darmstadt: WBG 2002, S. 42ff. (veränd.) | **S. 318, M4:** 1 u. 5 Zit. n.: Karin Bornkamm/Gerhard Ebeling (Hrsg.): Martin Luther. Ausgewählte Schriften Bd. 1. Berlin: Insel Verlag 2016, S. 268; 2 Martin Luther: Predigten an den Sonntagen und wichtigsten Festen des ganzen Jahres. Bearb. von Detmar Schmidt, München u.a.: Roth Verlag 1910, S. 235; 3 Karl V. zit. n. Heinz Schilling: Karl V. und die Religion, in: Hugo Soly (Hrsg.): Karl V. 1500–1558 und seine Zeit, Köln: DuMont 2003, S. 300; 4 Hermann Schuster (Hrsg.): Quellenbuch zur Kirchengeschichte, Frankfurt/Main: Diesterweg 1962, S. 135 | **S. 328** (Zitat Leo Africanus, Darstellungstext): Joseph Ki-Zerbo: Die Geschichte Schwarzafrikas. Übersetzt von Elke Hammer. Frankfurt am Main: Fischer Taschenbuch 1993, S. 152.

Alles hat Geschichte

S. 9, Aufgabe 2: Ein Beispiel: »Geschichte zeigt, dass Menschen sich im Lauf der Zeit ähnlich verhalten, aber dieses Verhalten immer etwas anders ist.«

S. 15, Aufgabe 2: Bedenke z. B., wie man den Gegenstand verwendete. Welche Energie war nötig, um ihn zu benutzen (elektrische Energie, menschliche Kraft, tierische Kraft)? Welche Bedeutung könnten Größe und Gewicht haben?

Menschen in der Vorgeschichte

S. 31, Aufgabe 2: Denke darüber nach, ob es dir wahrscheinlich erscheint, dass sie … einen Ort schmücken wollten, … einen Ort wiedererkennen wollten, … ihre Spuren hinterlassen wollten, … eine Botschaft senden wollten?

S. 37, Aufgabe 2: Wenn wir heute Vorräte anlegen, können wir das z. B. mit dem Kühlschrank, mit der Gefriertruhe oder mit Konserven schaffen. In der Jungsteinzeit fehlten diese Möglichkeiten. Die Vorräte lagerten in einem Raum, in dem Menschen und oft Tiere lebten und in dem es meistens Ungeziefer gab.

S. 37, Aufgabe 5: Eine/Einer von euch übernimmt die Rolle des Menschen aus der Altsteinzeit, die/der andere die Rolle des Jungsteinzeitmenschen. Schreibt zuerst auf, worin ihr die Vorteile eurer jeweiligen Lebensweise seht. Stellt euch die Stichpunkte vor und überlegt, wie sie sich direkt aufeinander beziehen lassen. Entwickelt dann eine Reihenfolge für euer Rollenspiel.

Die ägyptische Hochkultur

S. 51, Aufgabe 4: Eine neue Zeile müsste sich auf einen Lebensbereich beziehen, der bisher nicht vorkam. Er könnte Fragen betreffen wie z. B.: Wer bestimmt? Oder: Wie wird das gemeinsame Leben und Arbeiten organisiert?

S. 57, Aufgabe 1. b): Beachte, dass das Holzmodell eine Grabbeigabe war. Um seiner Bedeutung auf die Spur zu kommen, kannst du den Einführungstext zu »Ein ägyptisches Bild untersuchen« auf S. 47 lesen.

S. 57, Aufgabe 2. b): Denke darüber nach, welche Entwicklungen für die gesamte Gesellschaft durch die Arbeitsteilung möglich wurden.

S. 65, Aufgabe 3: Organisiere deine Informationen in Form einer dreispaltigen Tabelle. Formuliere danach deine Antwort, indem du die Ergebnisse der dritten Spalte zusammenfasst.

Gott	zuständig für	Verbindung zum Alltagsleben
Anubis	Bewachen der Grabstätten	die Totenruhe schützen, das Andenken der Verstorbenen bewahren

S. 68, Aufgabe 2. b): Dazu findet ihr Hinweise im Text auf S. 67 (ab Z. 52). Vergleicht auch das Leben der Pyramidenarbeiter mit dem einfacher Bauern und Handwerker wie im Text auf S. 58 beschrieben.

S. 69, Aufgabe 2. a): Verdeutlicht euch den Inhalt von M1, indem ihr die Quelle wie eine Handlungsanweisung an den verstorbenen Pharao umformuliert, z. B.:
1. Steh auf.
2. Sammle deine Knochen zusammen.
3. Schüttle die Erde ab, in der du gelegen hast. …

S. 69, Aufgabe 2. b): Die Ägypter hielten die Auferstehung im Totenreich für möglich, glaubten aber, dass ein unversehrter Körper dafür nötig war. Die Unversehrtheit des toten Körpers ist Thema beider Texte. Findet die Textstellen.

S. 71, Aufgabe 2: Die Ägypter selbst haben sich solche Antworten überlegt und in sogenannte Totenbücher geschrieben, die sie mit in den Sarkophag legten. Sie sollten den Verstorbenen helfen, beim Totengericht die richtigen Antworten zu geben, z. B.: »Ich habe Menschen kein Unrecht getan.« »Ich habe nicht gestohlen.« …

Die Welt der Griechen

S. 82, Aufgabe 2. a): Nur einige der im Text genannten Gottheiten sind abgebildet. Und nicht immer sind sie mit allen ihren Kennzeichen dargestellt.

S. 87, Aufgabe 4. a): Lies nach in M 3, S. 83. Einige der dort genannten Sportarten findest du in M 4 wieder.

S. 89, Aufgabe 4. b): Lies den Darstellungstext und mach dir Notizen zu den Aussagen über See- und Landwege. Bedenke auch, wie die Siedlungsgebiete beschaffen waren. Stelle dir nun die Folgen vor.

S. 91, Aufgabe 4. b): Orientiert euch bei eurem Dialog z. B. am Text über die zweite Befragung des Orakels in Teil a) oder über die Rückkehr der Auswanderer in Teil b).

S. 95, Plusaufgabe: Das Schaubild soll zeigen, welche Gruppen eine übergeordnete und welche eine untergeordnete Stellung hatten. Frage dich:
– Wer kann wem befehlen?
– Wer hat mehr Rechte als andere?
Versuche, dies durch Symbole (z. B. Pfeile) und Beschriftungen zu verdeutlichen.

S. 97, Aufgabe 2: Bedenkt, dass die Ämter beim Losen auf Menschen mit sehr verschiedenen Fähigkeiten verteilt werden.

S. 107, Plusaufgabe: Überlege, wofür Menschen den Beinamen »der Große« bekommen könnten. Versuche, eine Übereinstimmung mit Alexander zu finden.

Das Römische Reich

S. 116, Aufgabe 3. b): Überlege, welchen Vorteil es in dieser Zeit auch gegenüber möglichen Konkurrenten gehabt haben mochte, wenn man auf eine göttliche Herkunft und auf göttlichen Willen hinweisen konnte.

S. 139, Aufgabe 4: Schau dir noch einmal das Kapitel »Caesar – ein Konsul wird mächtig« (S. 134/135) an. Überlege dann, welche »Fehler« Augustus vermieden hat.

S. 140, Aufgabe 2: Bedenke Aspekte wie: Verschönerung der Stadt, Gewinn an Ansehen, Schaffen von Arbeitsplätzen, Verdeutlichen von Macht, Verbessern der Lebensqualität.
Bringe die Aspekte anschließend in eine Reihenfolge, an der deutlich wird, was du für einen wichtigen Grund hältst und was du für weniger wichtig hältst.

S. 153, Aufgabe 5: Teile ein Blatt in vier Felder und trage in die oberen ein, was für das Leben in der römischen Provinz und was für eine Rückkehr ins heimische Dorf spricht. In die untere Hälfte trage die Gründe ein, die dagegensprechen.

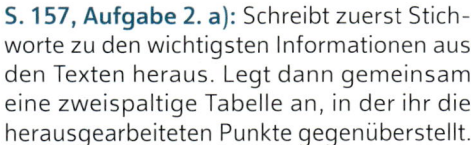

S. 157, Aufgabe 2. a): Schreibt zuerst Stichworte zu den wichtigsten Informationen aus den Texten heraus. Legt dann gemeinsam eine zweispaltige Tabelle an, in der ihr die herausgearbeiteten Punkte gegenüberstellt.

S. 158, Aufgabe 1. a): Informationen findest du unter dem Webcode rechts:

WES-117726-077

S. 161, Aufgabe 5: Beziehe vor allem den Textabschnitt der Quelle ab Zeile 10 in deine Überlegungen ein.

S. 163, Aufgabe 2. a): Dein Zeitstrahl muss etwa den Zeitraum von 250 bis 410 n. Chr. abbilden. Das sind 160 Jahre. Ein Maßstab von einem Zentimeter für 10 Jahre müsste in dein Heft passen. Hier ein Beispiel:

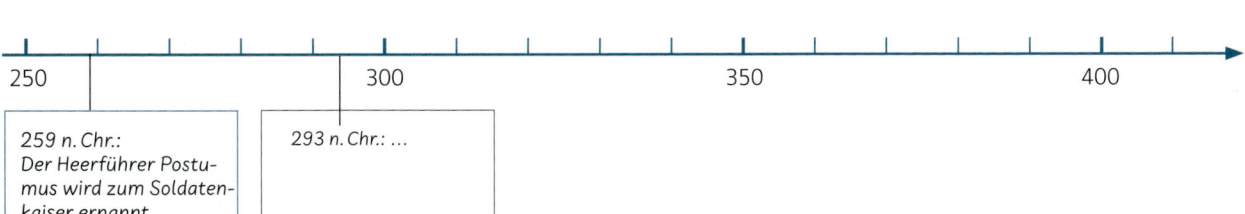

Herrschaft im Mittelalter

S. 173, Aufgabe 3. b): Beachte: Die Größe der dargestellten Figuren zeigt auch ihre Bedeutung.

S. 175, Aufgabe 3: Lies den Abschnitt »Die Kirche stützt das Königtum« noch einmal genau durch. Hier findest du Argumente.

S. 185, Aufgabe 3: Klärt zuerst, wen die Personengruppen links, im Zentrum und rechts darstellen. Lest nach, was im Text (ab Z. 53) über Hörige steht.

S. 187, Aufgabe 6: Benenne zuerst das Problem des Bauern. Schreibe dann auf, was er wünscht und was er dafür zu geben bereit ist. Überlege, was der Bauer in der letzten Zeile mit „Macht und Schutz" meint.

S. 187, Aufgabe 7: Berücksichtigt eure Ergebnisse zu den Aufgaben 5 und 6. Überlegt auch, worum sich die beiden beneiden könnten.

Lebensorte im Mittelalter

S. 199, Aufgabe 6: Gehe in Abschnitten vor: Was steht im ersten, was im zweiten Absatz usw.? Versuche jeweils, die wichtige Idee zu benennen.

S. 207, Aufgabe 3: Zeige ein Foto von der Burg. Erkläre, wie sie angelegt ist. Entspricht die Anlage der im Kapitel vorgestellten Burg? Versuche zu klären, ob durch Restaurierungen (Erneuerungen) viel verändert wurde.

S. 209, Aufgabe 7. a): Vorschlag für eine Tabelle:

	Dorfleben	Burgleben
Unterkunft		
Lebensweise		
Ernährung		
Werkzeuge		

S. 213, Aufgabe 7: Einigt euch zuerst darüber, welche Meinung die beiden Männer vertreten. Lest dafür M 4 und M 5 gründlich durch. Jetzt stellt die beiden Meinungen einander gegenüber. Wodurch unterscheiden sie sich? Meint ihr, dass einer von den beiden recht hat?

S. 216, Aufgabe 5. b): Überlege, welche Bereiche du für dein Leben für notwendig hältst. Lies nun noch einmal den Text auf Seite 215. Bedenke, was am Leben eines Mönches besonders ist.

S. 221, Aufgabe 3: Ordne deine Stichworte aus Aufgabe 1 in Form einer Tabelle und ergänze in der Spalte zum Dorf dein Vorwissen (vor allem S. 196–199).

	Stadt	Dorf
Befestigung		
öffentliche Gebäude		
Wohngebäude		
...		

S. 225, Aufgabe 3: Listet zunächst alle Aktivitäten der Zünfte auf. Fasst sie dann zu Lebensbereichen zusammen. Bedenkt bei der Übertragung auf die heutigen Verhältnisse, dass für manche dieser Lebensbereiche in unserem Alltag mehrere Personen oder Einrichtungen zuständig sein können. Manche Aktivitäten spielen heute vielleicht auch gar keine Rolle mehr.

S. 229, Aufgabe 2. b): Sieh dir noch einmal deine Arbeitsergebnisse zu den Aufgaben von Seite 37 an.

S. 229, Aufgabe 3: Deine Tabelle könnte so aussehen:

	Oberschicht	Mittelschicht	Unterschicht
Zugehörige			
Wohnung			
Rechte			

S. 231, Aufgabe 5. b): Bedenke die Folgen für arme Menschen, die sich für Kleidung verschuldeten. Welche Möglichkeiten hätten sie gehabt, ihre Schulden loszuwerden?

S. 231, Aufgabe 6: Zur Oberschicht gehören z. B. Unternehmer, aber auch Mitglieder von Königshäusern und Musik-, Schauspiel- und Fußballstars.

S. 233, Aufgabe 2: Die Anträge können Maßnahmen zum Handeln der Menschen, aber auch zum Ausbau oder zur Erneuerung von Gebäuden oder Straßen betreffen.

S. 234, Aufgabe 3: Bedenkt, dass die Menschen früher weniger Erkenntnisse über die Notwendigkeit von Hygiene hatten. Es gibt aber auch Benimmregeln, die einfach dem Zeitgeschmack entsprechen.

S. 239, Aufgabe 1: Es sind unterschiedliche Paarungen möglich. Wichtig ist, dass du deine Zuordnung begründen kannst.

Kulturen treffen aufeinander

S. 247, Aufgabe 3. c): Verwendet für die Rolle des Richer auch die Ergebnisse aus Aufgabe 1. a). Überlegt, woran der Mönch interessiert sein könnte (z. B. den Grund der Reise). Denkt euch einen passenden Einstieg in das Gespräch und einen Schluss aus.

S. 267, Aufgabe 2: Um deine Ergebnisse im Heft übersichtlicher zu gestalten, kannst du sie in voneinander abgetrennten Feldern oder auf »Ereigniskarten« notieren. Schreibe über jedes die passende »W-Frage« (z. B.: Wann? Wo? Wer war beteiligt?).

Wann?	Wo?
Wer?	Warum?
Wie?	Welche Folgen?

Entdeckungen und Eroberungen

S. 275, Aufgabe 3: Bedenke dabei, in welcher Richtung Afrika umfahren wird.

S. 281, Aufgabe 3: Kennzeichen einer Hochkultur sind z. B.: Arbeitsteilung durch verschiedene Berufsgruppen, technischer Fortschritt, Städte, Steuersystem, Schrift, Großbauten, Kunst.

S. 289, Aufgabe 1. a): Beim Beschreiben kannst du die Länge der Säulen und die zugeordneten Zahlenwerte für eine Region vergleichen. Du kannst aber auch eine Tendenz für die Gesamtentwicklung feststellen.

Ein neues Menschenbild – ein neuer Glaube

S. 301, Aufgabe 4. a): Kläre zunächst für dich:
– Wie definierst du »Buch«?
– In welchen Situationen ist das Buch von den neuen Medien abgelöst worden?

S. 301, Aufgabe 4. b): Du kannst die Aufgabe z. B. mithilfe einer solchen Tabelle bearbeiten:

Was spricht dafür?	Was spricht dagegen

mein Fazit:

S. 317, Aufgabe 3: Mache dir vor allem klar, wie die Lehre Luthers die Vorstellung der Menschen von Sünden, Sündenstrafen und ewigem Leben verändert hat.

S. 325, Plusaufgabe: Ein Pflock ist ein Pfahl, mit dem man – z. B. auf einer Baustelle – ein Gebiet abgrenzt. Bei unserem Beispiel werden Geschichtsepochen mit Pflöcken verglichen.

Menschen in der Vorgeschichte (S. 42)

1. Geräte, die schon in der Altsteinzeit eingesetzt wurden, sind z. B. der Faustkeil zum Schneiden und der Holzbohrer zum Feuermachen. (S. 24, 29)

2. *Nomaden* sind Menschen, die ohne festen Wohnsitz herumziehen, auf der Suche nach Nahrung für sich (und ihre Tiere).
Wildbeuter nennt man sie, weil sie jagten und essbare Pflanzen sammelten, um sich zu ernähren. Es war die Lebensform vor der Sesshaftigkeit in der Jungsteinzeit. (S. 26/27)

3. a) Bilder wie das in M1 gezeigte wurden in Höhlen entdeckt, z. B. in Chauvet und in Lascaux in Südfrankreich.

b) Zu erkennen sind viele verschiedene wild lebende Tiere der Altsteinzeit, darunter: Pferd, Elefant, Rind, Nashorn und Raubkatzen.

c) Höhlenbilder entstanden über mehrere Hundert oder sogar Tausend Jahre. Das ist wahrscheinlich auch der Grund dafür, dass viele Tiere übereinander dargestellt wurden. (S. 30–33)

4. Die Menschen entwickelten Tierzucht und Landwirtschaft. Dadurch wurden sie sesshaft und lebten in Dörfern. Sie machten wichtige technische Erfindungen wie z. B. das Rad und lernten, Metall zu verarbeiten. Tiere wurden durch die Zucht zum Vorteil der Menschen verändert. Überall dort, wo der Mensch siedelte, veränderte er die Umwelt durch den Ackerbau massiv.

5. – Altsteinzeit: Feuerbeherrschung, Höhlenmalerei (S. 28, 30)
– Jungsteinzeit: Tierhaltung, Getreideanbau, Hausbau, Töpferscheibe (S. 35–40)

6. Die Technik der Metallverarbeitung konnte in den sesshaften Gesellschaften entwickelt werden, weil es hier Arbeitsteilung gab. Das bedeutet, dass Menschen sich spezialisierten. Erst dadurch wurde auch Handel über größere Entfernungen möglich, wodurch die Menschen die erforderlichen Rohstoffe, aber auch ihr Wissen teilen konnten. (S. 40/41)

Die ägyptische Hochkultur (S. 74)

1. Der Nil bot den Ägyptern die Grundlage für ihre Ernährung (Landwirtschaft, Jagdtiere). Zudem war der Fluss eine wichtige Verkehrsader für den Handel. Allerdings konnte eine Überschwemmung die Ernte zerstören. (S. 46–49)

2. a) Die Szene aus einer Grabmalerei von 1390 v. Chr. zeigt drei Männer: Einer sitzt auf einem hohen Getreideberg, die beiden anderen knien hinter ihm auf dem Boden.

b) Die Knienden halten Schreibmaterial; sie notieren etwas. Es sind Schreiber. Der Mann auf dem Getreideberg hat die rechte Hand ausgestreckt. Er scheint etwas zu zählen. Er ist ein Beamter, der die Ernte erfasst.

c) Die Beamten und ihre Schreiber erfassten die Ernteerträge und zogen die Steuern ein. So stellten sie den Reichtum des Pharaos und seines Staates sicher. Die Beamten setzten überall die Gesetze des Pharaos durch. (S. 50/51, 58/59)

d) Das Bild ist Teil einer Malerei aus einem Grab eines hohen Beamten. Die Ägypter glaubten daran, dass die Darstellungen auf Grabmalereien im Jenseits Gestalt annehmen können. So sollte der hohe Beamte auch im Totenreich über seine Hilfsbeamten verfügen können. (S. 49)

3. Ägypten gilt als frühe Hochkultur, weil es den Menschen gelungen war, die Nilflut für eine reichhaltige Landwirtschaft zu nutzen. Sie entwickelten ein großes Reich, das mithilfe seiner Beamten die Ernte des gesamten Landes verwaltete und Steuern für den Pharao einzog. Von diesen Steuern wurde beispielsweise der Bau von Tempeln und Pyramiden bezahlt. Grundlage der Verwaltung war eine Schrift. (S. 50/51)

4. Bei den Ägyptern spielte der *Totenkult* eine große Rolle. Sie glaubten an ein *Leben im Jenseits*. Das ging auf den Mythos von *Isis und Osiris* zurück, demzufolge Osiris durch die Hilfe seiner Frau Isis im Totenreich wiederauferstehen konnte. Deshalb ließen sich alle, die es sich leisten konnten, riesige Gräber bauen – darunter auch die *Pyramiden* von Gizeh, in denen manche der *Pharaonen* bestattet wurden. In den Grabanlagen warteten ihre als *Mumien* einbalsamierten Körper auf die Wiederauferstehung. Dazu mussten sie zuerst die Gewissensprüfung beim *Totengericht* bestehen. (S. 66–71)

Die Welt der Griechen (S. 110)

1. Zusammengehörigkeitsgefühl entstand durch die gemeinsame Sprache und Schrift, den Glauben an dieselben Götter und die Olympischen Spiele. (S. 82/83, 84/85, 88/89)

2. Auf dem Relief links ist Athene zu sehen. Sie ist die Göttin des gerechten Kampfes. Deswegen wird sie mit einem Helm und einer Lanze dargestellt. Athene gilt auch als weise. Das wird im Bild durch ihre nachdenkliche Haltung zum Ausdruck gebracht.
Rechts daneben ist der Götterbote Hermes gezeigt. Er ist daran zu erkennen, dass er einen Helm und Schuhe mit Flügeln trägt. (S. 83)

3. Die Olympischen Spiele waren ein religiöses Fest zu Ehren des Zeus. Nur männliche freie Griechen durften daran teilnehmen. Im Unterschied dazu handelt es sich heute um einen internationalen Sportwettkampf mit viel mehr Disziplinen als in der Antike. Auch Frauen nehmen daran teil. (S. 84–85)

4. Athen war in der Antike nicht die Hauptstadt Griechenlands, denn jede griechische Polis war eigenständig. Es gab keine Hauptstadt.
Wenn sie bedroht wurden, hielten die Poleis oft zusammen, aber es kam auch vor, dass Poleis Krieg gegeneinander führten. (S. 88/89; Feindschaft: S. 84, M 5)

5. a) Thukydides schrieb im 5. Jahrhundert über die politische Mitbestimmung der Bürger. Er gibt die Meinung eines Politikers seiner Zeit wieder.

   b) Der Politiker meint, dass in der Polis, in der er lebt, jeder Bürger, ob arm oder reich, ein Amt ausüben kann. Alle Bürger akzeptieren die Ordnung der Polis. Nur wer sich nicht an ihr beteiligt, wird schlecht angesehen.

   c) Es wird eine politische Ordnung beschrieben, an der alle Bürger teilnehmen können. Das trifft auf die athenische Demokratie zu. Alle männlichen freien Athener hatten das Recht, an der Volksversammlung teilzunehmen und Strategen zu wählen. Sie selbst konnten in den Rat der 500 gelost werden. Die Bürger entschieden, wer regieren sollte und welche Gesetze gelten sollten. (S. 96/97)

Das Römische Reich (S. 166)

1. a) Beamter, der den römischen Staat in Friedens- und Kriegszeiten anführte: Konsul (S. 132/133)
b) Rat der Alten, dessen Beschlüsse die Römer in der Regel befolgten: Senat (S. 132/133)
c) Vater der römischen Familia: Pater familias/Patron (S. 126/127)
d) von den Römern eroberte und verwaltete Gebiete: Provinzen (S. 118)
e) Entwicklung, bei der die unterworfenen Völker die Sprache, Lebensweise und Wirtschaftsform der Römer übernahmen: Romanisierung (S. 151)

2. Für die Zeit der Republik spräche: mehr Freiheit und Einfluss, größere Anerkennung, alte Werte gelten noch.
Für die Zeit des Kaiserreichs spräche: größerer Wohlstand und mehr Luxus, weniger Verantwortung für den Staat, größere Sicherheit.

3. a) Die Erdteile sind Europa, Afrika und Asien.

   b) Der angegebene Maßstab passt etwa 9-mal in die Ost-West-Ausdehnung und etwa 7-mal in die Nord-Süd-Ausdehnung. Da er 500 km entspricht, ergibt sich:
   – Ost-West-Ausdehnung: etwa 4 500 km;
   – Nord-Süd-Ausdehnung: etwa 3 500 km.

   c) Die römische Grenze wurde in Germanien von den Flüssen Rhein und Donau und dem Limes gebildet. Der Limes war ein Schutzwall. Er wurde dort gebaut, wo es keine Flüsse als natürliche Grenzen gab. Er sollte kriegerische Nachbarn abwehren. (S. 151)

4. Für beide Urteile lassen sich Argumente finden:

   Für die Beurteilung der Römer als rücksichtslose Eroberer spricht, dass sie in den etwa tausend Jahren ihrer Herrschaft ihren Machtbereich in zahlreichen Feldzügen ausdehnten und dabei kaum Rücksicht auf die Unterworfenen genommen haben. Sie haben Menschen getötet und versklavt sowie Besitz zerstört.

   Für die Beurteilung der Römer als bewundernswerte Kultur-Verbreiter spricht, dass sie während ihrer Herrschaftszeit ihre Technologien, ihre Kunst und Architektur weit verbreitet haben. Sie haben die Entwicklung der eroberten Gebiete stark beeinflusst.

Herrschaft im Mittelalter (S. 188)

1. a) M1 zeigt ein Königspaar mit Gefolge auf einer Reise. Im Mittelalter reiste der König, um seine Regierungsgeschäfte auszuüben. Er stellte vor Ort z. B. Urkunden aus, sprach Recht oder traf sich mit Adligen oder Bischöfen zu Beratungen. (S. 178)

b) *Herrschaft* wurde im Mittelalter durch das *Reisekönigtum* ausgeübt. Dies war möglich, weil *Pfalzen* zur Verfügung standen. Pfalzen waren Herrschaftssitze mit Gutshöfen. Sie wurden vom König als *Lehen* vergeben. Ein Pfalzgraf musste als Lehnsnehmer für den Unterhalt des Königs und seines großen *Gefolges* sorgen. (S. 178/179, 182/183)

2. a) Das Bild zeigt links einen hörigen Bauern, rechts einen Grundherrn. Der Hörige übergibt dem Grundherrn etwas, möglicherweise ist es Geld.

b) Dem Grundherrn gehört das Land, das Bauernfamilien bewirtschaften. Sie ernähren von dem Land nicht nur sich, sondern auch den Grundherrn und seine Familie. Dafür müssen sie ihm Ernteerträge oder Geld geben und Dienste für ihn leisten.

c) Der Grundherr arbeitet nicht selbst auf seinem Land, sondern die Bauern versorgen ihn mit allem, was er braucht. Dafür leistet der Grundherr Kriegsdienst, von dem der hörige Bauer befreit ist. Der Grundherr hat die Pflicht, die Bauern im Notfall zu schützen. Für beide Seiten war die Grundherrschaft die Grundlage des täglichen Lebens. (S. 184–187)

Lebensorte im Mittelalter (S. 240)

1. a) Dargestellt ist eine Schwertleite: Die stehende Figur rechts ist ein junger Adliger. Links von ihm ist der König und zu seinen Füßen sind zwei Knappen dargestellt. Der junge Mann wird gegürtet: Er erhält vom König das Schwert, von den Knappen die Sporen. Die feierliche Zeremonie bedeutet die Erhebung des jungen Adligen zum Ritter.

b) Ein Ritter sollte gut kämpfen können; er sollte hilfsbereit gegenüber Armen und Schwachen sein, gottesfürchtig und höflich, seinem Herrn gegenüber treu und gehorsam. (S. 210–213)

2. Deine Antworten sollten sinngemäß aussagen:
- *Die meisten Bauernfamilien hatten einen Grundherrn. Ihm gehörte* das Land, das sie bebauten.
- *Jedes Feld im Dorf wurde in Streifen unterteilt, damit* alle Bauern die gleichen Anteile an gutem und schlechtem Boden hatten.
- *Im Dorf gab es einen Meier, der* dafür sorgte, dass sich alle an die Abmachungen hielten.

- *Bauern bearbeiteten ihre Felder mit* einfachen Werkzeugen (Hakenpflug, Sichel) und der Zugkraft von Ochsen. Erst später setzte sich der Räderpflug durch. (S. 198–201)

3. Das Leben im Kloster sollte enthaltsam sein. Es beruhte auf den Regeln Benedikts von Nursia: Gehorsam gegenüber dem Abt, Armut und ein Leben ohne eigene Familie waren wichtig. Mönche und Nonnen sollten vor allem beten und arbeiten, z. B. in Schreibstuben, Werkstätten und auf dem Feld. Ihr Tagesablauf war genau festgelegt. (S. 214–216)

4. a) Ein Leibeigener erlangt die Freiheit, wenn er ein volles Jahr in der Stadt lebt, ohne von seinem Herrn zurückgerufen zu werden.

b) Alle Einwohner leben und arbeiten in der Stadt. Sie stehen unter dem Schutz der Stadtregierung. Für sie gilt das Stadtrecht und sie müssen Steuern zahlen. Politische Rechte haben aber nur die Bürger. Das sind Einwohner mit Grundbesitz, die im Bürgereid der Stadtregierung Treue schwören. Sie wählen den Stadtrat und die Bürgermeister. (S. 228/229)

Kulturen treffen aufeinander (S. 270)

1. a) Einige Beispiele:
In *Toledo* sprachen die Einwohner im Mittelalter Arabisch und Spanisch. In *Danzig* hörte man vor allem Deutsch und Polnisch, in *Speyer* Deutsch und Jiddisch. Vor allem in *Lemberg* kamen Menschen aus vielen verschiedenen Regionen zusammen: Hier sprach man z. B. Polnisch, Ukrainisch, Deutsch, Jiddisch und Arabisch.

b) Wenn Menschen aus verschiedenen Kulturen sich treffen, lernen sie auch etwas über die Kultur des jeweils anderen. So verbreitet sich z. B. Wissen über andere Religionen; neue Gedanken entstehen. Dies ist gemeint, wenn man sagt, dass Ideen reisen.

2. Begriffe zum Islam:
- *Al Andalus:* Gebiet muslimischer Herrscher, das große Teile des heutigen Spanien umfasste
- *Bagdad:* im 7. Jahrhundert gegründetes wichtiges muslimisches Wissenschaftszentrum
- *Mohammed:* der Religionsgründer (S. 248/249)

Begriffe zum Judentum:
- *koschere Speisen:* Speisen, die nach jüdischen Speisevorschriften als rein gelten und verzehrt werden dürfen
- *Synagoge:* Mittelpunkt der jüdischen Gemeinde; Gebäude für Gottesdienste und Versammlungen
- *Diaspora:* Leben zerstreuten Gemeinschaften, die Minderheiten bilden (S. 250/251)

3. a) Im Vordergrund sind zwei Reiter zu sehen, die sich begegnen und umarmen. In der Bildunterschrift werden sie als Christ und Muslim bezeichnet. Der Muslim (rechts) trägt einen Turban. Er hält eine Fahne und hat ein Schwert. Der links dargestellte Reiter muss der Christ sein. Er hält eine Lanze. Die Begegnung spielt sich auf einer Blumenwiese vor einer Stadt ab, die durch Mauer, Türme und ein geschlossenes Stadttor geschützt ist.

b) Das Bild stammt aus einem Buch des spanischen Königs Alfons X., der 1223 in Toledo geboren wurde. Zu seiner Zeit lebten dort Christen und Muslime friedlich zusammen. Das Bild könnte daher eine Szene zeigen, die dort stattfindet. (S. 258/259)

c) Viele mittelalterliche Bilder, die Muslime und Christen zusammen zeigen, stellen kriegerische Gewalt dar (S. 269). Wahrscheinlich sollen die fröhliche Umarmung und die Blumen auf dem Bild M1 zeigen, dass auch andere Umgangsweisen zwischen Christen und Muslimen möglich sind.

Entdeckungen und Eroberungen (S. 292)

1. Mögliche Zuordnungen und Zusammenhänge:
Vernichtung der einheimischen Bevölkerung – Sklaven aus Afrika: Sehr viele Einheimische starben, als die Spanier die eroberten Gebiete rücksichtslos ausbeuteten. Sklaven aus Afrika sollten ihre Arbeitskraft ersetzen. (S. 288/289)
Cortés – Moctezuma: Moctezuma war der Herrscher des Aztekenreichs, das Cortés und seine Truppen für Spanien eroberten. (S. 284/285)
Kolumbus – Amerika: Kolumbus gilt als der Entdecker Amerikas, obwohl er selbst dachte, den Seeweg nach Indien gefunden zu haben. (S. 276/277)
Menschenopfer – Azteken: Menschenopfer waren für die Azteken Teil der Religion. (S. 282)

2. a) Kolumbus beschreibt die Einheimischen als Menschen, denen Besitz nicht wichtig ist. Sie seien arm, unbekleidet und unbewaffnet. Zudem hätten sie eine schnelle Auffassungsgabe und würden sich als Arbeitskräfte eignen. Auch eine Missionierung wäre leicht, weil sie keine Religion hätten.

b) In vielen Punkten waren die Azteken anders:
– Sie besaßen Waffen, der Krieg war für die Herausbildung ihres Reiches wichtig. Als die Europäer Tenochtitlan erobern wollten, zeigten sie großen Widerstand.
– Auf den überlieferten Bildern sind sie bekleidet.
– Sie hatten eine eigene Religion und glaubten an unterschiedliche Götter.
– Sie besaßen großes technisches Wissen; ihre Kultur war eine Hochkultur. (S. 280–283)

c) Du könntest z.B. folgende Gründe nennen:
– Die Beschreibung von Kolumbus widerspricht unserem Wissen über die Azteken.
– Das Urteil von Kolumbus gründet auf ersten Beobachtungen, denn er benutzt Wörter wie »glaube ich« und »es scheint mir«.
– Kolumbus bringt zum Ausdruck, was er erhofft: Reichtümer für Spanien zu gewinnen, die Einheimischen als Arbeitskräfte zu nutzen und den christlichen Glauben zu verbreiten.

Ein neues Menschenbild – ein neuer Glaube (S. 326)

1. a) Das Bild heißt »Die Anatomievorlesung des Dr. Tulp«. Dr. Tulp steht links im Bild und hat den Arm einer Leiche geöffnet. Er erklärt wohl, wie die Muskeln verlaufen. Mehrere Männer beugen sich vor und schauen genau hin.

b) Die Menschen in der Frühen Neuzeit wollten wissen, wie alles funktioniert. Sie erforschten den Menschen und die Natur eingehend. Dabei interessierten sie sich auch für den Aufbau des Körpers, die Anatomie, und begannen deshalb, Leichen zu öffnen und zu untersuchen (sezieren). Dr. Tulp hält darüber eine Vorlesung. Das bedeutet, er erklärt anderen seine Erkenntnisse und trägt zu ihrer Bildung bei. (S. 298/299)

2. a) Im Text werden folgende Erfindungen genannt:
– Buchdruck durch Johannes Gutenberg,
– neue Land- und Seekarten,
– Darstellungen zur menschlichen Anatomie,
– Kupferstich mit feinen Linien.

b) Beurteilungen:
– Bei Gutenbergs Buchdrucktechnik wurden bewegliche Lettern genutzt. So war es möglich, Bücher schneller und in höherer Zahl herzustellen. Damit konnte sich Wissen verbreiten. (S. 300/301)
– Neue Land- und Seekarten bildeten die Voraussetzung für Entdeckungsfahrten von Seefahrern. (S. 274)
– Durch Experimente und das Studium der Natur (3) gelangte man zu neuen wissenschaftlichen Erkenntnissen, z.B. über den Aufbau des Körpers. (S. 298/299, 302/303)
– Mit feinen Kupferstichen (4) konnten Beobachtungen naturgetreuer wiedergegeben werden als mit gröberen Holzstichen. (M2, Z. 10–12)

3. Die richtige zeitliche Reihenfolge ist (S. 316–323): Ablasshandel → Veröffentlichung der 95 Thesen (1517) → Reichstag zu Worms (1521) → Bibelübersetzung (1522) → Augsburger Religionsfrieden (1555) → Gegenreformation (seit 1563).

Eine Textquelle erschließen

Um Textquellen zu verstehen, ist wichtig,
– den Inhalt des Textes zu erfassen und
– herauszufinden, in welchem Zusammenhang der Text verfasst wurde.

A. Um den Inhalt eines Textes zu verstehen, gehe in diesen Schritten vor:

1. Achte auf die Überschrift und die Einführung in die Quelle. Sie erklären das Thema.

2. Lies den Text Satz für Satz durch und mache dir jeweils den Inhalt klar. Falls dir Begriffe unklar sind, frage deine Lehrerin oder deinen Lehrer oder suche in einem Lexikon oder im Internet nach Erklärungen. Finde nun für jeden Absatz Stichworte, die den Inhalt wiedergeben.

3. Füge die Stichwörter zu einem Text zusammen. Nutze dafür deine eigenen Worte. So kannst du sicher sein, alles verstanden zu haben.

B. Informiere dich über den Zusammenhang, in dem der Text entstanden ist, indem du folgende Punkte zu klären versuchst:

– **WER** hat den Text verfasst? (z. B.: Autorin oder Autor mit besonderer Stellung?)
– **WELCHE Textart** liegt vor? (z. B.: öffentliche Rede, privater Brief, Sage, Gesetz …)
– **WANN** wurde der Text verfasst? (z. B. kurz nach einem bestimmten Ereignis oder rückblickend/mit großem zeitlichem Abstand?)
– **WORÜBER** wurde der Text verfasst? (Was ist sein Thema?)
– **AN WEN** ist der Text gerichtet? (z. B. eine Masse von Zuhörenden, eine kleine Gruppe, eine einzige Person?)

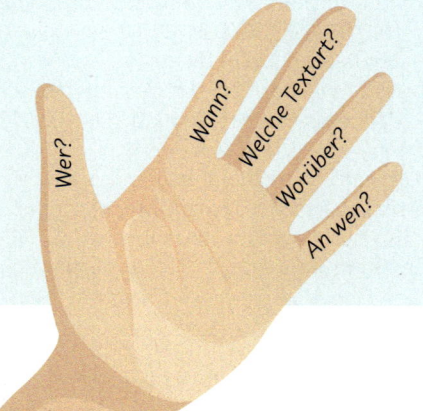

Eine Sachquelle auswerten

Gegenstände, die früher gebraucht wurden und die wir heute finden, nennen wir »Sachquellen«. Oft ist schwer zu erkennen, was sie uns »erzählen« könnten. Das liegt daran, dass sie meist nicht in den Zusammenhängen auftauchen, in denen sie früher gebraucht wurden. Um eine Sachquelle auszuwerten, gehe in folgenden Schritten vor:

1. Betrachte den Gegenstand und beschreibe seine Eigenschaften (Größe, Form, Material, Oberfläche, Farbe, Gewicht). Ihn zu zeichnen kann helfen, Besonderheiten zu entdecken.

2. Überlege, wofür der Gegenstand wohl gebraucht wurde. Wie funktionierte er? In welchen Lebenszusammenhängen wurde er wohl eingesetzt – z. B. im Haushalt, bei der Feldarbeit, bei Begräbnissen, zum Spielen?

3. Erkläre, was man durch den Gegenstand über das Leben früher erfahren kann.

Einen Vergleich durchführen

Will man verschiedenen »Gegenstände« vergleichen, z. B. Lebensbedingungen in Dorf und Stadt, braucht man Merkmale, die vergleichbar sind, etwa Arbeit, Wohnen oder Rechte. Man nennt sie »Vergleichskategorien«.

1. Bestimme die Kategorien, die du vergleichen willst und stelle Informationen dazu zusammen.

2. Die Informationen lassen sich am besten vergleichen, wenn man sie auf einen Blick erfassen kann, z. B. in einer Tabelle. So könnte sie aussehen:

Kategorien	Thema 1	Thema 2	Auswertung
Wohnen			
Arbeiten			

3. Notiere in der letzten Spalte stichwortartig, welche Gemeinsamkeiten und Unterschiede du feststellst.

Eine Geschichtskarte beschreiben

Geschichtskarten zeigen oft Entwicklungen, die sich in bestimmten Gebieten abgespielt haben. Das Thema einer Karte erfährst du aus der Unterschrift. Wichtige Informationen enthält zudem die Legende. Dort sind Symbole und ihre Erklärungen aufgelistet. In die Karte wurden nur die Symbole eingezeichnet. Der Legende musst du entnehmen, was sie bedeuten.

1. Lege in deinem Heft eine Tabelle an. Links nennst du die Bedeutungen der Symbole, rechts daneben schreibst du auf, wo sie in der Karte vorkommen. Dazu musst du wissen, wie die Kontinente heißen, und die Himmelsrichtungen kennen. So kannst du aufschreiben, ob ein bestimmtes Symbol z. B. in Ost- oder Westasien auftaucht.

2. In manche Karten sind Pfeile eingezeichnet, die Wege kennzeichnen. Damit kannst du Richtungen benennen, z. B.:
   – Wo liegt der Anfang einer Bewegung/Ausdehnung/Entwicklung?
   – Welche Wege wurden genommen?
   – Wohin verlief eine Ausdehnung/Bewegung?

3. Fasse abschließend in einem kurzen Text zusammen, was die Karte zeigt.

Ein Bild beschreiben

Bilder wurden aus unterschiedlichen Gründen angefertigt. So können sie z. B. die Bedeutung einer Person herausstellen, sie können aber auch Lebensverhältnisse zeigen oder eine spätere Sicht auf ein berühmtes Ereignis aus der Geschichte wiedergeben. Um eine mögliche Bildaussage zu verstehen, ist zunächst wichtig, sich klarzumachen, was überhaupt zu sehen ist. Dazu hilft es, das, was man sieht, in Worte zu fassen. Gehe in diesen Schritten vor:

1. Zuerst kannst du deinen ersten Eindruck des Bildes nennen. Sage z. B. »Das Bild wirkt auf mich ...« und finde passende Adjektive.

2. Benenne, um was für ein Bild es sich handelt (z. B. Wandmalerei in einem Grab, Fußbodenmosaik). Nenne wenn möglich auch, wer es wann gestaltet hat.

3. Beschreibe nun genau, was du siehst. Gehe auf den Ort der gezeigten Szene und vor allem auf die dargestellten Personen ein. *

4. Fasse abschließend zusammen, worum es in dem Bild geht.

Ein Schaubild erläutern

Ein Schaubild stellt komplizierte Zusammenhänge, z. B. den Aufbau einer Gesellschaft, mit Zeichen und Stichworten anschaulich dar. Um ein Schaubild zu erläutern, ist es notwendig, die Zeichen zu verstehen und ihre Anordnung zu entschlüsseln:

1. Benenne die Elemente (Zeichen) des Schaubildes und ihre Bedeutung.

2. Untersuche und beschreibe, wie die Elemente angeordnet sind, und erkläre, welche Beziehungen deutlich werden. Z. B.: Wer befiehlt, wer gehorcht? Welche Gruppe leistet was und welche Gegenleistung erhält sie?

3. Formuliere zusammenfassend die Aussage des Schaubildes.

* Wenn du Figuren beschreibst, kann z. B. wichtig sein:

– *ihre Anordnung im Bild:* Wer befindet sich im Mittelpunkt, wer eher am Rand?
– *die Größen der Figuren* (Beides kann auf ihre Bedeutungen hinweisen.)
– *ihre Bekleidung* (Sie kann ein Zeichen für ihre Stellung in der Gesellschaft, auf Armut oder Reichtum sein.)
– *ihre Körperhaltungen* (Sie können zeigen, in welchem Verhältnis Personen zueinander stehen.)
– *Gesichtsausdruck und Blickrichtungen* (Sie können z. B. Gefühle verraten.)
– *die gezeigten Tätigkeiten* (Sie können Aufschluss darüber geben, wie im Alltag bestimmte Aufgaben erledigt wurden. Sie können aber auf den Beruf einer Person oder eine besondere Aufgabe hinweisen.)

Ein Cluster / Eine Mindmap erstellen

Das Wort **Cluster** (englisch, sprich: »Klaster«) bedeutet Anhäufung oder Bündel. Ein Cluster ist geeignet, um eine Begriffssammlung zu erstellen, und kann helfen, Ordnung in Gedanken zu bringen. Um ein Cluster anzulegen, gehst du so vor:

– Du nimmst ein leeres Blatt, am besten im Querformat, und schreibst einen Begriff oder einen Satz in die Mitte des Blattes. Dann ziehst du einen Kreis um den Begriff oder den Satz.

– Du schreibst weitere Begriffe, die zu dem Begriff oder Satz passen, drumherum. Auch ihnen kannst du nun weiter passende Begriffe zuordnen.

Wenn du zusätzlich Verbindungslinien zwischen Begriffen ziehst, die sich aufeinander beziehen, erhältst du eine sogenannte Mindmap (englisch, sprich: »Meindmäp«):

M 1 Beziehungen verdeutlichen in einem Cluster (links) und einer Mindmap (rechts)

Ein Standbild bauen

Ein Standbild soll Beziehungen oder Gefühle in einer historischen Situation ausdrücken.

1. Bildet Gruppen und besprecht zuerst, wie ihr die darzustellende Situation beurteilt. Dann stellen sich einige Gruppenmitglieder als »Standbild« zur Verfügung, deren Haltung andere als »Bildhauer« formen dürfen – ohne dem »Standbild« wehzutun. Die Bildhauer bitten das Standbild zum Schluss um einen passenden Gesichtsausdruck; das Standbild verharrt dann reglos in seiner Haltung.

2. Stellt euer Standbild der Klasse vor. Das Publikum befragt einzelne Darstellende über ihre Empfindungen.

Ein Kurzreferat halten

Mit einem Referat stellst du Arbeitsergebnisse in einem kurzen Vortrag vor. Aber Achtung: Es geht nicht nur darum, andere über dein Thema zu informieren, sondern auch darum, das Interesse der Zuhörenden zu wecken. Hier einige Regeln:

1. Mach dir dein Thema klar und sammle Informationen dazu. Suche auch passende Bilder aus.

2. Entwickle eine Gliederung: Entscheide, was du erzählen willst, und bring dies in eine sinnvolle Reihenfolge. Ordne die Bilder zu.

3. Bereite deine Präsentation vor.
– Berücksichtige, wie viel Zeit du zum Vortragen hast.
– Stelle sicher, dass die benötigten Geräte zur Verfügung stehen, z. B. ein Beamer.
– Übe, mit einem Stichwortzettel frei zu sprechen.

4. Nenne beim Vortragen zuerst dein Thema. Sprich frei und deutlich. Schau die Zuhörenden an.

Ein Tipp zum Schluss: Versuche, mit beiden Füßen fest auf dem Boden zu stehen. Wenn du zappelst, lenkst du die Zuhörenden ab!

Einen Galeriegang machen

Ein Galeriegang ist eine gute Präsentationsmöglichkeit nach einer Arbeit in größeren Gruppen. Ihr lernt dabei alle Themen kennen und könnt anschließend in der Klasse darüber sprechen.

1. Hängt die fertigen Arbeitsergebnisse, z. B. Plakate, im Klassenraum gut verteilt an der Wand auf oder legt sie auf Tischen aus (Tischgalerie).

2. Bildet neue Gruppen. Aus jeder Gruppe, die ein Plakat erstellt hat, muss eine Person vertreten sein.

3. Die Gruppen gehen von Plakat zu Plakat. In jeder Gruppe gibt es eine Expertin oder einen Experten, die oder der an der Erstellung beteiligt war und das Plakat erklären kann.

Ein Lernplakat gestalten – auf Papier und am Tablet

Lernplakate sind eine Möglichkeit, Gruppenarbeitsergebnisse in übersichtlicher Weise vorzustellen. Dafür benötigt ihr einen Bogen stärkeres Papier im Format A 2, Filzstifte, Schere und Klebstoff. Überlegt zunächst, was die wichtigsten Ergebnisse eurer Arbeit sind. Erstellt dann einen Entwurf für das Plakat auf einem DIN-A4-Blatt. Beachtet bei der Plakatgestaltung folgende Regeln:

— Beschränkt euch auf wichtige Informationen.
— Arbeitet mit Schlüsselbegriffen, Stichworten oder kurzen Sätzen.
— Die Schriftgröße der Texte sollte ca. 3 cm betragen.
— Benutzt Bilder zur Veranschaulichung und ordnet sie sinnvoll auf der Fläche an. Auch zeichnerische Elemente wie Pfeile könnt ihr verwenden, um Bezüge zu verdeutlichen.
— Achtet darauf, sauber und fehlerfrei zu schreiben. Setzt am Schluss eure Namen darunter.

Unter dem Webcode findet ihr ein Erklärvideo zur Gestaltung, auch am Tablet.

WES-117726-078

Tipps für die Gestaltung am Tablet

1. Wählt ein passendes Programm bzw. Tool aus, z. B. MS PowerPoint, Apple Keynote, Libre Office.

2. Öffnet eine neue Folie und legt ihre Ausrichtung (Hoch- oder Querformat) fest. Berücksichtigt: Soll das Lernplakat später nur auf dem digitalen Endgerät betrachtet, projiziert oder ausgedruckt werden? Stellt dann die Größe eurer Folie ein: A3 z. B. hat die Seitenlängen 59,4 und 42 cm.

3. Tippt eure selbst verfassten Texte in Textfelder ein. Um eine gute Lesbarkeit zu erreichen, wählt eine Schrift ohne Schmuckelemente und achtet auf passende Schriftgrößen. Bei A3 z. B.:
   — für den Titel: 60–80 pt,
   — für Unterüberschriften: 30–50 pt,
   — für Textblöcke: 24–30 pt,
   — für Quellenangaben: 10–12 pt.

4. Nutzt neben Schwarz nicht mehr als drei zusätzliche Farben, damit das Plakat nicht unübersichtlich wird.

5. Sucht passende Bilddateien, z. B. Fotos oder Schaubilder, und ordnet sie sinnvoll auf der Gestaltungsfläche an. Denkt daran, die Bildquellen anzugeben.

6. Achtet darauf, die Gestaltungsfläche nicht zu überladen: Etwa 1/3 der Fläche sollte frei bleiben.

7. Gebt der fertigen Datei einen Namen und speichert sie in der digitalen Dateiablage ab (z.B. Iserv).

Überschrift
(ggf. Untertitel)

(Einleitung)

(Hauptteil A)

(Hauptteil B)

erarbeitet von   Quellenangaben

Überschrift

(ggf. Untertitel)

(Einleitung)

Hörige

(Hauptteil)

erarbeitet von   Quellenangaben

M 2 Zwei Gestaltungsbeispiele. Beim Arbeiten auf Papier könnt ihr die Textblöcke einzeln gestalten und aufkleben. Beim Arbeiten am Tablet zieht ihr Felder auf, in die ihr Texte und Bilder einfügt. Sie sind hier rechts durch farbige Flächen und durch schwarze Rahmen wiedergegeben.

Ablass/Ablassbriefe/Ablasshandel: Die katholische Lehre schreibt vor, dass ein Christ seine Sünden bereuen und durch fromme Taten tilgen muss. Erst dann werden ihm seine Sündenstrafen »abgelassen« und er kommt nach seinem Tod ins Paradies.

Im 15./16. Jahrhundert baute die Kirche ein Geschäft darauf auf: Gegen Geldzahlungen versprach sie den Ablass der Sünden und stellte »Ablassbriefe« aus. Den Handel mit diesen Briefen lehnte Martin Luther ab und forderte eine Kirchenreform.

Adel/Adlige: vornehme Familien, die besondere Rechte in einer ↦ Gesellschaft hatten. Viele Adlige waren reich und besaßen große Ländereien. Manche hatten ihre führende Stellung aufgrund besonderer Leistungen im Krieg erhalten. In der römischen Republik hatten wenige Adelsfamilien den größten Einfluss.

Im Mittelalter lebten Adlige als ↦ Grundherren von den Abgaben »ihrer« Bauern. Durch das ↦ Lehnswesen waren Adlige aber zugleich vom König abhängig.

Altsteinzeit: Name des längsten Zeitabschnitts der Menschheitsgeschichte (ca. 2,3 Millionen Jahre). Stein war in dieser Zeit das wichtigste und dauerhafteste Material für die Herstellung von Werkzeugen. Die Phase der Altsteinzeit, in der die Menschen Kleingeräte und Figuren aus Stein fertigten und mit Pfeil und Bogen sowie mit Speeren jagen konnten, wird als jüngere Altsteinzeit bezeichnet.

Antike: Bezeichnung für den Zeitabschnitt der griechischen und römischen Geschichte zwischen etwa 1200 v. Chr. bis zum Ende des Weströmischen Reiches um 500 n. Chr.

Arbeitsteilung: die Aufgliederung der unterschiedlichen anfallenden Arbeiten in einer Gesellschaft in verschiedene Berufe, z. B. in Händler, Handwerker und Bauern. Dies ermöglicht Spezialisierungen, sodass sich Berufe für verschiedene Techniken und Aufgaben entwickeln konnten, z. B. Hufschmied und Messerschmied. Dadurch wurden immer bessere Ergebnisse in Technik, Kunst und Wissenschaft möglich.

Archäologie: Wissenschaft, die der Erforschung von Überresten vergangener menschlicher Kulturen seit der Altsteinzeit dient. Archäologinnen und Archäologen führen Grabungen durch und werten ihre Funde aus, um herauszufinden, wie Menschen früher wohl gelebt haben. Oft werden dabei auch Kenntnisse aus den Naturwissenschaften benötigt.

Beamte: Sie übernehmen Aufgaben der ↦ Verwaltung, indem sie z. B. Steuern einziehen. Im alten Ägypten waren die Beamten gut ausgebildete, mächtige Personen. Der höchste Beamte war der Wesir. In den römischen ↦ Provinzen wurden hohe Beamte als Stellvertreter (»Statthalter«) der Regierung in Rom eingesetzt.

Bronzezeit: die Zeit seit etwa 2500 v. Chr., in der die Menschen begannen, Werkzeuge und Waffen aus Bronze herzustellen. Viele Arbeiten wurden dadurch einfacher. Zugleich wurden die Waffen haltbarer und gefährlicher. Bronze ist ein besonders hartes Material, das aus den Metallen Kupfer und Zinn hergestellt wird.

Bürger: Im antiken Griechenland galten nur Männer als Bürger, die in einer ↦ Polis an Volksversammlungen teilnehmen und bei Gericht mitwirken durften. Zugezogene waren davon ausgeschlossen. In Rom dagegen konnten auch Menschen das Bürgerrecht erhalten, die nicht aus Rom stammten, sich aber für Rom im Krieg hervorgetan hatten.

In einer ↦ mittelalterlichen Stadt konnten nur Grund und Boden besitzende Männer Bürger werden. Innerhalb der Stadtgesellschaft genossen sie Ansehen und besonderen Schutz. Anfangs hatten nur die reichsten Bürger das Recht, den Stadtrat zu wählen und sich so an der Regierung der Stadt zu beteiligen. Im späteren Mittelalter erkämpften sich auch weniger vermögende Bürger, z. B. Handwerker, das Recht dazu.

Frauen hatten kein Bürgerrecht; ihre Stellung in der Gesellschaft hing von dem Ansehen und den Rechten ihres Mannes ab.

Demokratie (griechisch: demos = Volk und kratein = herrschen): Form der Regierung, an der Viele beteiligt sind im Unterschied z. B. zur Königsherrschaft, bei der ein Einzelner entscheidet. Die bekannteste Demokratie der Antike ist die der ↦ Polis Athen. Dort besaß aber nur eine Minderheit der Bevölkerung das Bürgerrecht und konnte mitbestimmen. In heutigen Demokratien ist die tatsächliche Mehrheit der Bevölkerung beteiligt. Sie wählt Volksvertreterinnen und -vertreter.

Diktator/Diktatur (lateinisch: dictare = diktieren): In Zeiten großer Bedrohung wurde im antiken Rom alle Regierungsgewalt einem einzigen Mann übertragen. Als Diktator sollte er wichtige Entscheidungen schnell treffen können. Die Dauer einer Diktatur war auf einen

Zeitraum von sechs Monaten begrenzt. Gaius Julius Caesar bekam als Erster diese Position auf Lebenszeit. Seitdem ist Diktatur gleichbedeutend mit willkürlicher Alleinherrschaft – bis heute.

Epoche: Abschnitt der Geschichte. Um sich in der vergangenen (historischen) Zeit besser orientieren zu können, teilt man sie in Epochen (Zeitabschnitte) ein. Eine Epochengrenze setzt man dort, wo sich die Lebensweise der Menschen merklich verändert hat.

Fürst: ein Mitglied des hohen ↦ Adels, das ein Gebiet beherrscht. Bei einem Fürsten kann es sich um einen ↦ Kaiser, einen König, einen Herzog oder auch einen Grafen handeln.

Gesellschaft: ein Zusammenschluss von Menschen, die ein Gefühl der Gemeinschaft ausbilden. Um das Zusammenleben der Menschen zu erleichtern, gibt sich eine Gesellschaft meist Regeln und Gesetze.

Grundherrschaft: die Herrschaft eines ↦ adligen oder geistlichen Herrn über Land und die darauf lebenden von ihm abgängigen Menschen. Dazu zählten Leibeigene, über die der Grundherr auf seinem Herrenhof verfügte, und ↦ Hörige. Die Abhängigen mussten dem Grundherrn Abgaben und Dienste leisten, wenn dieser es verlangte. Im Gegenzug übernahm der Grundherr für sie die Pflicht zum Kriegsdienst und musste sie im Kriegsfall schützen.

Heiliges Römisches Reich: Bezeichnung für das Herrschaftsgebiet der deutschen Kaiser vom Mittelalter bis zum Beginn des 19. Jahrhunderts. Die Kaiser sahen sich als Nachfolger der antiken römischen Kaiser. Dies sollte auch durch den Namen ihres Reiches zum Ausdruck gebracht werden.

Hellenismus (griechisch: hellas = Griechenland): Bezeichnung für die griechische Kultur im Mittelmeerraum in der Zeit von 325–150 v. Chr. Die griechische Sprache wurde zur »Weltsprache« und verbreitete die Erkenntnisse der Griechen in den Wissenschaften. ↦ Kulturelles Zentrum der hellenistischen Welt war Alexandria in Ägypten.

Historikerin/Historiker (lateinisch: historia = Geschichte): Forschende, die sich mit der Geschichte der Menschen von der Urzeit bis in die Gegenwart beschäftigen. Sie untersuchen Überreste aus der Vergangenheit. Auf der Grundlage dieser ↦ Quellen stellen sie zurückliegende Ereignisse und Entwicklungen dar.

Hochkultur: ↦ Gesellschaften verschiedener Teile der Welt und historischer ↦ Epochen, die folgende Merkmale zeigen:
- Eine Regierung macht Gesetze und eine zentrale ↦ Verwaltung organisiert das Zusammenleben der Menschen.
- Eine Schrift wird genutzt.
- Die anfallenden Arbeiten werden aufgeteilt; es entstehen verschiedene Berufe.
- Techniken werden entwickelt und weitergegeben; die Menschen schaffen Bauwerke sowie Kunst.
- Es gibt gemeinsame Glaubensvorstellungen.

Erste Hochkulturen entstanden um 3000 v. Chr. an großen Flüssen wie dem Nil.

Höriger: Bauer, der nicht frei, sondern von einem ↦ Grundherrn abhängig war und diesem »gehorchen« musste. Ein Höriger war »an die Scholle gebunden«. Das bedeutet, dass er mit dem Land, auf dem er lebte und das er bearbeitete, an einen anderen Grundherrn weitergegeben werden konnte. Seinem Herrn war er zu Abgaben und Diensten verpflichtet, dafür wurde er im Kriegsfall geschützt. Hörigkeit war erblich, d. h., auch Kinder von Hörigen waren hörig.

Humanismus (von lateinisch: humanus = menschlich, dem Menschen angemessen): Der Humanismus war eine Bewegung des 14. bis 16. Jahrhunderts. In ihrem Mittelpunkt stand das Nachdenken über und das Bemühen um ein dem Menschen angemessenes Leben. Getragen wurde der Humanismus durch Gelehrte, die sich mit der griechischen und römischen Antike beschäftigten. Sie sahen eine umfassende Bildung als Voraussetzung für die freie Entfaltung des Menschen.

Imperium (lateinisch: imperare = befehlen): Bei den Römern bezeichnete dieser Begriff ursprünglich die unbeschränkte Befehlsgewalt eines Feldherrn (Imperators) über das Heer. Darüber hinaus wurde der Begriff auch für das Gebiet verwendet, über das die Römer herrschten. Zur Kaiserzeit bedeutete **Imperium Romanum** daher »Römisches Reich«; »Imperator« bedeutete »Kaiser« (englisch: emperor).

Islam: Das Wort bedeutet »Ergebung in den Willen Gottes«. Neben dem ↦ Judentum und dem Christentum ist der Islam die dritte große Buch- bzw. Schriftreligion, da die Gläubigen einer heiligen Schrift, dem Koran, folgen. Die wichtigsten Glaubenssätze des Islam wurden über den Propheten Mohammed überliefert und sind im Koran niedergeschrieben.

Judentum: die erste Religion der Menschheit, die von der Existenz eines einzigen Gottes ausgeht. Das nennt man Eingottglaube oder Monotheismus (der Gegensatz dazu ist Vielgötterei oder Polytheismus). Unter der Herrschaft der Römer setzte im 1. Jahrhundert n. Chr. eine Vertreibung der Juden aus ihrer Heimat ein. Seitdem lebten Juden in der Diaspora (Zerstreuung). Viele Juden zogen nach Süd- und Mitteleuropa. Im ↦ Mittelalter lebten sie auch in europäischen Städten als religiöse Minderheit.

Jungsteinzeit: Name des letzten Abschnitts der Steinzeit, in dem die Menschen sesshaft lebten und Ackerbau betrieben sowie Vieh züchteten. Die Schrift kannten die Menschen in der Jungsteinzeit aber noch nicht, sodass es keine schriftlichen ↦ Quellen über diese Zeit gibt.

Die Jungsteinzeit begann im »Fruchtbaren Halbmond« im südöstlichen Mittelmeerraum vor etwa 11 000 Jahren und breitete sich langsam aus. Im heutigen Niedersachsen setzte die Entwicklung zur ↦ Sesshaftigkeit etwa vor 7000 Jahren ein. Aus dieser Zeit stammen die Großsteingräber, von denen wir noch heute Überreste vorfinden.

Kaiser (lateinisch: caesar, gesprochen: Kaisar): Der Name Gaius Julius Caesars wurde in der römischen Kaiserzeit zum Herrschertitel, den alle »Kaiser« trugen. Im ↦ Mittelalter war »Kaiser« der höchste Herrschertitel. Nur der ↦ Papst konnte einen König zum Kaiser krönen. Damit wurde die Bedeutung des Herrschers betont; sein Reich sollte dem bedeutenden Römischen Reich der Antike nachfolgen.

Kalender: Festlegung von Zeitabschnitten in Jahre, Monate, Wochen, Tage. Ursprünglich orientierte man sich bei der Zeiteinteilung an den Jahreszeiten sowie an Sonnen- oder Mondphasen, um z. B. die günstigsten Zeitpunkte für die Aussaat zu bestimmen. Es entwickelten sich mehrere Arten von Kalendern, die in verschiedenen Kulturen bis heute nebeneinander Gültigkeit haben.

Klienten (lateinisch: cliens = abhängig): Menschen im Römischen Reich, die von einem Reichen, ihrem Patron, abhängig waren. Oft handelte es sich um verarmte Kleinbauern, Händler oder ehemalige Sklaven. In Notfällen wurden sie von ihrem Patron unterstützt. Klienten ehrten ihren Patron und gaben ihm bei Wahlen ihre Stimme.

Kloster (von lateinisch: claustrum = das Abgeschlossene): eine von der Außenwelt abgeschlossene Lebens- und Glaubensgemeinschaft von Nonnen oder Mönchen. Meist wurden Klöster an abgelegenen Orten errichtet und durch eine Mauer von der Außenwelt getrennt.

Im 6. Jahrhundert stellte Benedikt von Nursia Regeln für das Klosterleben auf, die bei vielen späteren Klostergründungen übernommen wurden. Klostergemeinschaften sollten z. B.
– ein Leben in Armut führen,
– sich dem Abt gegenüber demütig verhalten,
– sich mit Gottesdiensten und handwerklichen Arbeiten beschäftigen,
– Kontakte außerhalb des Klosters vermeiden.

Kolonialherrschaft: die politische und wirtschaftliche Beherrschung anderer Völker. Im 15. Jahrhundert wurden Einwohner des amerikanischen Kontinents von europäischen Eroberern unterworfen. Die Europäer strebten an, die Länder wirtschaftlich auszubeuten und zugleich das Christentum zu verbreiten.

Kolonie/Kolonisation (lateinisch: colere = Land bebauen): Mit »Kolonisation« meint man das Ansiedeln von Auswanderern in fremden Ländern. So gründeten griechische Auswanderer ab dem 8. Jahrhundert v. Chr. an fremden Küsten des Mittelmeeres Städte und betrieben dort Landwirtschaft. Mit ihren »Mutterstädten« hielten die neu gegründeten »Tochterstädte« – also die Kolonien – eine enge Verbindung.

Bei den Römern wurden Ansiedlungen von Soldaten als Kolonien bezeichnet. Die Siedelnden sollten die Herrschaft Roms in den eroberten Gebieten sichern.

Konfession (von lateinisch »confessio«: Bekenntnis): Innerhalb einer Religion gibt es oft unterschiedliche Ansichten über den wahren Glauben. Diese werden dann in unterschiedlichen Glaubensbekenntnissen ausgedrückt. Der Begriff »Konfession« bezieht sich aber nicht nur auf das Glaubensbekenntnis, sondern auch auf die Gruppe der Gläubigen, die in diesem Bekenntnis verbunden ist. Innerhalb des Christentums gibt es mehrere Konfessionen, beispielsweise die orthodoxe, die römisch-katholische, die evangelisch-lutherische oder die reformierte.

Konsul (lateinisch, consulere = beraten, für etwas sorgen): Bezeichnung für die höchsten Beamten in Rom. Es wurden immer zwei Konsuln für ein Jahr gewählt.

In Friedenszeiten sorgten sie für die Durchsetzung aller Beschlüsse, im Krieg waren sie Befehlshaber der Truppen.

Kreuzzug: spätere Bezeichnung für Kriege, die im Auftrag des ↦ Papstes seit 1096 gegen »Ungläubige« geführt wurden. So bezeichneten Kirchenvertreter Menschen, die keine Christen waren oder die Lehre der Kirche ablehnten. Weil diese Kriege angeblich der Verteidigung des Christentums dienten, wurden sie von der Kirche als »gerechte Kriege« (im Sinne von »gerechtfertigt«) verstanden. Die Kreuzzüge hatten aber nicht nur religiöse, sondern auch politische und wirtschaftliche Gründe.

Kultur: Wenn die Bevölkerung einer Gegend eine besondere Lebensform entwickelt, spricht man von ihrer Kultur. Erkennbar ist eine Kultur daran, was die Menschen schaffen (z.B. an Geräten, Waffen, Kleidung, Kunstwerken, Bauten) und an den Formen ihres Zusammenlebens. Dazu gehört auch ihre Religion.

Lehen, Lehnswesen: Mithilfe von Lehen wurde ein mittelalterlicher Herrschaftsbereich durch persönliche Bindungen zwischen Personen zusammengehalten. Der König verfügte über den Grund und Boden seines Herrschaftsbereichs. Teile dieses Landes mit den darauf lebenden und arbeitenden Menschen vergab er als Lehen (Leihgaben) an vertraute Adlige.

Bei der Vergabe eines Lehens gingen der Geber (genannt »Lehnsherr«) und der Empfänger des Lehens (der sogenannte Vasall) eine gegenseitige Treueverpflichtung ein: Der Lehnsherr versprach dem Vasallen Land und Schutz, der Vasall dem Lehnsherrn dafür Treue und Dienste. So war der Vasall verpflichtet, im Kriegsfall mit dem Lehnsherrn in den Kampf zu ziehen. Vasallen konnten Teile ihres Lehens an eigene Vasallen weitergeben.

Markt: der Mittelpunkt jeder mittelalterlichen Stadt, ein Platz, an dem Erzeuger und Verbraucher sich trafen, um zu handeln. Für den sicheren und friedlichen Ablauf der Geschäfte sorgten der Marktfriede und die Marktordnung. Das Recht, einen Markt abzuhalten, erwarben sich die Kaufleute und Händler von den Stadtherren gegen einen Teil ihrer Einnahmen. Der Markt entwickelte sich in der Regel auch zum politischen Zentrum der Stadt, an ihm wurde das Rathaus errichtet.

Mittelalter: In der Geschichte Europas wird der Zeitabschnitt, der auf die Antike folgt, als Mittelalter bezeichnet. Er dauerte von etwa 500 bis 1500 n. Chr. Im Mittelalter verbreitete sich eine christlich geprägte ↦ Kultur, die Einflüsse verschiedener vorhergehender Kulturen, z.B. der griechisch-römischen Antike, aber auch germanischer Volksstämme aufnahm, vermischte und abwandelte. Die Menschen des europäischen Mittelalters verstanden die Zeit, in der sie lebten, als »christliches Zeitalter«.

Monarchie (griechisch: monos = allein und archein = herrschen): Alleinherrschaft, die von einem König oder einer Königin ausgeübt wird. Die meisten Monarchen erbten die Königsmacht von ihrem Vater. Ihre besondere Stellung in der Gesellschaft führten sie auf göttlichen Willen zurück. Ein Monarch hatte auch besondere Aufgaben bei religiösen Zeremonien.

Bis ins 20. Jahrhundert war die Monarchie die häufigste Staatsform.

Mythos (Mehrzahl: Mythen): alte Erzählungen und Sagen, die von vergangenen Zeiten handeln und mit denen sich Menschen die Welt erklärten. Die Erzählungen wurden von Generation zu Generation weitergegeben und dabei auch immer wieder leicht verändert. In vielen Mythen spielten Götter und Helden eine große Rolle.

Neuzeit: die auf das ↦ Mittelalter folgende ↦ Epoche. Schon seit etwa 1450 hatte es eine ganze Reihe wichtiger Erfindungen und wissenschaftlicher Erkenntnisse gegeben: Der Buchdruck mit beweglichen Buchstaben und Navigationsgeräte waren erfunden, der amerikanische Kontinent war »entdeckt« worden. Dies schuf Voraussetzungen für gesellschaftliche Veränderungen. In der Neuzeit:
- nahm die Verbreitung von Schriften zu,
- erhielten mehr Menschen Zugang zu Bildung,
- wurde der Mensch als ein Wesen gesehen, das seinen Verstand gebrauchen soll, um sich in der Welt zurechtzufinden,
- entstanden verschiedene Konfessionen.

Nomaden/Nomadentum: Als Hirten- oder Wandervölker lebende Menschen, z.B. die ↦ Wildbeutergemeinschaften der ↦ Altsteinzeit. Sie mussten Gegenden aufsuchen, in denen es ausreichend Nahrung gab. Deshalb hatten sie keine festen Wohnsitze, sondern zogen umher.

Papst (lateinisch: papa): Der Bischof von Rom galt als Nachfolger des Apostels Petrus. Im Gebiet des ehemaligen Weströmischen Reiches hatte er unter allen Bischöfen den höchsten Rang in der Kirche und wurde »Papst« genannt.

Patriarchat (lateinisch: pater = Vater und griechisch: archein = regieren, herrschen): eine Gesellschaftsordnung, in der die Männer und Väter innerhalb von Gemeinschaften wie Familien die Entscheidungen treffen

Patrizier (lateinisch: pater = Vater): die Angehörigen des römischen ↦ Adels, die bis ins 3. Jahrhundert v. Chr. alle politischen Ämter besetzten. In Rom konnten nur Patrizier in den ↦ Senat gewählt werden.

Im ↦ Mittelalter bezeichnete sich die Oberschicht in vielen mittelalterlichen Städten als Patriziat. Dazu gehörten die wohlhabendsten Bürger einer Stadt, meist Fernhändler und zugezogene Landadlige. Nur sie galten als reich genug für die Arbeit im Rat der Stadt.

Plebejer (lateinisch: plebs = das einfache Volk): So hießen alle Römerinnen und Römer, die nicht zum ↦ Adel gehörten. Sie erhielten erst im 3. Jahrhundert v. Chr. das Recht, Ämter zu übernehmen und in den ↦ Senat aufzusteigen. Bei Wahlen und in der Volksversammlung bestimmten die Plebejer die römische Politik mit.

Polis (Mehrzahl: Poleis): griechische Stadt, die wie unsere heutigen Staaten ihre Angelegenheiten (ihre »Politik«) selbstständig regeln konnte. In Griechenland und in den von Griechen besiedelten Gebieten gab es mehrere Hundert Poleis von ganz unterschiedlicher Größe. Athen war die größte und bedeutendste.

Zu einer Polis gehörte nicht nur der Kern der Stadt, sondern auch ihr Umland. In den Städten gab es in der Regel eine befestigte Burg (Akropolis) als Zufluchtsort und einen Marktplatz (Agora) als politisches Zentrum.

Prinzipat (lateinisch: princeps = der erste oder der führende Mann): Als Augustus im Jahr 31 v. Chr. den Bürgerkrieg in Rom beendet hatte, stellte er alle Einrichtungen der Römischen Republik wieder her, behielt aber als »erster Mann« die Macht in seinen Händen: Er blieb oberster Feldherr, war oft ↦ Konsul, bestimmte über die wichtigsten ↦ Provinzen und hatte die Rechte eines Volkstribuns (eines Vertreters der ↦ Plebejer). Trotzdem wollte er nur als »Erster (princeps) unter Gleichen« angesehen werden, weshalb seine Regierungsform Prinzipat genannt wurde.

Privileg (lateinisch: Vorrecht): Besondere Rechte, die einzelnen Personen oder Personengruppen gewährt wurden, werden als »Privilegien« bezeichnet. ↦ Fürsten und Könige konnten sie zuteilen. So war beispielsweise das Recht, einen ↦ Markt abzuhalten, ein Privileg.

Protestantismus: alle von der ↦ Reformation geprägten Glaubensgemeinschaften. Die Bezeichnung wurde im Jahr 1529 auf einem Reichstag geprägt, als einige ↦ Fürsten und Städtevertreter gegen die Ablehnung ihres Glaubensbekenntnisses protestierten.

Provinz (lateinisch: provincia): ursprünglich die Bezeichnung für den Aufgabenbereich eines römischen ↦ Beamten. Als die Römer neue Gebiete eroberten, wurden diese von römischen Statthaltern verwaltet. Das waren Beamte, die »an Kaisers statt« vor Ort regierten. Die Römer bezeichneten nun diese Gebiete als Provinzen. Bis heute wird der Begriff für Verwaltungsbezirke eines Staates verwendet.

Quellen: Alle Überlieferungen aus der Vergangenheit bezeichnen wir als Quellen. Dabei werden schriftliche von nichtschriftlichen Quellen unterschieden. Zu den nichtschriftlichen Quellen zählen vor allem Sachquellen und Bildquellen. Hinzu kommen mündliche Überlieferungen von Zeitzeugen (z. B. Großeltern berichten über frühere gesellschaftliche Verhältnisse).

Quellen dienen ↦ Historikerinnen und Historikern dazu, Erkenntnisse über Ereignisse und Entwicklungen in vergangenen Zeiten zu gewinnen. Bei ihrer Auswertung berücksichtigen sie die Zusammenhänge, aus denen die Quellen ursprünglich stammen.

Reformation (von lateinisch: reformatio = Umgestaltung, Erneuerung): religiöse Bewegung des 16. Jahrhunderts, die von Kritik am ↦ Papst und der katholischen Kirche ausging. Sie führte zur Glaubensspaltung und Einrichtung der ↦ protestantischen Kirchen. In Deutschland wurde die Reformation von Martin Luther ausgelöst. In der Schweiz und in den Niederlanden, wurde sie von den Vorstellungen des Schweizers Johannes Calvin beeinflusst. Die Reformation führte auch zu einer Erneuerungsbewegung innerhalb der katholischen Kirche (Gegenreformation).

Reichstag: eine Versammlung von weltlichen und geistlichen Vertretern der einzelnen Herrschaftsgebiete und Vertretern der freien Städte des ↦ Heiligen Römischen Reiches. Reichstage wurden regelmäßig abgehalten und dienten dem Zweck, den König oder Kaiser in politischen Fragen zu beraten. Bevor es Reichstage gab, hielten mittelalterliche Herrscher in unregelmäßigen Abständen Hoftage ab.

Renaissance (französisch: Wiedergeburt): Die Epoche des Übergangs zwischen ↦ Mittelalter und ↦ Neuzeit wird als Renaissance bezeichnet. Der französische Begriff bedeutet eigentlich »Wiedergeburt«. Gemeint ist die Wiederentdeckung der Antike, die in dieser Zeit eine wichtige Rolle spielte. Gelehrte und Künstler setzten sich mit Texten, Kunst- und Bauwerken aus der Antike auseinander. Es kam zu Weiterentwicklungen auf wissenschaftlichen und künstlerischen Gebieten. Ein Merkmal der Renaissance ist, dass der einzelne Mensch mit seinen Eigenheiten in das Interesse der Forschung und der Kunst rückte.

Republik (lateinisch: res publica = öffentliche Angelegenheit): So nannten die Römer ihren Staat. Als Republiken gelten heute alle Staaten, die keinen König an ihrer Spitze haben.

Romanisierung: der Vorgang, durch den sich allmählich die römische Lebensweise in den eroberten ↦ Provinzen durchsetzte. Die unterworfenen Völker passten sich mehr oder weniger freiwillig an die Römer an. So entstanden auch die romanischen Sprachen (z. B. Italienisch, Französisch, Spanisch).

Senat (lateinisch: senex = der alte Mann): der »Rat der Alten« in Rom. Mitglieder des Senats waren die ehemaligen ↦ Beamten (z. B. ↦ Konsuln). Senatsbeschlüsse wurden meist befolgt, weil sie von den angesehensten Männern Roms getroffen wurden.

sesshaft/Sesshaftigkeit: dauerhaftes Leben an einem Ort. Die Sesshaftigkeit ist das grundlegende Merkmal der ↦ Jungsteinzeit: Die Menschen begannen, Häuser zu bauen und in kleinen festen Siedlungen zu leben, wo sie Ackerbau und Viehzucht betrieben.

Bis sich die Sesshaftigkeit gegenüber dem ↦ Nomadentum durchgesetzt hatte, vergingen aber mehrere Tausend Jahre.

Sklaven/Sklavinnen: Menschen, die als Besitz anderer betrachtet wurden und vollkommen von ihrem »Besitzer« abhängig waren, also persönlich unfrei.

In der griechischen und römischen Antike gab es die Auffassung, dass Kriegsgefangene – ob Männer, Frauen oder Kinder – zum Eigentum der Sieger wurden und als Sklaven verkauft werden konnten. Auch deren Kinder waren Sklaven.

In der römischen Kaiserzeit konnten Versklavte von ihren Besitzerinnen und Besitzern freigelassen werden.

Stadtrecht: das von einem Stadtherrn (König, ↦ Fürst oder Bischof) verliehene Recht, eine Stadt mit Markt zu gründen und sie mit Mauern zu schützen. In ihr galten besondere Rechte für die ↦ Bürger.

Als es den Bürgern gelang, die Herrschaft der Stadtherren abzuschütteln und die Regierung selbst zu übernehmen, verfeinerten sie die Regeln immer weiter, um das Zusammenleben der Städter zu ordnen. Das betraf z. B. die Stadtverteidigung und die Marktordnung.

Stand/Ständeordnung: Nach ↦ mittelalterlicher Vorstellung war die von Gott gewollte Gesellschaft nach Ständen gegliedert. Die Menschen wurden in einen Stand hineingeboren. Die verschiedenen Stände hatten unterschiedliche Aufgaben zu erfüllen:
- Die Geistlichen – also Bischöfe, Äbte, Priester, Mönche und Nonnen – bildeten den ersten Stand. Sie hatten die Aufgabe, zu beten und für die Verbindung der Menschen zu Gott zu sorgen.
- Der weltliche ↦ Adel bildete den zweiten Stand. Er hatte die Aufgabe, die Menschen zu schützen, auch durch den Kampf.
- Bauern, aber auch Handwerker und Kaufleute bildeten den dritten Stand. Dieser war der größte, zugleich aber auch der niedrigste Stand. Seine Aufgabe war es, durch ihre Arbeit alle zu ernähren und zu versorgen.

Verwaltung: die Organisation des Zusammenlebens vieler Menschen. Sie wird ausgeführt von ↦ Beamten. Um öffentliche Gebäude (z. B. Tempel, Häfen und Straßen), Veranstaltungen (große Feste an Feiertagen) oder Unterstützungen für die Allgemeinheit (z. B. für Arme und Kranke) bezahlen zu können, müssen die Menschen Steuergelder bezahlen.

Wildbeuter(-gemeinschaft): In der ↦ Altsteinzeit ernährten sich die Menschen, indem sie ihre Nahrung sammelten (z. B. Früchte, Beeren, aber auch verendete Tiere) und Wild jagten. Für die Jagd hatten sie sich nach den Jahreszeiten und dem Verhalten des Wildes zu richten: Sie mussten sich dorthin aufmachen, wo die Natur ihren Beutetieren Nahrung bot. Um Großwild zu jagen, war eine geplante Zusammenarbeit notwendig.

Zunft: Vereinigung von Handwerkern. Nur als Mitglied einer Zunft durfte ein Handwerksmeister ein eigenes Geschäft eröffnen.

Die Zünfte legten Maßstäbe für die Qualität von Produkten fest. Sie bestimmten Preise und Löhne. Außerdem legten sie fest, wie Lehrlinge ausgebildet werden sollten. Die Regeln der Zünfte und Gilden sollten Produzenten und Verbraucher schützen.

Wenn ein Mitglied starb, organisierte die Zunft die Versorgung von Hinterbliebenen. Auch Gemeinschaftsaufgaben wurden übernommen, z. B. bei der Verteidigung und Pflege von Abschnitten der Stadtmauer und beim Löschen von Bränden.

Kaufleute waren in ähnlichen Vereinigungen organisiert, den Gilden.

STICHWORTVERZEICHNIS

Hinweis: Hinter manchen Seitenangaben steht »f.« oder »ff.«. Das bedeutet, dass der Begriff nicht nur auf der angegebenen, sondern auch auf der folgenden Seite (f.) oder auf mehreren folgenden Seiten (ff.) vorkommt.

Russland

Alaska
(Bundesstaat
der USA)

K a n a d a

Grönland
(Dänemark)

Spitzbergen
(Norwegen)

Island

Färöer
(Dänemark)

Norwegen   Schweden

Grossbritannien
und
Nordirland

Irland

Vereinigte Staaten
von Amerika
(USA)

5

17   Deutsch-
3   land   Polen
13   26
19   24
11   25   27
Frankreich   22   4 23
15   21 2   16 1
Italien

Portugal   Spanien

Gibraltar
(G.-B.)

Malta

Tunesien

Bermuda-Inseln
(G.-B.)

Mexiko

Bahamas

Kanarische Inseln
(Spanien)

Marokko

Algerien   Libyen

Kuba

Belize
Guatemala Honduras
El Salvador Nicaragua

Jamaika

Haiti Dominik.
Rep. Puerto Rico (USA)

28 29
30
31 32
33 34
36 35
37

Westsahara
(von Marokko
besetzt)

Kap Verde

Senegal

Gambia

Guinea-Bissau Guinea

Sierra Leone

Liberia

Mauretanien   Mali   Niger Tscha

Burkina
Faso

Côte
d'Ivoire
Ghana
Togo
Benin
Nigeria   Kamerun

A t l a n t i s c h e r

Costa Rica
Panama

Galápagos-Inseln
(Ecuador)

Venezuela

Guyana
Suri-
name Franz.-Guayana

Kolumbien

Ecuador

Peru

Äquatorialguinea
São Tomé u.
Príncipe   Gabun Kongo

B r a s i l i e n

O z e a n

Angol

P a z i f i s c h e r

Bolivien

Paraguay

Namibia

O z e a n

Uruguay

O z e a n

Chile

Argentinien

Falkland-Inseln
(Malwinen)
(G.-B.)

Abkürzungen:

1   Albanien
2   Andorra
3   Belgien
4   Bosnien und
    Herzegowina
5   Dänemark
6   Estland
7   Griechenland
8   Kosovo
9   Kroatien
10 Lettland
11 Liechtenstein
12 Litauen
13 Luxemburg

14 Moldau
15 Monaco
16 Montenegro
17 Niederlande
18 Nordmazedonien
19 Österreich
20 Rumänien
21 San Marino
22 Schweiz
23 Serbien
24 Slowakei
25 Slowenien
26 Tschechien
27 Ungarn

28 St. Kitts u. Nevis
29 Antigua u. Barbuda
30 Guadeloupe (Fr.)
31 Dominica
32 Martinique (Fr.)
33 St. Lucia
34 Barbados
35 St. Vincent und die Grenadinen
36 Grenada
37 Trinidad und Tobago

(Fr.)   Frankreich
(G.-B.)   Großbritannien

0   500 1000 1500 2000 2500
                                    km

© Westermann
24193EX_29